本书列入

2017年国家社会科学基金重大委托项目
"十三五"国家重点图书出版规划项目

中华传统文化百部经典

张 载 著

林乐昌 解读

张载集（节选）

国家图书馆出版社

图书在版编目（CIP）数据

张载集：节选 /（宋）张载著；林乐昌解读 . — 北京：国
家图书馆出版社，2022.12（2025.6 重印）
（中华传统文化百部经典 / 袁行霈主编）
ISBN 978-7-5013-7677-3

Ⅰ. ①张… Ⅱ. ①张… ②林… Ⅲ. ①古典哲学－中
国－北宋 Ⅳ. ① B244.41

中国版本图书馆 CIP 数据核字（2022）第 234407 号

国家图书馆出版社官方微信

书　　名	张载集（节选）	
著　　者	（宋）张载 著　林乐昌 解读	
责任编辑	于　浩	
特约编辑	马庆洲	
封面设计	敬人设计工作室	

出版发行　国家图书馆出版社（北京市西城区文津街 7 号　100034）
　　　　　010-66114536　63802249　nlcpress@nlc.cn（邮购）
网　　址　http://www.nlcpress.com
印　　装　北京科信印刷有限公司
版次印次　2022 年 12 月第 1 版　2025 年 6 月第 2 次印刷

开　　本　710×1000　1/16
印　　张　31.5
字　　数　403 千字
书　　号　ISBN 978-7-5013-7677-3
定　　价　96.00 元（精装）

编纂缘起

　　文化是民族的血脉，是人民的精神家园。党的十八大以来，围绕传承发展中华优秀传统文化，习近平总书记发表了一系列重要讲话，深刻揭示出中华优秀传统文化的地位和作用，梳理概括了中华优秀传统文化的历史源流、思想精神和鲜明特质，集中阐明了我们党对待传统文化的立场态度，这是中华民族继往开来、实现伟大复兴的重要文化方略。2017年初，中共中央办公厅、国务院办公厅印发《关于实施中华优秀传统文化传承发展工程的意见》，从国家战略层面对中华优秀传统文化传承发展工作作出部署。

　　我国古代留下浩如烟海的典籍，其中的精华是培育民族精神和时代精神的文化基础。激活经典，熔古铸今，是增强文化自觉和文化自信的重要途径。多年来，学术界潜心研究，钩沉发覆、辨伪存真、提炼精华，做了许多有益工作。编纂《中华传统文化百部经典》（简称《百部经典》），就是在汲取已有成果基础上，力求编出一套兼具思想性、学术性和大众性的读本，使之成为广泛认同、传之久远的范本。《百部经典》所选图书上起先秦，下至辛亥革命，包括哲学、文学、历史、艺术、科技等领域的重要典籍。萃取其精华，加以解读，旨在搭建传统典籍与大众之间的桥梁，激活中华优秀传统文化，用优秀传统文化滋养当代中国人的精神世界，提振当代中国人的文化自信。

这套书采取导读、原典、注释、点评相结合的编纂体例，寻求优秀传统文化与社会主义核心价值观之间的深度契合点；以当代眼光审视和解读古代典籍，启发读者从中汲取古人的智慧和历史的经验，借以育人、资政，更好地为今人所取、为今人所用；力求深入浅出、明白晓畅地介绍古代经典，让优秀传统文化贴近现实生活，融入课堂教育，走进人们心中，最大限度地发挥以文化人的作用。

《百部经典》的编纂是一项重大文化工程。在中宣部等部门的指导和大力支持下，国家图书馆做了大量组织工作，得到学术界的积极响应和参与。由专家组成的编纂委员会，职责是作出总体规划，选定书目，制订体例，掌握进度；并延请德高望重的大家耆宿担当顾问，聘请对各书有深入研究的学者承担注释和解读，邀请相关领域的知名专家负责审订。先后约有 500 位专家参与工作。在此，向他们表示由衷的谢意。

书中疏漏不当之处，诚请读者批评指正。

2017 年 9 月 21 日

凡　例

一、《中华传统文化百部经典》的选书范围，上起先秦，下迄辛亥革命。选择在哲学、文学、历史、艺术、科技等各个领域具有重大思想价值、社会价值、历史价值和学术价值的一百部经典著作。

二、对于入选典籍，视具体情况确定节选或全录，并慎重选择底本。

三、对每部典籍，均设"导读""注释""点评"三个栏目加以诠释。导读居一书之首，主要介绍作者生平、成书过程、主要内容、历史地位、时代价值等，行文力求准确平实。注释部分解释字词、注明难字读音，串讲句子大意，务求简明扼要。点评包括篇末评和旁批两种形式。篇末评撮述原典要旨，标以"点评"，旁批萃取思想精华，印于书页一侧，力求要言不烦，雅俗共赏。

四、原文中的古今字、假借字一般不做改动，唯对异体字根据现行标准做适当转换。

五、每书附入相关善本书影，以期展现典籍的历史形态。

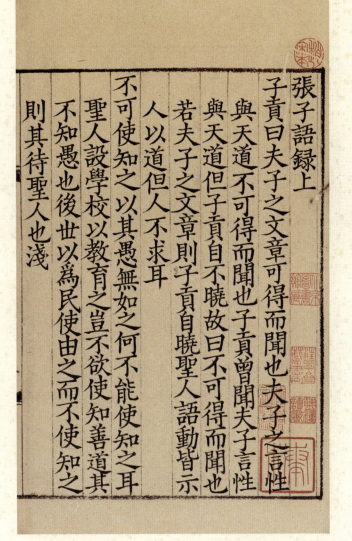

張子語錄上

子貢曰夫子之文章可得而聞也夫子之言性
與天道不可得而聞也子貢曾聞夫子言性
與天道但子貢自不曉故曰不可得而聞也
若夫子之文章則子貢自曉聖人語動皆示
人以道但人不求耳
不可使知之以其愚無如之何不能使知之耳
聖人設學校以教育之豈不欲使知善道其
不知愚也後世以爲民使由之而不使知之
則其待聖人也淺

张子语录三卷后录二卷　（宋）张载撰
宋福建漕治刻本　国家图书馆藏

宋晦翁朱熹註釋　明陝西鳳翔府藏板

西銘

乾稱父坤稱母予茲藐焉乃混然中處

天陽也以至健而位乎上父道也地陰也以至順
而位乎下母道也人稟氣於天賦形於地以藐然
之身混合無間而位乎中子道也然不曰天地而
曰乾坤者天地其形體也乾坤其性情也乾者健
而無息之謂萬物之所資以始者也坤者順而有
常之謂萬物之所資以生者也是乃天地之所以

目 录

张载集

正 蒙

导　读

　　张载是北宋理学的创建者之一，也是关学学派的宗师。张载理学素称难治，其著作也素称难读。对于张载晚年的代表作《正蒙》，朱熹就说过："此书精深难窥测。"（《晦庵先生朱文公别集》卷三《书·程钦国》）在宋代理学史上，张载"勇于造道"（黄宗羲、全祖望《宋元学案》卷十七《横渠学案上·序录》），他综合"六经"和周、孔、思、孟的思想精义，并批判性地吸收佛、道资源，构建了以"天人合一"为宗旨的极具原创性的理学学说。为了给读者提供阅读方便，本书将对经过精选的张载著作加以解读。在此之前，有必要以导读的方式，介绍张载的生平、著作、思想学说、历史地位及其思想学说的现代价值，最后分别说明张载著作及其版本和本书的编写体例。

一、张载的生平事迹

张载，字子厚，祖籍大梁（今河南开封西北）。宋真宗天禧四年（1020）生于长安（今陕西西安）。其父张迪官至涪州（今重庆涪陵）知州，后来病逝于任上。少年张载与母亲陆氏、弟弟张戬一起，护送父亲灵柩返回原籍，中途遇阻，于是便将父亲张迪安葬于凤翔府眉县（今陕西宝鸡眉县）横渠镇以南的大振谷口迷狐岭，并与家人定居于横渠大振村。

仁宗嘉祐二年（1057），张载登进士第，先后任祁州（今河北安国）司法参军、丹州云岩（今陕西宜川北云岩镇）县令、渭州（今甘肃平凉地区）军事判官。神宗熙宁二年（1069），张载奉召赴京任崇文院校书。从熙宁三年（1070）直至逝世的七八年间，他除了短暂入朝同知太常礼院外，一直在横渠镇崇寿院讲学著书，学者尊称横渠先生。熙宁十年（1077），张载从京师返回横渠，途次卒于临潼馆舍。学生闻讯从长安奔丧至临潼，护送灵柩返回眉县横渠家中，后由家人安葬于其父张迪墓旁。张载是以理学共同创建者和关学宗师的身份载入史册的，因而这里不过多述及他的为官履历和政绩，而是重点叙述他的人生转向和学思历程。

（一）人生转向

张载年轻时，大宋西北边境经常遭受西夏、吐蕃侵扰，这促使他格外关注边事，志在效命疆场。吕大临（约1042—1092）撰《横渠先生行状》（以下简称《行状》）说，青年张载"慨然以功名自许"。《宋史》本传也说他"少喜谈兵"。张载还结交志同道合的朋友，一起探讨兵事。《行状》称，青年张载"与邠人焦寅游。寅喜谈兵，先生悦其言"。这里提到的"邠"，指邠州（今陕西彬县、长武、旬邑、永寿）。"邠人焦寅"，今天只能从相关方志史料中看到非常简略的记载："焦寅，湛深经术，张横渠师之。"（清蒋基重修、清王开沃编辑《永寿县新志》卷七《人物类》，清乾隆五十六年刻本）可知，青年张载不仅对焦寅"谈兵"的见解很佩服，而且还曾以他为师。另据史书记载，北宋宝元、康定、庆历年间，"关中多豪侠"（《宋会要辑稿》兵十四），其特点是"多游边，喜谈兵"（邵伯温《邵氏闻见录》卷十六）。关中的这些"豪侠"，也被称为"豪士"（同上）。焦寅与青年张载也属于关中"豪侠"或"豪士"。

　　青年张载从热心兵事转向学术，缘于范仲淹（989—1052）的劝导和扶持。《行状》说张载"当康定用兵时，年十八，慨然以功名自许，上书谒范文正公。公一见知其远器，欲成就之，乃责之曰：'儒者自有名教，何事于兵！'因劝读《中庸》"。《宋史》本传也说张载"少喜谈兵，至欲结客取洮西之地。年二十一，以书谒范仲淹，一见知其远器，乃警之曰：'儒者自有名教可乐，何事于兵！'因劝读《中庸》"。《行状》和《宋史》本传都明确记载了青年张载曾拜见范仲淹之事，但对张载当时的年龄，所记各不相同。"康定"，是仁宗的年号，使用不足两年。康定元年（1040），张载二十一岁。而范仲淹刚好就是在康定元年夏出任陕西经略安抚副使的，随后又兼知延州（今陕西延安、安塞等地）。仁宗景祐四年（1037），张载十八岁，当时范仲淹尚在饶州（今江西上饶）知州任所，并未出任陕西。就这一点看，《宋史》本传的记载要比《行状》可靠。

　　对于青年张载热心兵事，《行状》和《宋史》本传只是简略地提及范仲淹以"责""劝""警"等方式对他加以说服，而且《行状》还说范仲淹"欲成就之"。至于范仲淹是否真有过"成就之"的实际行动，《行状》并未言及。值得注意的是，对于范仲淹是如何"成就"青年张载的，北宋著名理学家邵雍（1011—1077）之子邵伯温（1056—1134）曾有所交代。他说，在范仲淹接见青年张载之后，便将他"招置府第，俾修制科，至登进士第，其志乃已"（《邵氏闻见录》卷十三）。范仲淹安排张载就馆于自己府第的目的，据邵伯温所言是"俾修制科"，也就是为张载将来参加科举做准备。范仲淹鼓励张载投身儒家的名教事业，而参加科举则有助于名教的推行。范仲淹知道，张载其父早逝，家境贫寒，二十一岁才开始向学已比较晚了，因而亟需给他提供一个优越的学习环境。范仲淹的这个安排，应当是在与青年张载见面之后就发生了的。

青年张载就馆于范府，开始于他拜见范仲淹的康定元年（1040），结束于范仲淹就任参知政事的庆历三年（1043）八月之前，前后约三年时间。初见范仲淹时，张载二十一岁；范仲淹离陕时，张载二十四岁。庆历二年（1042）三月，二十三岁的张载撰写了《庆州大顺城记》一文，叙述范仲淹在抗夏前线筑城之事，以记其功。如果张载身处远离抗夏前线的家乡横渠，则很难获知前线的确切消息，也就无从写出此文。张载此文，可以作为他曾经滞留范府的旁证。张载就馆范府的三年，一定时常受到范仲淹的就近指导，不仅夯实了自己的儒学基础，而且还提高了自学能力。从抗夏前线返回横渠之后，张载遵循"六经循环，年欲一观"（《经学理窟·义理》）的进路，使学养继续得到提升。这些都得益于他就馆范府三年的宝贵经历。

邵伯温曾说："伯温蚤以先君子（指其父邵雍——引者注）之故，亲接前辈。"（《邵氏闻见录·原序》）这里的"前辈"，也包括张载在内。《邵氏闻见录》所记张载事迹，多源自张载口述，史料价值很高，是对《行状》和《宋史》本传所记张载与范仲淹交往的重要补充。张载扭转自己的人生方向，步入学术道路，先有范仲淹的大力"成就之"，后有他自己的艰苦力学，由此逐步成为北宋理学大师和关学领袖。这印证了范仲淹识人善教的睿智和远见。

张载早年热衷兵事的经历，对他的人生产生了深刻的影响。后来，张载仍然热衷于钻研兵法，曾为先秦兵书《尉缭子》做注（晁公武《郡斋读书志》卷十四）。特别值得一提的是，英宗治平四年（1067）至神宗熙宁元年（1068），张载担任渭州（今甘肃平凉）军事判官期间，在环庆路（今甘肃庆阳、平凉）经略安抚使蔡挺（1014—1079）麾下参赞军务，深得其赏识，军府的大小事务都常向张载咨询。在此期间，张载撰写了多篇谋划边疆防务的文章，包括《与蔡帅边事画一》《泾原路经略司论边事状》《经略司画一》等，体现了他对边事武备的深刻见解。张载是理学家中第一位兼具文韬武略的奇人，在他之后则有南宋陆九渊和明代王阳明。历史学家雷海宗说过："文武兼备的人有比较坦白光明的人格。"①张载正是这样的人。他的精神坚毅不拔，气概慷慨豪迈，思维宏阔深邃，思想大气磅礴。这些都可能与他曾经关注和参与兵事的经历有关。

（二）学思历程

长期以来，学者凡叙述张载学思的演变，仅依据吕大临撰《行状》和《宋史》本传的寥寥数语，将其划分为从范仲淹"劝读《中庸》"到"访诸释老之书"、再到"反而求之六经"这两次转折。其实，这两次转折都属于张载学术活动的前期，无法全面展现张载学术思想的演变进程。对于张载思想的演进，应当放到更长的时段中去考察，把他近四十年的治学生涯划分为前期、中期和后期三个阶段。以下依据现有的史料，对这三个阶段做一些粗略的推演。

第一，张载治学历程的前期，自其二十一岁至四十岁的约二十年间，这是他奠定学术基础并进行思想探索的时期。这一时期，以范仲淹劝读《中庸》为起点，也包括青年张载就馆范府的三年。吕大临《行状》记载，张载读《中庸》，"虽爱之，犹未以为足也，于是又访诸释老之书，累年尽究其说，知无所得，反而求之六经"。这里的"累年"是多少年？朱熹在述及张载治学经历时说："夫子（指张载——引者注）蚤从范文正公受《中庸》之书，中岁出入于老佛诸家之说，左右采获，十有余年。"（《楚辞集注·楚辞后语》卷六《鞠歌第五十一》）自唐代以来，佛道各宗派的祖庭大多集中于长安周围，眉县横渠距长安不远。传说老子曾于楼观台讲《道德经》，而楼观台位于周至县，距横渠则更近。张载二十四岁时从抗夏前线返回横渠，在这种文化氛围下寻访佛道之书是很方便的。据此推断，张载出入佛老"十有余年"之后，约三十四岁上下。后来，他总结读书经验说："唯六经则须着循环，能使昼夜不息，理会得六七年，则自无可得看。若义理则尽无穷，待自家长得一格则又见得别。"（《经学理窟·义理》）这表明，张载从佛老"反而求之六经"，用六七年之功对"六经"做过一番钻研，年龄约四十岁出头。嘉祐初年（1056），张载与程颢（1032—1085，字伯淳，学者称明道先生）、程颐（1033—1107，字正叔，学者称伊川先生）兄弟会面于京师，共语"道学之要"。张载是二程的表叔，这是他们表叔侄之间第一次会面。这次会面，使张载从儒学与佛道之间的游移中摆脱出来，"尽弃异学"，"专以圣人之言为学"（《经学理窟·自道》9·3），对儒学复兴充满信心。这一时期，以张载为首的关学学派开始形成，并有所发展。嘉祐二年（1057），三十八岁的张载登进士第。在此前后，张载讲学于关中，然而却"寂寥无有和者"。蓝田吕大钧（1031—1082）与张载为同年友，"及闻先生（指张载——引者注）学，于是心悦诚服，宾宾然执弟子礼，扣请无倦，久而益亲，自是学者靡然知所向矣"（朱熹《伊洛渊源录》卷八《（吕大钧）行状略》）。蓝田吕氏乃关中名门望族，其社会影响巨大。在吕大钧的带动下，陆续有学者拜师于张载门下。有理由认为，张载领导的关学学派形成于嘉祐，而兴盛于熙宁，与张载学术思想的发展大体是同步的。

　　第二，张载治学历程的中期，亦即其思想的形成期，从他四十岁至五十岁的约十年间。作为始学之书，《中庸》对张载具有特殊意义。张载自述读《中庸》的经验说："某观《中庸》义二十年，每观每有义，已长得一格。六经循环，年欲一观。"（《经学理窟·义理》）从二十一岁始读《中庸》算起，经过二十年，张载已四十岁出头，可以视作其思想进入中期的开始。"已长得一格"，是说张载在这二十年当中，对《中庸》反复研读，学养得到积累，思想得到提升，对《中庸》精义的领会达到了自成一家之言的地步。据此可知，四十岁之前的二十年，张载的思想在探索中趋于形成；四十岁之后的十年，其思想则在形成中趋于成熟。

第三，张载治学历程的后期，亦即其思想成熟期，大约从其五十岁直至去世的七八年间。张载晚年回顾说：我投身学术三十年，历来写文章、讲学论道多不胜数。其中正确的，都是符合于儒学精义的。我近年似乎才进入了学问的堂奥，已知晓其中哪些是美哪些是善，不愿意从那里离开，天下学者的议论没有能够改变我所知晓的（《经学理窟·自道》9·1）。以范仲淹劝读《中庸》作为张载向学之始，他当时二十一岁；张载回忆自己投身学术三十年，应该是五十岁出头。大体同时，张载还说："某近来思虑义理，大率亿度屡中可用，既是亿度屡中可用，则可以大受。某唱此绝学亦辄欲成一次第。"（《张子语录·语录下》）"亿则屡中"出自《论语·先进》，原意是形容料事准确，而张载引申用来说明他对儒学义理已达到运思精深的境地。"成一次第"，是说他在长期"思虑义理"的过程中，建构了自己的理学体系。熙宁九年（1076）秋，五十七岁的张载把总结自己一生思想学说的著作《正蒙》出示给门人。《正蒙》一书，是张载理学思想体系的集中呈现。神宗熙宁二年（1069），御史中丞吕公著（1018—1089）向朝廷举荐张载说："张载学有本原，四方之学者皆宗之。"（吕大临《行状》）此时张载刚好五十岁。程颐也描述过张载居乡讲学，学者远道而至的盛况："（张载）所居之乡，学者不远千里而至，愿一识其面，一闻其言，以为楷模。"（《河南程氏文集》卷七《回礼部取问状》）"四方之学者皆宗之""学者不远千里而至"局面的形成，说明关学学派的发展进入了兴盛期。

二、张载的思想学说

张载创建的理学，是典型的天人之学。他的天人之学，包括其理学纲领、思想体系等丰富内容。以下让我们先从张载的"四为"志向说起。

（一）"四为"志向

古人为学，必先立志。张载对立志与为学二者关系的认识，非常清醒。他说："学者所志至大，犹恐所得浅，况可便志其小？"（《经学理窟·气质》5·25）在长期的学术和为政生涯中，张载用"为天地立心，为生民立命，为往圣继绝学，为万世开太平"这四句话表达自己的人生志向。学者多称这四句话为"横渠四句"。由于这四句的每一句都以"为"字开头，故也可以称作"四为句"。四为句代表了北宋理学的根本精神，近千年来传诵不绝。在逐句解读之前，先对四为句的版本和宗旨略加澄清。

关于四为句的版本。四为句常见的版本有两个系统。第一个系统包括：南宋朱熹、吕祖谦合编的《近思录》，南宋《诸儒鸣道集》所收《横渠语录》，南宋末吴坚刻本《张子语录》，明版《张子全书》所收《语录抄》。第二个系统包括：晚明冯从吾所撰的《关学编·自序》，清代《宋元学案》卷十七《横渠学案上》。在这两个系统中，重要的异文发生在第二句：第一个版本系统作"为生民立道"，第二个版本系统则作"为生民立命"。张岱年指出，宋、明各本所传当为原文，《宋元学案》所引则经过后人润色，但流传较广[②]。综合相关版本信息，这里将以《关学编》和《宋元学案》所引的四为句作为解读对象。

关于四为句的宗旨。有些学者把四为句视作张载的为学宗旨，这不确切。四为句是张载走上学术道路后对自己志向和理想的抒发，而并非对为学宗旨的概括。朱熹的评价很中肯，他说："此皆先生（指张载——引者注）以道自任之意。"（《近思录》卷二）

第一句"为天地立心"。有一种流行的观点认为，天地没有心，但人有心；"为天地立心"就是把人的思维能力发展到最高限度，使物质世界的规律得到最多和最高理解。这是一种误解。首先，"天地"一词并不专指物质世界。《易传》提出了天、地、人"三才"的世界模式，认为人是生存于天地之间的。"天地"，既可以指物质世界或自然界，也可以指人间社会，其确切涵义要根据前后文分析。在四为句的语境中，"天地"应当指人间社会，而不是指自然界。其次，张载并不否认天地有"心"，他援用《周易·复卦》的《彖辞》，称此"心"为"天地之心"。张载认为，"天地之心惟是生物"（《横渠易说·上经·复》）。这意味着天地的功能是创生万物，这一功能似乎表示出天地的心意，所以才有了"天地之心"的说法。这个说法使"天地"创生万物具有了"目的"特征。牟宗三、金春峰等学者早就指出包括张载在内的儒家哲学属于"目的论"系统③。最后，"天地之心"的"心"与"为天地立心"的"心"，是两种截然不同的"心"。显然，生物之心是"天地"亦即宇宙自然亘古以来所固有的，无需人来"立"，否则必将夸大人的力量。其实，"为天地立心"的"心"，指的是人的精神价值，进而"为天地立心"就是要为社会建立一套以仁、孝、礼、乐等为核心的道德价值系统。张载在其著作中对"立心"有不少论述，后人的解释不应当脱离他本人的言说脉络。例如，张载主张"只将尊德性而道问学为心"（张载佚著《礼记说·中庸第三十一》）。这里所谓"心"，其意涵包括尊崇德性并探究服务于德性的知识，这当然属于人的精神价值。"为天地立心"，其实质是"立天理"之心。张载说："古之学者便立天理，孔孟而后，其心不传。"（《经学理窟·义理》）他所谓"天理"，指道德价值的道理，能够发挥"悦诸心""通天下之志"的社会作用。这种作用，是以道德精神打动人心，让天下人乐于接受。总之，"为天地立心"之"心"，既不是指人的思维能力，也不是指"天地生物之心"。然而，"天地生物之心"内蕴了"天地之仁"（《经学理窟·气质》

5·4），圣人能够领悟"天地之仁"，将其明确起来，立教垂世，为天下确立以仁、孝、礼、乐为核心的道德价值系统。此即"为天地立心"。"为天地立心"的理论基础，是价值论的，而不是自然观或认识论的。

第二句"为生民立命"。"生民"语见《尚书》，是人民的意思。有学者认为，这句话源于孟子所谓"正命"，意思是要让人民过正常的生活。说这句话与"正命"有关是正确的，但认为这句话的意思是让人民过正常的生活，则未能揭示其实质。其实，这句话并不是泛泛地讲人民的生活，而是讲要为民众的生活确立道德价值方向。历史上长期流行命定论，认为人生只能听凭命运的摆布。针对这一倾向，孟子提出"立命"论。他所谓"立命"，指确立人生命运的方向。与此相关，孟子还把人的命运分为"正命"与"非正命"。这深刻地影响了张载。"为生民立命"之"命"，与孟子一样，也主要指人的命运。但二者的命运论是有区别的：孟子讲"立命"，专对士人而言；而张载讲"立命"，则着眼于民众群体。在理学史上，张载第一次把人的命运分为"德命"与"气命"。他提出："德不胜气，性命于气；德胜其气，性命于德。"（6·24）张载所谓"德命"，相当于后来朱子学派所谓"理命"。"德命"，指受道德理性支配的人生境遇。"气命"，则指受生理意欲及恶俗支配的人生遭遇。张载视"德命"为"正"，视"气命"为"非正"，特别强调人们在面对自己的命运时一定要"顺性命之理，则得性命之正"（6·36）。他主张对"德命"与"气命"这两种不同的命运，都应当予以安立；但格外强调要以"德命"驾驭"气命"，而决不是相反。结合四为句的第一句话看，"为生民立命"要以"为天地立心"为前提，把源于"天地"的"生生之德"向下转化为人类社会的仁、孝、礼、乐等精神价值系统，使民众能够据以做出正确的抉择，从而掌握自己的命运，赋予生活以意义。

第三句"为往圣继绝学"。"往圣"指历史上的圣人。儒家所谓圣人，既是世所公认的道德人格典范，也是通晓天道人事的精神文化领袖。"绝学"指中断了的学统。包括张载在内的宋代理学家普遍认为，自孟子之后儒家的学统便"学绝道丧"，所以需要加以继承。学统的实质关乎道统。道统论是关于"道"的思想内涵和"道"的传授谱系的理论。张载不同意"语道断自仲尼"，认为，"仲尼以前更有古可稽，虽文字不能传，然义理不灭，则须有此言语，不到得绝"（《经学理窟·义理》）。据此，他在梳理道统时提出："'作者七人'，伏羲、神农、黄帝、尧、舜、禹、汤，制法兴王之道。"（《正蒙·作者》）"作者七人"，语出《论语·宪问》。张载认定，伏羲、神农、黄帝也属于"制法兴王之道"的开创者，同样尊奉他们为圣人。可见，他眼中的道统，不仅包括儒家文化传统，而且还包括其他优秀文化传统。因而，张载所欲继承的"绝学"，不仅包括儒家之学，而且还包括整个华夏学术文化传统。张载继承"绝学"，其著书立说的内容"有六经之所未载，圣人之所不言"（范育《正蒙序》），表现出很强的创新意识。他系统探讨"大道精微之理"（范育《正蒙序》），为儒家建构了一套极富创意的天人哲学体系。张载一生付出努力最多、成就最高、对后世影响最大的，正是其"为往圣继绝学"的贡献。

　　第四句"为万世开太平"。《礼记·礼运》所谓"大同"观念，一直是儒家的社会政治理想。郑玄在注解《礼运》时指出："同，犹和也，平也。"据此可知，"大同"也蕴涵了"太平"之意。"太平"理念，对北宋产生了深刻的影响。当时，"太平"一语很流行，朝野关注度最高的议题是天下太平。为此，以欧阳修、范仲淹、李觏等人为代表的政治家或思想家都向朝廷提出过"致太平"的方略。为了实现"太平"理想，张载付出了多方面的努力。首先，看其文化方面的努力。面对佛老的挑战，张载与其他以复兴儒学为己任的士人挺身而出，"排邪说，归至理"（范育《正蒙序》），努力为社会的太平秩序奠定思想文化基础。其次，看其政治方面的努力。在《行状》中，吕大临称先师"慨然有意三代之治，望道而欲见"。张载自己解释说，"望道"即是"望太平也"（《张子语录·语录中》）。这里的"道"，是以"王道"为宗旨的"治道"原理。把对"太平"秩序的渴望，与对"治道"的渴望联系起来，主张"道学"应当成为天下太平秩序的哲理基础。可见，张载对"太平"的思考并未囿限于当代的太平秩序，而是以更深邃的视野关注可持续的"万世"太平问题。这体现了他的远见卓识。

　　总之，对四为句的理解，不能脱离北宋的建国背景和理学家的问题关切。赵宋统治者总结此前社会长期分裂的经验教训，关注政治秩序的重建，而张载等理学家的最大关怀则是为社会秩序奠定永恒的精神基础，而不是认识"物质世界的规律"。四为句不仅是张载对自己一生抱负和理想的概括，而且还对当时、后世乃至现代的很多哲人志士都发挥过并继续发挥着极大的精神激励作用。

（二）理学纲领

　　一种思想或学说的纲领，应当是以概念或词语组合而形成的框架表达，能够据以揭示思想学说的宗旨。在《正蒙·太和》篇中，张载提出了著名的四句话："由太虚，有天之名。由气化，有道之名。合虚与气，有性之名。合性与知觉，有心之名。"（1·12）这可以简称作"《太和》四句"。"《太和》四句"自上而下地界定了"天""道""性""心"四个基本概念，可以视为张载的理学纲领。张载晚年精心设计的理学纲领排列有序，表述严整，界定清晰，作为纲领的特点很突出。在学术研究中，有必要区分一般性的论述与纲领性的论述，对二者不可等量齐观，而应当格外倚重纲领性的论述。多年前，笔者曾提出"《太和》四句"是张载的"理学纲领"这一观点④，但那时尚缺乏支持这一提法的文献依据。随着张载理学新文献的辑校整理，问题得到了解决。《礼记说》辑本，是张载理学新文献之一。参照张载佚著《礼记说·中庸第三十一》发现，"《太和》四句"原来是对《中庸》首章前三句"天命之谓性，率性之谓道，修道之谓教"的解说。朱熹曾指出,《中庸》首章前三句是全书的"大纲"(《朱子语类》卷六十二)。张载佚著《礼记说》解说《中庸》纲领的篇章,为研究者提供了具有关键意义的文献,还原了"《太和》四句"的语境,使"《太和》四句"作为张载理学纲领的性质得到确证。

张载理学纲领所界定的"天""道""性""心"四大概念,代表了天地间的四种存在。这四种存在之间的关系,或贯通,或感应,或同构,或联结。因此,不能把这四个概念切割开来,孤立地加以解释。

1. "由太虚,有天之名"。这里的"由"字,是用或借用的意思。张载借用道家"太虚"概念以释"天",是为了纠正秦汉以来儒者"知人而不知天"的"大蔽"(《宋史》张载本传),重构儒家"天"观。在他看来,秦汉以来儒者"鲜识天",把原本超越之"天"实然化和经验化了,贬低为"苍苍之形"的存在。而道家的"太虚"则具有无限性、超验性、非实然性等优点,可借此改造被汉儒实然化和经验化了的苍苍之天,从而使"天"重新成为宇宙的主宰和最高实在。在张载的话语系统中,"天"是儒家本有的概念,因而是本名;"太虚"是借自道家的概念,因而是别名。

2. "由气化,有道之名"。古今不少学者都把这句话中"道"的意涵完全归结为"气"或"气化"。这有待辨析和澄清。一方面,张载对"道"的界定,借助了阴阳家和道家的气或气化概念;另一方面,气化的运行又是由"天"所主导和推动的。这里还涉及"天"与"道"的关系问题。《中庸》第二十章说"诚者,天之道也",认为"道"是归属于"天"的。朱熹解释"由气化,有道之名"说,道"虽杂气化,而实不离乎太虚"(《朱子语类》卷六十)。朱熹的弟子陈淳言"道"时也指出:"其根源皆是从天来。"(《北溪字义》卷下)可见,"道"既不能单独归结为"气化",也不能单独归结为"太虚"("天"),它是太虚(天)与气化的统一体。另外,认为"天"高于"道"是儒家的传统认知,这与道家主张"道"高于"天"是不同的⑤。在《太和》四句的概念序列中,"天"既高于"道",又下贯和内在于"道"。

3. "合虚与气,有性之名"。这里的"合"字,是整合的意思。《中庸》首章第一句"天命之谓性",揭示了"性"根源于"天",但并未解释何者谓"性"。在儒学史上,张载第一次对"性"加以界定,认为"性"是由本体"太虚"("天")与现实之"气"整合而成的结构性概念。而且,在张载那里"道"与"性"是同构的,都是由"虚"与"气"构成的,这正是张载特别强调"性与天道合一"(6·3)、"性即天道"(17·5)的主要理由。尽管"道"与"性"是同构的,但二者在宇宙生成过程中的作用则各有侧重:"道",主要作为宇宙万物运行的动力,展现宇宙万物的变化过程及其秩序;而"性",则主要作为宇宙万物生成的根源,赋予宇宙万物不同的秉性或本质。值得注意的是,"太虚即气"这一命题其实说的正是"道"与"性"这两个概念。"太虚即气",与"合虚与气"及"太虚不能无气"(1·5),其意涵是一致的,都指太虚与气这两种不同的宇宙力量在现实世界中是联结整合为一体的。"太虚即气"的"即"字义,应当与张载话语系统中的"感"字义、"合"字义互证互释,从而得出正解。这一方法学意义,比只从"即"字用语习惯的统计方式重要得多。"即"与"感""合",都是说"道""性"内部存在虚与气相互感应、联结与整合的机制。关于"感",是感应或感通的省称,张载强调"同异、有无相感"(《正蒙·动物》),意为特定主体对异质的他者发挥关联整合作用。可以认为,"感"是"即"发挥关联整合作用的特定方式。关于"合",亦即"合虚与气,有性之名"的"合"。张载论"合"的原则,是指"合异",或"若非有异,则无合"(17·5)。这意味着相"合"的二者是异质的,而不是同质的,否则,"合虚与气"便不过是同语反复,毫无学理意义。可以认为,"合"也是"即"发挥关联整合作用的特定方式。对于"感"与"合"的关系,张载认为"感即合也"(17·5)。总之,"感"与"合"都是"即"发挥关联整合作用的具体方式。

4."合性与知觉，有心之名"。"《中庸》纲领"并未言及"心"，而张载却在其概念序列中特意补入"心"，并加以界定。宋人普遍以"知觉"为"心"，泛指人的一切感官活动和精神活动及其能力。而张载却认为，"知觉"与"性"整合在一起才构成"心"。他的这一界定，具有重要的创新意义，是要为人确立真正的"心"。张载论"性"，有客观的和主观的两种角度。就包括人在内的宇宙万物发生和存在的根源而言，"性"生成万物并赋予万物以本性，这就是张载所谓"性者万物之一源"（6·7）。这是客观层面的规定，这一角度下的"性"是宇宙生成论的概念，并不具有"知觉"能力。张载论"心"定义中的"性"，由于与"知觉"相关，因而是专就人而言的，包括"天地之性"与"气质之性"。这两重人性，都已含有主观层面的意蕴，并能够分别对人的"知觉"发挥不同的作用。对于"气质之性"，张载认为"君子有弗性者焉"（6·22）。这是因为，"气质之性"的缺陷使其对"知觉"所发挥的作用往往是消极的或是负面的。王夫之指出："不尊德性，徇见闻而已。"（《张子正蒙注》卷四）这是说"知觉"若不以德性为根据，则必将流于"见闻"。在"气质之性"被否定（"弗性"）之后，能够为"知觉"提供人性根据的便应当是"天地之性"。在张载那里，"天地之性"是"性之本原"，是"至善"的（张载佚著《孟子说·告子章句上》），因而在"合性与知觉，有心之名"这一表述中，"性"当指"至善"的德性。这样规定的意义是，人的一切认知活动都应当受德性的制约。

总之，在张载理学纲领的"天""道""性""心"四大概念序列中，"天"作为最高概念主导其他三个概念，并发挥向下贯通的作用，从而使"天""道""性""心"这四大概念在天人框架下联结为一个系统。在张载的理学纲领中，"气"只是表示构成自然实体的要素及其运行的辅助性概念，而不是与"天""道""性""心"并列的基本概念，更不是本体概念。把"气"视作张载哲学体系中的本体概念或最高概念，无法从张载的理学纲领或其他理论学说中获得支持。

（三）体系建构

张载理学的体系特征很突出。在长期"思虑义理"（《张子语录·语录下》）的过程中，张载建构了一套涵盖天论、道论、性论、心论的理学体系。海内外学者也公认张载理学思想有其完整的理论体系。韦政通认为，张载是北宋理学家中"对儒学真能登堂入室并能发展出一个新系统"的大师⑥。美国学者葛艾儒（Ira E. Kasoff）指出，张载的著作虽然"散佚很多，不过，留存至今的还是足以让我们勾勒出一个完整的体系"⑦。庞万里也肯定"张载之学是自成体系的"⑧。

张载的理学体系也就是他的哲学体系，而这一哲学体系是以基本概念及其序列为基础的。德国哲学家黑格尔（G. W. F. Hegel）指出："历史上的那些哲学系统的次序，与理念里的那些概念规定的逻辑推演的次序是相同的。"⑨张载哲学有四个关键概念："天""道""性""心"。这是自上而下排列的概念序列。张载天人哲学体系的天道论哲学和心性论哲学两大层面，完全与其"天""道""性""心"概念序列的"次第"相吻合。在其基本概念系列中，"天"是最高概念。构成张载理学体系的理论元素，除上述关键概念系列外，还有一系列基本命题和原理。就其理学的基本命题看，主要包括"太虚即气"命题、"性其总合两"命题、"大其心体天下之物"命题、"尊礼贵德"命题、"民胞物与"命题、"天人合一"命题，等等。就其理学的基本原理看，则主要包括"太虚"和"气化"的宇宙论哲学原理，"天地之性"和"气质之性"的人性论原理、"德性之知"和"闻见之知"的知识论原理、"变化气质"和"知礼成性"的工夫论原理、"以礼为教"的教育哲学原理、"道学与政术不二"的政治哲学原理，等等。

张载理学的体系结构，可划分为形而上学和形而下学两大部分。

张载理学纲领前两句说的是"太虚""气化"宇宙论哲学，这正是以"天""道"范畴为核心的，故也可以称为"天道论"。张载认为，"运于无形之谓道，形而下者不足以言之"（3·7）。可见，他是把天道论归结为形而上学的。张载理学纲领后两句所说，属于心性论哲学。就其本质看，也可以归结为形而上学；但心性论中的"见闻之知""气质之性"等内容，则不属于形而上学。可见，张载的理学纲领其实是其形而上学部分的纲领，其内容包括天道论哲学和心性论哲学两个层次。张载理学的形而下学部分，则指其面向现实社会，范导个体行为、社群关系和国家政治秩序的礼学，具体内容是张载的教育哲学和政治哲学，此外还包括修养工夫论等内容。

张载创建其理学体系的价值世界和意义世界，离不开对儒家经典的诠释。他特别强调在进行经典诠释时，必须"自出义理"，必须通过独特的解经方式以自创"新意"（《经学理窟·学大原下》），也就是进行理论创新。所谓"自出义理"，是指理论思考不能因循前人或他人成说，必须自出议论，自抒新意，自立新说，自成体系。张载"自出义理"的基本方式是所谓"心解"，指重视自我心思作用的发挥。当然，在解经中重视心思作用并不为张载所专擅，他的独特之处表现在围绕解经的心思作用提出了诸多原则要求，从而在解经的取向、概念的提炼、原理的总结、体系的建构等方面，无不呈现自己的特色。张载晚年回顾自己的学思历程说："某比来所得义理，尽弥久而不能变，必是屡中于其间，只是昔日所难，今日所易；昔日见得心烦，今日见得心约。到近上更约，必是精处尤更约也。"（《张子语录·语录中》）这显示了张载思想成熟期的自信，其中涉及对义理的认识越来越精炼简约的过程。义理的认识越来越精炼简约，包括以言语对义理的概括，提炼出能够体现自己理学思想的基本概念。在此基础上，张载确立了以"天"为核心概念，以"天""道""性""心"为概念序列的理学纲领，而其理学体系就是这一纲领的展开。吕大临所撰《行状》说，张载晚年在横渠故里"终日危坐一室，左右简编，俯而读，仰而思，有得则识之。或中夜起坐，取烛以书。其志道精思，未始须臾息，亦未尝须臾忘也"。这是对张载日以继夜地从事理学建构工作的生动刻画。

（四）"天人合一"

张载在历史上第一次使用"天人合一"这四个字，表述其理学体系的思想宗旨和精神境界，并做了明确的界说。针对佛教人士"诚而恶明"的倾向，张载强调指出："儒者则因明致诚，因诚致明，故天人合一。"（17·11）这一界说，着重从道德修养和精神境界的角度为儒者提出实现"天人合一"的方法。值得注意的是，张载"天人合一"思想所依据的经典除了《周易》经传之外，显然对《中庸》更加倚重。不难理解，《中庸》对张载的学术生涯曾经产生过特别的影响，也包括对张载"天人合一"思想的影响。张载所说"因明致诚，因诚致明"，来源于《中庸》第二十一章"自诚明""自明诚"的学说。此外，张载依据《中庸》第二十五章所谓"诚"者"性之德也，合内外之道也"的表述，将"合内外"作为表述"天人合一"的模式。仍与《中庸》有关，张载还从另一角度对"天人合一"思想做了重要的补充说明。他说："天人异用，不足以言诚；天人异知，不足以尽明。"（6·2）这表明，张载强烈反对在"用"和"知"这两个向度上使天人关系发生背离。这就启发我们，应当从运用和认知这两个向度考察张载的"天人合一"思想。

第一，从"知"的向度考察张载"天人合一"思想及其特色。《宋史》张载本传说他"以为知人而不知天，求为贤人而不求为圣人，此秦、汉以来学者大蔽也"。张载在论述天道性命相贯通时指出："故思知人不可不知天。"（6·11）清初理学家冉觐祖注解"天人异知"说："知人而不知天，是谓'天人异知'。"（《正蒙补训》卷二）如果人能够"知天"，便意味着天人不再"异知"。在张载看来，"知天"比"知人"更根本。张载批评秦、汉以来儒者"不知天"，是指他们把原本超越的宇宙本体之"天"实然化、经验化了。张载反对"姑指日月星辰处，视以为天"（《横渠易说·系辞上》），他对此批评说："'日月得天'，得自然之理也，非苍苍之形也。"（《正蒙·参两》）强调不能把"天"理解为苍苍之天，而应当理解为支配宇宙万物的最高实在和道德价值的终极根据。他还告诫学者："气之苍苍，目之所止也；日月星辰，象之著也。当以心求天之虚。"（《张子语录·语录中》）这是说，已少有儒者能"以心求"超越的宇宙本体之天了，更多的情形是以耳目感官把握由气构成的"苍苍"之天。可见，张载特别重视以"心"亦即人的精神能力去体悟"天"这一宇宙最高存在，并使之成为实现"天人合一"境界的途径。

第二，从"用"的向度考察张载"天人合一"思想及其特色。广义地看，"知天"也包括"知天道"。张载曾说，他撰写《西铭》的意图，是"只欲学者心于天道"（《张子语录·语录上》）。张载批评佛教人士"不知本天道为用"（1·6），主张"得天而未始遗人"（17·11）。如何"本天道为用"？考察张载的有关论述可知，这需要基于其天道论原理，经由个人修养的实践、社会治理的实践和人类参与自然生成过程的实践等多种途径，才能够逐步趋近"天人合一"的理想境界。

总之，张载的"天人合一"命题既具有道德修养实践意义和精神境界意义，也蕴涵了对社会秩序和自然伦理的诉求，是儒学史上天人合一观念的重要理论源头。

（五）《西铭》纲要

《西铭》原题作《订顽》，是张载书写并悬挂于学堂西窗的铭文。后来接受了程颐缓和词气的建议，改称《西铭》。张载去世后，其弟子苏昞把《西铭》编为《正蒙》第十七篇《乾称》的第一章。程、朱历来褒扬

《西铭》，而贬低《正蒙》。受程、朱的影响，明人辑编《张子全书》把《西铭》置于《正蒙》之前。南宋《诸儒鸣道集》所收《正蒙》，将《西铭》置于《乾称》篇的首章，其篇次与北宋苏昞的分篇一致。《西铭》全文虽然仅二百五十多字，却堪称千古名篇，其主要内容包括：《西铭》的主旨、《西铭》的纲要、《西铭》的仁孝伦理和信仰诉求以及《西铭》的生死观。

第一，关于《西铭》的主旨。程、朱把《西铭》的主旨归结为"理一分殊"。然而《西铭》通篇未言及"理"字。所谓"理一"，是程、朱站在"理学"立场所作的概括。朱熹把本来应当作为本体的"理一"，归结为现实社会等级关系。他说："所谓天理复是何物？仁、义、礼、智、信，岂不是天理？君臣、父子、兄弟、夫妇、朋友，岂不是天理？"（《晦庵先生朱文公文集》卷五十九《答吴斗南》）可见，《西铭》所谓"乾坤"，比程、朱所谓"理一"更具有超越性⑩。此外，所谓"分殊"，也并不是《西铭》的重心。笔者主张把《西铭》的主旨概括为：基于宇宙根源的仁孝伦理原则。《西铭》首句"乾称父，坤称母"，是张载依据《尚书》《易传》所概括的宇宙生成根源观念。在张载的话语中，言说宇宙生成根源的称谓有多种，其语境略有不同："道""性"是在哲学的意义上使用的，"乾坤"是在抽象意义上使用的，"天地"是在具象意义上使用的，而"父母"则是在喻象意义上使用的。《西铭》的仁孝伦理原则，正是以乾坤这一宇宙根源为根据的。

第二，关于《西铭》的纲要。朱熹以《西铭》前三句为全文的"纲要"（《朱子语类》卷九十八）。这前三句是："乾称父，坤称母；予兹藐焉，乃混然中处。故天地之塞，吾其体；天地之帅，吾其性。"对此，有必要略加调整：以"乾称父，坤称母；予兹藐焉，乃混然中处"为第一句，以"故天地之塞，吾其体；天地之帅，吾其性"为第二句，增加下面特别重要的"民吾同胞，物吾与也"为第三句。《西铭》纲要是理解其结构的钥匙，涉及宇宙间多个层次、多重维度及其关系。第一层次是以纵向的上下关系为特征的"父子"关联结构。在这一层次中，又可分为宇宙间人与乾坤父母的关系以及家族中人与生身父母的关系。这部分内容，主要蕴涵于《西铭》第一句和第二句。第二层次是以横向的平行关系为特征的"民胞""物与"关联结构。《西铭》第三句"民吾同胞，物吾与也"，反映的便是这部分内容。在张载看来，乾父坤母与人之间这种宇宙论意义上的"父子"关系，遵循的是"父子之道"（《周易正义》孔颖达疏）。而"父子之道"所蕴涵的，就是仁孝伦理原则。

　　第三，关于《西铭》的仁孝伦理和信仰诉求。早期儒家重视仁爱的血缘根据，主张爱有差等；而张载则强调仁爱的宇宙根源，以谋求平等之爱。《西铭》所谓"民胞物与"，与张载提出的"爱必兼爱"（6·7）完全一致。程颐也意识到，以血缘为根据的仁爱易导致"私胜而失仁"（《河南程氏文集》卷九《答杨时论西铭书》）。这就准确地揭示了《西铭》的立论支点。对"民胞物与"加以强调，使人们有可能调动平等之爱这一理念的力量，纠正"私胜而失仁"的偏向，以扩大仁爱实践的范围，而不是屈从于差等之爱的现实。《西铭》言"孝"的语境，是上述宇宙间和家族中以纵向的上下关系为特征的"父子"关联结构。由于这一结构有两重维度，因而孝行便有两类对象：一类是在家庭中对生身父母（包括祖先）行孝，另一类是把孝行扩大到宇宙范围，对乾坤父母行孝，使人成为"天地孝子"⑪。对乾坤、天道或天地父母的尊崇和敬畏，意味着为"孝"注入了神圣性，把"孝"提升为精神信仰。正是在此意义上，杜维明把《西铭》视为"儒家的信仰宣言"⑫。

　　第四，关于《西铭》的生死观。《西铭》的最后一句话是："存，吾顺事；没，吾宁也。"后来，这句话成为儒家生死观的标志性表述。除了强调"顺性命之理，则得性命之正"（6·36）之外，张载还认为，人的死亡其实是返归太虚这一终极归宿，就好像回到天地的怀抱一样。因而，他主张人们面对死亡时应当保持宁静的心态。有学者认为，张载"存顺没宁"的说法"已是《庄子·养生主》口气，失孔门之心法矣"[13]。说张载以气之聚散解释生死是受庄子影响，这比较中肯；若说他的生死观"失孔门之心法"，则并非确评。其实，张载的生死观并未丧失孔子儒学的立场。与道家有所不同，张载在以气之聚散解释生死的同时，特别强调的是"聚亦吾体，散亦吾体，知死之不亡者，可与言性矣"（1·6）。所谓"死之不亡者"，指超越于气之聚散变化之上的道德价值和性命根据，并不是指气而言的。

总之，《西铭》是要把生存于宇宙中的人和万物视作一个由纵横关系交织而成的大家庭，人和万物都是这个宇宙大家庭的平等成员。

（六）"以礼为教"

张载逝世后，程颐在总结其教学宗旨时说："子厚以礼教学者，最善，使学者先有所据守。"（《河南程氏遗书》卷二上《东见录》）作为曾经与张载往来密切的洛学领袖，程颐的就近观察是相当真切的。程颐对张载教学宗旨的这一评语，后来在历代学者的广泛征引中被浓缩为"以礼为教"四字。在宋代，张载以"尊礼"著称（《宋史》张载本传），形成了独树一帜的礼学思想。张载为学生讲授礼学，其内容相当广泛，其结构大致可以分为三个层次。

张载礼学结构的第一个层次是：成德践行之礼。这一层次的礼，其主要表现形式和功能是就个体而言的"以礼成德"（张载佚著《礼记说·学记第十八》），亦即张载所说的个体"行礼"实践（《经学理窟·气质》5·3）。与此相关，还包括个体的举止得体、行为庄敬等内容。

张载礼学结构的第二个层次是：社会教化之礼。这一层次的礼，其主要内容是在社群尤其是在家族生活中所推行的日常礼仪，如冠礼、昏礼、丧礼、祭礼等，其目的是"用礼渐成俗"（黄宗羲、全祖望《宋元学案》

卷十八《横渠学案下》），以改良地方社会秩序。

　　张载礼学结构的第三个层次是：养民治民之礼。张载"慨然有意三代之治"（吕大临《行状》）。"三代之治"的基础是礼乐制度，因而张载认为治理国事必须"以礼乐为急"（《张子语录·语录中》）。他还认为，礼乐制度应当发挥养民和治民的功能。

　　张载的教育哲学原理以"教"与"学"为其两个面向，对"教"之职责、"学"之方向等问题都有很精到的论述。同时，他又以"先正其志""成德谓之学"的教学目的论，"学礼""知礼""行礼"的教学内容论，"学在乎推广""成不独成"的教学过程论，作为自己教育哲学原理的三条主线。

　　第一，"先正其志""成德谓之学"的教学目的论。张载提出，教育的首要职责在于使学者"正其志"，认为这是"教之大伦"（8·54）。所谓"正其志"，是要学者先端正其为学之"志"，而此"志"指向的是"教人使入德"（8·49）。张载说："何谓学？成德谓之学。"（张载佚著《礼记说·学记第十八》）以"成德"为"学"，是对为学目的的实质性规定，也关乎学者的使命。从历史上看，对"学"之内涵的界定是随时代而演变的。唐代所谓"学"，注重的是学术的文化性、综合性道路；至北宋，在朝廷文教政策的推动下，士人亦即学者的人数剧增，此时的"学"不仅成为确认士人身份的尺度，而且"学"本身的内涵也转变为道德的自我修养[14]。可以说，张载对"学"的界定与"学"的历史转变趋势是一致的。

　　第二，"学礼""知礼""行礼"的教学内容论。在教学内容方面，张载强调学"礼"的优先性。司马光在评价张载教学特点时，说他"教人学虽博，要以礼为先"（《司马光集》卷五《子厚先生哀辞》）。张载指出："进人之速无如礼。"（《经学理窟·礼乐》）上述张载礼学结构的多层次展现，也都可以视为他教授弟子的具体内容。张载在以礼教弟子的教学活动中，"学礼""知礼"和"行礼"都是为张载所看重的方面。其中，"知礼成性"是他为学者制定的修身工夫基本形态之一。作为修身工夫，"知礼"是指理解礼的本质，"成性"则指道德人性的完成。对于"行礼"实践，张载主张从"洒扫应对"等最基本的工夫环节做起。他认为，"洒扫应对是诚心所为，亦是义理所当为也"。以此为起点，"从基本一节节实行去，然后制度文章从此而出"（《经学理窟·学大原下》）。

第三，"学在乎推广""成不独成"的教学过程论。张载提出："学在乎推广，而不可以不思。"（张载佚著《礼记说·学记第十八》）他所谓"学在乎推广"，说的是为学由己及人、由己及物的扩充过程。张载说："惟大人为能尽其道，是故立必俱立，知必周知，爱必兼爱，成不独成。"（6·7）他关于"成不独成"的思想，是对《礼记·学记》中为学"大成"思想的发挥。张载解释说："化民易俗之道，非学则不能至。此学之大成也。"（张载佚著《礼记说·学记第十八》）据此可知，张载"成不独成"的思想，着眼于社会道德风俗的改良，已经超出了一己成德的范围，体现了孔子的忠恕精神和儒家的经世理想。后来，张门弟子吕大钧兄弟撰写《乡约》，并推行于其乡京兆蓝田（今陕西蓝田），正是把张载礼学用于整顿地方秩序的一个具有深远影响的案例。

三、张载的历史地位

对于张载的历史地位，有必要结合他的生前身后际遇，从学派关系、思想贡献、历代封赐等视角进行综合评价。

（一）从关洛关系看张载的历史地位

在宋代"濂、洛、关、闽"四大理学学派中，张载关学与二程洛学两派的关系最为密切。从古至今，有一个问题一直影响人们对张载历史地位的评价，这就是：张载关学与二程洛学之间的关系，是否像程、朱学派的某些学者所说，张载之学源出于二程？而这又进一步关系到对张载关学是否属于独立的理学学派的判定。归纳起来，从北宋至南宋，围绕这个问题有两种说法。

第一种是北宋程门弟子吕大临、杨时等人及南宋朱熹的说法。吕大临原为张门弟子。张载逝世后，他转师于二程门下。在吕大临《行状》中，曾言及张载与二程京师论学一事。该《行状》有两个不同版本，记述有很大差异。《行状》通行本记述道："嘉祐初，（张载）见洛阳程伯淳（程颢）、正叔（程颐）昆弟于京师，共语道学之要。先生（指张载——引者注）涣然自信曰：'吾道自足，何事旁求！'乃尽弃异学，淳如也。"而此前程颐曾转述《行状》的原本说：吕大临"作《横渠行状》，有'见二程尽弃其学而学焉'之语"（《河南程氏外书》卷十一《时氏本拾遗》）。《行状》通行本是原本的改本。之所以修改，是因为程颐看到《行状》原本之后，对吕大临表示了强烈的不满和批评。与吕大临《行状》原本的说法接近，杨时（1053—1135）说："横渠之学，其源出于程氏，而关中诸生尊其书，欲自为一家。"（《杨时集》卷二十六《跋横渠先生书及康节先生人贵有精神诗》）日本学者土田健次郎揭示了杨时这一说法的意图，说："杨时并不是把张载当作一个独立于二程的对象来尊重，毋宁说，他似乎将张载完全视为二程的附属品。"[15]杨时除了强调张载之学"其源出于程氏"外，还对关学弟子"欲自为一家"不以为然，表示他不认可关学作为一个独立的理学学派的存在。程门另一弟子游酢（1053—1123）称程颢"年逾冠，明诚夫子子厚（指张载——引者注）友而师之"（《书（程颢）行状后》，《河南程氏遗书·附录》）。这一说法，与杨时所说类似。此外，南宋朱熹也有过类似的说法。他说："横渠之学，实亦自成一家，但其源则自二先生（指程颢、程颐——引者注）发之耳。"（《伊洛渊源录》卷六）与杨时不同，朱熹虽然对于张载之学"自成一家"这一点似乎是认可的，但同时他又坚持认为张载之学"其源则自二先生发之"。这两种说法之间，显然是矛盾的。如此看来，朱熹所谓张载之学"自成一家"，只是一种说辞而已。这种矛盾现象，与朱熹建构当代理学道统系谱的意图有关。他不愿意放弃张载关学源于二程的说法，很可能是为了拥有充分的理由将张载关学置于二程洛学的附属地位。

第二种是程颐的说法。程颐在看到吕大临《横渠行状》原本对二程与张载学术关系的一段话之后，说："表叔（指张载——引者注）平生议论，谓颐兄弟有同处则可，若谓学于颐兄弟则无是事。顷年属与叔（吕大临的字——引者注）删去，不谓尚存斯言，几于无忌惮。"（《河南程氏外书》卷十一《时氏本拾遗》）作为当事人，程颐的说法是真实可信的，能够反映关学与洛学两派关系的真相，这也是他对张载之学是否"源出于程氏"这一议论所定的基调。而吕大临的说法则罔顾事实，这是很不厚道的。与程颐的态度接近，程颢从另外一个角度表达了对张载之学的敬佩。熙宁初，"神宗问明道以张载、邢恕之学，奏云：'张载臣所畏，邢恕从臣游。'"（《河南程氏外书》卷十二《传闻杂记》）很难设想，程颢会认为他所敬畏的张载其学竟然是源出于自己的。

在二程兄弟中，程颢注重讲学而不甚看重著述，而程颐则不同，他晚年回顾自己的为学经历说："吾四十岁以前读诵，五十以前研究其义，六十以前反复绅绎，六十以后著书。"（《河南程氏遗书》卷二十四《邹德久本》）程颐的代表作《程氏易传》成书于哲宗元符二年（1099），此时他已六十七岁，这与他"六十以后著书"的说法是吻合的。而早在二十多年前，亦即熙宁九年（1076），代表张载成熟思想的《正蒙》一书便已成书，并出示门人。总之，张载的学说和他领导的学派，其形成都早于二程。

现代学者不必立足于古人的门户之见或道统观念，而是应当按照更高的学术要求评价关学与洛学两派之间的关系。张岱年早就指出，程门后学以"先程后张"言当时学术"衍变之序"，实乃"一派之私见而已"^⑯。后来，庞万里也指出，程门弟子的说法实际上是"门户之见，有意扬程抑张，抬高程学地位，是与事实不符的"^⑰。另外，国外汉学家对这一问题也发表了自己的真知灼见。美国汉学家包弼德（Peter K. Bol）认为，"朱熹让张载求教于二程，而实际情况可能正相反"^⑱。另一位美国汉学家葛艾儒（Ira E. Kasoff）指出，朱熹勾勒了一条北宋理学发展的路线："周敦颐启其途，一传而至于二程兄弟，别派歧出则为张载、邵雍及程门中人。这样的图解，被人们当成事实接受下来了，可是，它却混淆了一个关键点：张载这位重要的哲学家，他开创的哲学体系，既在二程兄弟之前，又是独立于后者之外的。"^⑲对于张载之学是否"源出于程氏"这一历史公案，以上所引述的几位海内外学者都有拨正之功，他们都准确地揭示了问题的症结所在。

（二）从思想贡献看张载的历史地位

　　对于张载的历史地位，需要通过论析他的思想贡献予以评价。张载建构了一套由天论、道论、性论、心论以及价值论、工夫论、教育学说和政治学说构成的理学体系。这一体系的内容，涵盖了张载对全部人类经验的理解，其中许多是"六经之所未载，圣人之所不言"（范育《正蒙序》）的。限于篇幅，以下对张载的思想贡献仅择其精要述之。

　　与北宋其他理学家或着重讲"无极"讲"太极"，或着重讲"天理"讲"理"有所不同，张载针对秦、汉以来儒者"知人而不知天"的弊端，改造被秦、汉儒者实然化和经验化了的"天"，把"天"重构为宇宙间至高无上的终极实在，使之重返超越本体的神圣地位。这是对周、孔儒学"正传"（皮锡瑞《经学通论》卷一《易经·论阴阳灾变为易之别传》）的守护。以此为前提，张载还以其"勇于造道"（黄宗羲、全祖望《宋元学案》卷十七《横渠学案上·序录》）的精神，第一次提出了具有结构特征的"天道"概念，这是儒学天道论的传承创新。张载"天道"概念的结构特征表现在：一方面，继承《中庸》第二十章"天之道"的观念，强调"天"高于"道"，同时又把"天"视作"道"的主导力量；另一方面，他把阴阳家、道家和道教的"气"或"气化"作为辅助力量引入"天道"论，把"气"或"气化"从原本的"术"改造为"学"，使之成为学理意义上的"天道"论的组成部分。张载提出的"天参"概念，使其"天道"的结构特征更加清晰。"天参"之"参"，与"叁（三）"古字通用。张载依据《周易·系辞》"太极""两仪"和《穀梁传》天与阴、阳"三合而后生"的观念，并吸收阴阳家、道家和道教的阴阳气化观念，明确提出"天道"是由"一"与"两"，亦即天（太虚）与阴、阳之气构成的"三位一体式的存在"，这是对儒家宇宙论哲学的重要贡献⑳。

作为理学家，张载虽然着重讲"天"讲"道"，但也并非不讲"理"。他讲"理"，除单一的"理"字之外，所用多为复合词，包括"天理""义理""道理""性命之理""万物之理""天地之理"等。除自然之理外，张载对于"理"更多是从道德伦理原则和社会政治秩序等方面加以阐发的。虽然"理"在张载理学思想中也很重要，但他毕竟未将"理"直接纳入"天""道""性""心"这四大基本范畴的构架之中，因而可以将其"理"视作与"道"处于平列地位，是居于"天"之下的次级概念。这与把"天理"看作最高概念的程、朱之学是不同的㉑。

张载认为，"天所性者，通极于道，气之昏明不足以蔽之"（6·11）。这表明，在宇宙中"天""性""道"的地位都高于"气"，而且他所谓"道"与"性"的关系是"通极"的，也可以理解为"道"与"性"二者是同构的，都是由"天"（太虚）与"气"（阴阳）联结整合为一体的。《中庸》首章第一句"天命之谓性"，揭示了"性"源于"天"，但并未解释何者谓"性"。在儒学史上，张载第一次对"性"的意涵加以界定，提出"合虚与气，有性之名"（1·12）。这是张载性论的基点。除了"性"的结构特征之外，张载还揭示了"性"作为万物根源的宇宙生成论特征。他提出："性者万物之一源，非有我之得私也。"（6·7）由于人类也包括在宇宙万物之内，因而张载的性论也涵括了人性论。

张载论人性是以孟子的性善论为出发点的。但与孟子不同的是，张载把人性划分为"天地之性"与"气质之性"，认为二者分别根源于"虚"与"气"，其中"天地之性"是人性之"本"，是"至善"的；而"气质之性"则是人性之"末"，是相对的、有善有恶的，并强调君子绝不以"气质之性"为"性"。针对佛、老单纯以虚无言性，汉儒单纯以气言性的两偏之失，张载基于本体与现实的整合，进而使虚与气、无与有"兼而不偏举"（《横渠易说·系辞上》），既为人性"立本"，又不忽略人性的现实特征。此外，他还从实践层面创构了成性论，其内涵包括成性过程的三个阶段划分和道德实践工夫次序等[22]。虽然"世以孟子比横渠"（《陈亮集》卷二十三《伊洛正源书序》），但是与孟子相比，张载的独特贡献在于为儒家人性论提供了天论和天道论依据，并提出了"气质之性"和"成性"等新说，这就大大拓展了对人性的解释空间，成为理学史上人性论的主流。

张载的理学体系也包含有丰富的心学思想。但张载的心学与后来陆象山、王阳明以"心"为本体的心学是有所不同的。张载所谓"合性与知觉，有心之名"，是对"心"所做的新界定，与直接以"知觉"为"心"的流行看法是大相径庭的。张载对"心"的独特规定，强调人的知觉活动必须以德性为根据，从而为人确立真正的"心"。他还肯定心的能动作用，认为"心能尽性"，而"性不知检其心"（6·18）。张载的知识论也属于其心学。他所提出的"见闻之知""德性所知"和"诚明所知"等多层次的知识理论，宋明儒者无不遵守之[23]。在心性关系方面，张载提出了"心小性大"的命题。这一命题的理论依据是："性，原也；心，派也。"（张载佚著《孟子说·尽心章句上》）"性，原也"，是说"性"是宇宙万物创生的根源；"心，派也"，是说相对于宇宙创生根源的"性"，人和万物都是派生的，因而人心也是派生的。由于人心不能作为宇宙创生万物的根源，故其地位低于性，当然更低于天。这与二程认为心与天同一甚至等同的看法，以及朱熹认为心、性不应分"小大"的看法，都很不相同。"心小性大"的命题所要说的只是：心性地位有小大，然其作用惟在心[24]。

　　值得注意的是，张载的心学思想对陆象山、朱熹等理学家都产生过重要的影响，而对王阳明的影响尤其需要关注。康有为指出，张载所谓"诚明所知乃天德良知"，"王阳明良知之学本此"（《康有为全集》卷二《讲正蒙》）。张载所使用的"太虚"一语出自《庄子》，但经过张载的改造，使之成为理学家的一个重要概念。王阳明晚年对张载的"太虚"概念曾多次援引。嘉靖六年（1527），王阳明在与钱德洪、王畿讨论"为学宗旨"时强调，"良知本体"，"只是太虚"（《王阳明全集》卷三十五《年谱三》）。在这段话中，王阳明还使用了《正蒙》所谓"太虚无形"（1·2）一语，并提出，"良知之昭明灵觉"，"廓然与太虚而同体"（《王阳明全集》卷六《答南元善》）。

　　对于张载理学，不少学者倾向于把它视作自然哲学，而忽略其价值哲学特性。这种倾向需要扭转。尊礼重德、礼德并用，是西周的传统。张载因应儒学复兴的时代呼唤，对西周原本作为"德政"意涵的德—礼体系从价值观的角度进行了新的诠释，系统阐发了"尊礼"和"贵德"的价值观。"礼"和"德"是其价值观的两个基本类型，而"尊礼贵德"（《宋史》张载本传）则是张载价值论的主题。张载所谓"礼"，不仅是实现仁、孝等道德价值的途径，而且其本身也具有强烈的价值意义，其性质属于规范伦理或规范价值。张载礼学具有多重价值功用，包括国家治理的价值功用、地方自治的价值功用、个体成德的价值功用。"仁""孝"，是张载"贵德"价值观的核心。与早期儒家有所不同，张载说"仁""孝"的新意表现在三个方面。一是突破了早期儒家基于血缘、强调差等的仁爱观。张载甚至提出"爱必兼爱"的主张，以谋求平等之爱。张岱年认为，张载的仁爱观"综合了孔子的仁与墨子的兼爱"㉕。二是扩大了"仁"的实践范围。《西铭》提出"民胞物与"的理念，意味着从限于人类说仁爱转变为不限于人类说仁爱。三是扩大了"孝"的实践范围。在《西铭》中，张载把"事天"作为"仁人孝子"的伦理义务和伦理责任，于是把家族中对生身父母行孝，扩大到宇宙范围，使人成为"天地孝子"㉖。

张载的价值观在其理学体系中地位独特，并发挥着"上通"与"下贯"的作用。"上通"，指"礼"和"仁""孝"等人文价值都能够接通天或天道，都有其形而上的宇宙根源；"下贯"，指"礼"和"仁""孝"等人文价值能够向下贯通于现实世界，对现实世界发挥直接的范导作用。

孔子和子思的"中庸"学说，都强调用"中"。而张载在传承"中庸"观念的同时，还整合了儒家论述"正"的理论资源，并加以总结，提出了"中正之道"的原理，把作为道德价值方向的"正"与作为其实施之适度原则的"中"结合了起来。依据张载的《正蒙·中正》及其他相关著述，可以把"中正之道"视为张载价值观的最高原理㉗。简言之，"中正之道"所谓"正"，指至善，是总摄其他一切价值类目的终极价值；所谓"中"，则指规避价值实施过程中"过"与"不及"的方法准则，在落实"正"这一终极价值的过程中发挥实施有度的作用。

如上所述，张载理学是典型的天人之学。若进一步概括，则可以认为他所明确提出的"天人合一"是其学说的宗旨。张载理学的体系、纲领与宗旨，这三者之间可以互证互释。张载提出的"天人合一"，是对人类所有经验的总括和升华。现代以来，不少著名学者曾经用"天人合一"这一话语概括中国思想文化的基本特征。而这一话语的源头，便主要来自张载。当然，不同学派及其代表人物所说的"天人合一"，其意涵是不尽相同的。

总之，张载一生的最大贡献，是实现了"为往圣继绝学"的志抱，于其思想成熟期完成了理学体系的建构。无论古人有关"濂、洛、关、闽"四大理学学派的说法，还是今人有关理学学派的"三系"或"四系"的说法，张载所创建的关学学派在其中都占有一席之地。张载关学既是理学的独立学派，也是理学的重要理论形态之一。近代以来，关学宗师张载的著作和学说还远播于东亚、欧美。无论是在古代的儒学发展史上，还是在中华优秀传统文化的当代传承体系中，张载关学都享有崇高的地位，其思想遗产至今仍有其强大的生命力。

（三）从历代封赐看张载的历史地位

张载的地位也得到官方的认可，包括历代朝廷对张载的赠谥、封爵和准予从祀孔庙。朝廷对理学大家的赐谥，一般由大臣的奏请而起。张载逝世后，门人欲谥为"明诚夫子"，质询于程颢。程颢就此请教司马光，司马光指出"子厚平生用心，欲率今世之人，复三代之礼者也"，其门人"欲谥子厚而不合于古礼，非子厚之志"，遂以"不可"而作罢（司马光《论谥书》）。宋哲宗元祐七年（1092），张载弟子、秦凤路提点刑狱张舜民在《上哲宗乞追赠张载》中，请求朝廷为张载追谥。宋宁宗嘉定四年（1211），著作佐郎兼沂王府教授李道传奏定张载等五先生从祀。宁宗嘉定十年（1217）和嘉定十四年（1221），朝请郎直秘阁知潼川府魏了翁两次向朝廷为张载请谥。直至嘉定十六年（1223）正月，朝廷允以赐谥为"献"。宋理宗淳祐元年（1241）正月，令学宫将张载与周敦颐、二程、朱熹五人同列从祀孔庙，并续奉圣旨为此五人封爵，其中封张载为眉伯。宋度宗咸淳三年（1267），诏封张载为眉伯。宋理宗端平二年（1235）正月，礼部尚书兼侍讲李埴奏张载等十人为学者所宗，宜在从祀孔庙之列。朝廷从之。元仁宗皇庆二年（1313），以宋儒张载等九人从祀孔子庙庭。元泰定帝泰定三年（1326），建横渠书院和张子祠于眉县，以表示对张载的尊崇。明世宗嘉靖十年（1531），国子监建启圣公祠成，张载等九十一人从祀两庑。清世祖顺治二年（1645），祭祀大成至圣文宣先师孔子，张载等六十九人从祀西庑。

四、张载思想学说的现代价值

2020年底，"张载思想的现代价值"入选2020年度"中国十大学术热点"。作为特邀点评专家，笔者从三个方面概括了张载思想学说的现代价值。这里，有必要对张载思想学说现代价值的这三个方面略加展开说明。

（一）"四为"精神的现代价值

"为天地立心，为生民立命，为往圣继绝学，为万世开太平"这四句名言，是张载一生志向和理想的抒发，也是古代知识分子以天下为己任的经典表述。日本著名学者岛田虔次认为，张载的这四句话，是"表现宋学的根本精神、根本性质的语言"，这种精神堪称"规模雄大"[28]。"四为句"的前两句，意在为社会确立思想文化根基，对于中华民族精神价值的塑造至今仍然发挥着积极的作用。今天的社会主义核心价值观及其社会作用，与此是一脉相承的。不同的是，北宋社会价值系统多由理学家个人提出，然后逐渐得到社会的认同和接受；而社会主义核心价值观则是国家层面在凝练社会各界智慧的基础上提出来的。2017年1月，中共中央办公厅和国务院办公厅颁布了《关于实施中华优秀传统文化传承发展工程的意见》，体现了党和国家继承发展中华优秀传统文化的决心。这与"为往圣继绝学"的抱负是一致的。"为万世开太平"，作为开拓世代平安和谐的社会理念至今影响深远。

（二）"天人合一"的现代价值

张载理学思想的宗旨是"天人合一"。张载依据"天人合一"这一核心观念，建构了一套独特的话语体系和思想体系。"天人合一"观念是说，乾坤或天地是宇宙间的最高存在，它好像人类的大父母，对天地的敬畏应当成为人类的共同信仰；人们应当通过自我修养逐步提升道德水平，并努力达到亲近天地自然的精神境界。国学大师钱穆晚年认为，"天人合一"观念是"整个中国传统文化之归宿处"，并深信这是中国文化对世界的重大贡献㉒。从先秦到宋代，"天人合一"观念发生了从王权垄断向个人精神价值的转变。与此一致，张载对"天人合一"观念的发展做出了突出的贡献。这主要表现在三个方面。第一，张载在历史上第一次使用"天人合一"这四个字，将其作为一个思想命题提了出来，并做了明确的界说。他说："儒者则因明致诚，因诚致明，故天人合一。致学可以成圣，得天而未始遗人。"（17·11）这一界说，着重从提升精神境界的角度提出了实现"天人合一"的途径。第二，对于天人关系的理解，张载与程颢等人不同，他既承认天人有"分"，认为二者存在差异，又主张扬弃其差异，把实现天人之间的统一作为最终理想。第三，"天人合一"命题不仅具有精神境界意义，同时还蕴涵了古人对社会秩序和自然伦理的诉求，昭示今人只有经由不懈的努力，才能够在道德、社会和自然等领域逐步趋近这一理想境界。

（三）"民胞物与"的现代价值

在《西铭》这一千古名篇中，对后世影响最大的一句话是："民，吾同胞；物，吾与也。"这句话后来被凝练为"民胞物与"这一被广泛引用的成语。"民胞物与"以《易传》的"乾父坤母"作为宇宙根源，以谋求平等之爱。这是张载仁爱观的标志性话语，与他提出的"爱必兼爱"（6·7）的理念完全一致。"民胞物与"的理念，其内涵包括两个方面。第一，"民胞"：说的是人与人之间的平等之爱。这是指在乾坤父母面前，所有的人都应当视他人为自己的同胞，必须以仁爱之心对待。张载对人与人之间平等之爱的强调，与早期儒家强调仁爱的血缘根据，因而爱有差等是不同的，是对传统仁爱观的突破。"平等"，是社会主义核心价值观之一。今天，应当警惕裙带关系等血缘私情对社会主义平等价值观的侵蚀。张载把儒家传统的仁爱差等观改造为仁爱平等观，这对今天深刻理解社会主义平等价值观具有重要的借鉴意义。第二，"物与"：说的是人与物之间的平等之爱。这是指在乾坤父母面前，人类应当视宇宙间的万物为自己的伙伴，以仁爱之心对待。"物吾与也"的观念，从限于人类谈仁爱，到不限于人类谈仁爱，扩大了仁爱施与的范围，是张载对儒家仁爱观的重要发展。这种把宇宙间万物都看作人类伙伴的观念，可以作为人类平等对待自然万物、与万物共存共荣的重要行为准则，有助于人类深刻反省如何面对自然界危机频发的现实。长期以来，人类遭遇的很多灾难，都与人类以自然的征服者自居、贪得无厌、对自然资源的掠夺和对自然生态的破坏有关。在一定意义上，也可以把《西铭》所谓"天地""父母"理解为自然界。英国著名历史学家汤因比（Arnold Toynbee）在其最后著作《人类与大地母亲：一部叙事体世界历史》中，反复重申人类是"大地母亲"的孩子，若不能善待"母亲"，面临的惩罚将是人类的自我毁灭[30]。敬畏自然，既是一种信仰，也是善待自然的前提。张载所谓"乾称父，坤称母"和"物吾与也"的观念与汤因比的告诫一样，对人类极具警醒意义。

五、张载著作及其版本概览

据南宋以来官私书目著录，张载著述甚多。朱熹、吕祖谦合编《近思录》之引用书目著录，张载著作有《横渠先生正蒙》《横渠先生文集》《横渠先生易说》《横渠先生礼乐说》《横渠先生论语说》《横渠先生孟子说》《横渠先生语录》等。晁公武撰《郡斋读书志》著录，张载著作有《横渠易说》十卷、《横渠春秋说》一卷、《横渠孟子解》十四卷、《正蒙书》十卷、《信闻记》一卷、《理窟》二卷、《横渠注尉缭子》一卷、《横渠崇文集》十卷等。赵希弁撰《读书附志》著录，张载著作有《横渠先生语录》三卷、《横渠先生经学理窟》一卷等。陈振孙撰《直斋书录解题》著录，张载著作有《横渠易说》三卷、《横渠张氏祭礼》一卷、《正蒙书》十卷、《经学理窟》一卷等。《宋史·艺文志》著录，张载著作有《易说》十卷、《张载经学理窟》三卷、《诗说》一卷、《三家冠婚丧祭礼》五卷（司马光、程颐、张载定）、《横渠张氏祭仪》一卷、《正蒙书》十卷、《张载集》十卷。元、明以降，张载著作颇有散佚。曾著录于南宋以来官私书目的张载佚著，主要有两类：一类为"诸经说"（黄巩《横渠经学理窟跋》），包括《横渠春秋说》《横渠礼记说》《横渠诗说》《横渠论语说》《横渠孟子说》等；另一类为礼仪方面的著作，如《横渠张氏祭礼》《冠婚丧祭礼》等。

　　张载的存世著作，主要有《正蒙》《张子语录》《经学理窟》《横渠易说》等。南宋理宗端平二年（1235），佚名辑编、黄壮猷修补印本《诸儒鸣道集》共收入张载著作三种，包括《横渠正蒙书》八卷、《横渠经学理窟》五卷、《横渠语录》三卷。明嘉靖年间，吕柟编辑刊行了《张子抄释》六卷，除收录《正蒙》、《经学理窟》（节本）、《语录抄》外，所辑录的《文集》共得诗、文十一种。《诸儒鸣道集》和《张子抄释》所收录的张载著作，可视为张载著作选集。

　　南宋朱熹曾校订《张载集》（或称《横渠集》），而汪应辰、吕祖谦则分别刻板刊行过该著作集[31]。此外，《宋史·艺文志》著录有《张载集》十卷。可惜，张载的这些著作集或文集都未流传于世。现在能够见到的最早的张载著作全集传本，是明万历三十四年（1606）徐必达辑编并刊行的《张子全书》十五卷，包括《西铭》《东铭》一卷、《正蒙》二卷、《经学理窟》五卷、《易说》三卷、《语录抄》一卷、《文集抄》一卷、《拾遗》

一卷、附录一卷③。稍后，有明万历四十六年（1618）陕西凤翔知府沈自彰刊刻的《张子全书》十五卷，其内容与徐必达本大致相同。清代的多种《张子全书》版本与明本相比，并没有特别大的差异。

还应当看到，蕴含于张载著作中的思想学说，都是与儒家经典密切联系的。《宋史》张载本传说，其学"以《易》为宗，以《中庸》为体，以孔、孟为法"。尽管张载对儒家诸经都有研究，但其思想学说最为倚重的经典则为《周易》经传和《礼记》，特别是由《礼记》别裁而出的《中庸》，其次为《论语》《孟子》。

最后需要说明的是，1978 年由中华书局出版的《张载集》（章锡琛点校），是张载著作集最早的现代整理本，所收录的张载著作包括：《正蒙》《横渠易说》《经学理窟》《张子语录》《文集佚存》等。最近若干年来，又陆续出版了几种重新编校的张载著作集，包括由陈俊民编校的《张载全集》、林乐昌编校的《张子全书》及《张子全书》增订本。这些整理成果各有其特点，在选择校本、订正讹误、辑校佚著等方面做出了不少努力，为张载理学研究提供了更完备可靠的文献资料（参见本书《主要参考文献》）。

六、本书的编写体例

在严格遵循丛书凡例要求的同时，根据所选张载著作体例的不同特点，解读者对本书的编写体例做了如下处理：

（一）关于本书的版本。对于张载著作集，本书采用的底本是由林乐昌编校的《张子全书》增订本（西北大学出版社 2021 年版），同时参考了其他整理本（详见本书《主要参考文献》）。

（二）关于本书的篇目。本书的解读，从张载诸多著作中选择了三种：《正蒙》《经学理窟》和《横渠易说》。本书对这三种著作，都是节选。

所节选的篇目，皆按其思想重要性而定。对于所选张载的三种著作，其思想主旨、版本和相关重要信息，在每一种著作的题名之下都撰写了相当于解题的文字，此可以与导读的第五部分互为补充。

（三）关于本书的引注。本书凡引用张载著作，一律随文在圆括号内注明出处；凡引用张载集外佚著，则在注明出处时标明"张载佚著"字样，以示区别。本书凡引用《正蒙》历代注本，皆出自林乐昌所著《正蒙合校集释》（中华书局2012年版）。本书凡引用今人论著，若已著录于《主要参考文献》者，则不详注出版信息，其他论著则予以详注。

（四）关于本书的校勘。作为本书底本的《张子全书》增订本，其选本和校勘都与中华书局出版、章锡琛点校的《张载集》（简称"章校本"）有很多不同，其详情请参见《张子全书》增订本的《编校说明》。在本书中，只对所选张载三种著作的重要异文做了校勘说明。

（五）关于本书的原典。本书的原典，指所选张载三种著作的原文。需要说明的是，与《正蒙》和《经学理窟》不同，《横渠易说》的体例有其特殊性，其《易说》文本属于原典，但原典之上还有作为张载解说对象的《周易》经典文本。对于《横渠易说》的解读，本书采取的撰写格式是：《周易》经典文本在前，采用黑体字，顶格排版，其字体不同于原典，但字号同于原典。在《周易》经典之下，原典、注释、点评等三个部分的撰写格式，仍遵从丛书凡例的要求。

（六）关于本书的注释。本书的注释分为两类。一是文字类注释。此类注释的对象，是原典中的疑难字词，也包括复杂多变的虚词。二是章句类注释。此类注释的方式，是在疑难字词的释义之外，串讲完整句子的大意。按照丛书的规定，为了更好地疏通文意，经典解读需要通过多作句意串讲加以实现，并将一般的字词解释融入串讲。

（七）关于本书的点评。古籍的篇章结构复杂多样。本书节选张载三种著作中的十一篇，各篇的章数不等，最多的一篇《正蒙·中正》多达六十章。若一律采用"篇末评"，则难以实操。针对这一实际，本书把点评分为"章末评"和"篇末评"两类："章末评"，称作"点评"，撰写原则是有话则长，无话则短；此外，每一篇之后，另撰写具有总结性的"篇末评"。这两类点评，可以发挥互补之效。

（八）关于本书的序号。《正蒙》共分十七篇，原有分篇序号，例如《正蒙·太和篇第一》《正蒙·乾称篇第十七》等。本书精选了《正蒙》十七篇中的七篇，依照前后顺序，在所选《正蒙》各章文字之前，增加了一组阿拉伯数字作为序号，以方便检读。序号圆点前的数字表示篇序，圆点后的数字表示章序。各章序号的起讫，以篇为单位。例：《正蒙·太和篇第一》之第 12 章，标示序号为 1·12，其中 1 表示篇序，12 表示章序。《经学理窟·自道第九》之第 20 章，标示序号为 9·20，其中 9 表示篇序，20 表示章序。《横渠易说》非篇章体，故序号不显示篇序，而只显示章序。此外，本书的导读、注释和点评等各部分，凡引用《正蒙》入选各篇的文字，只随文出注其篇章序号；凡引用《正蒙》其他各篇的文字，则随文出注其著作名和篇名；凡引用《经学理窟》和《横渠易说》入选各篇的文字，在随文出注其著作名和篇名的同时，并出注其序号；凡引用《经学理窟》和《横渠易说》其他各篇的文字，或引用张载其他著作的文字，则随文出注其著作名和篇名；凡引用工具书，只随文出注其书名。

---

① 雷海宗《中国的兵》，中华书局 2016 年版，第 49 页。
② 张岱年《试谈"横渠四句"》，《中国文化研究》1997 年春之卷（总第 15 期），第 2 页。
③ 金春峰《〈月令〉图式和董仲舒的目的论及其对宋明理学的影响》，《汉代思想史》附录二，中国社会科学出版社 1987 年版，第 647 页；牟宗三《四因说演讲录》，上海古籍出版社 1998 年版，第 16 页。
④ 林乐昌《张载两层结构的宇宙论哲学探微》，《中国哲学史》2008 年第 4

期，第 86 页；林乐昌《论张载对道家思想资源的借鉴与融通》,《哲学研究》2013 年第 2 期，第 38 页。

⑤　李泽厚《中国古代思想史论》，人民出版社 1985 年版，第 131 页。

⑥　韦政通《中国思想史》（下册），上海书店出版社 2003 年版，第 749 页。

⑦　[美]葛艾儒（Ira E. Kasoff）《张载的思想（1020—1077）》，罗立刚译，上海古籍出版社 2010 年版，《前言》第 1 页。

⑧　庞万里《二程哲学体系》，北京航空航天大学出版社 1992 年版，第 39 页。

⑨　[德]黑格尔（G. W. F. Hegel）《哲学史讲演录》，贺麟、王太庆等译，商务印书馆 1956 年版，第 1 卷，第 34 页。

⑩　林乐昌《论朱熹的〈西铭〉诠释模式——以"理一分殊"为标志》,《哲学与文化》（台北）2016 年第 10 期，第 103—104 页。

⑪　[美]杜维明《儒教》，陈静译，上海古籍出版社 2008 年版，第 57 页。

⑫　[美]杜维明《儒教》，陈静译，第 56 页。

⑬　钱锺书《谈艺录》（补订本），中华书局 1984 年版，第 236 页。

⑭　[美]包弼德（Peter K. Bol）《斯文：唐宋思想的转型》，刘宁译，江苏人民出版社 2001 年版，第 343—344 页。

⑮　[日]土田健次郎《道学之形成》，朱刚译，上海古籍出版社 2010 年版，第 446 页。

⑯　张岱年《中国哲学大纲·序论》，中国社会科学出版社 1982 年版，第 22 页。

⑰　庞万里《二程哲学体系》，北京航空航天大学出版社 1992 年版，第 38 页。

⑱　[美]包弼德（Peter K. Bol）《斯文：唐宋思想的转型》，刘宁译，第 33 页。

⑲　[美]葛艾儒（Ira E. Kasoff）《张载的思想（1020—1077）》，罗立刚译，第 7 页。

⑳　庞朴《一分为三论》，上海古籍出版社 2003 年版，第 132 页。

㉑　林乐昌《张载理观探微》,《哲学研究》2005 年第 8 期。

㉒　林乐昌《张载成性论及其哲理基础研究》,《中国哲学史》2005 年第 1 期。

㉓　牟宗三《智的直觉与中国哲学》，台湾商务印书馆 2000 年版，第 188 页。

㉔　林乐昌《张载心学论纲》,《哲学研究》2020 年第 6 期。

㉕　张岱年《中国哲学大纲·序论》，第 21 页。

㉖　[美]杜维明《儒教》，陈静译，第 57 页。

㉗　林乐昌《张载理学价值观的主题、体系定位及最高原理》,《深圳大学学报》2020 年第 3 期。

㉘　[日]岛田虔次《朱子学与阳明学》，蒋国保译，陕西师范大学出版社 1985 年版，第 1 页。

㉙　钱穆《中国文化对人类未来可有的贡献》，香港中文大学《新亚月刊》1990 年 12 月号。

㉚　[英] 汤因比（Arnold Toynbee）《人类与大地母亲：一部叙事体世界历史》，徐波等译，上海人民出版社 2012 年版，上卷，第 9、18 页；下卷，第 633、640 页。

㉛　束景南《朱熹年谱长编》，华东师范大学出版社 2001 年版，卷上，第 363—364 页。

㉜　胡元玲《张载易学与道学》附录一《张载著作及版本考》，台湾学生书局 2004 年版，第 225—244 页。

正　蒙

《正蒙》，是张载晚年的代表作。神宗熙宁九年（1076）秋，张载"感异梦，忽以书属门人，乃集所立言，谓之《正蒙》"（吕大临《行状》）。次年，张载辞世后，由门人苏昞对书稿"辄就其编，会归义例，略效《论语》《孟子》，篇次章句，以类相从，为十七篇"（《正蒙序》）。在张载所有著作中，这是能确知其成书年代的唯一一部。

古今对《正蒙》书名和意旨的解释，一直众说纷纭，大致可以归纳为以下三类。

一、字义训释。南宋熊刚大说："蒙者，蒙昧未明之谓。正者，订正之也。"（《性理群书句解》卷十二）明儒刘玑说："《东铭》《西铭》，初曰《砭愚》《订顽》，皆'正蒙'之谓也。"（《正蒙会稿》卷一）这是以"砭""订"释"正"，以"愚""顽"释"蒙"。此可以作为"正""蒙"字义的本证。

二、援《易》诠解。此类诠解者，先有明儒刘儓，后有清儒王夫之。他们诠解"正蒙"时，都援据《周易·蒙卦》"蒙以养正，圣功也"。刘儓把《正蒙》的要旨归结为"使人不失其正，以还夫赤子之初心"（《叙正蒙解》）。而王夫之则把《正蒙》的意旨归结为"正之惟其始。蒙者，知之始也"（《张子正蒙注·序论》）。受此影响，今人对"正蒙"的解释多沿袭了援据《周易·蒙卦》的路数。

三、直陈本旨。范育是张载门下的重要弟子。晚明关中大儒冯从吾这样评价范育，说他"笃信师说而善发其蕴"（《关学编》卷一）。神宗元丰七年（1084），苏昞托付范育为《正蒙》写序。由于为母亲服丧，范育于三年后才完成《正蒙序》的撰写。在此序文中，范育直陈《正蒙》本旨。他指出，当时"浮屠、老子之书，天下共传，与六经并行"，深受其影响的"世之儒者""信其书，宗其道，天下靡然同风，无敢置疑于其间"。在此背景下，张载挺身而出，"奋一朝之辩，而与之较是非曲直"。范育还指出，张载之所以"其为辩者，正欲排邪说，归至理，使万世不惑而已"。与此同时，张载还对自己的思想学说进行了系统的总结。因此，范育强调"惟夫子（指张载——引者注）之为此书也，有六经之所未载，圣人之所不言"，"圣人复起，无有间乎斯文矣"。可见，"正蒙"之"蒙"，所指的既不是童稚或"赤子"，也不是初学者，而是张载眼中的顽愚之人，主要针对的是佛道二氏及受其影响的世儒；而"正蒙"之"正"，其语义突出强调的则是对佛道中的顽愚之人的批驳。在范育《序》中，除反复使用"辩"字之外，还使用了"较""辟""排"等字眼，这些词语都内涵了"正蒙"之"正"的语意。范育在当时的背景下所着重阐发的是"正蒙"批判佛道中的顽愚之人的特殊意义，而南宋和明代儒者经由字义训释所揭示的则是"正蒙"更具普遍意性的教育启蒙意义，这两种诠释在张载那里并不抵牾，而是可以相得益彰的。

《正蒙》的传世版本甚多。最早的版本是南宋宁宗庆元三年（1197）《国朝二百家名贤文粹》书隐斋刻本所收《正蒙》二卷。略晚的版本是南宋理宗端平二年（1235）黄壮猷修补印本《诸儒鸣道集》所收《横渠正蒙书》八卷。由于前者是节选本，因而《诸儒鸣道集》本是迄今为止最为完备优善的版本。此外，还有明成祖永乐十三年（1415）胡广等纂修《性理大全书》刻本所收《正蒙》三卷，明神宗万历三十四年（1606）徐必达辑编的《张子全书》刻本所收《正蒙》三卷，明神宗万历四十六年（1618）凤翔府刊刻的《张子全书》所收《正蒙》三卷，清圣祖康熙五十八年（1719）高安朱轼刊刻的《张子全书》所收《正蒙》三卷，等等。此外，现代张载著作集整理本收入《正蒙》的，也有多种（详见本书的《主要参考文献》）。

《正蒙》十七篇，其目次为：《太和篇第一》《参两篇第二》《天道篇第三》《神化篇第四》《动物篇第五》《诚明篇第六》《大心篇第七》《中正篇第八》《至当篇第九》《作者篇第十》《三十篇第十一》《有德篇第十二》《有司篇第十三》《大易篇第十四》《乐器篇第十五》《王禘篇第十六》《乾称篇第十七》。

本书的解读，从《正蒙》十七篇中精选七篇，包括：（一）《太和篇第一》、（二）《天道篇第三》、（三）《神化篇第四》、（四）《诚明篇第六》、（五）《大心篇第七》、（六）《中正篇第八》、（七）《乾称篇第十七》。

太和篇第一

1·1　太和所谓道[1]，中涵浮沉[2]、升降[3]、动静相感之性[4]，是生絪缊、相荡、胜负、屈伸之始[5]。其来也几微易简，其究也广大坚固[6]。起知于易者乾乎！效法于简者坤乎[7]！散殊而可象为气[8]，清通而不可象为神[9]。不如野马、絪缊，不足谓之太和[10]。语道者知此，谓之知道；学《易》者见此[11]，谓之见《易》[12]。不如是，虽周公才美[13]，其智不足称也已[14]。

[注释]

[1] 太和：此指由宇宙间太虚（天）与阴阳之气整合而成的创生万物的天道。《周易·乾·象》："保合太和，乃利贞。"孔疏："以能保安合会太和之道，乃能利贞于万物。"太：古作大，后人读为太。和：结合。《礼记·郊特牲》："阴阳和而万物得。"孔疏："和，犹合也。"合：结合；整合。　[2] 浮沉：上浮下沉，指上下变化。　[3] 升降：《易》学术语有"乾坤升降"之说。浮沉、升降：说的都是阴阳之气的变化运动。　[4] 动：指气的变化运动和太虚的"无所不感"（17·5）。静：指太虚的原初状态，亦即"至静无感"（1·2）的状态。相感：相互感应或感通。　[5] 以上几句意为，太和就是我所说的天道，天道的运行既涵有气的变化运动，也涵有由太虚（天）与气相互感应整合而成的"性"，天道所涵有的相感之性呈现为阴阳二

气的上下、收放、推移等相互作用，这是万物生成的开始。絪
缊（yīn yūn）：古代多指阴阳二气的相互作用。语见《周易·系
辞下》："天地絪缊，万物化醇。"相荡：相互推移；来回运动。
语见《周易·系辞上》："是故刚柔相摩，八卦相荡。"韩康伯
注："相推荡也，言运化之推移。"胜负：胜败；高下。此作高
下。屈伸：收缩和伸展。语见《周易·系辞下》："往者，屈也；
来者，信（又作伸）也。屈信相感而利生焉。"　[6]此两句意
为，追溯天道的来源，可以察觉到其微妙的运化之中包涵着易
简的生成之理和至善之德；穷究天道的本质，可以体悟出作为
其本体的太虚具有无限和永恒的规定性。其：指代天道。来：
由远到近。几（jī）：事物变动的微小征兆。语见《周易·系辞
下》："几者，动之微。"易简：平易简约的生成之理和至善之
德。语见《周易·系辞上》："乾知大始，坤作成物。乾以易知，
坤以简能。……易简而天下之理得矣。""易简之善配至德。"
《周易·系辞下》："天地之大德曰生。"究：穷尽。此指对天道
的本质加以穷究。广大坚固：太虚所具有的无限和永恒的规定
性。　[7]此两句意为，开始主导生成万物的不正是乾道吗，
继而效法乾道养育万物的不正是坤道吗！此是对《周易·系辞
下》"成象之谓乾，效法之谓坤"的解释。起：始也。知：此作
主。司马光："知，犹主也。"（《温公易说》卷五）乎：表反问，
但有问之形，无问之实。　[8]散殊：事物散开而各有不同。象：
有形可见的器物或现象。为：是。　[9]此两句意为，宇宙中
散开可见的不同现象是气，清澈通透不可见的存在则是神。清
通：清澈通透。神：此指太虚之神。张载："太虚为清，清则无
碍，无碍故神。"（1·10）　[10]以上几句意为，在世界图景
中，天道如果不能像野马那样奔腾，像阴阳二气那样互动，那
么，天道便不足以称之为太和。野马：太和之道激烈运行的意

象。语见《庄子·逍遥游》："野马也，尘埃也，生物之以息相吹也。"　[11]见：用心体证。王夫之："见，实证之于心也。"（《张子正蒙注》卷一）　[12]此四句意为，议论天道的人只有真正通晓太和，才称得上通晓天道的真谛；学习《周易》的人只有真正通晓太和，才称得上领悟《周易》的精要。　[13]周公才美：出自《论语·泰伯》："子曰：'如有周公之才之美，使骄且吝，其余不足观也已。'"周公：西周初年政治家、思想家。姬姓，名旦，亦名旦叔。周文王第四子。因采邑在周（今陕西岐山北），时称周公，亦称周公旦。　[14]此三句意为，如果不能通晓天道的真谛和体证《周易》的精要，虽然像周公那样身怀美好的才能，他的智慧也是不足以称颂的。

[点评]

本章论太和之道。孔颖达把《周易·乾·象》所谓"保合太和"归结为"太和之道"，而张载则对太和之道作了深刻的阐发，展现了其太和宇宙论的智慧。程颐解"保"作"常存"，解"合"作"常和"（《周易程氏传》卷一）。而张载则依据《周易》咸卦之"感"义，对"合"加以解释。《周易·咸》："天地感而万物化生。"张载认为，"感之道不一：或以同而感"，"或以异而应"，"或以相悦而感"，"或以相畏而感"（《横渠易说·下经·咸》）。本章所谓"相感之性"的"感"，当指"以异而应"。这一意义的感应，是张载最常用的。他还说："无所不感者，虚也。感即合也，咸也。以万物本一，故一能合异。以其能合异，故谓之感。若非有异，则无合。"（17·5）在张载看来，虽然太虚"至静无感"（1·2），但作为宇宙生成万物主导力量的太虚则又是"无所不感者"。"感"，这里指特定主体对异质的他者发挥关联整合作用的机制。在张载看来，经由这一感应或感通机制，能够使"有异"亦即异质的存在整合为一，具体指太虚能够把自身与异质的阴阳之气整合为统一的宇宙创生力量。张载把这种宇宙创生力量视作"万物之一源"的"性"（6·7）。这涉及他对"性"之结构的界定："合虚与气，有性之名。"（1·12）"合虚与气"，就是太虚与异质的气相感相合。正是在此意义上，张载才认为太和之道内在地包涵着"性"，二者的意蕴是一致的。也正是在此意义上，张载才认为"性与天道合一"（6·3）或"性即天道"（17·5）。

　　古今学者多将"太和所谓道"归结为"气"。这就遮蔽了太虚与太和之道的关系。本章论太和之道虽然未使用太虚一词，但张载所谓"清通而不可象为神"之"神"指的就是太虚，此与"太虚为清，清则无碍，无碍故神"（1·10）之"神"的意涵是相同的。此外，本章"其究也广大坚固"之"究"字，有穷尽义，与太虚有关。张载说："天之不御莫大于太虚，故心知廓之，莫究其极也。"（7·4）"莫究其极"，是说无法穷尽太虚的至高至远。而"广大坚固"，则指太虚既具有无边无际的无限性，又具有无坏无毁的永恒性。对于太虚的永恒性，张载说过："金铁有时而腐，山岳有时而摧，凡有形之物即易坏，惟太虚无动摇，故为至实。"（《张子语录·语录中》）有清儒准确地看到太和之道与太虚的关系。方潜指出，本章"虽未言及太虚，而太和之体即太虚耳"（《正蒙分目解按》）。李光地指出，本章"以

'和'言道"，"和者其大用，虚者其本体也"（《注解正蒙》）。这些都表明，张载所谓太和之道是以太虚为本体的，是不能归结为气的。

关于本章"不如野马、细缊，不足谓之太和"的解释。自郭象、成玄英始，"野马"历来被解作"游气"。清人郭庆藩对此提出质疑："庄生既言鹏之飞与息各适其性，又申言野马、尘埃皆生物之以息相吹，盖喻鹏之纯任自然，亦犹野马、尘埃之累动而升，无成心也。"（《庄子集释》卷一上）郭庆藩将"野马"解作"鹏"之"适性""纯任自然""无成心"，与张载论性或论道有相通之处。张载指出："性者万物之一源，非有我之得私也。"（6·7）又指出："成心者，私意也。"（7·9）对于性与道之任运自然、不可以私意揣度这一点，张载同于庄子，因而他说"不如野马、细缊，不足谓之太和"。紧接此句，张载又说："语道者知此，谓之知道。"可见，张载只是把"野马"视作"性"或"道"的动态意象，而并不是把"野马"归结为"气"。

与牟宗三把本章视作《太和篇》和整个《正蒙》的总纲领不同，本书认为，1·12章是张载理学天道论和心性论的纲领。有关这一观点的文本证据和理论论证，详见1·12章的点评。

总之，"太和所谓道"，不仅是阴阳二气的结合，更是太虚与阴阳气化的结合。张载有关太和之道的理论，在儒学史上第一次揭示了天道的结构特征，这是张载对儒学天道论的创新。

1·2　太虚无形[1]，气之本体[2]。其聚其散[3]，变化之客形尔[4]。至静无感[5]，性之渊源[6]。有识有知[7]，物交之客感尔[8]。客感客形与无感无形，惟尽性者一之[9]。

[注释]

[1] 太虚：道家概念。语见《庄子·知北游》："不过乎昆仑，不游乎太虚。"此指广大的太空。后来，太虚概念被哲学化。《黄帝内经·素问·天元纪大论》："太虚寥廓，肇基化元，万物资始，五运终天。"而张载则将太虚改造为哲学本体概念。无形：指太虚的一种本然状态。　[2] 此两句意为，太虚是无形的存在，它是气的本体。本体：指宇宙间的最高存在，也是宇宙万物和道德价值的终极根源。　[3] 其：此指气。聚散：凝聚和发散，指气的两种运行方式。　[4] 此两句意为，气的聚散运行，所形成的不过是变化不定的有形之物而已。客形：指外在的变化不定的有形之物。尔：而已。　[5] 至静：绝对的静止。无感：指太虚处于原初状态，还没有与气或外物发生感应。　[6] 此两句意为，处于原初状态的太虚是绝对静止的，还没有与气或外物发生感应，它是性的根源。渊源：水的源头，比喻事物的本原。　[7] 有识有知：人所具有的见闻知识。　[8] 此两句意为，人所具有的见闻知识，不过是与外物交互感应而产生的知识而已。物交：人与外物的交互作用。客感：人对"客形"的感知。　[9] 此两句意为，惟有圣人能够充分领悟（尽）宇宙创生万物的根源（性），这个根源是由可感知的有形之物与尚未发生感应而且无形的太虚这二者统合为一的（一之）。尽性者：指能够充分领悟万物生成根源的圣人。

朱建民："张载是中国思想史上第一位以'太虚'做为重要概念的思想家。"（《张载思想研究》第二章《张载的天道论》）

冉觐祖："夫太和不离太虚。太虚之始，无有形状，乃气之本体然也。及气之呈露，则有形矣。然其聚其散，不过此变化之客形耳。"（《正蒙补训》）

[**点评**]

本章在提出太虚概念的同时，主张太虚是气的本体，指出太虚与气二者所具有的不同的本然状态，并强调惟有圣人能够充分领悟宇宙的创生根源。学术界对本章的解读分歧很大，因而有必要从义理结构、语法特点和思维方式这三个角度进行评析。

一、关于本章的义理结构。本章的五句话可分为两个单元。第一个单元包括第一句至第三句，是就客观世界的太虚与气这两种基本存在的刻画而言的。第一句是说太虚是无形的最高存在，是作为实体存在的气的本体。这句话总摄了本章太虚与气这两个概念及其关系，因而第二句是说气的聚散变化及其产物。第三句是说太虚"至静无感"的本然状态，它是性的根源。在张载看来，性是生成宇宙万物的直接根源，而太虚则是生成宇宙万物的终极根源。

第二个单元包括第四句和第五句，是就人的主观认知能力对客观世界的感知或体悟而言的。第四句说的是人通常所具有的是与"客形"交互感应而产生的见闻知识。第五句是本章的小结，说的是只有"尽性者"才具备那种能够把人类的不同知识统一起来的能力。这些知识既包括"见闻之知"，也包括"德性之知"乃至"诚明所知"。

二、关于本章的语法特点。"句子中的有些成分往往被省略掉，是古代汉语难读的主要原因"（洪诚《训诂学》，第148页）。本章语法的突出特点是，句子中有多处主语被省略掉了。

第一句，"太虚无形，气之本体"。其中的"太虚"，是主语；其中的"气之本体"，其主语属于"蒙上文而省例"（俞樾《古书疑义举例》卷二），因而主语也是太虚，"气之本体"是定中词组作谓语。清儒王植在"气之本体"前补"乃"字，作"太虚无形，乃气之本体"（王植《正蒙初义》），使此句的语义更明。

第二句，"其聚其散，变化之客形尔"。"其聚其散"，是两个主谓词组联合做句子的主语；"变化之客形尔"，做谓语。此句的难点在如何为"其聚其散"确定主语。因上文言及太虚与气，故此句的"其聚其散"若承上文确定主语，便陷入两可：主语可以是太虚，也可以是气。换言之，虽然此句的"其"字用以指代主语，但仍然需要进一步从太虚与气这两个实词当中选定究竟哪一个才是主语。这里除了语法分析之外，还需要以张载使用"聚散"时如何搭配主语的习惯作为本证。张载说："天地之气，虽聚散、攻取百涂，然其为理也顺而不妄。"（1·3）"气之聚散于太虚，犹冰凝释于水，知太虚即气，则无无。"（1·9）"若阴阳之气，则循环迭至，聚散相荡，升降相求，絪缊相揉。"（《正蒙·参两》）类似的说法还很多。仅从这三条引文便不难看出，张载使用"聚散"时，所搭配的主语都是"气"。因而，此句的"其"字指代的主语就只能是气，而不可能是太虚。

第三句，"至静无感，性之渊源"。参照以上的分析，"至静无感"作谓语，省略了主语太虚，属于"蒙上文而省例"；"性之渊源"作谓语，也省略了主语太虚。

第四句，"有识有知，物交之客感尔"。"有识有知"，其主语当指仅具有"见闻之知"的人；"物交之客感尔"，作谓语。据下文的"客感"与"尽性者"，可将"有识有知"的主语概括为"客感"者，属于"探下文而省例"（俞樾《古书疑义举例》卷二）。

第五句，"客感客形与无感无形，惟尽性者一之"。此句的主语是"尽性者"，未省略；"一"做谓语，"之"做宾语，"之"指代的是"客感客形与无感无形"。此句的主语"尽性者"与第四句的主语"客感"者，形成对比。

三、关于本章的思维方式。本章第一句"太虚无形，气之本体"，使用了"本体"概念。作为哲学概念，本体指"宇宙之最究竟者"，也称作"本根"，有"永存常在"等涵义（张岱年《中国哲学大纲》，第7页）。此外，本体既是宇宙万物的终极根源，也是宇宙万物的最后归宿。由于张载注重宇宙论哲学的建构，因而其本体是宇宙间形而上（"无形"）的，具有"广大坚固"等无限和永恒特性的最高存在，也是万物的终极根源。在宋明理学家中，张载以太虚（天）为本体，程、朱以天理为本体，王阳明以心（良知）为本体。

宋明理学家，言体必言用。对于体与用二者的关系，既要看到二者是有区别的，体高于用；又不能不关注二者在现实中是趋向融合的，体用不二。简言之，体是本质，用是现象；体是根源，用是作用。体用论，是包括张载在内的宋明理学家所普遍使用的思维方式。张载以太虚（天）为体，以气及其产物为现象，以气化为作用；程、朱以天理为体，以气为现象，以气化为作用；王阳明以心为体，以物为现象，以包括人的行为在内的事物的变动为作用。

近代以来，陈钟凡比较早看出张载"以太虚为本体，气为现象"（陈钟凡《两宋思想述评》，第 69 页）。在解释本章第一句和第二句时，张岱年准确地指出："本体与客形相对，客形是变化不定的形态，本体是本来恒常的状况。"（张岱年《中国古典哲学概念范畴要论》，第 66 页）长期以来，有部分研究者片面强调体用"不二"的一面，亦即片面强调体用相合的一面，而忽略了体用之间还有"二"的一面，亦即还有体用相分的一面。针对这一倾向，牟宗三晚年指出，若只了解体用不二，"这是不够的"（《客观的了解与中国文化之再造》，《牟宗三先生全集》第 27 卷，台北联经出版公司 2003 年版，第 433 页）。早年与牟宗三同在熊十力门下求学的朱宝昌曾提出，"体与用二而不二"（《论体》，《朱宝昌诗文选集》，陕西师范大学出版社 1994 年版，第 59 页）。对于体用关系而言，这是一个全面而又精卓的概括。

　　有一种流行的观点，把张载的太虚本体归结为气的本然状态。需要反思的是：太虚自有其本然状态，研究者为何无视太虚自身的本然状态，反倒要用气的本然状态去说明太虚的本然状态？太虚的本然状态，指它以其本来所是的特性和形态而存在。但问题是，太虚本来所是的特性和形态究竟是什么？这并不是自明的，而是有待依据文本加以揭示的。在张载那里，太虚的本然状态与气的本然状态是高低不同层次的两种状态。太虚的本然状态，指的是"广大坚固"（1·1）、"无形"和"至静无感"（1·2）、"清则无碍，无碍故神"（1·10）等状态；而气的本然状态，则指的是"浮沉""升降""散

殊"（1·1）和"其聚其散""变化""客形"（1·2）等
状态。如果从个别推论到一般，则发生更多令人费解的
问题："体"的本然状态难道要依据"用"的本然状态去
说明？例如，在程、朱那里，理气关系是体用关系的具
体化，天理或理自有其本然状态，很难说天理或理反倒
是气的本然状态。又如，在王阳明那里，心物关系是体
用关系的具体化，作为心之本体的良知自有其本然状态，
很难说良知反倒是物的本然状态。可见，认为太虚本体
是气的本然状态这种观点是无法成立的。

王弼："物无妄
然，必由其理。"（《周
易略例·明象》）

1·3　天地之气，虽聚散^[1]、攻取百涂^[2]，然其为理也顺而不妄^[3]。

［注释］

[1] 聚散：凝聚和发散。语见《庄子·知北游》："人之生，气之
聚也；聚则为生，散则为死。"张载对庄子以聚散言生死有所吸取，
但他主要是把聚散用于宇宙生成论哲学，将其视作气在天地间运行
的基本方式。　[2] 攻取：排斥与吸引，指阴阳之气的相互作用，也
是阴阳之气运行的一种方式。涂：道路，通"途"。　[3] 以上几句
意为，阴阳之气运行于天地之间，虽有凝聚也有发散，所遵循的途
径多种多样，但其对于"理"这一宇宙法则必须顺从而不能违背。为：
于；对于。顺：顺应；遵循。妄：乱。引申为违背。

［点评］

本章论"气"的运行虽然变化多端，但必须顺应"理"

这一宇宙法则而不能违背，否则宇宙便会失序。在张载的所有著述里，本章是论述理气关系唯一的一处。"其为理也顺而不妄"，其意近于张载弟子范育论"道"时所说：若"一有窒而不通，则于理为妄"（《正蒙序》）。在这里，张载强调的是"气"的运行必须顺应于"理"，而不是相反。这是宋代理学家讨论理气关系问题的基调。理气观，经由朱熹的建构才达到成熟的地步。程、朱论述理气关系的言论很多，张载论述理气关系的言论则极少，然而张载论述虚气关系的言论却很多。

1·4 气之为物[1]，散入无形[2]，适得吾体[3]；聚为有象，不失吾常[4]。

张棠、周芳："散则入而无矣，固适得太虚之体也；聚则出而有矣，亦不失太虚之常也。"（《正蒙注》）

[**注释**]

[1] 为物：此指气参与创生万物。语见《中庸》第二十六章："其为物不贰，则其生物不测。"郑玄注："言至诚无贰，乃能生万物多无数也。"　[2] 散入无形：亦即"形溃反原"（17·14）。散：发散；散而回归。入：由外到内。无形：指太虚本体。张载："太虚无形，气之本体。"（1·2）　[3] 此三句意为，气之参与创生万物，发散至于无形的本然状态，正好便相遇于我所谓本体。适：正好；恰巧。得：相遇。　[4] 此两句意为，气凝聚而有万象的生成，现象世界便不会失去我所谓常态。象：此指器物等有形可见的现象。

[**点评**]

本章论天地万物生成的归宿和常态。本章与1·2、

1·3、1·5至1·9章，都论及气之聚散。在张载的天道创生论中，聚散是阴阳之气运行的基本方式。此外，阴阳之气的运行还有其他多种派生方式，例如，浮沉、升降、绷缊、相荡、胜负、屈伸（1·1）、出入（1·6）、飞扬（1·7）等。就现象看，本章所言宇宙生成万物的力量唯有气；但就实质看，宇宙生成万物不可能摆脱"吾体"亦即太虚本体这一宇宙创生万物的主导力量。无论是阴阳之气，还是宇宙万物，都无法逃脱其聚而有散、始而有终、生而有灭的命运，最终都必然以太虚本体为归宿。这涉及对张载所谓"本体"意涵的理解，它既是宇宙万物的终极根源，也是宇宙万物的最后归宿。

值得注意的是，本章与1·5章的主要语句之间是有对应关系的："气之为物"对应于"气不能不聚而为万物"；"散入无形"对应于"万物不能不散而为太虚"。此外，本章与17·14章所谓"形聚为物，形溃反原"之间也有对应关系。应当重视这些对应语句的互证互释作用。

高攀龙："圣人原始反终，知夭寿不二，故乐天安土，存顺没宁，所以为存神之至也。彼二氏之失道，则均焉。"（《正蒙释》卷一）

1·5 太虚不能无气[1]，气不能不聚而为万物[2]，万物不能不散而为太虚[3]。循是出入，是皆不得已而然也[4]。然则圣人尽道其间[5]，兼体而不累者[6]，存神其至矣[7]。彼语寂灭者，往而不反[8]；徇生执有者，物而不化[9]。二者虽有间矣[10]，以言乎失道则均焉[11]。

[注释]

[1]太虚不能无气：其意同于张载所谓"太虚即气"（1·9）。
[2] 为万物：同于上章的"为物"，是创生万物之意。为：作。此
作创生。　[3] 此三句意为，太虚在创生万物时不能没有气的参
与，气不能不以凝聚的方式参与创生万物，万物不能不消散而
返归于太虚本体。为：于。此表示归趋（《词诠》卷九）。　[4] 此
两句意为，遵循宇宙生化过程的各个环节，有进有出，有生有灭，
这一趋势是必然的、不可改变的。循是：遵循从太虚到气，从气
到万物，再从万物到太虚这一宇宙生化过程。　[5] 尽道：充分
体悟天道。　[6] 兼体：张载的哲学术语。意为同时兼顾本体（太
虚）与运化（气）两个方面。累：拖累。　[7] 此三句意为，然
而圣人能够在宇宙生化的趋势中充分体悟天道，这种体悟是兼
顾本体（太虚）与运化（气）两方面而不被拖累的，从而能够
存养精神臻于极致。存神：语见《法言·问神》："圣人存神索至
（李弘范注：存其精神，探幽索至）。"　[8] 此两句意为，那些
佛教人士专注于超脱生死，却不愿返回人世。寂灭：佛教术语，
"涅槃"的意译，指超脱生死的境界，也指僧尼的死亡。王夫之：
"释氏以灭尽无余为大涅槃。"（《张子正蒙注》卷一）　[9] 此
两句意为，道教人士一味追求长生，执迷于存有，拘滞于物欲
而不能化解。徇：顺从；曲从。生：生命；长生。执：执着；执迷。
有：存有；有无之有。物："滞于物也。"（《张子正蒙注》卷一）
化：转化；化解。　[10] 二者：指上述佛、道两教。有间：有间
隔；有区别。　[11] 此两句意为，佛、道二者虽然有区别，但
就违背天道而言他们则是一致的。

[点评]

本章论太虚与气共同创生万物以及宇宙万物"形溃

反原"（17·14）的过程。这一过程的动力和法则是天道。这既是张载的宇宙观，也是其生死观。他说："《易》谓原始要终，故知死生之说。"（17·12）张载认为，唯圣人能够在宇宙的生化过程中充分体悟天道。此即所谓"尽道"。他还把圣人的"尽道"称作"兼体"，这是其工夫论的一个别具特色的称呼，意思是圣人体悟天道能够兼具本体（太虚）与运化（气）这两个方面，而不偏向于任何单一方面而受其拖累。对此，牟宗三评价说："'兼体而不累'很难，要生命通达，不偏执。"（《宋明儒学的问题与发展》，第105页）此外，张载还批评了佛、道两家的宇宙观和生死观，指出二者的共同缺陷是"失道"。

关于"兼体"的天道论意义，参见17·13章及其点评。

1·6　聚亦吾体[1]，散亦吾体，知死之不亡者[2]，可与言性矣[3]。知虚空即气[4]，则有无、隐显、神化、性命通一无二[5]；顾聚散、出入、形不形[6]，能推本所从来[7]，则深于易者也[8]。若谓虚能生气[9]，则虚无穷，气有限，体用殊绝[10]，入老氏"有生于无"自然之论[11]，不识所谓有无混一之常[12]。若谓万象为太虚中所见之物[13]，则物与虚不相资[14]，形自形，性自性，形性、天人不相待而有[15]，陷于浮屠以山河大地为见病之说[16]。此道不明，正由懵者

徐必达："'虚能生气'，'生'字与《易》'太极生两仪'，周子'动而生阳，静而生阴'之'生'不同。《易》周子只有此次第，所以朱子谓若说生则俱生，太极依旧在阴阳里。老氏之生，则是以此一物生彼一物，截然分作两件。佛氏谓'万象为太虚中所见之物'，则是太虚反被万象累了，所以遂为'见病'。此皆误认所从来也。"（《正蒙释》卷一）

略知体虚空为性[17]，不知本天道为用，反以人见之小因缘天地[18]。明有不尽[19]，则诬世界乾坤为幻化[20]。幽明不能举其要[21]，遂蹽等妄意而然[22]。不悟一阴一阳[23]、范围天地[24]、通乎昼夜[25]、三极大中之矩[26]，遂使儒、佛、老、庄混然一途[27]。语天道性命者，不罔于恍惚梦幻[28]，则定以"有生于无"，为穷高极微之论[29]。入德之途，不知择术而求，多见其蔽于诐而陷于淫矣[30]。

张棠、周芳："虚者，气之体；气者，虚之用，故'虚空即气'也。无也，隐也，神也，性也，皆体也；有也，显也，化也，命也，皆用也。知体与用之通一而无二，则此气之聚出有形，散入无形，必有其所以然者，而易之理见矣。"（《正蒙注》）

[注释]

[1] 吾体：我所谓本体。见1·4章"适得吾体"之"吾体"。

[2] 死：人的形体殒灭。不亡：指道德精神不会灭亡。张载："道德性命"是"长在不死之物"（《经学理窟·义理》）。　[3] 此四句意为，气聚受太虚本体的支配，气散则返归太虚本体。对于知晓人的形体会殒灭，其精神却永存而不会灭亡的人，我们便可以与他言说性了。性：此指德性。　[4] 虚空即气：太虚联结并整合阴阳之气。虚空：此指太虚。即：此指经由感应而联结并整合双方。　[5] 有无：有形的存在与无形的存在。隐显：隐秘的存在与显化的存在。隐与无对应，显与有对应。神化：天德之神与天道运行之化（4·1）。性命：天性与命运。以上有无、隐显、神化、性命之间，都是体用关系或本末关系。通：贯通为一。　[6] 顾：视。引申为观察。出入：进出。形不形：有形和无形。　[7] 推本：推究根本。从来：来源。　[8] 以上几句意为，若知晓太虚联结并

整合阴阳之气的原理，就能够使有无、隐显、神化、性命贯通为一，不再割裂为二；若能够观察宇宙生化过程的聚散、进出、有形与无形，并能够从中推究其本源的，就属于深刻洞察易道精要的人了。易：此指易道；易理。　[9]虚能生气：以虚、气为生与被生的关系（详见点评）。　[10]殊绝：隔绝；断绝。　[11]老氏：老子。"有生于无"：出自《老子》第四十章："天下万物生于有，有生于无。"在有与无的关系中，老子强调以"无"为本，"万物"为"有"所生，"有"为"无"所生。自然：此指无关乎人文的纯粹自然状态。　[12]此六句意为，如果强调虚能生气，便会产生太虚无限而气有限的误解，从而体与用的关系便被隔绝，这种说法将陷入老子"有生于无"这种自然主义论调，使人无从理解"有无混一"才是万物创生的常道。有无混一：张载的宇宙生成论观念，指有与无融合为统一的宇宙创生力量（详见点评）。混一：混合为一。　[13]万象：宇宙间的一切事物或现象。为：是。　[14]相资：彼此相互依存。　[15]相待：相对；彼此相互对待。　[16]以上几句意为，如果说宇宙万象只是太虚中所能看见的事物，那么，这些事物与太虚就不成其为相互依存共在的关系，而是有形的归有形，本性的归本性。于是，有形的存有与万物的本性、天与人就不再处于彼此相互对待而实有的关系之中，从而陷入佛教的眼识颠倒、把山河大地视为幻象的偏见。浮屠：佛陀；佛。此处指佛教。见病：眼识颠倒，误以为外在世界虚幻而非实有，一切所见都是眼病。见：佛教以眼识之用为见。　[17]懵（měng）者：思想糊涂的人。体虚空为性：体验虚空无碍为性。《俱舍论》："虚空但以无碍为性。"虚空：佛教术语。空无的别称。　[18]此四句意为，不明白这个道理，正由于那些思想糊涂的人略知体验虚空无碍为性，但却不知遵循天道以运用于世界的生化，反而以人的狭隘闻见去臆测天地之大。因

缘：佛教术语。使事物生灭变化的主要条件为因，辅助条件为
缘。　[19]明：张载以"穷理"为"明"，以"尽性"为"诚"
（6·6）。　[20]此两句意为，（佛教人士）未能穷究世界万物之
理，却污蔑世界万物都只是虚幻的。乾坤：天道；天地。幻化：佛
教术语。谓万物了无实性。　[21]幽明：易学术语。幽：隐；无
形。明：显；有形。举：总括。　[22]此两句意为，（老、佛）对
有形与无形的世界不能总括其精要，竟然不顾其法则的约束，摆
出一副恣意妄为的架势。遂：终竟。躐（liè）等：超出等级。妄意：
随意。　[23]一阴一阳：语见《周易·系辞上》："一阴一阳之谓
道。"　[24]范围天地：语见《周易·系辞上》："范围天地之化而
不过。"范围：规范周围。孔疏："范，谓模范；围，谓周围。"朱子：
"天地之化无穷，而圣人为之范围，不使过于中道。"（《周易本
义·周易系辞上传第五》）　[25]通乎昼夜：语见《周易·系辞
上》："通乎昼夜之道而知。"通：通晓；知晓。　[26]三极大中之
矩：指张载所谓"大中至正之极"（8·3）的"中正"之道（8·1）。
三极：指天道之阴阳、地道之刚柔、人道之仁义。大中：指适用
于最大范围的"中道"，是道德价值实施过程中规避过与不及的
方法准则。至正：指统摄一切价值类目的终极价值，亦即至善（详
见8·1的点评）。矩：规矩；法则。以上多次引用《周易·系辞上》，
意在说明何谓天道、如何遵循天道以及贯通于天、地、人的规矩
乃中正之道。　[27]以上几句意为，由于不能领悟阴阳互动的天道、
规范天地变化而不可逾越的中道、通晓昼夜（幽明）交替的道理，
以及贯通于天、地、人三才之道的大中规矩，因而便把儒、佛、老、
庄的见解混为一谈了。遂：因而。　[28]罔（wǎng）：迷惑。梦幻：
以梦境、幻术比喻世间的事物无常，一切皆空。《金刚经》："一切
有为法，如梦幻泡影。"[29]此四句意为，那些谈论天道性命的
人，不是迷惑于恍惚的梦幻境地，便是对万物的生成执迷于"有

生于无", 这两种人无非是在说一些看似高深精微的空论。为: 谓; 谈论。　[30] 此三句意为, 对于如何进入成德的途径, 这些人不知道选择有效的方法去探求, 常常看到他们不是局限于偏颇, 就是深陷于浮夸。诐(bì): 偏颇。淫: 浮夸。语见《孟子·公孙丑上》: "'何谓知言?'曰:'诐辞知其所蔽, 淫辞知其所陷。'"

[点评]

本章论儒家与佛老在宇宙生成论、体用论和价值论上的根本分歧。本章篇幅很长, 解读的难度很大, 历来解读的分歧也很大。以下分四个部分评论。

一、关于"虚空即气"和"推本"。从"聚亦吾体"到"则深于易者也"。所谓"虚空即气", 亦作"太虚即气"(1·9), 指太虚经由感应而联结并整合阴阳之气, 形成道与性(详见1·9章的点评)。所谓"本", 指处于宇宙最高地位的太虚(天)本体。所谓"能推本所从来", 意思是应当从宇宙的聚散生化过程中推究其本体。张载认为, 能够"推本"的, 是"深于易"的人。他说:"彼欲直语太虚, 不以昼夜、阴阳累其心, 则是未始见易。"(17·11) 这是说,"见易"既要"推本", 又要达用。这是对本章所谓"深于易"的补充。

二、批评老子"虚能生气""有生于无"。从"若谓虚能生气"到"不识所谓有无混一之常"。这一部分的第一句批评的是持"虚能生气"观点的人, 这种人显然深受老子学说的影响。张载认为, 这一观点将导致"虚无穷, 气有限, 体用殊绝", 其思想根源于老子的"有生于无"。从字面看, 其中的"生"能够起连接"无"与"有"

的作用，但实际上所起的却是分化作用，使"无"与"有"各自成了孤立的存在，无法整合为生成万物的统一力量，因而万物的生成便无法落实。明儒徐必达似乎看到了这一点，他指出："老氏之生，则是以此一物生彼一物，截然分作两件。"（《正蒙释》卷一）这样，就使体与用隔绝为二了。张载批评"有生于无"，认为其实质是"不识所谓有无混一之常"。老子宇宙生成论着眼于创生万物力量之间的"分"，是以"无"作为单一的创生力量的。与此不同，张载特别强调"虚"与"气"之间或"无"与"有"之间的"合"。他说："合虚与气，有性之名。"（1·12）因而，张载是以"虚"与"气"这二者作为共同的创生力量的。

张载认为，"运于无形之谓道，形而下者不足以言之"（3·7）。可知，他是把天道论归结为形而上学的。张载解决"虚无穷，气有限"这个矛盾的方法是，强调"太虚不能无气"（1·5），必须"合虚与气"。由于"无穷"的太虚把"有限"的气整合到宇宙生成过程之中，气便开始与太虚相伴随，并一起构成了创生万物的力量，亦即性与天道。于是，"气"便被形而上化了，因而也就不再是"有限"的了。从体用关系看，张载既肯定太虚作为宇宙本体的至高无上地位，又重视通过太虚主导下的气化运行以落实其生成作用，从而使体与用不相隔绝。汤用彤指出："老子云有生于无，语亦为汉儒所常用。但玄理之所谓生，乃体用关系，而非谓此物生彼（如母生子等）。""玄学即体即用，实不可谓无用而有空洞之体也（体超时空）。"（汤用彤《魏晋玄学论稿》，人民出版社

1957 年版，第 67 页）这一说明，与张载批评老子宇宙生成论意义上的"体用殊绝"是相契合的。另外，由于张载肯定"天地生物之心"内蕴了"天地之仁"（《经学理窟·气质》5·4），因而其宇宙生成论是有其价值意蕴的，而不是纯自然主义的。据此，张载也不认可老子学说的"自然之论"性质。

三、批评佛教"诬世界乾坤为幻化"。从"若谓万象为太虚中所见之物"到"则诬世界乾坤为幻化"。对于佛教，张载从两方面揭示了其弊病，然后分析了其弊病的认识论根源。

弊病之一："万象为太虚中所见之物，物与虚不相资。""虚"，是"太虚"的省称。佛教多用"虚空"。张载将"太虚"与"虚空"二者视作涵义等同的词，所以下面也使用了"虚空"。张载这里所批评的是佛教的说一切有部。说一切有部把"空"列入"无为法"，称"虚空无为"，认为"虚空"是无边无际、永不变易、无任何障碍而能容纳一切物质现象的空间（方立天《佛教哲学》，中国人民大学出版社 1986 年版，第 132 页）。针对这一弊病，张载所要扭转的是其"物与虚不相资"，分体与用为二截的倾向。

弊病之二："略知体虚空为性，不知本天道为用，反以人见之小因缘天地。"此外，张载还说过意思相近的话："释氏妄意天性，而不知范围天用，反以六根之微因缘天地。"（7·16）张载是整合"虚"与"气"两方面以说"性"的，而佛教则仅以"虚空"这单一方面以说"性"。佛教以"虚空"为"性"，指的是"真如佛性"。张载这里说佛教"体虚空为性"属于"略知"，似乎是一种有限度的肯定，但其实认为那属于"妄意"，"彼语虽似是，观其发本要归，与吾儒二本殊归矣。"（17·11）这是说，佛教将其真如本体归结为"虚空无为"，而儒家的本体作为宇宙间的最高实在则是真实有为的，其意涵既是宇宙万物生灭的终极根源，也是道德价值的终极根源。张载指出佛教义理的失误在于，它不懂得效法天道的生灭原理，而且未能将其运用于现实世界。

此外，张载还揭示了佛教以上弊病的认识论根源。一是"以山河大地为见病"。佛教以"眼识"之用为"见"。"见病"，指"眼识"颠倒。章太炎在评论张载时说："佛家有'见病'一义，就是说一切所见都是眼病。张对此极力推翻，他是主张一切都是实有的。"（章太炎《国学概论》，上海古籍出版社1997年版，第38页）二是"明有不尽，则诬世界乾坤为幻化"。与所谓"见病"说类似，张载还批评佛教："明不能尽，则诬天地日月为幻妄。"（7·16）张载以"穷理"为"明"。"明有不尽"或"明不能尽"，都是指佛教人士不能穷究世界万物生生不息之理，从而导致"眼识"颠倒，污蔑真实世界只是"幻化"或"幻妄"。由于佛教不承认现实世界的真实性，因而其世界观是有体而无用的。

四、天道论精要和价值论原理。从"幽明不能举其要"到本章结束。这一部分是围绕"天道性命"这一主题进行的。

首先，天道论精要。张载强调从"幽明"中对天道论的精要加以总结。在他看来，"幽明"不仅存在于自然界的气化聚散过程，而且也存在于人类社会。他指出："在明，则有礼乐法度；在幽，则有鬼神天道耳。""仁则有乐，义则有礼。"（佚著《礼记说·乐记第十九》）此外，张载还进一步批评了佛、老的宇宙生成论弊病：不是"罔于恍惚梦幻"，便是"定以'有生于无'"。此后，本章还四引《周易·系辞上》，意在说明何谓天道，如何遵循天道，并从天道论过渡到作为价值论的"三极大中之矩"。

其次，价值论原理。这里，张载把"语天道性命"作为区别儒、佛、老、庄的尺度，并作为理学的"入德之途"。如所公认，"天道性命"相贯通这一理学主题是由张载明确提出来的。"天道性命"之"性"，指人性的"至善"价值，能够为人确立命运的方向，与本章第一句"知死之不亡者，可与言性矣"之"性"，亦即"道德性命"之"性"，其意涵完全一致。《周易·文言》宣称，"夫大人者，与天地合其德"。以此为依据，张载认为德性价值是有其天、道、性等宇宙论根源的。张载的道德立场，在这里是以"三极大中之矩"亦即"中正"之道体现的。在"中正"之道这一原理中，"正"即"至善"，而"大"则是对"正"的弘扬（8·1）。"正"所蕴涵的"至善"，既是最高价值，也是终极价值，能够总摄仁、义、礼、智等一切具体价值；"中"作为落实"正"的方法准则，能够发挥规避过与不及的作用，使道德价值的实施有度。这样，张载就同时在天道论、价值论这两方面与佛、老划清了界限。

总之，针对佛、老"体用殊绝"的不同表现形式，张载兼顾体与用，明确提出"虚空即气""有无混一"的

宇宙生成论模式。这一模式，是对《穀梁传》庄公三年
"独阴不生，独阳不生，独天不生，三合然后生"这一观
念的传承与创新，其特点是强调"同异、有无相感"，"相
感而利生焉"（《正蒙·动物》）。

　　本章的"虚空即气"，可以与1·9章"太虚即气"
合看。

　　1·7　气坱然太虚[1]，升降飞扬[2]，未尝
止息，《易》所谓"絪缊"[3]，庄生所谓"生物
以息相吹""野马"者欤[4]！此虚实、动静之
机[5]，阴阳、刚柔之始[6]。浮而上者阳之清，降
而下者阴之浊[7]。其感遇聚散[8]，为风雨[9]，为
雪霜，万品之流形[10]，山川之融结[11]，糟粕煨
烬[12]，无非教也[13]。

朱熹：（答"气
坱然太虚，升降飞
扬，未尝止息"之
问。）曰："此张子
所谓'虚空即气'
也。"（《朱子语类》
卷九十八）

朱熹：（答"虚
实以阴阳言否"之
问。）曰："以有无
言。及至'浮而
上''降而下'，则
已成形者，若所谓
'山川之融结，糟
粕煨烬'，即是气
之渣滓。"（《朱子
语类》卷九十八）

[注释]
　　[1]坱（yǎng）然：尘土飞扬的样子。此指气运行的状
态。　[2]升降：《易》学术语有"乾坤升降"之说，指气的上下
运行。飞扬：飘扬；飘荡。　[3]絪缊：古代多指阴阳二气的相互
作用。　[4]以上几句意为，气运行于太虚，上下飘荡，一直不
停息，这就像《易经》所谓"絪缊"，庄子所谓"生物以息相吹""野
马"那种状态啊！"生物以息相吹""野马"：语见《庄子·逍遥
游》："野马也，尘埃也，生物之以息相吹也。"这里借以描述天道
激烈运行的意象。　[5]机：事物变化的迹象和征兆。　[6]此两

句意为，这些是天道运行过程中虚实、动静变化的迹象，阴阳、刚柔互动的开始。刚柔：此指事物或刚强或柔弱的形质。　[7] 此两句意为，漂浮向上的是清澈的阳气，沉降向下的是混浊的阴气。　[8] 其：指代气与太虚。感遇：感应遇合。感遇聚散：《张载集》章校本依《周易系辞精义》改作"感通聚结"。宋明各本均作"感遇聚散"。章校本所改无版本依据。　[9] 为：作。　[10] 万品：万事万物。流形：周流而成形。语见《周易·乾·象》："云行雨施，品物流形。"　[11] 融结：融合凝结。　[12] 糟粕：酒滓。喻指事物粗劣无用的部分。煨烬：灰烬。　[13] 以上几句意为，在虚气相感、气之聚散的作用下，世界呈现出风雨霜雪，万物周流成形，融合为河流，凝结为山岳，变为像渣滓灰烬一样的东西，（万物生灭的道理）无非是对人的教化。教：教化。朱熹："教便是说理。""皆是示人以理。"（《朱子语类》卷九十八）

[点评]

本章论虚气相感、气之聚散、万物生灭的道理，以及这些道理对人的教化。第一句"气坱然太虚"，是对"虚空即气"的动态刻画。需要注意的是，不能把这里的太虚与空间混为一谈。张载认为，太虚（天）具有"包载万物于内"（17·4）的包容能力。因而，太虚其意可以涵盖空间，但不能归结为空间。此外，关于"野马"的真实意涵，张载只是将其视作"性"或"道"的动态意象，而并未将其完全归结为"气"。

本章最后一句从"其感遇聚散"到"无非教也"，可与 3·1 章合观："天道四时行，百物生，无非至教"；还可与 6·29 章合观："君子教人，举天理以示之而已"。与这些相近论述互相参证，有助于对本章宗旨的理解。本章末句强调的是，人应当从气化运行、万物生灭的道理中得到启发。天地之德，无非是对人的教化。这体现了张载思想中自然观与价值观的统一。

1·8　气聚则离明得施而有形[1]，气不聚则离明不得施而无形[2]。方其聚也[3]，安得不谓之客[4]？方其散也，安得遽谓之无[5]？故圣人仰观俯察[6]，但云"知幽明之故"[7]，不云"知有无之故"[8]。盈天地之间者，法象而已[9]；文理之察[10]，非离不相睹也[11]。方其形也，有以知幽之因；方其不形也，有以知明之故[12]。

王植："世所以有有无之见者，以目之所见论之耳。不知气聚则目可见而有形，气不聚则目不可见而无形。其有形也，特暂来而即去耳，非真有也，安得不谓之客？其无形也，形散而气自在，特离明不得施耳，安得遽谓之无？"（《正蒙初义》）

[**注释**]

[1]离明：王夫之："在天为日，在人为目。"（《张子正蒙注》卷一）施：用。"目"之用为"见"。得施：能见；得以见。　[2]此两句意为，气凝聚则目光得以见其有形，气不凝聚则目光不得以见其无形。　[3]方：当。也：语末表假定（《词诠》卷七）。　[4]此两句意为，若当气凝聚时，怎能不将其称作客体？安得：怎能。客：客体；外在于主体的有形之物。　[5]此两句意为，若当气发散时，怎能立刻将其称作空无所有？遽（jù）：立即；马上。　[6]仰观俯察：语出《周易·系辞上》："仰以观于天文，俯以察于地理，是故知幽明之故。"　[7]但：仅；止。幽明：指隐显；无形、有形。　[8]此三句意为，因而圣人抬头仰望天文，俯身察看地理，

只说"知晓无形之幽与有形之明的原故",而不说"知晓有与无的原故"。 [9]此两句意为,充满于天地之间的,都不过是现象而已。法象:自然界一切现象的总称。 [10]文理:条理。《中庸》第三十一章:"文理密察,足以有别也。"此指"法象"之条理。察:审视。 [11]此两句意为,对天地法象条理的审视,若不使用眼睛去观察是无法明白的。睹:此作明白。 [12]此四句意为,当面对有形的东西时,能够知晓其隐晦的原因;当面对无形的东西时,能够知晓其显明的原故。

[点评]

本章论经验世界的运行特点以及圣人的仰观俯察。以下分为两部分加以评析。

一、气之聚散与有形无形。从"气聚则离明得施而有形"到"安得遽谓之无"。这部分解读的难点,集中在"方其散也,安得遽谓之无"之"无"字。这句话与前面的"气聚"则"有形"相对应,意思是"气不聚"亦即"其散也"则"无形",指气散之后"无形"之气仍存在。这正如清儒王植所指出的,"其无形也,形散而气自在"(《正蒙初义》)。由于"无形"之气仍应当归结为"有",因而不能称其为"无",其意涵与哲学意义的"通极于无"(17·8)之"无"有别。总之,这一部分说的是由气之聚散所构成的"有形"和"无形"的经验世界。

二、圣人"但云'知幽明之故'","不云'知有无之故'"。从"故圣人仰观俯察"到本章结束。这一部分说的是圣人对经验世界的"仰观俯察",观察的对象包括一切由气之聚散所构成的"有形"和"无形"的存在,这也就是"盈天地之间"的"法象"。末句把"无形"（"不形"）与"有形"（"形"）归结为"幽"与"明"，因而说圣人"但云'知幽明之故'"。至于圣人"不云'知有无之故'"，是因为本章内容只关乎经验世界的变化以及圣人对经验世界的观察，而"有""无"则是比"有形""无形"更深刻的用语，是张载用于思考形上世界与形下世界及其关系的哲学概念。

今人多认为，张载一向只说"幽明"而不说"有无"。从下一章以及其他相关篇章可知，这种看法是一种误解，同时也低估了张载等宋代理学家的思维能力。

1·9　气之聚散于太虚，犹冰凝释于水[1]，知太虚即气[2]，则无无[3]。故圣人语性与天道之极[4]，尽于参伍之神[5]，变易而已[6]。诸子浅妄[7]，有有无之分，非穷理之学也[8]。

刘玑："神曰参伍、易曰变易者，神妙于参伍，而易则阴阳之气变易而已耳。"（《正蒙会稿》卷一）

[注释]

[1]凝释：冻结和消融。　[2]太虚即气：太虚联结并整合阴阳之气，构成宇宙的创生根源（性）或动力（道）。即：经由感应，把异质的双方联结为一个整体。　[3]此四句意为，气在太虚之中既有聚也有散，就好像冰既冻结于水也消融为水一样，可知太虚联结并整合阴阳之气而构成宇宙的创生力量，这样世界就不是空无所有的了。　[4]极：最高；终极；究极。　[5]参伍：易学术语。意为以三、五之数说明天道的变化。孔疏："参，三也；伍，五也。或三或五，以相参合，以相改变，略举三五，诸数皆然也。"

（《周易正义》卷七）神：此指天道运行变化的神妙莫测。　　[6] 此三句意为，因而圣人述说性与天道的究极本体，使多种因素构成的神妙力量充分运行于宇宙的生化过程，而这些无非是变化的根源和动力而已。变易：变换；变化。　　[7] 诸子：主要指老、庄、汉儒等。　　[8] 此三句意为，诸子学识浅薄而虚妄，把有无分作二截，这都不是穷理的学问。穷理：全面探究万物和性命的道理。

[点评]

本章论形上世界的议题，包括"太虚即气""性与天道""参伍之神"等，并批评诸子"有有无之分，非穷理之学"。以下从三个方面略作论析。

一、关于"太虚即气，则无无"。从"气之聚散于太虚"，到"则无无"。首先，看冰水之喻。类似的比喻还有波涛海水之喻。汤用彤曾辨析说："此类譬喻（指波涛海水之喻——引者注）不可拘泥，因水为一物而本体则非物也。《老子》八章'水几于道'，王注曰：'道无水有，故曰几也。'此言深可玩味。"（《魏晋玄学论稿》，第69页）汤用彤以《老子》之"道"言本体，而张载则以"太虚"言本体。不难看出，冰与水指涉的是同质对象之间的关系，而气与太虚指涉的则是异质对象之间的关系。以同质关系比喻异质关系，其局限不可避免。遗憾的是，此类比喻经汤用彤辨析后一直没有引起学者的"玩味"，没有透过比喻的表象，就事情本身去思考虚、气关系的要义。

其次，看"太虚即气"。解读的关键，端在"即"字。许慎的《说文解字》，是以解释本义为主的文字学经典著

作。《说文》："即，即食也。"徐锴："即，犹就也，就食
也。"（《说文解字系传》）今人林光义则据字形解释"即"
字说："像人就食之形。"（《文源》卷六）此外，"即"字
还有"就是"的意思，这是其引申义，也是通俗义（刘
淇《助字辨略》卷五）。依据"即"字的"像人就食之形"，
可以为其补充主语"某人"，使"即食"成为一个完整的
句子："某人即食"。"即"的作用，是把主语"人"与对
象"食"二者联结为"吃"这一行为整体。"太虚即气"
作为在句式上与"某人即食"类似的句子，"太虚"是主
语，"即"是谓语，"气"是宾语。这两个句子中的"即"
字，都起联结主语与宾语的作用，但不同的是，"某人即
食"的联接其实质是"吃"，而"太虚即气"的联接其实
质则是"感"，指经由感应把太虚与气双方联结为一个运
行于宇宙之中的天道整体。总之，张载在使用"太虚即
气"之"即"字时，既没有脱离"即"字的本义，同时
又站在宇宙生成论哲学的高度对"即"字作了创造性的
诠释。

其三，看"知太虚即气，则无无"。这句话的另一文
本，见于吕祖谦编纂的《周易系辞精义》，所引用的《横
渠易说》作"知太虚即气，则无有有无"。前一文本的
意思是，太虚与气相感相合，强调二者相合所构成的宇
宙创生力量的真实性，因而不可将其归结为空无所有。
后一文本的意思是，太虚与气相感相合，"有无混一"
（1·6），因而不再存在"有"与"无"的分割。这两句
话的意思有所不同，前一句话中的"无"只是日常用语，
而后一句话中的"有无"则是哲学术语，而且"无有有无"

的表述能够与下文张载批评诸子"有有无之分"相呼应。

二、关于圣人与诸子的区别。从"故圣人语性与天道之极"到本章结束。首先，看"圣人语性与天道之极"。张载所谓"性"与"天道"是同构的，都由"虚"与"气"所构成。这正是他强调"性与天道合一"（6·3）、"性即天道"（17·5）的主要理由。尽管"性"与"天道"是同构的，但二者在宇宙生成过程中的作用则各有侧重："性"，作为宇宙万物生成的根源，赋予宇宙万物不同的秉性或本质；"天道"，则作为宇宙万物运行的动力，展现宇宙万物的生化过程及其秩序。"性与天道之极"，此"极"字意指本体。王弼认为天地万物皆以无为本，本者宗极。此"宗极二字常相当于宋儒之本体"（汤用彤《魏晋玄学论稿》，第67页）。本章在"太虚即气"之后紧接着有"圣人语性与天道之极"句，是说圣人基于"性"与"天道"向上追寻其本体，也就是"天"或"太虚"。可知，"太虚即气"命题其实说的正是"性"与"天道"这两个概念。"性"与"天道"，是张载的宇宙生成论概念；而"天"或"太虚"，则是张载的宇宙本体论概念。

其次，看"尽于参伍之神"。此处所谓"神"，承接上句所言"天道"，进而形容天道运行变化的神妙莫测。

其三，看批评诸子"有有无之分，非穷理之学也"。此可参考张载对老子的批评（1·6）。此外，张载还说："万物皆有理。若不知穷理，如梦过一生。释氏便不穷理，皆以为见病所致。庄生尽能明理，反至穷极亦以为梦。"（《张子语录·语录中》）张载所谓穷理，既包括宇宙万物生成的根源（性）之理，也包括宇宙万物运行的动力

（道）之理。这两种理，都是"有无混一"（1·6）、体用不二的。诸子把宇宙生成过程看作有无分离的，因而张载才批评诸子"非穷理之学也"。

三、本章与上章的结构有相似之处。上章先说经验世界的运行特点，再说圣人对经验世界的仰观俯察；本章先说"太虚即气"，进而涉及圣人对形上世界"性与天道之极"的思考。这两章都可分为两部分，其划分或以圣人对经验世界的观察为界限，或以圣人对形上世界的思考为界限。这两章可以作为一组，在对比中相互参证。

1·10　太虚为清^[1]，清则无碍^[2]，无碍故神^[3]；反清为浊^[4]，浊则碍，碍则形^[5]。

刘玑："太虚乃为清之至，惟至清则无碍。清则自不容一物碍于其间，有碍则非清矣。惟其无碍，所以妙应。妙应者，太虚之用，神之谓也。反此则浊而碍，碍而形矣。"（《正蒙会稿》卷一）

[注释]

[1]为：有（《词诠》卷六）。清：清澈；清通。　[2]无碍：此指太虚没有滞碍的清通状态。碍：阻碍；滞碍。　[3]此三句意为，太虚有其清通的本然状态，由于清通便没有滞碍，由于没有滞碍太虚本体同时也就是神。神：此与太虚本体的涵义接近。　[4]浊：浑浊。引申为浑杂；不明澈。　[5]此三句意为，与太虚的清通无碍状态相反，另一类存在的状态则是浑杂的，浑杂便有滞碍，有滞碍便成为有形之物。形：形质。

[点评]

本章对比太虚之清通无滞碍的本然状态与有形物之浑杂有滞碍的本然状态。以下分两部分论析。

　　一、关于太虚与有形物各有其不同的本然状态。本章以清通无滞碍概括太虚的本然状态。与"无形"(1·2)相比，清通无滞碍是太虚更为本质的本然状态。这可以视作其他章节言太虚本然状态的补充。有形物的本然状态，是粗浊有滞碍的，与太虚的本然状态恰恰相反。张载说："物形乃有小大精粗。"(《横渠易说·系辞上》)由于本章所谓有形物的本然状态是粗浊有滞碍的，因而可以归结为物形之粗者。张载多次把粗浊的有形之物称作"糟粕"。例如，他说："万物形色，神之糟粕。"(1·20)

　　二、关于"清"的两种类型。本章"太虚为清"之"清"，是"清"的第一种类型。太虚之"清"，是清之至、清之极，也是至清、绝对的清。张载说："无所杂者清之极"(8·12)。明儒刘玑的看法与张载一致。这一类型的"清"，与老子"天得一以清"(《老子》第三十九章)的观念接近。张载曾把"太虚"("天")与"一"联系起来，曰："静者善之本，虚者静之本。静犹对动，虚则至一。"(《张子语录·语录中》)可见，张载所谓"太虚"既可归结为"清"，也可归结为"一"。此外，本章还把清通无滞碍的"太虚"归结为"神"。此亦即张载所谓"清通不可象为神"(1·1)以及"神，天德"(4·1)之"神"。这种归纳，能够彰显太虚之神毫无滞碍、自由运行的本然状态。"清"的第二种类型，指气之"清"，也就是气之清、浊相对的"清"。

　　1·11　凡气清则通，昏则壅[1]**，清极则**

神^[2]。故聚而有间，则风行^[3]，而声闻具达^[4]，清之验欤^[5]！不行而至，通之极欤^[6]！

上章论太虚之"清"，而本章则论气之"清"。

[注释]

[1] 昏：混浊；浑杂。壅（yōng）：堵塞。义同上一章所谓"碍"。　[2] 此三句意为，凡是气清澈便通达，气浑杂便堵塞，清澈的极致便是运行于天地间的神妙力量。清极：清澈的极致。　[3] 间：空隙；缝隙。风行：形容神的运行像风一样迅疾。　[4] 声闻：声响；音讯。具达：无所不至。　[5] 此四句意为，因而气在凝聚中不免形成缝隙，使得神能够像风一样穿行而过，像声响一样无所不至，这正是气之清澈的效验啊！验：效验；验证。　[6] 此两句意为，看似没有运行却无所不至，说的正是清极之神通达的极致啊！

[点评]

本章论气之"清"及"清极则神"和"清之验"。上章所论太虚之"清"与本章所论气之"清"，是两种不同类型的"清"，也是两种不同层次的"清"，不可混淆。

本章"清极则神"之"极"，意为气之清通的极致。气之所以"清极"，是由于排除了一切混杂之气。这即张载所说："无所杂者清之极。"（8·12）气清之极致，是构成"神"这一宇宙创生力量的必要条件。虽然"天道"或"道"也是宇宙创生力量，但参与构成"道"的"气"并没有分为清气与浊气。由于构成"神"的气是"清极"的，也就是极其纯粹的，因而它与同样作为宇宙创生力量的"道"便有所不同,"神"的运行更加自由,更加畅通无阻,完全是"不疾而速,不行而至"(《周易·系辞上》)的。

程颐主张,"须兼清浊、虚实,乃可言神"(《河南程氏遗书》卷二上《东见录》)。这是二程兄弟的共同主张。因而程颢批评张载:"谓清者为神,则浊者非神乎?"(《朱子语类》卷九十九)可见二程对"神"的理解,与张载是很不相同的。

本章的四句话可以简称《太和》四句",是张载的理学纲领。

1·12 由太虚,有天之名[1]。由气化,有道之名[2]。合虚与气,有性之名[3]。合性与知觉,有心之名[4]。

[注释]

[1]此两句意为,借用太虚加以界定,就有了"天"这个概念。由:用;凭。名:概念。 [2]此两句意为,借用气化加以重构,就有了"道"这个概念。气化:指气的流行变化。 [3]此两句意为,整合太虚与气,使之成为宇宙创生万物的根源,就有了"性"这个概念。虚:太虚的省称。 [4]此两句意为,整合人性与知觉,就有了"心"这个概念。知觉:泛指人的感觉、认知、直觉等精神活动及其能力。

[点评]

本章的"《太和》四句",是对《中庸》首章"天命之谓性,率性之谓道,修道之谓教"的解释(张载佚著

《礼记说·中庸第三十一》）。这四句话自上而下地界定了
"天""道""性""心"四个基本概念，并构成了张载的
理学纲领。张载理学体系可大致分为形而上学与形而下
学两部分，前者包括天道论和心性论，后者包括工夫论、
教育思想和政治思想等。准确地说，"《太和》四句"是
张载理学形而上学部分的纲领。20 世纪 60 年代末，牟宗
三认为《太和》第 1 章是张载理学的"总纲领"。任何一
种学说的纲领都需要以概念组合的形态出现。与牟宗三
仅以"道"这个单一概念作为"总纲领"相比，"《太和》
四句"以"天""道""性""心"四大概念系列作为纲领，
能够更确切地展现张载天人之学体系的面貌。

在张载理学纲领的"天""道""性""心"四大概念
序列中，"天"作为最高概念对其他三个概念具有主导及
贯通的作用，从而使"天""道""性""心"这四大概念
在天—人框架下联结为一个系统。在张载理学纲领中，
"气"只是表示自然实体及其变化的辅助性概念，而不是
与"天""道""性""心"并列的基本概念，更不是本体
概念。

对张载理学纲领的确证和本章的逐句解读，参见本
书《导读》之二"张载的思想学说"。

1·13　鬼神者[1]，二气之良能也[2]。圣者，
至诚得天之谓[3]；神者，太虚妙应之目[4]。凡天
地法象[5]，皆神化之糟粕尔[6]。

朱熹："伊川谓
鬼神者造化之迹，
却不如横渠所谓二
气之良能。"（《朱
子语类》卷六十三）

朱熹："造化
之迹是日月星辰之
属，二气良能是屈
伸往来之理。"（《朱
子语类》卷九十五）

[注释]

[1] 鬼神：此指阴阳之气运行的自然过程。 [2] 此两句意为，我所谓"鬼神"，指阴阳二气的自然功能。良能：天赋之能力。语见《孟子·尽心上》："人之所不学而能者，其良能也。"与孟子不同，张载此处使用"良能"一词不是说人的能力，而是说阴阳二气的功能。 [3] 至诚：《中庸》术语。极忠诚；极真诚。既指天道之诚，也指圣人诚贯天人之德。此指后者。得天：知天。 [4] 此四句意为，圣人，是对具有诚贯天人之德者的称谓；神，作为宇宙的神妙力量是太虚与气神妙感应的一种方式。目：条目；要目。妙应：神妙的感应。 [5] 法象：自然界的一切现象。语见《周易·系辞上》："是故法象莫大乎天地，变通莫大乎四时。" [6] 此两句意为，凡是天地间的一切现象，都是宇宙的神妙力量推动气化运行所产生的渣滓。糟粕：酒滓。喻指事物粗劣无用的部分。

[点评]

本章先论鬼神，然后论圣、神、神化。与流行的"鬼神"意涵不同，张载以"二气之良能"赋予"鬼神"以新意，深得朱熹赞赏。值得注意的是，对于《中庸》和张载的鬼神观，清儒方东树的诠释有所深化。他指出："《中庸》言鬼神之德，极其盛而推之，以本于诚，乃正言其性情功效之费者耳。吾本程子、张子之意而原其主，乃即微与诚而指其隐者耳。"方东树为鬼神"原其主"之"主"，指的是什么呢？他说："草木之华实也为神，其零落也为鬼。原始反终，得其情状，一气而已，一物而已。是鬼神之可知者如此也。顾可知者非能自主，有不可知者主之也。"在方东树看来，鬼神只是"一气而已，一物而已"，因而是"可知者"，故"不能主"，它"特听命效能于天而已"（方东树《考槃集文录·原神》）。他认为，鬼神不能"自主"，必须"听命效能"于"天"之"主"。

基于此便不难理解，张载为何在界定"鬼神"之后紧接着又言及"天""神"及"神化"。因为在他看来，圣人是知天而又通晓天道至诚不息的原理并具有诚贯天人之德的人。张载认为："知人而不知天，求为贤人而不求为圣人，此秦、汉以来学者大蔽也。"（《宋史》本传）与此对应，神或神化作为宇宙的创生力量，是太虚与气相感应的一种神妙方式。着眼于天地间循环不息的大过程，一切现象都不过是神或神化推行过程中的产物而已。

总之，"鬼神"是"天""神"的显化，其产物亦即本章末句所谓"法象"或"糟粕"。

本章与1·14章都是对《中庸》第十六章"子曰：'鬼神之为德'"一段话的解说，可以合观。

1·14　天道不穷[1]，寒暑已[2]；众动不穷[3]，屈伸已[4]。鬼神之实，不越二端而已矣[5]。

张载的鬼神论，是对其天道论的补充。

[注释]

[1]不穷：无穷无尽。　[2]寒暑：寒冬暑夏，常指一年的循环。已：然。状事之词（《古书虚字集释》卷一）。　[3]众动：万物运动变化。　[4]此四句意为，天道的推行是无穷无尽的，于是便有了冬夏四时的循环状态；万物的变化是无穷无尽的，于是便有了阴阳之气一屈一伸的往复状态。屈伸：收缩和伸展。　[5]此两

句意为，鬼神之实有，不外乎阴阳之气屈伸二端往复不已的过程。实：真实；实有。

[点评]

本章论天道与鬼神。张载说："鬼神，往来、屈伸之义。"（4·4）又说："《礼记》凡言鬼神者，大率以阴阳出入言之。鬼神一物也，以其归故谓之鬼。""神，申也；鬼，归也。物之所生即是神，及其终则归也。"（佚著《礼记说·祭义第二十四》）这些论述，可以与本章相互参证。

> "一""两"，
> 是辩证的整体。

1·15 两不立，则一不可见 [1]；一不可见，则两之用息 [2]。两体者 [3]，虚实也 [4]，动静也 [5]，聚散也 [6]，清浊也 [7]，其究一而已 [8]。

[注释]

[1] 两：指阴阳之气两者。一：此指作为统一体而存在的天道。见（xiàn）：显示；显现。　[2] 此四句意为，如果阴阳两者的相感变化未确立的话，则作为统一体而存在的天道就无法显现；作为统一体而存在的天道无法显现，就意味着阴阳两者的作用停息了。用：作用；运用。　[3] 两体：此指两两组合而成的存在，诸如下句的"虚实"等四组存在。　[4] 虚：此指无形的非实体存在。实：此指有形的实体存在。　[5] 动：此指阴阳之气的运行与太虚本体的"无所不感"（17·5）。静：此指太虚本体的原初状态，亦即"至静无感"（1·2）的状态。　[6] 聚散：凝聚和发散。这是气的两种运行方式。　[7] 清浊：清气和浊气。这是气的两种存在

形态。　[8]此六句意为，这两两组合而成的存在，包括虚与实，动与静，聚与散，清与浊，究其实质，它们都分别参与宇宙创生统一力量的构成。究：究极。

[点评]

本章论"一""两"的辩证整体学说和四对"两体"的存在。张载有关"一""两"及其关系的言论，集中在《正蒙·参两》和《横渠易说·说卦》，可以与本章互相参证。在张载的话语体系中，"一"有三种用法（详见《横渠易说·说卦》第5章的点评）。

本章涉及四对"两体"的存在，包括虚与实，动与静，聚与散，清与浊。首先，前面两对"两体"的存在是虚与实，动与静，这被张载归结为"天参"或"天之所以参也"。他所谓"天参（三）"，说的是"太极""天道"与"性"的结构。因此，张载说："天所以参，一太极两仪而象之，性也。"（《正蒙·参两》）其次，后面两对"两体"的存在是聚与散，清与浊，分别指气的两种不同形态。庞朴高度评价张载的"一""两"说，认为这是"阴阳和太极、两和一的三位一体的存在"。他还认为，张载"明确地将一物两体的太极定为三数"，"使得中国辩证学说进入了一个新的阶段"（庞朴《一分为三论》，第132、135页）。这些说法，相当深刻。

本章当与下一章合观。

1·16　感而后有通^[1]，不有两则无一^[2]。

李光地："盖两者相对方可言感。感而能通，非一而何？故非两无以立感之体，非一无以致通之用。"（《注解正蒙》）

故圣人以刚柔立本[3]，"乾坤毁则无以见易"[4]。

[注释]

[1]感：感应。通：通达。　[2]此两句意为，两与一发生感应之后才能够通达于天地，没有两的存在便没有一这个统一体。　[3]刚柔立本：语出《周易·系辞下》："刚柔者，立本者也。"指刚和柔为立卦的根本。　[4]此两句意为，因而圣人以刚柔为立卦的根本，"乾坤毁弃则无以显现阴阳变易了"。"乾坤毁则无以见易"：语出《周易·系辞上》。乾坤毁：指奇偶两个卦画毁弃。无以见易：无以显现阴阳变易过程。

[点评]

本章结合《易传》刚柔、乾坤之理，论感通与一两。

朱熹："'游气纷扰，合而成质者，生人物之万殊'。此言气，到此已是查滓粗浊者；去生人物，盖气之用也。'其动静两端，循环不已者，立天地之大义'，此说气之本。"（《朱子语类》卷九十八）

1·17　游气纷扰[1]，合而成质者[2]，生人物之万殊[3]。其阴阳两端，循环不已者，立"天地之大义"[4]。

[注释]

[1]游气：浮动之气。纷扰：纷乱。　[2]合：聚合。成质：构成形质。　[3]此三句意为，纷乱的浮动之气整合而成有形质的存在物，所生出的人物各不相同。万殊：千差万别，各不相同。　[4]此三句意为，在生成万物的过程中，阴阳两者相互作用，循环不息，确立了天地之道。冉觐祖："'大义'，犹言天地之道，《易》所谓'立天之道''立地之道'是也。"（《正蒙补训》）

[点评]

本章论阴阳之气参与宇宙生成过程的原理。与下一章合观可知，这一原理与"通乎昼夜之道"相通。

1·18　"日月相推而明生，寒暑相推而岁成"[1]。神易无方体[2]，"一阴一阳"[3]，"阴阳不测"[4]，皆所谓"通乎昼夜之道"也[5]。

王植："此节大意，即日月寒暑见二气循环之妙也。虽全以《易》辞成文，非注释之体。"（《正蒙初义》）

[注释]

[1] 此两句意为，"太阳与月亮交替升降而光明常生，冬天与夏天交替往来而年岁形成"。"日月相推而明生"：出自《周易·系辞下》："日往则月来，月往则日来，日月相推而明生焉。""寒暑相推而岁成"：出自《周易·系辞下》："寒往则暑来，暑往则寒来，寒暑相推而岁成焉。"　[2] 神易无方体：语见《周易·系辞上》："故神无方而易无体。"方：方所；方位。体：形体；形迹。　[3] "一阴一阳"：出自《周易·系辞上》："一阴一阳之谓道。"　[4] "阴阳不测"：出自《周易·系辞上》："阴阳不测之谓神。"　[5] 此四句意为，神与易道的运行既没有方位，也没有形迹，无论"一阴一阳互动"，还是"阴阳气化莫测"，都是用以描述"通晓昼夜往复之道"的。"通乎昼夜之道"：出自《周易·系辞上》："通乎昼夜之道而知。"

[点评]

本章援引了《周易·系辞》的多段引文，意在论日月寒暑、阴阳变化之妙，皆"通乎昼夜之道"。

从《周易·系辞》的多段引文中，可以看出本章的思路：前两句以日月寒暑言之，中间三句则言宇宙创生力量的神妙不测，末句由"通乎昼夜之道"作结。

对于"神易无方体"，张载在其早期著作《横渠易说》中是这样解说的："神易虽是一事，方与体虽是一义，以其不测，故言无方；以其生生，故言无体。然则易近于化。"（《横渠易说·系辞上》）此可与本章相参证。

冉觐祖："此节难看。"（《正蒙补训》卷一）

本章论"天之昼夜"与人"一身之昼夜"的相关性，进而论及人的爱恶之情及其根源和归宿。

1·19 昼夜者，天之一息乎[1]！寒暑者，天之昼夜乎[2]！天道春秋分而气易，犹人一寤寐而魂交[3]。魂交成梦，百感纷纭，对寤而言，一身之昼夜也[4]；气交为春，万物糅错，对秋而言，天之昼夜也[5]。气本之虚则湛一无形[6]，感而生则聚而有象[7]。有象斯有对，对必反其为[8]；有反斯有仇，仇必和而解[9]。故爱恶之情同出于太虚，而卒归于物欲[10]，倏而生，忽而成[11]，不容有毫发之间，其神矣夫[12]！

[注释]

[1]此两句意为，所谓昼夜，相当于天的一呼一吸。 [2]此两句意为，所谓寒暑，相当于天的一昼一夜。 [3]此两句意为，天道分春分秋的气候交替，就好像人从醒时到睡时的意识交错。寤（wù）：醒时。寐（mèi）：睡时。魂交：意识交错。语出《庄

子·齐物论》："其寐也魂交，其觉也形开。"　　[4]此四句意为，意识交错而入梦境，幻觉纷呈，相对于醒时而言，这一梦一醒就是人身的昼夜。　　[5]此四句意为，气候交替而至春天，万物混杂，相对于秋天而言，这一春一秋就是天行的昼夜。糅（róu）错：混杂。　　[6]湛一：宋明各本皆作"湛本"。按：汉语有"湛一"而无"湛本"之词（《汉语大词典》第五卷下册）。《正蒙·诚明》："湛一，气之本。"（6·17）当据改"湛本"作"湛一"。　　[7]此两句意为，气本于太虚，太虚清澈至一而无形，太虚与气相感能生万物，而气之凝聚便能使万物有形有象。之：于。则：而。湛一：清澈至一。而：能。　　[8]此两句意为，有万象则其中就有对立面，对立面之间必反向而为。斯：则；乃。对：对立面；对手。反：颠倒；方向相反。　　[9]此两句意为，对手反向而为则成为仇敌，仇敌必经调和而消除仇恨。仇：仇敌；仇恨。　　[10]卒：尽；都。　　[11]倏（shū）：突然。忽：忽然。　　[12]此六句意为，因此喜爱和厌恶的情感都同样出自太虚，而最终都以物欲为归宿，情欲梦幻突然而生出，忽然而成形，其过程疾速而不留丝毫缝隙，真是神奇无比！神：神奇。此处不是宇宙论意义的"神"。

[点评]

本章首先揭示了"昼夜""寒暑"转换的"气交"本质与睡梦活动的"魂交"本质以及二者的相关性，然后分别论述了气本于太虚以及太虚本体的本然状态，在虚气感应的推动下，从"象"到"对"、从"对"到"反"、从"反"到"仇"、从"仇"到"和"的复杂过程，还包括对人的爱恶之情及其根源和归宿的关注。本章解读难度很大，而且《正蒙》历代注本对本章的解释很不同，本书尝试从四个方面评析如下。

一、"气本之虚"句的校勘。此句诸本作："气本之虚则湛本无形"，《张载集》章校本依《正蒙·诚明》"湛一，气之本"（6·17），将此句改作"气本之虚则湛一无形"。今从所改。"气本之虚"，意为气本于太虚。《正蒙》明清注本多将"气本之虚"解释为"气本诸太虚"，并认为太虚指"本体"。此可与张载本人的表述相互参证。张载说："太虚无形，气之本体。"（1·2）"太虚者，气之体。"（17·14）此外，"湛一"和"无形"，都说的是太虚的本然状态。

二、"仇必和而解"。如果说从"象"到"对"、从"对"到"反"、从"反"到"仇"，都可以理解为自然过程的话，那么，"仇必和而解"则需要有人的智慧参与其中以发挥作用。因而，紧接"仇必和而解"之后，言"爱恶之情"的根源和归宿，就把前半段的天道论与后半段的情欲论或物欲论结合起来了，并隐含有道德修养论的诉求。

三、"爱恶之情同出于太虚"。太虚作为宇宙本体，既是创生万物的终极根源，也是道德价值的终极根源，同时还是一切情感的终极根源，因而本章有"爱恶之情同出于太虚"的说法。"爱恶"一词出自《周易·系辞下》："是故爱恶相攻而吉凶生。"对此，尚秉和解释说："爱恶相攻，即刚柔相摩也。阳遇阴，阴遇阳，则相求相爱。""阳遇阳，阴遇阴，则相敌相恶。""爱则吉，恶则凶，故爱恶相攻而吉凶生。"（尚秉和《周易尚氏学》，中华书局1980年版，第320页）若依尚氏以"刚柔""阴阳"解释"爱恶"，则与本章所谓"爱恶之情同出于太虚"并不抵触。问题在于，若按张载所谓"万物不能不散而为太虚"（1·5）的逻辑看，"爱恶之情"也应当以太虚为其归宿；然而对于"爱恶之情"，本章分明说的是"卒归于物欲"。这又该如何解释？

四、"爱恶之情""卒归于物欲"。"爱恶"属情感，而"物欲"则包括情欲。尚秉和以刚柔和阴阳解释"爱恶"，但并没有涉及"爱恶"的根源，尤其没有涉及"爱恶"的归宿，他所说与本章所说不在同一频道。此前本章言"魂交成梦"，是把梦幻与情欲或物欲联系起来。对于"魂"，张载的解释是："气于人，生而不离，死而游散者谓魂。"（《正蒙·动物》）对于"魂交"属于内交还是外交，他主张："梦，形闭而气专乎内也。"（同上）基于梦"专乎内"，张载还进而揭示"梦所以缘旧于习心"（同上）。"习心"，也包括情欲和物欲在内。据此可知，"卒归于物欲"之"物欲"有时与现实生活中的黄粱美梦有关。奥地利心理学精神分析学派创始人西格蒙德·弗洛伊德(Sigmund Freud，1856—1939)曾提出过一个著名的理论："梦不过是欲望的满足。"（《梦的解析》，孙名之等译，国际文化出版公司2011年版，第324、327页）这一理论，与本章关于"爱恶之情""卒归于物欲"的说法有一定关系。但二者也有所不同，张载意在强调情欲与梦幻关系的复杂性，不仅是"百感纷纭"的，而且还"倏而生，忽而成，不容有毫发之间"。这里，隐含了张载治疗世人的情欲和物欲流于梦幻这一病症的深意。张载曾说："万物皆有理。若不知穷理，如梦过一生。"（《张子语录·语录中》）张载反对"梦过一生"，是理性主义的态度，这似乎比弗洛伊德所谓梦境能够满足人的欲望这一主张要来得可贵。

张载:"《系辞》言《易》,大概是语《易》书制作之意。其言'易无体'之类,则是天易也。"(《横渠易说·系辞上》)

刘玑:"'万物形色',皆神之渣滓,故虽'性与天道'云者,亦不过阴阳变化而已矣。"(《正蒙会稿》卷一)

1·20 造化所成,无一物相肖者[1]。以是知万物虽多,其实一物[2]。其无无阴阳者,以是知天地变化,二端而已[3]。万物形色,神之糟粕[4]。"性与天道"云者,易而已矣[5]。心所以万殊者,感外物为不一也[6]。天大无外,其为感者絪缊二端而已[7]。

[注释]

[1]此两句意为,创造化育所成就的万物,没有一种样貌是相似的。造化:创造化育。相肖:相貌相似。 [2]此两句意为,据此可知万物虽然很多,但就它们作为宇宙神妙力量的产物而言,其实它们又都有其共性。 [3]此三句意为,创生万物的过程不可能没有阴阳之气的参与,因而就天地变化的表现看,这一过程无非是阴阳二气的流行而已。 [4]此两句意为,万物形形色色,都只是宇宙神妙力量推行过程中排泄出去的渣滓。糟粕:酒滓。喻指事物粗劣无用的部分。 [5]此两句意为,所谓"性与天道",这二者说的都不过是天易的原理而已。"性与天道":语见《论语·公冶长》:"子贡曰:'夫子之文章,可得而闻也;夫子之言性与天道,不可得而闻也。'"易:易道。张载亦称其为"天易"。 [6]此两句意为,人心所知千差万别,是由于对外物的感受不一样。万殊:极言心对外物感知形态的多样。感:感受。 [7]此两句意为,天大无所不包,就其感应万端的表现看,无非是阴阳二气的变化而已。无外:没有边际;无穷;无所

不包。《庄子·天下》引惠施语："至大无外，谓之大一。"其：
指代"天"。

[点评]

本章从多方面论万物造化，万物的差异与同一，"性
与天道"与"天易"原理。

本章第一句"造化"一语，清儒冉觐祖的注解值得
关注，他说："自无而有曰'造'，自有而无曰'化'，犹
言天地之化育也。"(《正蒙补训》)

宋代之后，出自孔门的"性与天道"这一话语成为
理学的重要议题。对这一议题，张载多有发挥，贡献卓
著。

本章言"糟粕"，可与 1·7、1·13 章合看。

1·21　物之所以相感者，利用出入[1]，莫
知其乡[2]，一万物之妙者欤[3]！

刘玑："物之
相感，如上下、夫
妇、朋友，皆其
类也。然其所以相
感者，一万物之
妙，神之所为也。"
(《正蒙会稿》卷
一)

[注释]

[1] 利用出入：语见《周易·系辞上》："利用出入，民咸用之
谓之神。"　　[2] 乡：通"向"。莫知其乡：不知其趋向，引申为不
知其法则。语见《孟子·告子上》："孔子曰：'操则存，舍则亡。
出入无时，莫知其乡。'"　　[3] 此四句意为，万物无不相互感应，
而民众只关注门户等器物的使用，有出也有入，但并不知其法则，
其实这一切都是由于有一个支配万物的神妙力量居间发挥作用
啊！一：独力统理。万物之妙：参见《周易·说卦》："神也者，妙

万物而为言者也。"

[点评]

本章论万物相感和神推动万物运化之妙。

清儒冉觐祖认为，本章言"物感"，而此前两章则言"天感"（1·19）、"心感"（1·20）。冉说对于这三章的连贯理解，颇有启发。

1·22 气与志[1]，天与人[2]，有交胜之理[3]。圣人在上而下民咨[4]，气一之动志也[5]；凤凰仪[6]，志一之动气也[7]。

[注释]

[1] 气与志：语见《孟子·公孙丑上》："志一则动气，气一则动志也。"   [2] 天：张载所谓"天"有多种意涵，此指自然之天。   [3] 此三句意为，气与志，天与人，各有交相胜出的道理。交胜：交相胜出；互为有功。语见刘禹锡《天论上》："天之能，人固不能也；人之能，天亦有所不能也。故余曰：天与人交相胜耳。"   [4] 下民咨：语见《尚书·虞书·尧典》："浩浩滔天，下民其咨。"下民：百姓；庶民；人民。其：必定。咨（zī）：表感叹。   [5] 一：专注；专一。"一"字，《孟子·公孙丑上》和《正蒙》注本多作"壹"，此依宋本作"一"。   [6] 凤凰仪：语见《尚书·虞书·益稷》："《萧韶》九成，凤凰来仪。"凤凰：灵鸟。仪：来。   [7] 此四句意为，面对大洪水，圣人在上，而在下的民众无不悲叹，感叹之气弥漫就会干扰圣人的意志；扮演凤凰的舞队

华希闵："（本章）重在志能胜气、人能胜天上。""民与物皆气之所验，天之所为也。凤仪虽一物，而可以见太和之象焉。太和在天地，保合太和者在圣人，故以终《太和》之篇。"（《正蒙辑释》卷一）

一出场，决胜的意志达到高潮就会鼓舞士气。

[点评]

本章论气与志、天与人有交胜之理。

本章所论有其上古治水背景。"浩浩滔天，下民其咨"（《尚书·虞书·尧典》），对应于本章"圣人在上而下民咨"句。这里的"圣人"，指尧舜。面对洪水肆虐，先是尧与各部落联盟领袖协商，决定委派鲧治理洪水。"《箫韶》九成，凤凰来仪"（《尚书·虞书·益稷》），对应于本章"凤凰仪"句。这是说，在鲧治水失败之后，禹在益、稷两人的辅助下，采用不同于鲧的方法，终于取得了治水的胜利。在随后举行的庆典上，当《韶》乐演奏了九曲之后，扮演凤凰的舞队便隆重登场了。

在这一语境下，"圣人在上而下民咨"是说，面对大洪水，尧舜谋划应对，而下民则无不悲叹，这既是天之胜人，也是"气一之动志"；"凤凰仪"句是说，欢庆治水成功，这既是人之胜天，也是"志一之动气"。

[篇末评]

《太和》篇是《正蒙》十七篇的第一篇，集中论述了张载的天道论亦即宇宙论哲学。钱穆说："在北宋理学四大家中，二程于宇宙论形上学方面较少探究。濂溪、横渠则于此有大贡献。"（《朱子新学案》，第25页）唐君毅说："横渠之《正蒙》，乃以天道之论为先。"（《中国哲学原论·原教篇》，第71页）本篇分为22章，其主要内容包括以下四个方面。

一、太和之道。直接言"太和所谓道"的，仅见于1·1章。在张载理学中，太和之道，指的就是天道。本篇除了论述天道"循环不已"的运行（1·14、1·17）之外，还论述了天道内在的"一""两"机制（1·15、1·16），"糟粕"是天道之神运行所排泄的粗劣无用的产物（1·7、1·13、1·20）。最后一章，以治水胜利的太和之象作为本篇的结束，是对第一章的呼应。

二、虚气关系。本篇这方面的论说最为多样。首先，张载强调无形的太虚，是气的本体（1·2、1·19）。其次，叙述了天道在"气块然太虚，升降飞扬"驱动下的变化过程（1·7）。其三，基于虚气关系，论述了从太虚与气到万物，然后万物再返归于太虚的宇宙生灭循环论（1·4、1·5）。其四，论述了太虚之清（1·10）与气之清（1·11）。其五，提出了著名的"太虚即气"命题（1·6、1·9）。这是有关虚气关系的标志性表述，对后世的影响特别大。其六，在张载理学中，虽然理气关系有别于虚气关系，但也并非毫无关联。对于理气关系，张载的惟一一次表述是，强调"天地之气"聚散、攻取的多种途径都必须顺于"理"，而决不能违逆于"理"（1·3）。

三、理学纲领。这指的是著名的"《太和》四句"："由太虚，有天之名。由气化，有道之名。合虚与气，有性之名。合性与知觉，有心之名。"（1·12）这一理学纲领，为张载建构涵盖天论、道论、性论和心论等多方面内容的理学体系拟定了方案。对这四句纲领的解读，请参见本书《导读》之二"张载的思想学说"，其中关于理学纲领的专论。

四、批判佛老。虽然本篇批判佛老的内容只有一章（1·6），但其中涉及的问题都很重要，影响也很大。对于佛教，张载批判了其"诬世界乾坤为幻化"观点，并分析了这一弊病产生的认识论根源。对于老子，张载批判了其"有生于无"的观点，并指出其实质是"不识所谓有无混一之常"。这是本章批判的焦点。对老子宇宙生成论的批判，不仅涉及有无关系问题，而且还涉及虚气关系问题、体用关系问题等。这方面的分析，请参见1·6章的点评。

天道篇第三

3·1　天道四时行，百物生[1]，无非至教[2]。圣人之动，无非至德[3]。夫何言哉！

张棠、周芳："此引《礼记》以释《鲁论》也。言天道之流行化育，圣人之动容周旋，莫非精义妙道，皆不待言而显也。"（《正蒙注》）

[注释]

[1] 天道四时行，百物生：语出《论语·阳货》："子曰：'天何言哉？四时行焉，百物生焉，天何言哉？'"　　[2] 此三句意为，天道流行而四季运行，万物生长，无非是对人的最高教诲。至教：天道所显示的最高教诲。语见《礼记·礼器》："天道至教，圣人至德。"　　[3] 此两句意为，圣人的举止言行，无非是最高的德行。至德：圣人所具备的最高的德行。

[点评]

本章依据《论语·阳货》和《礼记·礼器》，论天道的不言之教与圣人的仁善之德。

朱熹："横渠谓'天体物而不遗，犹仁体事而无不在'。此数句，是从赤心片片说来，荀、扬岂能到？"（《朱子语类》卷九十八）

3·2　天体物不遗[1]，犹仁体事无不在也[2]。"礼仪三百，威仪三千"[3]，无一物而非仁也[4]。"昊天曰明[5]，及尔出王[6]；昊天曰旦[7]，及尔游衍"[8]，无一物之不体也[9]。

[注释]

[1]体物：生成万物。出自《礼记·中庸》第十六章："体物而不可遗。"郑玄注："体，犹生也。"　[2]此两句意为：上天生成万物而无所遗漏，就好像仁亲近天下所有事物而无所不在。体事：亲近事物。《管子·枢言》："先王取天下，远者以礼，近者以体。"　[3]"礼仪三百，威仪三千"：语出《中庸》第二十七章。礼仪：古代礼节的大纲。威仪：古代礼节的细目。　[4]此三句意为，"礼仪有三百条，威仪有三千条"，其巨细无一不本之于仁。　[5]昊天：上天。　[6]及：与。尔：你。出王：往来。王：同"往"。　[7]旦：明；明亮。　[8]"昊天曰明，及尔出王；昊天曰旦，及尔游衍"：出自《诗经·大雅·板》。游衍：游溢；游览。　[9]此五句意为，"昊天至高无上，人仰之皆谓之光明，常与你出入往来；昊天与阳光相辉映，人仰之皆谓之明亮，常与你游溢相从"，这表明上天无往而不在，万物无一不是仰赖上天而生成的。不体：不被上天所生养。

[点评]

本章论"天"与"仁"同一。有两点需要说明。

一、第一句"天体物不遗，犹仁体事无不在也"，所用两个"体"字，其义有异。第一个"体"字，作生成；第二个"体"字，作亲近。此属于"上下文同字异义例"（俞樾《古书疑义举例》卷一）

二、《中庸》第十六章："子曰：'鬼神之为德，其盛矣乎！视之而弗见，听之而弗闻，体物而不可遗。'"本章把《中庸》"体物而不可遗"的主语"鬼神"改为"天"，以呼应篇题"天道"。

本章后被朱熹、吕祖谦辑入《近思录》卷一。

3·3　"上天之载"[1]，有感必通[2]。圣人之为，得为而为之也[3]。

徐必达："'有感必通'，时行物生也。'得为而为'，礼仪、威仪也。"（《正蒙释》卷一）

[注释]

[1]"上天之载"：出自《诗经·大雅·文王》："上天之载，无声无臭。"载：行事；行为。　[2]此两句意为，上天的行事，与万物有所感应并必定能够贯通天下。有感必通：语见《周易·系辞上》："感而遂通天下之故。"　[3]此两句意为，圣人的作为，应当有所作为的便能够去作为。而：能。

[点评]

本章论上天的功能与圣人的作为以及各自的特征。

冉觐祖："'天不言而四时行'，句中便含'神'字，圣人亦是'神道设教'，故以'神之道'总收。"（《正蒙补训》卷一）

3·4 天不言而四时行[1]，圣人"神道设教而天下服"[2]。诚于此，动于彼，神之道欤！[3] "成变化，行鬼神。成、行，阴阳之气而已矣。"韩本有此一段[4]。

[注释]

[1]而：能。　[2]此两句意为，天虽然并不言说，却能让四季依序运行；圣人"依据神道变化设置政令之教化，能让天下百姓无不归服"。"神道设教而天下服"：出自《周易·观·彖》："观天之神道，而四时不忒。圣人以神道设教，而天下服矣。"神道：神妙的天道。　[3]此三句意为，天道忠诚于自己的本分而运行不息，由此及彼，真是神妙啊！诚：天道。　[4]韩本：指韩姓学者整理的《正蒙》版本。韩本今已失传。"成变化，行鬼神。成、行，阴阳之气而已矣"，是原记于韩本的佚文。"行鬼神"之意，是把"鬼神"归结为阴阳之气运行的自然过程。"成变化"之意，同于"行鬼神"。支配"成变化"和"行鬼神"的力量是天道。下面接着说"成、行，阴阳之气而已矣"，意思是天道成就万物变化和推行万物生灭的过程，是通过阴阳之气呈现出来的。

[点评]

本章论天道的不言之教和圣人的设教垂世。

在另一著作中，张载解释圣人"神道设教"说："然天之感有何思虑？莫非自然。圣人则能用感。何谓用感？凡教化设施，皆是用感也。作于此化于彼者，皆感之道，'圣人以神道设教'是也。"（《横渠易说·上经·观》）其中强调天能"感"，而圣人则能"用感"。

这对理解本章与上一章天与圣人之间的关系，具有重要的参考价值。

3·5　天"不言而信"，神"不怒而威"[1]。诚故信，无私故威[2]。

[注释]

[1] 此两句意为，天"不言语便能获得信用"，神"不发怒便能显现威严"。神：宇宙间的创生力量。"不言而信""不怒而威"：出自《礼记·乐记》。　[2] 此两句意为，天道至诚因而有信用，神无私意因而有威严。

[点评]

本章依据《礼记·乐记》，论天与神的作用及其特征。本章可与6·33章合观。

张棠、周芳："天，以体言；神，以用言。天则太虚也，神则太虚之善应者也。"（《正蒙注》）

3·6　天之不测谓神[1]，神而有常谓天[2]。

[注释]

[1] 神：此指天在宇宙间神妙莫测的运行。　[2] 此两句意为，就天的神妙莫测而言可以称之为神，就神的恒常状态而言可以称之为天。常：恒常的本性或状态。

[点评]

本章论天与神二者的关系是体用关系。"神而有常谓

刘儓："'不测'，用之行也；'有常'，体之立也。天以神为用，神以天为体，果二物乎？"（《新刊正蒙解》卷一）

天"，是用"有常"揭示天之所以作为本体。张岱年在言及"未尝无之谓体"（6·10）时指出："体即恒常的本性。"此外，他在言及"太虚无形，气之本体"时指出："本体是本来恒常的状况。"（《中国古典哲学概念范畴要论》，第66页）

张棠、周芳："'运于无形'，如太虚、太和之类。'形而下者'，如法象、糟粕之类。然道非离形也，寓于形而不杂于形耳。"（《正蒙注》）

3·7　运于无形之谓道[1]，形而下者不足以言之[2]。

[注释]

[1] 无形：形而上者，与下句"形而下者"的地位相反。
[2] 此两句意为，运行于无形的可以称之为道，作为有形的东西则不值一提。

[点评]

本章是对《周易·系辞上》"形而上者谓之道，形而下者谓之器"的解说。张载强调，形而上的天道高于形而下的存在物。

高攀龙："（天道）无心之妙，虽圣人有所不能知也。"（《正蒙释》卷一）

3·8　"鼓万物而不与圣人同忧"，天道也[1]。圣不可知也[2]，无心之妙，非有心所及也[3]。

[注释]

[1] 此两句意为，"鼓动万物生长而与圣人忧民爱物不同"，

这说的是天道。"鼓万物而不与圣人同忧"：出自《周易·系辞上》。　[2]圣不可知：语出《孟子·尽心下》。　[3]此三句意为，圣而不可知的境界是神，这是无心的妙运才可以达到的，而不是有心所能企及的。

[点评]

本章论天道无忧而圣人有忧，并论神的境界非有心所及。以下分两个方面略加评析。

一、关于天道无忧，圣人有忧；天道无心，圣人有心。天道"鼓万物而不与圣人同忧"是说，天道化育万物无心无迹，与圣人有心有迹不同。李鼎祚《周易集解》引侯果："圣人成务不能无心，故有忧。神道鼓物寂然无情，故无忧也。"

二、关于"圣不可知"。此语出自《孟子·尽心下》："圣而不可知之之谓神。"这是说，从"圣"提升到"神"的境界，非人力所为，因而让人看不出是如何达到的。

3·9　"不见而章"[1]，己诚而明也[2]；"不动而变"，神而化也[3]；"无为而成"，为物不贰也[4]。己诚而明，故能"不见而章，不动而变，无为而成"[5]。

刘儨："'不见而章'，以成己言；'不动而变'，以成物言；'无为而成'，总成己成物而言。"（《新刊正蒙解》卷一）

[注释]

[1]见（xiàn）：通"现"。　[2]此两句意为，天道至诚无息，"不用表现而功业彰显"，君子依据天道的诚明之德以成就自

己。　[3] 此两句意为，"不用动作而改变万物"，这是天道以其神妙莫测的力量化生万物。　[4] 此两句意为，"看似无所作为而成己成物"，这是天道忠诚不二地履行自己的职分。　[5] 此四句意为，君子依据天道的诚明之德以成就自己并成就万物，因而能够努力像天道那样"不用表现而功业彰显，不用动作而改变万物，看似无所作为而成己成物"。

[点评]

本章依据《中庸》第二十六章"不见而章，不动而变，无为而成"，论天道"为物不贰"地创生不息，而君子则依据天道的诚明之德以成就自己并成就万物。《中庸》言"天道"，常与"君子"对举。

李光地："广大不御，可大之业也；悠久无疆，可久之德也。"（《注解正蒙》）

3·10　"富有"[1]，广大不御之盛欤[2]！"日新"[3]，悠久无疆之道欤[4]！

[注释]

[1] "富有"：指天道创生万物，使天下富饶。　[2] 此两句意为，"天下富饶"，说的是"天道宽广伟大而无止境"的盛况啊！不御：不尽；不止。　[3] "日新"：指天道创生万物，天天推陈出新。"富有""日新"：语见《周易·系辞上》："富有之谓大业，日新之谓盛德。"　[4] 此两句意为，"万物天天更新"，是由于"悠长久远而无穷"的天道运行啊！悠久无疆：语见《礼记·中庸》第二十六章。无疆：无穷。

[点评]

本章依据《周易·系辞上》，论天道"富有""日新"的盛德大业。"富有""日新"，与上章所谓"章""变""成"的意涵有相通之处。

在《正蒙·大易》中，张载说："富有者，大无外也；日新者，久无穷也。"这可与本章相互参证。

3·11 天之知物不以耳目心思[1]，然知之之理过于耳目心思[2]。

王夫之："心思倚耳目以知者，人为之私也；心思寓于神化者，天德也。"（《张子正蒙注》卷二）

[注释]

[1]以：用。 [2]此两句意为，天知晓万物不用人的耳目感受和心官思考，然而其知晓的道理却高于人的耳目感受和心官思考。理：道理。

[点评]

在张载的知识论中，说的比较多的是人之"知"，而本章说的却是天之"知"。"天之知物"，属于"天能"（6·8）。他说："虚明一作静。照鉴，神之明也。"（4·3）张载把"虚明"之"心"的认知（"照鉴"），归因于"神之明"。他还提出："成吾身者，天之神也。不知以性成身，而自谓因身发智，贪天功为己力，吾不知其知也。"（7·6）一方面，张载认为人之"身"是由"天"或"天之神"所赋予的，这与他认为"性"乃"万物之一源"的论断是一致的。就"性"与"天"的根源性而言，"性"

是宇宙万物的直接根源，而"天"或"天之神"则是宇宙万物的终极根源；另一方面，张载反对有人自以为其认知能力是"因身发智"的，从而"贪天功为己力"的错误态度。受古希腊哲学家柏拉图的影响，意大利美学家维柯（G. Vico，1668—1744）认为，真理不是由我们自己制造出来的，这种思想及其结果是天神赋予人类的（《新科学》，朱光潜译，人民文学出版社1986年版，第627、646—647页）。这与张载的看法有类似之处。不同的是，张载所谓天具有认知万物的能力，其理据可能与他所谓"天体物不遗"（3·2）有关。就是说，天既然能够创生万物而没有遗漏，那么，天具有知晓万物的能力也就不是不可能的了。

高攀龙："帝天之命，皆主于民心，初不以耳目心思也。民之所欲，天必从之。居民上者，可不畏欤！"（《正蒙释》卷一）

3·12　天视听以民[1]，明威以民[2]，故《诗》《书》所谓帝天之命[3]，主于民心而已焉[4]。

[注释]

[1] 天视听以民：语出《尚书·周书·泰誓中》："天视自我民视，天听自我民听。"以：因。　[2] 明威：语见《尚书·虞书·皋陶谟》："天明畏，自我民明威。"明：表彰。威：惩治。以：因。　[3] 帝天：上天。　[4] 此四句意为，上天所看到和所听到的都来自民众，上天的表彰和惩治也都来自民众，故而《诗经》《尚书》所谓上天的命令，其根本无非在于民心而已！主：事物的根本。

[点评]

本章论"天视听以民"和"主于民心"的民本观念。

与《正蒙》宋本不同，明清各本以及今人点校本或注本多把上一章与本章合为一章。吕思勉指出，古书划分篇章，皆"篇以类从，章以事别"（《章句论》，收入《文字学四种》，上海教育出版社 1985 年版，第 16 页）。不难看出，上章论天"知之之理"，而本章则强调天命"主于民心"。此乃两事，故仍当从宋本分为两章。

3·13 "化而裁之存乎变"[1]，存四时之变[2]，则周岁之化可裁[3]；存昼夜之变，则百刻之化可裁[4]。"推而行之存乎通"[5]，推四时而行[6]，则能存周岁之通[7]；推昼夜而行，则能存百刻之通[8]。

朱熹："横渠说'化而裁之'一段好。"（《朱子语类》卷七十五）

吴讷："此引《易》示人以知化之事。'存'字，就心上言之。盖'存四时之变'于心，则'周岁之化'吾可得而裁之也；'存昼夜之变'于心，则'百刻之化'吾可得而裁之也。"（《正蒙补注》）

[注释]

[1] "化而裁之存乎变"：出自《周易·系辞上》："化而裁之存乎变，推而行之存乎通，神而明之存乎其人。"化：化生。《礼记·乐记》："和，故百物皆化。"郑玄注："化，犹生也。"《周易·咸·象》："天地感而万物化生。""化生"，同义连文。裁：裁制；制约。存：存在。此是客观地描述。乎：于（《词诠》卷三）。 [2] 存：观察；审查。 [3] 此三句意为，"万物化生，阴阳相互制约，存在于自然变化过程之中"，人对四时之变有所体察，则能够裁量以年为周期的自然变化。可裁：人依据自然的变化能够加以裁量。 [4] 此两句意为，人对昼夜之变有所体

察，则能够裁量以百刻为计时方法的时间变化。百刻：古代用刻漏计时，一昼夜分百刻。　[5] 推而行之：指天道推行。通：贯通。　[6] 推四时而行：人推算四时的运行。　[7] 此三句意为，"天道的推行，在于因时因事的变化而通达"，人推算四时的运行，则能保存以年为周期的历法平正顺畅。《尔雅·释天》："四时和，为通正。"　[8] 此两句意为，人推算昼夜的运行，则能保存以百刻为计时方法的顺畅。

[点评]

本章援引《周易·系辞上》万物化生之"变"，天道推行之"通"，论圣人以"可裁"和"存通"的方式应对四时昼夜之变、周岁百刻之化。

吴讷："此引《易》示人以穷神之事。'存'字，亦就心上言之。盖'不知上天之载，当存文王'于心，此释《易》'神而明之存乎其人'意。'学者常存德性'于心，则'自然默成而信'。此释《易》'默而成之，存乎德行'意。"（《正蒙补注》）

3·14　"神而明之存乎其人"[1]，不知"上天之载"[2]，当存文王[3]。"默而成之，存乎德行"[4]，学者常存德性，则自然默成而信矣[5]。

[注释]

[1]"神而明之存乎其人"：出自《周易·系辞上》。存乎：在于。　[2]"上天之载"：出自《诗经·大雅·文王》："上天之载，无声无臭。"载：行事。　[3] 此三句意为，"能够显明天道之神妙的，在于其人"，学者若不知晓"上天的行事"，就应当以心省察文王之圣德。存：以心省察。文王：商末周部落领袖。姬姓，名昌。商纣时为西伯，故也称伯昌。在位五十年。其子武王起兵灭殷，建立周王朝，追赠其父为文王。相传易卦辞、爻辞皆为文王

所作。　[4]"默而成之，存乎德行"：出自《周易·系辞上》："默而成之，不言而信，存乎德行。"默：沉默不语。　[5]此四句意为，"默默潜修而有所成就的，在于其德行"，学者时常省察德性，则自然能够潜修有成而能取信于人。

[点评]

上一章对《周易·系辞上》"化而裁之存乎变，推而行之存乎通"加以解说，重在论圣人以"可裁"和"存通"的方式应对四时昼夜之变、周岁百刻之化。本章则接续上一章《周易·系辞上》引文，对"神而明之存乎其人。默而成之，不言而信，存乎德行"加以解说，重在论学者"存文王"与"存德性"的关系。本章首句"神而明之存乎其人"之"人"，指圣人（《周易》孔疏），具体指知晓上天行事的文王。本章的结构，是先论"存文王"，然后论学者"存德性"。文王之德，是学者之德性的根据。学者"存德性"，则能够尽己之性，尽人物之性，在成就德性的基础上取信于人。

3·15　存文王，则知天载之神[1]；存众人，则知物性之神[2]。

刘玑："能存文王，斯知上天之载矣。""物性之神，谓物理当然，莫非神所为也。"（《正蒙会稿》卷一）。

[注释]

[1]此两句意为，学者用心省察文王之德，则知晓上天行事之神。存：省察。天载："上天之载"的缩略语。神：此指天帝或上帝。　[2]此两句意为，学者用心省察民众的日常生活，则知

晓支配其日用事物之道的神妙。众人：群众；百姓。物性之神：事物的本性；支配事物的道理。

[点评]

本章论"存文王"与"存众人"的一致性，其根据是"天载之神"与"物性之神"的一致性。

第一句"存文王，则知天载之神"，与3·14章"'神而明之存乎其人'，不知'上天之载'，当存文王"的语意接近。

第二句"存众人，则知物性之神"，比较费解。此处的"众人"，亦即"百姓"。对这句话的理解，可以联系《周易·系辞下》所谓"百姓日用而不知，故君子之道鲜矣"。这句话的意思是，百姓依赖日用事物之道而生，但却不自知，而君子则能够体道以为用。这句话与本章"存众人，则知物性之神"的语意也接近。

张棠、周芳："谷以虚而神，然其神有限。若圣心之虚，犹天之太虚，故其神之周万物而知者，亦如天之无物不体也。"（《正蒙注》）

3·16 谷之神也有限[1]，故不能通天下之声[2]；圣人之神惟天，故能周万物而知[3]。

[注释]

[1] 谷之神：亦即谷神。出自《老子》第六章："谷神不死，是谓玄牝。"此指掌控山谷之神，实际指山谷。 [2] 此两句意为，山谷的空间有限，因而其回声不能通达天下之声。 [3] 此两句意为，圣人对天之神的体悟只能来源于天，因而能遍及天下万物而知晓其理。周万物：语见《周易·系辞上》："知周乎万物而

道济天下。"周：普遍。

[点评]

本章论"圣人之神"超越于"谷之神"。"谷神"，本来是《老子》的话语，张载引申为"谷之神"。明儒高攀龙解释说："谷而谓之神者，言谷之虚也，故声达焉，则响应之。"（《正蒙释》卷一）然而，谷之虚有限，其回声不能通天下之声；而"圣人之神"如天之太虚，故无所不通，能遍及万物而知。

张载曾四次引用"谷神"。其中，有的借老子"谷神不死"之说以明天之神，亦即太虚（4·6）；有的认为"谷神能象其声而应之"（《正蒙·有德》），亦即"《易》所谓'同声相应'是也"，说的是谷神自然之妙；有的则说"大率天之为德，虚而善应。其应非思虑聪明可求，故谓之神。老氏况诸谷以此"（17·13），是以谷神明天道之神。惟有本章言谷神，指的是山谷，故强调其"有限"。

3·17　圣人有感无隐[1]，正犹天道之神[2]。

吴讷："圣人之心，有感即应；'正犹天道之神'，有感必通也。"（《正蒙补注》）

[注释]

[1]隐：隐蔽；遮蔽。　[2]此两句意为，对于圣人的感应能力而言，天下万物是没有被遮蔽的。这正像天道之神主导天下万物一样，是无所不在的。

[点评]

本章论圣人的感应能力，正像天道之神主导天下万物一样，是无所不在的。"圣人有感无隐"，也就是所谓圣人"无所不感"（17·5）。

张载言"神"有两种意涵，一种是宇宙本体论意义上的天或太虚之神，另一种则是宇宙生成论意义上的神，这与天道同义。本章是就后一意义而言的，因而说"天道之神"。

3·18　形而上者[1]，得意斯得名[2]，得名斯得象[3]；不得名，非得象者也[4]。故语道至于不能象[5]，则名言亡矣[6]。

[注释]

[1]形而上：哲学术语。指超越于有形实体之上的无形体的实在。张载："形而上是无形体者也，故形以上者谓之道也。"（《横渠易说·系辞上》）　[2]意：意识；意蕴。斯：则。名：文字。引申为概念。　[3]此三句意为，对形而上的实在，能得其意蕴则能得其概念，能得其概念则能得其意象。象：形象或意象。　[4]此两句意为，不能得其概念，肯定就不能得其意象。[5]至于：竟然。表示出乎意料。　[6]此两句意为，因此，论道竟然不能得其意象，那对道的言说也就不可能了。名言：言说；描述。

[点评]

本章论意、名、象的关系。在张载的话语中，"象"

刘僟："言道者，必真知其中之所蕴者，而后可得其名与象。苟不真知其中之蕴，而妄为之名，则其所名也，亦影响而已，乌能言之亲切而有得于象哉？"（《新刊正蒙解》卷一）

分为形象与意象两种。意象，是"形而上"之"象"，或无形之象，必须以心求之。形象，则是"形而下"之"象"，或有形之象，一般称作法象或现象，多以耳目求之。

3·19　世人知道之自然[1]，未始识自然之为体尔[2]。

刘儓："世之言道者，皆曰自然之为道，然不知自然之所以为自然。"（《新刊正蒙解》卷一）

[注释]

[1] 自然：指如其本然的无为状态。语出《老子》第二十五章："人法地，地法天，天法道，道法自然。"　[2] 此两句意为，世人只知晓天道是如其本然的存在，但从未理解自然之所以为自然的本体意蕴。未始：未曾；从未。体：本体。

[点评]

本章论理解自然之所以为自然的本体意蕴之难。

3·20　有天德[1]，然后天地之道可一言而尽[2]。

余本："有天德，则心与天合，故能一言而尽其道。"（《正蒙集解》）

[注释]

[1]天德：天的德性；至高的德性。语出《周易·乾·象》。[2]此两句意为，圣人具有天德，然后能同于天地之道，其精要可一言而说透。天地之道：亦即天道。语出《中庸》第二十六章："天地之道，可一言而尽也。"

[点评]

本章论天地之道的本质在于天德。

3·21　贞明不为日月所眩[1]，贞观不为天地所迁[2]。

"贞明""贞观"，是指必须以"正"或"正道"而"明日月、观天地"（《横渠易说·系辞下》）。

[注释]

[1] 贞明：以正道明察日月。张载："贞，正也，本也，不眩、不惑、不倚之谓也。"（《横渠易说·系辞下》）眩：眩惑。　[2] 此两句意为，守正明察日月照临之道而不被日月的光辉所眩惑，守正观察天地覆载之道而不被其偏倚所迁移。贞观：以正道观察天地。迁：迁移；改变；引申为偏倚。贞明、贞观：语见《周易·系辞下》。

[点评]

本章对《周易·系辞下》所谓"天地之道，贞观者也。日月之道，贞明者也。天下之动，贞夫一者也"这段话的解释，只解释了前两句，而未解释第三句"天下之动，贞夫一者也"。第三句的"贞夫一者"的"一"，涉及天下之动之所以不眩惑的原因。对此，韩康伯注只说"得正在一""得于纯一"，然并未解说此"一"为何。在《横渠易说·系辞下》中，张载做了解释："天下之动，不眩惑者始能见夫一者也。所以不眩惑者何？正以是本也。本立则不为闻见所转，其闻其见，须透彻所从来，乃不眩惑。"还说："必己以正道观之。能如是，不越乎穷理，岂惟耳目所闻见？必从一德见其大源，至于尽处，则可以不惑也。"张载认为，此所谓"一"是根本，必须经由"穷理"才能够"以正道观之"，从"一德""见其大源"。可见，张载是以"天德"说明何谓"一"的，从而揭示了天下之动的原因。

[篇末评]

本篇取"天道"为篇名。天道，是张载理学体系的关键概念；天道论，则是张载理学"四句纲领"（1·12）的重要内容。综览本篇的21章，其内容包括以下四个方面。

一、论天道与圣人同一。本篇论列这方面内容的章节最多，既包括天道的"至教"与圣人的"至德"（3·1、3·4），也包括天道无忧而圣人有忧（3·8），还包括圣人如何应对天道自然的四时昼夜之变（3·13），以及"圣人之神惟天"（3·16）等。

二、论天与天道。在张载理学纲领的概念序列中，天是最高概念，而道则是低于天的次级概念（1·12）。首先看本篇论天。除了论天之"体物不遗"（3·2）之外，还论列了"天之知物"的独特能力（3·11），"天视听以民"的民本观念（3·12），以及天与神的关系（3·5、3·6）。其次看本篇论天道。所论包括天道的形而上地位（3·7），天道"富有""日新"的盛德大业（3·10），天道的本质是天德（3·20）。

三、论天道与学者、众人、世人的关系。除了论及天道与圣人的关系之外，本篇还论列了天道与学者的关系（3·14），天道与众人的关系（3·15），天道与世人的关系（3·19）。

四、其他问题。值得注意的是，本篇还提出了意、名、象这三者之间的关系问题（3·18）。这一问题与"语道"有关，所论仍未脱离本篇的主题范围。

神化篇第四

余本："'一于气'，言神寓于气，非指气为神也，当精察之。"（《正蒙集解》）

华希闵："'天德''天道'，体用之全，就一气上可以识得，故云'一于气而已'。'而已'之间，增'可见'二字便明白。"（《正蒙辑释》卷一）

4·1　神[1]，天德；化，天道[2]。德[3]，其体[4]；道[5]，其用，一于气而已[6]。

[注释]

[1]神：此指天或太虚。　[2]以上几句意为，神，是天的德能；化，是天道的运行。化：化育；化生。《礼记·乐记》："乐者，天地之和也。""和，故百物皆化。"郑玄注："化，犹生也。"　[3]德："天德"的省称。　[4]其：为；是。　[5]道："天道"的省称。　[6]以上几句意为，德（天德），是宇宙化生万物的本体；道（天道），是宇宙化生万物的功用，体与用无非是合一于气化流行过程的显现而已。一：齐一；联合。《战国策·秦策五》："四国为一，将以攻秦。"于：表示"在……中"。

[点评]

本章以体用视角论神与化、德与道的关系，并论体用与气的关系。

本章解读的难点，是末句"德，其体；道，其用，一于气而已"。有学者认为，此处所谓"'一'就是'气'，即世界的惟一本原、本体。世界统一于物质，世界的统一性在于物质性"（姜国柱《张载关学》，陕西人民出版社 2001 年版，第 85 页）。若认为"'一'就是'气'"，则所谓"一于气"岂不成了"气于气"？"一"是多义词，具有统一、齐一、联合等涵义。所谓哲学上的"世界统一性"问题，涉及世界统一的基础和本体。在张载哲学中，如果认为"世界的统一性在于物质性"，也就是"在于气"，这是很不相应的。在本章的语境中，"体"与"用"经由齐一，联结为一个整体，这就是"道"。"道"是化生万物之"用"，但作为"体"的"德"既内在于"道"之"用"，又主导"道"之"用"；而"道"则是由"天"（"太虚"）或"天德"与"气"整合而成的。其实，这里涉及的是"神""天"（"天德"）与"气"的关系。"神""天"既超越于"气"之上，又与"气"相联结（合一）。明儒余本和清儒华希闵的解释很精准（见旁批）。本章的"一于气"，是在"化"亦即"道"之"用"的意义上讲的，而不是在"气"是"世界的惟一本原、本体"，"世界的统一性在于物质性"的意义上讲的。这可以与张载所谓"天之化也运诸气"（4·5）相互参证。在张载那里，"神"和"天德"是形而上的本体，因而要合一于有形体的"气"或动态的"气化"，以显化为"天道"。总之，"化，天道"，其实就是"太虚即气"（1·9）的天道。有形的"气"或动态的"气化"，其实只是天道的外在显化，亦即外在形式，而不是所谓"世界统一性"的本原或本体。

4·2 "神无方"[1],"易无体"[2],大且一而已尔[3]。

[注释]

[1]"神无方":语见《周易·系辞上》:"神无方而易无体。"神:天之神。方:方所的简称,指方向处所。 [2]易:易道;天道。体:形体的简称。 [3]此三句意为,"天之神没有方所","易之道没有形体",其实质无非是"大"而且"一"之天而已。大且一:大而且一。《说文》释"天"字:"至高无上,从一、大。"

[点评]

本章论天之神、易之道是超越于有形世界之上的终极实在,其实质是"大且一"之天。

关于"神无方""易无体"。对于《易传》的这一观念,北宋邵雍的解释很恰当。他说:"神者,易之主也,所以无方;易者,神之用也,所以无体。"(《观物外篇》第六)此处的"神"和"易",与上一章的"神,天德"和"化,天道"是有对应关系的。

关于"大且一"。张载曾有"'清虚一大'之语"(范育《正蒙序》)。对于"清虚一大"的解读,古今的分歧很大。晚年的王夫之认为,"张子以'清虚一大'言天,亦明乎其非气也"(《思问录·外篇》)。"清虚一大"的"一大",说的是天本身。朱熹曾说:"一而大,谓之天。"(《朱子语类》卷九十九)而"清虚",则是形容"一大"之天的本然状态的。本章"大且一"之说,与"清虚一大"

之说的意涵一致，说的是天而不是气。

4·3　虚明一作静[1]。照鉴[2]，神之明也[3]。无远近幽深，利用出入[4]，神之充塞无间也[5]。

刘儓："'虚明照鉴'，以神之体言；'无远近幽深，利用出入'，以神之用言。有是体，斯有是用，合一之道也。"（《新刊正蒙解》卷一）

[注释]

[1]虚明：清虚光明。静：恬静。　[2]照鉴：明察。　[3]此两句意为，清虚明察，是天之神的功能。神之明：天之神的明察作用。　[4]利用出入：出自《周易·系辞上》："利用出入，民咸用之谓之神。"出入：指天之神发挥作用时，能够出入于一切方面，以利民生。　[5]此三句意为，对于天之神的明察作用而言，一切物象都没有远近、幽静、隐奥之别，天之神取象以制器，发挥利于民生的作用，是充实于民生日用的一切方面而无所不在的。无间：没有间隔，无所不在。

刘玑："'鬼神'者，造化之迹也。然其所以取义，盖不过气之屈伸往来而已耳。"（《正蒙会稿》卷一）

[点评]

本章论天之神的清虚明察功用，是能够充实于民生日用的一切方面而无所不在的。

本章可与3·11章合看。

4·4　天下之动，神鼓之也[1]。辞不鼓舞[2]，则不足以尽神[3]。鬼神[4]，往来、屈伸之义[5]，故天曰神[6]，地曰祇[7]，人曰鬼[8]。神示者归之始[9]，归往者来之终[10]。形而上者，得辞斯得象矣[11]。神

刘儓："此章示人以修辞之法，而举神、化以为例，发其凡也。'辞'，训释也；'象'，名状也；'缓'，委细也；'急'，峻直也。"（《新刊正蒙解》卷一）

为不测，故缓辞不足以尽神^[12]；化为难知，故急辞不足以体化^[13]。

[注释]

[1] 此两句意为，天下万事万物的变动，都是天道发扬其作用的结果。鼓：发扬。神：此处指天道。鼓之：语见《周易·系辞上》："鼓之舞之以尽神。"孔疏："此一句总结立象尽意、系辞尽言之美。……若鼓舞然，而天下从之，非尽神，其孰能与于此？"　[2] 辞：卦爻辞。《周易·系辞上》："鼓天下之动者存乎辞。"孔疏："鼓谓发扬，天下之动，动有得失，存乎爻卦之辞，谓观辞以知得失也。"鼓舞：激励。　[3] 此两句意为，系辞之言若不能激励天下百姓，则不足以充分表现天道的神妙状态。　[4] 鬼神：此指由阴阳之气推行的自然过程。　[5] 往来、屈伸：《周易·系辞上》："往者屈也，来者信也。"孔疏："往是去藏，故为屈也；来是施用，故为信也。"陆德明："信，本又作伸。"（《经典释文》卷二）　[6] 曰：为。神：天神。　[7] 祇（qí）：地神。　[8] 以上几句意为，基于阴阳之气的推行，以及由事物的藏与用交替而成的一屈一伸的过程，人们以天为天神，以地为地神，以祖先为人神。鬼：祖先。朱熹："人死为鬼。"（《朱子语类》卷三）。亦称"人神"（《论语》何晏注）。神、祇、鬼，是周代祭祀的三种对象。　[9] 神示：亦即神祇，指天神和地神。归：闭藏休息。《周易·说卦》："坎者水也，正北方之卦也；劳卦也，万物之所归也，故曰'劳乎坎'。"孔疏："万物闭藏。"　[10] 此两句是张载自注，意为，天神和地神是万物归藏休息的开始，而人鬼则是生命的终结。归往："即鬼之谓也"（王植《正蒙初义》）。来：未来。此处作人生的来日。　[11] 此两句意为，形而上的存在，

获得其辞便能获得其意象。象：此指意象。　[12]此两句意为，易道神妙疾速难测，因而使用宽舒之词不足以道尽其神妙。缓辞：古文辞中的宽舒之词，也称"缓言"。急辞：也称"急言"，与缓辞相对，都属于修辞方法（程俊英、梁永昌《应用训诂学》，第77—79页）。　[13]此两句意为，易道的逐渐变化难以知晓，因而使用促急之词不足以体会其细微。急辞：古文辞中的促急之词，常简化文字，有时隐含斥责之意。

[点评]

本章论辞与象的关系，并说明"缓辞"与"急辞"在体会"神化"中的不同作用。张载对"变化"有所区分。他说："变，言其著；化，言其渐。"（《横渠易说·上经·乾》）又说："推行有渐为化"（4·5）。神属于显著之变，故不能用缓辞；化属于逐渐之变，故不能用急辞。

4·5　气有阴阳，推行有渐为化，合一不测为神[1]。其在人也，知义用利[2]，则神化之事备矣[3]。德盛者，穷神则知不足道[4]，知化则义不足云[5]。天之化也运诸气[6]，人之化也顺夫时[7]。非气非时，则化之名何有，化之实何施[8]？《中庸》曰"至诚为能化"，《孟子》曰"大而化之"[9]，皆以其德合阴阳[10]，与天地同流而无不通也[11]。所谓气也者，非待其蒸郁凝聚[12]，接于目而后知之[13]。苟健顺、动止、浩然、湛然之得言[14]，皆可名之象尔[15]。然则象若非气，指何为象[16]？时若非象，指何为时[17]？世人取释氏销碍入空[18]，学者舍恶趋善以为化，此直可为始学遣累者[19]，薄乎云尔[20]，岂天道神化所同语也哉[21]！

华希闵："'销碍入空'亦是化，而化不偏于无也；'舍恶趋善'亦是化，而德盛者之化不待用力于舍且趋也。"（《正蒙辑释》卷一）

[注释]

[1] 此三句意为，气有阴阳之分，在天（太虚）的推动下发生渐进有序的变化，阴阳之气与天（太虚）整合为统一的神妙莫测的创生力量（"神"）。推行：由内在于神或道的动力推动气化运行。有渐：气化之道渐进而有序。化：生成化育。徐必达："化有节次，故曰推行有渐。"（《正蒙释》卷一）。合一：融合为一体。刘儓："然必有'合一不测'者存焉，寓于阴阳而不杂于阴阳，所谓'神'也。"（《新刊正蒙解》卷一） [2] 义：义理；道理。利：利用；致用。 [3] 此三句意为，对人而言，若知晓天道神妙变化的义理，善加利用，则神化的事业就很完备了。 [4] 穷神：穷极天道的神妙。 [5] 此三句意为，对于德性盛大的圣人，若仅能穷极天道的神妙，则其智慧仍不值一提；若仅能探知变化之道，则其义理也不值一提。知化：探知变化之道。德盛、穷神、知化：语见《周易·系辞下》："穷神知化，德之盛也。" [6] 诸：于。 [7] 此两句意为，天下万物的变化运行于气，人世纷繁的事变顺应于时。 [8] 此三句意为，若不存在气化流行与四时更替，则哪还有变化之名，事物的实际变化又如何施行？ [9] "大而化之"：语见《孟子·尽心下》："大而化之之

谓圣。" 　[10]德合阴阳：出自《周易·系辞下》："阴阳合德而刚柔有体。" 　[11]此四句意为，《中庸》说"诚的极致具有教化和化育的能力"，《孟子》说"圣人之大德具有教化和化育的力量"，这些能力或力量都能够以其创生的机制与阴阳的运行相吻合，使其精神上下与天地一同流动而无不贯通。与天地同流：出自《孟子·尽心上》："夫君子所过者化，所存者神，上下与天地同流，岂曰小补之哉！" 　[12]蒸郁：蒸腾、郁积。指气的运行方式。凝聚：凝结、聚积。也指气的运行方式，与发散的方式相反。 　[13]此三句意为，所谓气，并不是要等到它以蒸腾、郁积、凝结、聚积的形态，人们用眼睛观察之后才能够看到。 　[14]苟：如果；假如。浩然：广大壮阔的状态。湛然：清澈的状态。 　[15]此两句意为，若能用刚健和柔顺、运动和静止、广大、清澈言说气的状态，那么，这些言说就都可以用来指称自然之象了。 　[16]此两句意为，然而自然之象若不是气的话，那又指称什么为自然之象呢？ 　[17]此两句意为，四时若不是自然之象，指称什么为四时呢？ 时：四时。 　[18]销碍：销毁障碍。佛教以一切物质存有为障碍，故主张否弃之。入空：坠入空无。 　[19]直：仅。遣累：遣去物累（王植《正蒙初义》）。 　[20]薄：浅薄。乎：于。云尔：亦作"云耳"。用于语末，表示如此而已。 　[21]此五句意为，世人吸取佛教否弃万有以求真空如来藏之境，以及学者常言的舍恶趋善，认为这样做就可以掌握变化之道，其实这只能为初学者去除物累罢了。其浅薄至于此，岂能与天道神化同日而语啊！

[点评]

本章论"天之化"与"人之化"的关系。其解读的难点，主要在于以下两句。

第一句："其在人也，知义用利，则神化之事备矣"。

这句话的涵义，已在注释中做了串讲。需要特别注意的是，为什么张载说经由"知义用利"就能够使"神化之事备"？就"知义"而言，"义"是义理的意思，"知义"包括知晓"神"的义理和知晓"化"的义理两方面。在知晓"神化"义理的基础上，还必须对义理善加利用。此即《周易·系辞下》所谓："精义入神，以致用也。利用安身，以崇德也。"就"用利"而言，是强调必须"本天道为用"（1·6），一方面用于建构宇宙意识，对真实的世界加以肯认，另一方面则用于"安身""崇德"。通过对神与化二者的全面理解，分享宇宙与人类的共同原理。否则，若只知其一，不知其二，则称不上"神化之事备矣"。这主要是对"德盛者"亦即圣人而言的。这是本章的基本观点。

第二句：从"世人取释氏销碍入空，学者舍恶趋善以为化"到"岂天道神化所同语也哉"。这一长句中的"学者舍恶趋善以为化"，易生误解。有注家认为，此句中的"学者"指荀子，他主张人性恶，因而"舍弃恶走向善，这才是'化'"（喻博文《正蒙注译》）。认为"学者"指荀子，不知其依据是什么？以此为前提，进而错解"舍恶趋善以为化"，也就不足为奇了。也有受此影响的注家（李峰注说《正蒙》）。还有的注家将"舍恶趋善"解释为被学者抛弃的佛家的"恶说"（周赟《〈正蒙〉诠译》）。其实，张载这句话是说，对于"化"有或浅或深的两种不同理解：一种是受"释氏"和"学者"影响的"世人"的浅薄理解，一种是能够体会"天道神化"要旨的圣人的深刻理解。对于"世人"受"释氏"影响的内

容，不难理解；而对于"世人"受"学者"影响的内容，
该如何理解？在张载看来，"舍恶趋善"也是一种"化"，
但只是"学者"层次的"化"，还远远不是"德盛者"亦
即圣人之"化"。这是因为，圣人之"化"是运于无心的，
是不需要刻意于"舍"且"趋"的。

4·6 "变则化"[1]，由粗入精也[2]；"化而
裁之谓之变"[3]，以著显微也[4]。谷神不死[5]，
故能微显而不掩[6]。

朱熹："横渠
说'化而裁之谓之
变'，一句，说得
好。"（《朱子语类》
卷七十五）

华希闵："变与
化，虽有精粗显微
之不同，总皆本乎
神。神之为道，循
环不已，故变化无
穷。"（《正蒙辑释》
卷一）

[注释]

[1] "变则化"：出自《中庸》第二十三章。张载借《中庸》"致
曲""有诚"指"变化气质"工夫。　[2] 此两句意为，人基于"致
曲""有诚"而变化气质，这是把粗俗混杂之气转变为纯粹精微
之气的过程。粗：此处指人的日常行为，对应于以下的"著"。精：
精微。此处指道德精神。　[3] "化而裁之谓之变"：出自《周易·系
辞上》："是故形而上者谓之道，形而下者谓之器，化而裁之谓之
变。"裁：裁制；裁节。　[4] 此两句意为，"天道对阴阳互相转化
的节制叫作变化"，这是以变化的外在迹象显现天道微妙的支配
作用的过程。著：外在迹象。显：显现；显发。微：微妙。　[5] "谷
神不死"：《老子》第六章："谷神不死，是谓玄牝。"谷：象征道的
虚空。神：比喻道生万物的功能。王夫之改"谷神"为"鬼神"
（《张子正蒙注》卷二），于文本无据，不可从。不死：老子指道的
永恒性；张载借指太虚（天）的永恒性。　[6] 此两句意为，谷神
永恒存在，因此能够使人的精神和天道的推行力量得以显发而不

被遮蔽。微显：使精微的存在或微妙的力量得以显发。掩：掩藏；遮蔽。

[点评]

对于本章第一句"'变则化'，由粗入精也"，古今注家多将其归结为客观的自然变化过程。其实，这句话说的是主体"克己"的"成性"工夫。之所以产生误解，是由于切割了这句话与其所依据的经典《中庸》的关系。《中庸》第二十三章说："其次致曲，曲能有诚。诚则形，形则著，著则明，明则动，动则变，变则化。唯天下至诚为能化。"张载在解说"一阴一阳之谓道"时指出："一阴一阳是道也，能继继体此而不已者，善也。""仁者不已其仁，始谓之仁；知者不已其知，方谓之知。此是致曲，曲能有诚也。诚则有变化，必仁智会合，乃为圣人也。"还指出："仁知见之，所谓'曲能有诚'者也。不能见道，其仁知终非性之有也。"（《横渠易说・系辞上》）这也就是张载所谓："惟其能克己则为能变，化却习俗之气性，制得习俗之气。所以养浩然之气，'是集义所生者'。'集义'犹言积善也，义须是常集，勿使有息，故能生浩然道德之气。"（《学大原上》7・22）

总之，本章第一句讲人性的变化，第二句讲天道自然的变化。这两个变化过程，或者"由粗入精"，或者"以著显微"，而"精"和"微"则都与张载借"谷神不死"言太虚（天）的永恒性有关。就是说，无论主体的成性变化过程，还是客体的天道自然变化过程，都是以永恒的太虚（天）为其终极根据的，这是不可遮蔽的。

4·7　鬼神常不死[1]，故诚不可掩[2]。人有是心在隐微[3]，必乘间而见[4]。故君子虽处幽独[5]，防亦不懈[6]。

王植："此节大意，即鬼神之不死，而勉人以慎独。鬼神亦神化之义，感而遂通，即人心之神也。"（《正蒙初义》）

[注释]

[1]鬼神：此指阴阳之气运行的自然过程。张载所谓"鬼神"，有时也指"天道"。常：恒常；永久。不死：永恒。　[2]此两句意为，天道推动阴阳气化的运行永恒不息，因而其运行之诚不可掩盖。诚不可掩：语见《中庸》第十六章："《诗》曰：'神之格思，不可度思，矧可射思？'夫微之显，诚之不可掩，如此夫！"诚：此指天道之诚。　[3]心：泛指意识，此指私心。隐微：隐约细微。语见《中庸》第一章："莫见乎隐，莫显乎微，故君子慎其独也。"　[4]此两句意为，人的心灵意识隐秘难察，但它一定会伺机发作。乘间：趁机；伺机。见（xiàn）：表现。　[5]幽独：独处。　[6]此两句意为，因而君子虽独处，但对私心的防范却不能松懈。防：防范；检束。

[点评]

本章论天道运行永恒不息，因而君子防范私心的发作也不能松懈。

本章所谓"鬼神常不死"与上一章"谷神不死"，意涵接近，但略有不同。本章所谓"鬼神"，在张载的话语系统中可以与"天道"并言。他认为，礼乐、鬼神"但有幽明之别，在明则有礼乐法度，在幽则有鬼神天道耳"（佚著《礼记说·乐记第十九》）。这里的鬼神论是对其天道论的补充，而上一章所谓"谷神"则是张载借指自己学说的宇宙本体太虚（天）。

刘儓："'神化'者，天道自然之妙也。人能由大而造乎天德，则与天相似而不违矣，故能穷神知化，与天为一。"（《新刊正蒙解》卷一）

4·8　神化者，天之良能，非人能 [1]。故大而位天德 [2]，然后能穷神知化 [3]。

[注释]

[1]此三句意为，所谓神化，是天的先天能力，并不是人的能力。神化：此指天推动气化流行、化生万物的过程。"神"与"化"的涵义及其二者的关系，详见4·1章注释[1]、[2]。良能：先天的能力。此指天道创生万物的能力。　[2]故：但（《古书虚词通解》）。大：品德高尚。此处指"大人"。位天德：语见《周易·乾·文言》："'飞龙在天'，乃位乎天德。"而：借作"能"字（《词诠》卷十）。位：处；居。张载解"位"作"实到为己有"，"实在其所"（《横渠易说·上经·乾》）。天德：天的德能。　[3]此两句意为，但是，大人之德若能够上达天德，然后就能够穷究天德之神，知晓化生之道。

[点评]

本章仍从天人关系着眼，先论神化乃天之良能，再论大人的品德若能够上达天德，便能够穷神知化。

本章解读的难点，是"大而位天德"之"大"。儒者言"大"，其经典依据有二：一是《周易》经传，言"大人"处甚多，尤其张载在其《横渠易说》中，"大人"与"大"常交替使用，并强调"大"或"大人"的道德意义；二是

《孟子·尽心下》所谓"充实而有光辉之谓大"，"大"是
"充实而有光辉"的意思，指人的高尚的道德精神。本章
所谓"大"，上接"人能"，下用《周易》经传常用的"位
天德"，显然应当解作"大人"。张载说："若大人，则学
可至也。位天德则神，神则天也。"又说："大人而升圣乃
位乎天德也。"（《横渠易说·上经·乾》）孟子所谓"充实
而有光辉之谓大"，接下来一句是"大而化之之谓圣"。其
"大"与"圣"，也可以理解作"大人"与"圣人"。张载
所谓"大"，同时受《周易》经传和《孟子》的影响，但
在本章中主要依据的是《周易》经传。因而本章说的是，
虽然人不具备"神化"的天能，但若能够上达天德，就能
够具备"穷神知化"的能力。在张载看来，在成性过程中，
圣人比大人处于更高阶段，圣人是完全位居天德的，而大
人则需要通过"学"，才有可能上达"位天德"的境地。

4·9　大可为也[1]，大而化不可为也[2]，
在熟而已[3]。《易》谓"穷神知化"，乃德盛仁熟
之致[4]，非智力能强也[5]。

王植："孟子言
'大而化之'，夫大
可以人力为也，大
而化不可以人力为
也，在于熟而已。"
（《正蒙初义》）

[注释]

[1]大：此指大人。　[2]化：宇宙的化生之道。　[3]此三句
意为，大人的位阶经由努力是可以达到的，从大人的位阶提升至
宇宙化生之道的境界则是难以企及的，这取决于工夫的纯熟。在：
由于；取决于。熟：精通；纯熟。语见《孟子·告子上》："夫仁，
亦在乎熟之而已矣。"　[4]"穷神知化"：穷究天德之神，知晓化

生之道。致：极致。　　[5] 此三句意为，《易传》所谓"穷神知化"，这是说要达到德行高尚、仁术精熟的极致，不是单凭才智就能够强求的。智力：才智。强：勉强。

[点评]

本章论"大而化"的能力取决于工夫的纯熟，而"穷神知化"的境界则取决于"德盛仁熟之致"。张载在其前期著作中说："盖大人之事，修而可至，化则不可加功，加功则是助长也，要在乎仁熟而已。"还说："直待己实到穷神知化，是德之极盛处也。"（《横渠易说·上经·乾》）这些，可与本章相互参证。

4·10　大而化之 [1]，能不勉而大也 [2]，不已而天 [3]，则不测而神矣 [4]。

[注释]

[1] 大：此指辉煌广大的道德精神。出自《孟子·尽心下》："充实而有光辉之谓大。"　　[2] 勉：努力；尽力。张载解"勉"作"人为"，而且常用"勉勉"，还把"勉"与"学"联系在一起。　　[3] 不已：不止；不息。天：此指天德。　　[4] 此四句意为，以辉煌广大之德去教化民众，是不依赖刻意为学而能达到的"大"，日进不息达致天德，也就是奇妙难测之"神"的境界。则，乃；就是。不测：难以意料。在儒家经典中，常用以形容"神"的变化难测。此处有不可知的意思。

刘玑："大而化之，是能不勉而自然大也。由此不已而渐位乎天德，则圣不可知矣，非神而何？"（《正蒙会稿》卷一）

[点评]

本章论孟子关于人格精神境界的三个品级"大""圣"与"神"及其关系。

一、张载话语中的两种"大"。本章前两句"大而化之，能不勉而大也"，把孟子本来说"圣"的"大而化之"，归结为"大"。于是，在张载的话语中就有了两种"大"：一是"勉而大"，亦即通过"知学""能勉"而至"崇德之事"的"大"，这种"大"是张载常用的；二是"不勉而大"，这在孟子那里本来说的是"圣"。这种用法在张载那里并不多见。由此，"大"与"圣"的关系就变得扑朔迷离。难怪张载说"大与圣难于分别"（《横渠易说·上经·乾》）。

二、与"圣"等同的"大"与"神"。在张载的话语中，"圣"与"天"、"神"与"天"具有同一性。例如，他说："圣，犹天也。"又说："位天德则神，神则天也。"因而，与"圣"等同的"大"与"神"是处于同一层次的。

三、"神"不可属人言。在张载那里，"神"与"天"是同一层次的，因而他主张"不可以神属人而言"。张载还说："庄子言神人，不识义理也；又谓至人、真人，其辞险窄，皆无可取。"（《横渠易说·上经·乾》）可知，这里所谓"神"是就人的精神境界而言的，并不是要把"神"归结为"神人"，这与庄子不同。本章可以与4·18章"圣不可知谓神。庄生缪妄，又谓有神人焉"合观。

4·11　先后天而不违[1]，顺至理以推行[2]，知无不合也[3]。虽然，得圣人之任者[4]，皆可勉

刘儓："'先后天而不违'者，'顺至理以推行'，与天合一，圣人事也。'得圣人之任'者，言虽未至于圣人，而已能任圣人之任，正所谓大也。"（《新刊正蒙解》卷一）

而至^[5]，犹不害于未化尔^[6]。大几圣矣^[7]，化则位乎天德矣^[8]。

[注释]

[1] 先后天：指先天与后天。先天：于上天垂象示人之先而行动。后天：秉承天意而行动。先天、后天：语见《周易·乾·文言》："先天而天弗违，后天而奉天时。天且弗违，而况于人乎？况于鬼神乎？"　[2] 至理：此指天理。　[3] 此三句意为，无论于上天垂象之先而行动，还是秉承天意而行动，都不违背天象或天意蕴涵的天理。若一切依从天理而推广人的行动，则所知无不符合于天理。合：符合；吻合。　[4] 得：悟解；理解。圣人之任者：此处指大人。语出《孟子·万章下》："伊尹，圣之任者也。"　[5] 勉：努力；尽力。　[6] 以上几句意为，虽然如此，凡是理解圣人的责任的人，都可以通过努力为学达致圣人的境地，不会因为未达到化境而有碍于为学的努力。犹：均。　[7] 几：接近于。　[8] 此两句意为，大人是接近于圣人的，若他进而达到化境就能够上达天德了。位：处；居。

[点评]

本章论凡有志于"圣人之任"的大人，都可以经由努力为学达到化境，最终与圣人一样"位乎天德"。本章亦见于《横渠易说·上经·乾》。

本章可与 8 · 11 章互相参证。

刘儗："自足而后骄，有我而后吝。大则无不足矣，化则不知有己矣，何骄、吝之有？"（《新刊正蒙解》卷一）

4 · 12　大则不骄^[1]，化则不吝^[2]。

［注释］

[1]大：此指大人。则：故。表示因果关系。骄：骄傲。 [2]此两句意为，大，故不骄而有德；化，故不凝滞于物。化：宇宙的化生之道。不吝：不贪恋。此处指无所凝滞。骄、吝：语见《论语·泰伯》："如有周公之才之美，使骄且吝，其余不足观也已。"

［点评］

本章依据《论语》《孟子》与《易传》，揭示"大"与"化"各自的特征。"不骄"与大人"进德"有关，因而张载说："不骄，德当至也。"（《横渠易说·上经·乾》）"不吝"与圣人"知化"有关，此如清儒华希闵所说："'不吝'，则过化存神，无所留滞，全无心矣。"（《正蒙辑释》卷一）

4·13 无我而后大[1]，大成性而后圣[2]，圣位天德不可致知谓神[3]。故神也者，圣而不可知[4]。

李光地："不勉而中，故曰'大成性'；德盛而穷神知化，故曰'位天德'。"（《注解正蒙》）

［注释］

[1]无我：克服一己私欲或私心。 [2]成性：成就人性。 [3]此三句意为，无私可以达到大的地步，由大进而成就人性可以达到圣的境地，圣居于天德，其微妙不可知便称作神。 [4]此两句意为，因而所谓神，是于圣的层次进而运用无法得知的超乎人力的方式而达致的最高境界。

[点评]

本章是对《孟子·尽心下》"充实而有光辉之谓大，大而化之之谓圣，圣而不可知之之谓神"这三句话的解读，大、圣与神这三者是一步步向上转进的方式。张载的解读，有其新意。例如，《孟子》说"充实而有光辉之谓大"，而张载则发挥为"无我而后大"。又如，《孟子》说"大而化之之谓圣"，而张载则运用其著名的"成性"理论，发挥说："大成性而后圣。"这都值得注意。

刘玑："见几则义明而动不括，可以利用矣；屈伸顺理则身安而德滋，可以崇德矣。此进德之事，贤人之学也。穷神知化，与天为一，岂有我之能勉哉？乃德盛而自致尔。此成德之事，圣人之业也。"（《新刊正蒙解》卷一）

4·14　见几则义明[1]，动而不括则用利[2]，屈伸顺理则身安而德滋[3]。"穷神知化"[4]，与天为一，岂有我所能勉哉[5]？乃德盛而自致尔[6]。

[注释]

[1] 见几：语见《周易·系辞下》："君子见几而作。"几：细微的征兆。孔疏："几是离无入有，在有无之际。""君子既见事之几微，则须动作而应之，不得待终其日，言赴几之速也。"义：事物的义理。　[2] 动而不括：语见《周易·系辞下》。括：滞碍；阻塞。用利：使利益为人所用。　[3] 此三句意为，君子见到变化的细微先兆就能够明其义理，行动而变通不滞就能够使利益为人所用，行动或屈或伸必须遵循于理，则先安养其身而后使德性渐长而盛。屈伸：行动的收、放。身安：安静修养自身。德滋：德性渐渐滋长而至于盛。语出《周易·系辞下》："利用安身，以崇德也。"　[4] "穷神知化"，出自《周易·系辞下》："穷神知化，德之盛也。"　[5] 此三句意为，"穷究天德之神，知晓化生之道"，

就能够与天合一，这哪里是心存私意所能勉力强求的？有我：有私心；有私意。与"无我"相反。　[6]此句意为，这一境界是德性极盛之后便自然而然能够达致的。乃：其。

[点评]

本章先论利用、崇德的君子之学，后论穷神知化的圣人之业。

本章后半段可与4·15章后半段"'穷神知化'，乃养盛自致，非思勉之能强，故崇德而外，君子未或致知也"合看。

4·15　"精义入神"[1]，事豫吾内[2]，求利吾外也[3]；"利用安身"[4]，素利吾外[5]，致养吾内也[6]。"穷神知化"，乃养盛自致[7]，非思勉之能强[8]，故崇德而外，君子未或致知也[9]。

朱熹曰："此几句亲切，正学者用功处。"（《朱子语类》卷七十二）

[注释]

[1]"精义入神"：出自《周易·系辞下》，意为精研义理，至于微妙之境。孔疏："'精义入神'，是先静也。"由静至动，静则内，动则外。　[2]豫：预养；预备。内：内心，指思想准备。[3]此三句意为，"研精义理，至于微妙之境"，是说研精而预先知事物之理于内，以向外求利。利：指利益。外：指"致用""求利""利用"之动。　[4]"利用安身"：出自《周易·系辞下》，意为利致其用与安顿其身二事。后者指养德。　[5]素：向来。　[6]此三句意为，"利用安身"是说，利用之道向来都是致

用于外、养德于内的。致养：致力于养德，指"安身"。　[7]养盛：安身养其盛德。自致：自然而然地达致。　[8]思勉：思虑并勉力而为。强：勉强。　[9]此五句意为，"穷神知化"，这种德性极盛的境界是由"崇""养"自然而然达致的，不是仰赖思虑和为学所能强求的，因此，在崇尚德性之外，君子未尝刻意于知。未或：没有；未尝。致知：勉力为学所知。

[点评]

本章分为两部分。

一、依据《周易·系辞下》之"精义入神""利用安身"论人事之理，是下学之事。《周易正义》是从静、动关系的角度论述的，而张载则是从内、外关系的角度论述的。本章"'精义入神'，事豫吾内"，可与4·22章"'精义入神'，豫之至也"合观。

二、依据《周易·系辞下》之"穷神知化"论"崇德""养盛"之功。朱熹说，"穷神知化"以下，"则圣人事矣"（《朱子语类》卷七十二）。此可与4·14章所谓"'穷神知化'，与天为一，岂有我所能勉哉？乃德盛而自致尔"相互参证。

本章最后一句"君子未或致知也"，强调君子"崇德"，然"未或"甚难解，古今注家或略而不解，或言不及义，唯两种解释值得注意：一是清儒华希闵直接使用《易传》用语"未之或知"，孔疏将"未之或知"解作"微妙不可知"（《正蒙辑释》卷一）；二是清儒张棠、周芳解作"无所用其知也"（《正蒙注》），最为确解，与孔疏庶几近之。"未或致知"，与4·16章"神不可致思"、4·17

章所谓"不可知"义近。

朱熹、吕祖谦后将本章辑入《近思录》卷二。

4·16　神不可致思[1]，存焉可也[2]；化不可助长[3]，顺焉可也[4]。存虚明[5]，久至德[6]，顺变化，达时中[7]，仁之至，义之尽也[8]。知微知彰[9]，不舍而继其善[10]，然后可以成之性矣[11]。

高攀龙："此心虚明而不息，所以存神，仁之至而知微也。顺理变化，随时处中，所以顺化，义之尽而知彰也。皆所以继其善而成之性也。"（《正蒙释》卷一）

[注释]

[1] 神:《孟子·尽心下》用"圣而不可知之"所界定的"神"，指非依赖人力所能够达到的精神境界。致思: 刻意强求。　[2] 此两句意为，达到"神"的人格境界不可人为强求，只要对其加以存养就可以了。存: 体验以存养。焉: 用与"之"同，此指实现"神"这种精神境界的能力。　[3] 化:《孟子·尽心下》界定"圣"所言"大而化之"的"化"，指需要依赖人力才能够达到的精神境界。助长: 语见《孟子·公孙丑上》:"心勿忘，勿助长也。"助长的对象为"集义"，意为欲速而盲目助其增长。　[4] 此两句意为，达到"化"的人格境界不可盲目助力于集义的增长，只要顺从辉煌充实的德性就可以了。顺: 顺从。　[5] 虚明: 此指超越于感知之心的虚明之心。　[6] 至德: 最高的道德；天德。　[7] 达: 通行。时中: 指顺应时变而通达于中道。语见《中庸》第二章:"君子之中庸也，君子而时中。"　[8] 此六句意为，使虚明之心得以存养，使崇高的道德得以持久，顺应一切变化，通达于中道以极大的努力充分实现仁、义价值。仁之至，义之尽: 语见《礼记·郊特牲》:"蜡之祭，仁之至，义之尽也。"　[9] 知微知彰: 出自《周

易·系辞下》:"君子知微知彰,知柔知刚,万夫之望。"微:隐微。
彰:昭著。　[10]不舍:不懈;不停止。"其"与"之",都指天道
之善。　[11]此三句意为,君子知存神之隐微,知顺化之昭明,
坚持不懈地继承天道生养万物之善,然后成就天道所赋予人的善
性。继其善,成之性:出自《周易·系辞上》。之:其。

[点评]

本章依据《孟子》《易传》等经典,论存神和顺化的
精神境界及其天道论依据。其中所谓"虚明",作为张载
的哲学术语相当独特,这里略加说明。他说:"格去物,
则心始虚明。"(佚著《礼记说·大学第四十二》)"格去
物",指去除外在感性对象之"物"对"心"的遮蔽。此外,
张载论"虚心"之"虚"说,"虚者,止善之本也,若实
则无由纳善矣"(《张子语录·语录上》)。他认为,"格物"
之"物",作为经验对象是"见闻之知"的来源;只有在
去除一切外在对象物之后,"虚明"之心才开始发挥作用,
使主体获得超越"见闻之知"的"德性所知"乃至"诚
明所知"。张载强调:"诚明所知,乃天德良知,非闻见
小知而已。"(6·1)。可见,"虚明"之"心"属于主体
洞察宇宙真谛或事物本质的直觉能力。

值得注意的是,本章前两句依据的是《孟子·尽心
下》,后几句依据的则是《周易·系辞上》。张载运用这
两种儒典,赋予"神""化"的人格精神境界以天道生养
万物之善的宇宙论意义。

本章末句"成之性",《张载集》章校本依《宋元学案》
及王夫之《张子正蒙注》改作"成人性",《正蒙》宋本、

明本皆作"成之性"。"成之性"，源自《周易·系辞上》
"成之者性也"。而且本章"成之性"与前句的"继其善"
为对文，文义允洽。章校本依他书之误改本书之不误，
不可从。

4·17　圣不可知者[1]，乃天德良能[2]，立
心求之，则不可得而知之[3]。

朱熹："这句难
理会。旧见《横渠
理窟》，见他里面说
有这样大意。""所
谓'圣不可知'，
只是道这意思难
说。"（《朱子语类》
卷三十六）

[注释]

[1]圣不可知：指高于"圣"的精神境界品级的"神"。出自
《孟子·尽心下》："圣而不可知之之谓神。"　　[2]天德：天的德
能。良能：生而具有的能力。语见《孟子·尽心上》："人之所不
学而能者，其良能也。"　　[3]此四句意为，对于圣的境界人所不
可测知，那是天赋的德能，即使刻意求取这一天赋德能，也无法
得知这一境界是如何达到的。立心：刻意。之：指作为更高人格
品级的"神"。

[点评]

本章论"神"的境界是无法刻意求取而得知的。本
章所谓"不可知""不可得而知之"，亦即不可"立心求
之"，与4·15章的"未或致知"、4·16章的"神不可
致思"义近，皆渲染"圣""神"精神境界具有非言语可
以形容的崇高性和神秘性。

4·18　圣不可知谓神[1]。庄生缪妄[2]，又

对庄子"神人"
观的批评。

谓有神人焉[3]。

[注释]

[1]此句意为，与"圣"的精神境界相比，不可测知的人格境界是"神"。　[2]庄生：即庄子，名周。战国时期道家的代表人物。缪（miù）妄：错误；虚妄。　[3]此两句意为，庄子的差错和虚妄，居然说有神人的存在。又：更。神人：以人为神。

[点评]

本章论孟子所谓"神"与庄子所谓"神人"的区别。

庄子说："至人无己，神人无功，圣人无名。"又说："藐姑射之山，有神人焉。"（《庄子·逍遥游》）认为有"神人"的存在。而张载则反对把人神化，他所谓"神"指的是至上人格的精神境界。张载曾指出："若大人，则学可至也。位天德则神，神则天也，故不可以神属人而言。庄子言神人，不识义理也；又谓至人、真人，其辞险窄，皆无可取。"（《横渠易说·上经·乾》）这一段话，可视作对本章的说明。

李光地："化者，神之所为；神者，化之所主。"（《注解正蒙》卷一）

4·19　惟神为能变化[1]，以其一天下之动也[2]。人能知变化之道，其必知神之为也[3]。

[注释]

[1]神：天道之神，孔疏称作"神道"。为能：语见《孟子·梁惠王上》："惟士为能。"为：乃。　[2]此两句意为，只有天道

之神乃能推动天地万物的变化，因为天道之神能够统一宇宙间的不同力量从而支配万物的变动。以：因。一：统一；独力统理。　[3]此两句意为，人能够知晓变化之道，那就一定知晓天地间的一切变化都是由天道之神支配的。此两句出自《周易·系辞上》："子曰：'知变化之道者，其知神之所为乎！'"

[点评]

本章论天道之"神"推动万物变化的能力与"人能知变化之道"。

本章论"神"与"变化"，其经典依据是《周易·系辞上》。张载言"神"，有太虚或天（天德）意义上的"神"，有天道意义上的"神"。本章所言，是天道意义上的"神"。

本章解读的难点，在于"一天下之动也"。为了便于解读，有必要对"一天下之动也"与"德，其体；道，其用，一于气而已"（4·1）做一个对比。前一句是从天道之"神"的角度讲的，而后一句则是从"气"的角度讲的。前一句中的"一"，指天或太虚内在于异质的阴阳之气，三者整合为统一的宇宙创生力量之"神"，这相当于"合一不测为神"（4·5）。这一意义上的"神"，是一切变化或"天下之动"的支配者。而后一句中的"一"，指天道之"神"作为一切变化的动力是由气化流行显发于外的。

4·20　见易[1]，则神其几矣[2]。

李光地："易，即变化之道也。"（《注解正蒙》）

[注释]

[1]见：此作察知。易：有多种涵义，此作变易。　[2]此两句意为，察知宇宙的变易，就能够体悟天道之神微妙的先兆。神：天道之神。其：之。几（jī）：指天道之神微妙难测的先兆。

[点评]

本章论君子察知宇宙的变易，在于体悟天道之神的微妙先兆。

"神其几矣"，与《周易·系辞下》"知几其神乎"有关，但张载这里把"几其神"倒转为"神其几"，使其在本章中语意更加明晰。

吕柟："释帝与亲，神所由授也，易所由行也，礼乐所由出也。"（《张子抄释》卷一）

4·21 "知几其神"[1]，由经正以贯之[2]，则宁用终日[3]，断可识矣[4]。几者，象见而未形也[5]。形则涉乎明[6]，不待神而后知也[7]。"吉之先见"云者[8]，顺性命则所先皆吉也[9]。知神，而后能飨帝、飨亲[10]；见易，而后能知神[11]。是故不闻性与天道而能制礼作乐者[12]，末矣[13]。

[注释]

[1]"知几其神"：出自《周易·系辞下》。知：预知。几（jī）：天道之神微妙难测的征兆。　[2]经正：义理之至善。经：常道。此处指常行的义理和法则。　[3]宁：何，表示疑问。终日：整日。　[4]此四句意为，"若能预知变化先兆背后之神"，依据义

理之至善贯通于这一察知过程，则无须一整天，便一定能够知晓其神了。宁用终日，断可识矣：出自《周易·系辞下》："《易》曰：'介于石，不终日，贞吉。'介如石焉，宁用终日，断可识矣。"断：一定。识：察知；知晓。　　[5] 此两句意为，所谓征兆，是以无形之象加以呈现的。几：此处指从无入于有的征兆。象，无形之象，亦即与"明"相反的"幽"。见（xiàn），表现；呈现。　　[6] 明：指有形之象，与无形之"幽"相反。　　[7] 此两句意为，有形之象则涉及的是与无形之"幽"相反的"明"，这无须等待存神之后才能够获知。　　[8]"吉之先见"：出自《周易·系辞下》："几者，动之微。吉之先见者也。"　　[9] 此两句意为，"在吉利显现之先而预知其几微"说的是，遵循道德性命之理则所有预知之先的都是吉利的。所：所有。　　[10] 此两句意为，知晓天道之神，然后能够祭祀天帝、祭祀祖先。飨帝、飨亲：语见《礼记·祭义》："唯圣人为能飨帝，孝子为能飨亲。"飨（xiǎng），通"享"，此处作祭祀。　　[11] 此两句意为，察知天地变易，然后能够体悟天道之神。　　[12] 性与天道：出自《论语·公冶长》。　　[13] 此两句意为，正因为如此，若不知晓性与天道而能够创制礼乐的人，是不会有的。末（mò）：无（《词诠》卷一）。

[点评]

本章论"知几其神"的方式及其与"制礼作乐"的关系。以下，略作几点说明。

一、关于"经正"。在《正蒙》历代旧注中，清儒张伯行准确地把"经正"释作"理之至善者也"（《正蒙释》）。把"经正"之"正"的涵义归结为"至善"，还可参见8·1章的点评。

二、关于"几者,象见而未形也"。诸家旧注中,刘玑解作"欲动未动之间也"(《正蒙会稿》卷一),其义最胜。

三、关于"性与天道"之"闻"。此语出自《论语·公冶长》:"子贡曰:'夫子之文章,可得而闻也;夫子之言性与天道,不可得而闻也。'"原文中的"闻"字,一般解释为"听得到",而张载则别有所解。他说:"'夫子之言性与天道',子贡以为不闻,是耳之闻未可以为闻也。"(《经学理窟·学大原上》7·19)还说:"子贡曾闻夫子言性与天道,但子贡自不晓,故曰'不可得而闻也'。"(《张子语录·语录上》)据此,此处把"闻"解释为"知晓"。

四、关于张载对"天道"观的传承与创新。清儒钱大昕说:"古书言天道者,皆主吉凶祸福而言。"古书"论吉凶之数,与天命之性自是两事"(《十驾斋养新录》卷三)。就本章论"顺性命则所先皆吉"看,是与传统的天道观念和性命观是有传承关系的;若就张载天道论的整体看,其内涵则不限于吉凶祸福的人生命运思考,而是构建了一套新型的天道论哲学,是儒学的重要理论创新。

五、关于"知神,而后能飨帝、飨亲"。对于"神"与"飨帝、飨亲"的关系,张载做过解释。他说:"祭祀之飨,以此心合天意,乃是交神明之道也。"(佚著《礼记说·祭义第二十四》)

六、关于"性与天道"与"制礼作乐"的关系。此见于本章最后一句话。

4·22　"精义入神"[1]，豫之至也[2]。

[注释]

[1]"精义入神"：出自《周易·系辞下》："精义入神，以致用也。"　[2]此两句意为，"精研义理至于微妙之境"，是预养之道的最佳状态。豫：预养；预备。

[点评]

本章所论，是对 4·15 章"事豫吾内"的补充。

华希闵："'精义入神'，则本原已彻，万事万化皆不能外，故曰'豫之至'。"（《正蒙辑释》卷一）

4·23　徇物丧心[1]，人化物而灭天理者乎[2]！存神过化[3]，忘物累而顺性命者乎[4]！

[注释]

[1]徇（xùn）：谋求；追求。　[2]此两句意为，追求外物而丧失心志，被外物同化将导致灭绝天理的后果。人化物而灭天理：语见《礼记·乐记》："人化物也者，灭天理而穷人欲者也。"化物：化于物，意思是被外物所同化。而：能。　[3]存神过化：语见《孟子·尽心上》："夫君子所过者化，所存者神，上下与天地同流，岂曰小补之哉？"　[4]此两句意为，君子存养天道的神妙莫测，其精神所过之处使人们受到感化，忘掉外物的牵累将能够让众人遵从道德性命之正。物累：外物的牵累。

[点评]

本章论人同化于外物、失其本心的危害，主张不为

刘儓："'人化物而灭天理'，失己也；'忘物累而顺性命'，乐天也。"（《新刊正蒙解》卷一）

物欲所累，以安性命之正。"人化物"，亦即今所谓人的"异化"。

4·24　敦厚而不化[1]，有体而无用也[2]；化而自失焉[3]，徇物而丧己也[4]。"大德敦化"[5]，然后仁智一而圣人之事备[6]。性性为能存神[7]，物物为能过化[8]。

[注释]

[1]敦厚：宽厚。此处形容仁体。不化：此处指仁体不能发挥其感化作用。　[2]此两句意为，宽厚包容的仁体不能发挥其感化作用，属于有体而无用。体：哲学术语，指本体。用：哲学术语，指依据本体加以运用。　[3]化：仁体的感化作用。自失：失己之仁。　[4]此两句意为，发挥感化作用却自失仁德，是痴迷于外物而丧失自我。　[5]"大德敦化"：出自《中庸》第三十章："万物并育而不相害，道并行而不相悖。小德川流，大德敦化。此天地之所以为大也。"　[6]此两句意为，"伟大的道德是涵括敦与化的"，践行然后敦之仁与化之智得以统一，从而使圣人的事业达致完备的境地。　[7]性性：前一性字为动词，后一性字为名词，意为尽人之性而能广施仁德。为能：能够。存神：圣人之仁心所存神妙不测。　[8]此两句意为，圣人尽性而广施仁德能够心存其神妙，智周万物能够过而化之不滞于迹。物物：前一物字为动词，后一物字为名词，意为尽物之性而应变于物。过化：圣人所过之处能够智周万物。存神、过化：语见《孟子·尽心上》。

[点评]

本章依据《中庸》"大德敦化"与《孟子》"存神过化"之语，论述圣人对于敦与化、体与用、仁与智皆须兼尽而不偏废。

4·25　无我[1]，然后得正己之尽[2]；存神[3]，然后妙应物之感[4]。"范围天地之化而不过"[5]，过则溺于空[6]，沦于静[7]，既不能存夫神，又不能知夫化矣[8]。

王植："'存神'以心言，'知化'以应事言。"（《正蒙初义》）

[注释]

[1]无我：克服一己私欲或私心。　[2]此两句意为，达到无私的精神境界，就能够充分端正自己。正己：反求诸己而端正之。之：至。尽：充分；完全。　[3]存神：华希闵："'无我'，所以'正己'，即所以'存神'。"（《正蒙辑释》卷一）　[4]此两句意为，无我而得正己之尽，然后能够应物妙用乃至感通于无迹。妙：神妙；奇妙。感：感应；感通。　[5]"范围天地之化而不过"：出自《周易·系辞上》。范：规范。围：周围。化：变化生养。过：过失（孔疏）。　[6]空：佛教术语，空无。　[7]静：道家术语，虚静。　[8]此五句意为，"圣人效法天地的变化生养不会有过失"，出现过失者不是沉溺于空无，就是沦落于虚静。这既不能无我而得正己之尽，又不能知晓天地万物的创生变化。

[点评]

本章论从"无我"到"正己"，从"存神"到"应物"，并批评佛老对待"天地之化"的过失：或沉溺于空无，或沦落于虚静。

4·26 "旁行不流"[1]，圆神不倚也[2]。"百姓日用而不知"[3]，溺于流也[4]。

[注释]

[1] "旁行不流"：出自《周易·系辞上》："旁行而不流，乐天知命，故不忧。"旁行：旁通；普遍。流：放纵。《礼记·乐记》："先王耻其乱，故制雅颂之声以导之，使其声足乐而不流。"郑注："流，犹淫放也。"   [2] 此两句意为，"圣人之德遍行而不淫放"，表明他具有存神之妙而不失其正的能力。圆神：语见《周易·系辞上》："是故蓍之德圆而神。"不倚：语见《中庸》第十章："中立而不倚。"孔疏："中正独立而不偏倚。"倚（yǐ），偏斜失正。   [3] "百姓日用而不知"：出自《周易·系辞上》："百姓日用而不知，故君子之道鲜矣。"   [4] 此两句意为，"百姓在日常生活中虽依赖天道之理但却并不知晓"，其后果是往往沉溺于物欲而流于淫放。

[点评]

本章论面对神化之道的圣、俗之别：圣人"旁行而不流"，而百姓则"溺于流也"。

4·27 义以反经为本[1]，经正则精[2]；仁以敦化为深[3]，化行则显[4]。

[注释]

[1] 义：义理。反：返。经：常：常行的道理。　[2] 此两句意为，义理以返回常道为根本，达致义理之至善则必须精察。经正：义理之至善。反经、经正：语见《孟子·尽心下》："君子反经而已矣。经正则庶民兴，庶民兴，斯无邪慝矣。"精：精思；精察。　[3] 敦：厚。此处形容仁体。化：指仁体的感化作用。深：深化。此处以敦厚至于化人为深。　[4] 此两句意为，仁以由敦至于化为深，而化的遍行则显发为仁。化行：感化作用的实行。显：此处指仁体的显发，亦即《周易·系辞上》所谓"显诸仁"。

[点评]

本章论仁、义，承接以上《中庸》"敦化"观念（4·24），合《孟子》"经正"、《易传》"精义"之说，说明由敦至于化的必要性。此尤可见张载对"化"的重视。在《横渠易说·上经·乾》中，张载说："德博而化，言化物也，以其善世即是化也。善其身，自化也；兼善天下，则是化物也。知化则是德化，圣人自化也。化之况味，在学者未易见焉，但有此次序。"这揭示了圣人从"自化"到"化物"亦即"兼善天下"，是有其"次序"的。这可以与本章互相参证。

4·28 义入神[1]，动一静也[2]；仁敦化[3]，静一动也[4]。仁敦化则无体[5]，义入神则无方[6]。

吴讷："精义至于入神，由动而之静也。""仁而能敦其化，由静而之动也。"（《正蒙补注》）

[注释]

[1] 入神：语见《周易·系辞下》："精义入神。"　[2] 此两句

意为，由精研义理而进入神妙之境，是由动而专一于静。一：专一；专注。 [3]敦化：敦厚感化。 [4]此两句意为，仁体由敦而至于化，是由静而专一于动。 [5]无体：无形迹。 [6]此两句意为，仁体由敦而至于化则无形迹，由研精义理而进入神妙之境则无方所。无方：无方所；没有方向处所。无方、无体：语见《周易·系辞上》："神无方而易无体。"

[点评]

本章以动静论神化、仁义关系。解读的难点是，"动—静"与"静—动"之"一"该如何解释。古今注家很少对"一"做出解释，惟明儒解作"至于"（吴讷《正蒙补注》）或"至"（高攀龙《正蒙释》卷一），而今人或作"统一"解（喻博文《正蒙注译》），或作"主宰"解（张金泉《新编张载文选》）。"一"的确有"统一"的涵义，但本章却并没有把"动"统一于"静"的意思，反之亦然。此外，动静二者也并不具有主宰与被主宰的关系。我认为，"一"当作"专一"义。孔疏把《周易·系辞下》所谓"精义入神，以致用也"的动静关系解作先后关系，是准确的。这与明儒以"至于"或"至"解"一"接近。"至于"或"至"，应当是"专一"或"专一于"的引申义，前者和后者都把先后关系包涵在内了，其句式为"由……至于……"或"由……专一于……"。

[篇末评]

本篇以"神化"名篇。"神"与"化"，语见《周易·系辞下》"穷神知化"的"神""化"，《孟子·尽心上》

"圣而不可知之之谓神"的"神"、"大而化之之谓圣"的"化"。张载将这两个单字术语联结为复合词"神化"。本篇对"神""化"及其关系的论述错综复杂，既包括以分与合这两重关系论"神""化"，也包括以客观与主观这两种角度论"神""化"，亦即以天道自然与精神境界这两种角度论"神""化"。张载的神化观对后世影响很大。南宋李侗说："昔闻之罗先生（指罗从彦——引者注）云：'横渠教人，令且留意神、化二字。'"（朱熹《延平答问上》）本篇合计 28 章，其内容包括以下四个方面。

一、合言"神""化"。本篇伊始，张载以体用方式为"神""化"关系定位，以"神"指"天德"，以"化"指"天道"；以德为"体"，以道为"用"（4·1）。这可以视作本篇的总论，也是为全篇确定的基调。这一章是从天道自然的角度合言"神""化"。而以下多章则着眼于天人关系以合言"神""化"（4·5、4·10、4·16、4·19）。

二、分言"神"。对于客观天道自然之"神"，张载认为，其实质是"大且一"之天（4·2）；并认为，天道之"神"的运行是"充塞无间"的（4·3）。此外，则多从主观的修养工夫和精神境界的角度加以论述。这包括：只有"精义入神"，才能够"豫之至也"（4·22）；"神也者，圣而不可知"（4·13）；强调"知神"工夫（4·21）的重要性，并强调儒家所说的"神"不是庄子所谓"神人"（4·18）。

三、分言"化"。张载重视对"大"与"化"二者关系的说明（4·12、4·11），并据此提出"由粗入精"

的工夫之"化"（4·6）和"敦化"之"化"（4·27）。

四、论圣人的"穷神知化"境界。本篇这方面的论说比较多。张载强调，"神化"是"天之良能"，而圣人则有可能"穷神知化"（4·8）。他还指出，只有"德盛仁熟"才能够达到"穷神知化"的境界（4·9、4·14、4·15）。此外，相近的表述还有"尽神""体化"（4·4），"存神""过化"（4·23、4·24、4·25），"敦化""入神"（4·28）。

由于张载对儒学的天道论哲学（亦称宇宙论哲学）的贡献很大，因而本书所选《太和》《天道》和《神化》三篇的主要内容，都属于张载的天道论哲学。从中可以看出，张载是一位深切关注宇宙真谛并具有宇宙意识的思想家。这三篇的内容，可以互补互释。

诚明篇第六

"诚明所知"，是张载依据《中庸》所创制的哲学术语。这是他唯一一次使用这一术语。

6·1　诚明所知 [1]，乃天德良知 [2]，非闻见小知而已 [3]。

[注释]

[1] 诚明所知：根源于诚明的道德知识。诚：指天的创生能量和动力。语见《中庸》第二十章："诚者，天之道也；诚之者，人之道也。"明：即张载所谓"穷理"，也是人的自我教育形式。语见《中庸》第二十一章："自诚明，谓之性；自明诚，谓之教。诚

则明矣，明则诚矣。"　　[2]天德：此指天赋予人的德性。语见《中庸》第三十二章："苟不固聪明圣知达天德者，其孰能知之？"良知：人类先天具有的道德意识。　　[3]此三句意为，根源于诚明的道德知识，是天赋予人的德性和道德知识，而不是通过耳、眼等感官所获得的感性知识。闻见：也称"见闻"，指通过耳、眼等感官所获得的感性知识。小知：由于见闻之知源于孟子所谓"小体"，故有此说。

[**点评**]

本章论"诚明所知"有别于"闻见小知"。在这里，张载依据《中庸》在儒学史上第一次提出"诚明所知"这一哲学术语，并以"天德良知"揭示其实质。

关于"天德"。这也是出自《中庸》的哲学概念，经常被张载使用。他说："释氏语实际，乃知道者所谓诚也，天德也。"（17·11）对"天德"，可以从客观和主观两方面理解。首先，从客观方面理解。"天德"属于天之能，而非人之能，故张载说："神，天德；化，天道"（4·1），"神化者，天之良能，非人能"（4·8）。其次，从主观方面理解。在张载看来，圣人能够"位天德"，达到这一地步也就与"神"处于同一层次；大人经过修为的努力，也有可能接近或达到"天德"的境地。故张载说："故大而位天德，然后能穷神知化"（4·8）；"无我而后大，大成性而后圣，圣位天德不可致知谓神。"（4·13）

关于"良知"。语出《孟子·尽心上》："人之所不学而能者，其良能也；所不虑而知者，其良知也。"陈荣捷将其解释为"本有之善知识"（《中国哲学文献选编》，第

635 页）。根据本章所述，可以将"良知"解释为根源于天的最高的善知识。简言之，就是至善的知识。康有为曾这样评价张载所谓"诚明所知乃天德良知"，认为"王阳明良知之学本此"（《康有为全集》卷二《讲正蒙》）。

关于"德性所知"与"诚明所知"的关系。针对学术界一直认为"德性所知"就是"诚明所知"，今人程宜山第一次提出，虽然"德性所知"与"诚明所知"均是不来源于见闻的知识，但二者是有区别的。其区别在于：（1）"德性所知"是"诚明所知"的低级阶段，"诚明所知"是"德性所知"的高级阶段；（2）"德性所知"来源于"合内外于耳目之外"，离不开"思虑勉勉"，即离不开理性与道德自律，"诚明所知"是已经实现了性与天道合一的圣人之性中固有的良知，是不待思虑勉勉的；（3）"德性所知"是有所知而又有所不知的，表现为有知，"诚明所知"是无不知而无知的，表现为无知。对这三点区别，程宜山作了详细的论证（程宜山《关于张载的"德性所知"与"诚明所知"》，《哲学研究》1985 年第 5 期）。

冉觐祖："尽人而不能合天，是谓'天人异用'，乃诚之未至也。知人而不知天，是谓'天人异知'，乃明之未至也。"（《正蒙补训》卷二）

6·2　天人异用[1]，不足以言诚[2]；天人异知，不足以尽明[3]。所谓诚明者，性与天道不见乎小大之别也[4]。

[注释]
[1]异用：所用相背离。　[2]此两句意为，若天人关系在运用的向度上发生背离，人便没有资格言说"诚之"工夫。诚：此

指"诚之"，意为人以天道忠实于自身职责为根据的修养工夫。语见《中庸》第二十章："诚之者，人之道也。"　[3] 此两句意为，若天人关系在认知的向度上发生背离，人便没有资格言说穷理这一自我教育方式。异知：所知相背离。　[4] 此两句意为，若明白"诚"是指人的"诚之"工夫，"明"是指人的穷理这一自我教育方式，便能够理解"性"与"天道"二者是不会显现出小与大的区别的。见（xiàn）：显示；显现。

[点评]

本章论诚明工夫的实践，强调不能在"用"和"知"这两个向度上使天人关系发生背离。

张载这样界定"天人合一"命题："儒者则因明致诚，因诚致明，故天人合一。致学可以成圣，得天而未始遗人。"（17·11）这一界说，为儒者提供了实现"天人合一"境界的方法。本章则从另外一个角度对"天人合一"观念做了重要的补充说明。

本章最后两句"所谓诚明者，性与天道不见乎小大之别也"，一是强调"性与天道"不存在小与大的区别，这是基于"性"与"天道"的同构特征（1·9）；二是强调"诚明"和"性与天道"的内在联系，此即张载所谓"性与天道合一存乎诚"。

6·3　义命合一存乎理 [1]，仁智合一存乎圣 [2]，动静合一存乎神 [3]，阴阳合一存乎道 [4]，性与天道合一存乎诚 [5]。

黄百家："'义命合一存乎理'一语，此先生破荒之名言，先儒多忽略看过，不得其解。"（《宋元学案》卷十七《横渠学案上·正蒙案语》）

［注释］

[1] 此句意为，道义与正命的结合依托于理。义：道义；道德义务。命：此指正命；符合道义的命运。合一：结合；统一。存：依存；依托。乎：于。理：道德法则；道德性命之理。　[2] 此句意为，仁德与德智的结合依托于圣。仁：仁德；道德准则。智：德智；道德认知能力或道德判断能力。　[3] 此句意为，天道运行与太虚本体的结合依托于神。动：指天道创生万物的运行。静：指太虚本体"至静无感"（1·2）的原初状态。神：由宇宙本体支配的创生万物的神妙力量。　[4] 此句意为，阴、阳在气化中的结合依托于道。　[5] 此句意为，万物生成根源与宇宙创生动力的结合依托于诚。性：万物的生成根源（6·7）。天道：创生万物的动力。

［点评］

本章释"理""圣""神""道""诚"五个概念。所用句式相同，都是"……合一存乎……"。以下逐句简要评析。

一、"义命合一存乎理"。"义"，此指道义或道德义务。"命"，此指孟子所谓"正命"（《孟子·尽心上》）或张载所谓"德命"（6·24）。"理"，此指性命之理或道德性命之理。正是在此意义上，张载强调："顺性命之理，则得性命之正。灭理穷欲，人为之招也"（6·36）

二、"仁智合一存乎圣"。"仁"与"智"，是儒家的两种重要价值。儒家历来把仁智合一视作成圣的标准。在孟子引述子贡与孔子的一段问答中，子贡称赞孔子说："学不厌，智也；教不倦，仁也。仁且智，夫子既圣矣乎。"

（《孟子·公孙丑上》）张载曾经以这一标准评价颜回说："颜子好学不倦，合仁与智，具体圣人，独未至圣人之止尔。"（8·1）这里的"合仁与智"，就是仁智合一。这句话是说，颜子已初步具备了"合仁与智"的圣人之德，但还没有达到圣人的最高境界。

三、"动静合一存乎神"。这里的"动"与"静"，都是在宇宙论哲学意义上说的。"静"，指太虚本体"至静无感"（1·2）的原初状态；"动"，则指"太虚即气"（1·9）创生万物的运行机制和过程。在张载的宇宙论哲学话语中，其"神"有两个层次：一个与太虚本体处于同一层次；另一个则与天道处于同一个层次。这两个层次的"神"是相通的。

四、"阴阳合一存乎道"。这与张载所谓"由气化，有道之名"（1·12）的意涵一致。古今不少学者倾向于把张载这类说法中的"道"归结为"气"或"气化"。朱熹评价张载之"道"时说过，其"道""虽杂气化，而实不离乎太虚"（《朱子语类》卷六十）。其实，"道"既不可单独归结为"气"或"气化"，也不可单独归结为"天"或"太虚"，它是"太虚"与"气"的统一体。

五、"性与天道合一存乎诚"。在这句话中，"性"，指生成万物的根源；"天道"，指创生万物的统一力量。张载认为，"性"与"天道"是同源的，都源于"天"。一方面，依据《中庸》首章"天命之谓性"，表明"性"是由"天"所赋予的。另一方面，依据《中庸》第二十章"诚者，天之道也"，表明"道"是归属于"天"的。张载还认为，"性"与"天道"是同构的，二者都是由太虚与气所构成的。正由于"性"与"天道"存在这两方面的同一性，因而张载除了在这里提出"性与天道合一"之外，还主张"性即天道"（17·5）。

6·4　天所以长久不已之道，乃所谓诚[1]。仁人孝子所以事天诚身[2]，不过不已于仁孝而已[3]，故"君子诚之为贵"[4]。

[注释]

[1]此两句意为，天所支配的道之所以长久不息地运行，是由于它能够忠实于自己创生的本分，这体现的就是所谓"诚"的品格。诚：此指天道。语见《中庸》第二十章。　[2]仁人孝子：语见《孟子·滕文公上》："孝子仁人。"诚身：指君子效法天道之"诚"的修身实践。语见《中庸》第二十章："诚身有道。"　[3]此两句意为，仁人孝子之所以能够虔敬地事奉天并效法天道之诚以从事修身实践，不过是因为他们不停息地践履仁和孝的道德准则罢了。　[4]此句意为，因而"君子致力于'诚之'的品格才是最宝贵的"。"君子诚之为贵"：出自《中庸》第二十五章。

[点评]

本章的三句话，表达了互相联系的三个观点。

一、肯定天道之"诚"。其经典依据是《中庸》第二十章"诚者，天之道也"，第二十六章"其为物不贰，则其生物不测"。这是说，天道具有忠实于自己本分的创生不息的品格。

二、强调"事天诚身"。"仁人孝子"和"事天诚身"的观念，源于《礼记·哀公问》："仁人事亲也如事天，事天如事亲。是故孝子成身。""事天"，指以虔敬之心事奉于天；"诚身"，指君子效法天道之"诚"的修身实践。《中庸》第二十章有"诚身有道"的说法。在张载的话语中，"事天诚身"是与"天人合一"意涵接近的表述，"诚身"工夫与"因明致诚，因诚致明"的方法是一致的。在张载看来，"不已于仁孝"是以"天所以长久不已之道"亦即"诚"为宇宙论根据的，这就要求君子必须不间断地以"仁孝"作为价值法则；"仁人孝子"，是人在天地间所应当扮演的角色；而"事天诚身"，则是人所应当履行的伦理责任。

三、以"诚之"为君子的宝贵品格。本章最后这句话出自《中庸》第二十五章："诚者，物之终始，不诚无物。是故君子诚之为贵。""诚之"，就是君子必须"诚身"，力行"诚"，实践"诚"。张载认为，君子应当以实践"诚"作为宝贵的品格，所以才说"君子以诚之为贵"。这句话是本章的结论。

6·5　诚有是物，则有终有始[1]；伪实不有，何终始之有[2]！故曰"不诚无物"[3]。

刘儓："有终有始之谓物。伪则不诚，无终始矣，虽物非物也，故曰'不诚无物'。"（《新刊正蒙解》卷二）

[注释]

[1] 此两句意为，由于天地间有了"诚"这一创生万物的力量，因而才有万物的存在，而且万物的生存是有终有始的。　[2] 此

两句意为，受虚假力量的支配，导致实际不再有万物的存在，更不会存在有终有始的世界。伪：虚伪；虚假。与"诚"相反的品质。实：事实；实际。终始：有终结和开始的过程。　[3]此句意为，因此说"若没有诚这一天地间的创生力量，便不会有万物的存在"。

[点评]

本章论"诚"乃是贯穿于创生万物全过程的宇宙动力。

对于《中庸》第二十章、二十五章和《正蒙·诚明》本章，有注解者只关注"诚"的君子品德涵义，而忽略了"诚"首先是天地间创生万物的力量。

张棠、周芳："择善之精而后复至善之体者，贤人有渐之学也；全体天德则自有天德之良知者，圣人所性之分也。"(《正蒙注》)

6·6 "自明诚"[1]，由穷理而尽性也[2]；"自诚明"，由尽性而穷理也[3]。

[注释]

[1]自：从。明：张载以"穷理"为"明"。诚：张载以"尽性"为"诚"。　[2]此两句意为，"自明诚"，是从穷理到尽性的修养方法。由：通"自"。穷理：全面探究万物和性命之理。尽性：充分领悟作为万物生成根源的"性"。　[3]此两句意为，"自诚明"，是从尽性到穷理的修养方法。"自明诚"和"自诚明"：语见《中庸》第二十一章："自诚明，谓之性；自明诚，谓之教。诚则明矣，明则诚矣。"

[点评]

本章以《易传》话语诠释《中庸》"自明诚"和"自诚明"这两种修养方法：一是从穷理到尽性，二是从尽性到穷理。

在张载的话语中，"明"与"穷理"是对应的，"诚"与"尽性"是对应的。"明"或"穷理"，指理性的、以知识获取为基础的修养方法；"诚"或"尽性"，指从整体上充分体悟宇宙根源及其实质的直觉方法。张载主张："儒者则因明致诚，因诚致明。"（17·11）"自明诚"可以与"因明致诚"互释，而"自诚明"则可以与"因诚致明"互释。

值得注意的是，《中庸》把"自诚明"置于"自明诚"之前，而本章和17·11章都把"自明诚"置于"自诚明"之前，这是主张先从"明"亦即穷理的自我教育开始，然后再过渡到"诚"亦即尽性的阶段。这也是张载工夫论的一个重要特征。

6·7　性者万物之一源，非有我之得私也[1]。惟大人为能尽其道[2]，是故立必俱立[3]，知必周知[4]，爱必兼爱[5]，成不独成[6]。彼自蔽塞而不知顺吾理者[7]，则亦末如之何矣[8]。

朱熹："所谓性者，人物之所同得。非惟己有是，而人亦有是；非惟人有是，而物亦有是。"（《朱子语类》卷九十八）

[注释]

[1]此两句意为，性是生成万物的根源，对此不可掺杂人类（我）的私意。　[2]尽其道：充分理解性作为万物之源的道

理。　[3]立：确立。《论语·雍也》："己欲立而立人。"俱：全；都。　[4]周：遍；尽。　[5]兼：全；尽。　[6]此五句意为，只有大人能够充分理解性作为万物之源的道理，因此，确立自己的德性就必须确立所有人的德性，对于知识必须有志于获得多方面的知识，对于仁爱必须指向普遍的仁爱，成就人生必须超出一己的范围而有社会的担当。成：成就。　[7]彼：指"有我之得私"、不能"尽其道"的人。蔽塞：堵塞；遮蔽。顺：顺从；遵循。吾理：在张载的话语中，与"顺"连用之"理"，指"性命之理"，也就是"顺性命之理，则得性命之正"（6·36）。　[8]此两句意为，那种自我遮蔽而不通晓顺从性命之理的人，我们也不能把他怎么样啊。末（mò）：没有；不能。末如之何：不能把他怎么样（《词诠》卷一）。

[点评]

本章论性乃万物之根源，大人尽其道及其四种途径。

一、"性者万物之一源"。《中庸》首章第一句"天命之谓性"，揭示了"性"源于"天"，但并未解释何者谓"性"。在儒学史上，张载第一次对"性"的意涵加以界定。本章所谓"性者万物之一源"，揭示的是"性"在宇宙创生过程中的根源作用。"性"作为宇宙创生的根源，是被人类和万物所同得的。因而对这个道理的理解，不要被人类的私意所限。此外，张载还对"性"的内在结构做了规定："合虚与气，有性之名。"（1·12）这是认为，"性"是由本体之"天"或"虚"与现实之"气"整合而成的。这两方面的规定，是张载对儒家性论的重要贡献。

二、大人尽其道及其途径。"尽其道"的"其"，指性是万物之源这个道理。"尽其道"，必须经由四种途径。第一，"立必俱立"。此说源于《论语·雍也》"己欲立而立人"。这与以下"成不独成"的意思相通。第二，"知必周知"。强调必须从多方面获取知识。按照张载对知识的分类，包括见闻之知、德性之知和诚明所知。第三，"爱必兼爱"。张岱年说："兼的原则是爱人如己。"（《中国古典哲学概念范畴要论》，第 171 页）张载关于"以爱己之心爱人则尽仁"（8·57）的说法，正符合这一原则。张岱年还说，张载的仁爱观"综合了孔子的仁与墨子的兼爱"（《中国哲学大纲·序论》，第 21 页）。"爱必兼爱"的提出，是对儒家传统仁爱观的突破。第四，"成不独成"。"成"，指学业和人格完成的过程。"成不独成"，是对《礼记·学记》"大成"论述的概括。《礼记·学记》曰："一年视离经辨志，三年视敬业乐群，五年视博习亲师，七年视论学取友，谓之小成。九年知类通达，强立而不反，谓之大成。夫然后足以化民易俗，近者说服，而远者怀之。"张载解释《礼记·学记》"大成"思想说："'化民易俗'之道，非学则不能至。此学之大成。"（佚著《礼记说·学记第十八》）张载"成不独成"的思想，把视野从个体的完善拓展至社会道德风俗的改良，体现了孔子的忠恕精神和儒家的经世理想。

6·8　天能为性，人谋谓能[1]。大人尽性，不以天能为能，而以人谋谓能，故曰"天地设位，圣人成能"[2]。

徐必达："天地无心成化，故曰'天能'；圣人有心赞化，故曰'人谋'。"（《正蒙释》卷二）

华希闵："圣人尽'人谋'以合天，非若老庄纯任自然，全无摆布也。"（《正蒙辑释》卷二）

［注释］

[1] 此两句意为，天的功能为"性"，人们的商议谋划则叫作"能"。天能：天的功能。人谋：与众人商议谋划。语出《周易·系辞下》："人谋鬼谋，百姓与能。"韩康伯注："人谋，况议于众以定失得也。"孔疏："谓圣人欲举事之时，先与人众谋图以定得失。"　[2] 以上几句意为，大人充分领悟天所具有的生成万物这一本性，并不以天的功能作为自己的能力，而是以人们的商议谋划作为自己的能力，因此说"天地设立自己的位置，圣人参赞成就天地创生万物的功能"。尽性：充分领悟天所具有的生成万物这一本性。"天地设位，圣人成能"：出自《周易·系辞下》。

［点评］

本章论"天能"与"人谋"的区别，指出人的有限性，并以《周易·系辞下》"天地设位，圣人成能"作为结论。关于"天地设位，圣人成能"，宋俞琰的解说很有启发："天地设位于上下，圣人中立乎其间，赞天地之化育，所以成天地之功能也。"（《周易集说》卷三十五）

冉觐祖："性者，天之所赋，原有定分，其生也非于分外有所得，其死也全以归之天，亦未尝有所丧。"（《正蒙补训》卷二）

6·9　尽性，然后知生无所得，则死无所丧[1]。

［注释］

[1] 此三句意为，充分领悟天道所具有的生成万物的本性，然后就能够知晓人生在世并没有多得到什么，即使死去也没有丧失什么。

［点评］

本章论做到"尽性"，就能够看透生死的本质。这里所言生死观，与张载所谓"存，吾顺事；没，吾宁也"所表达的意思是一致的。唐君毅认为，"存，吾顺事"，就是本章所谓"生无所得"；"没，吾宁也"，就是本章所谓"死无所丧"（《中国哲学原论·原教篇》，第118页）。

1·6章所谓"知死之不亡者，可与言性矣"，可以与本章合看。

6·10　未尝无之谓体[1]，体之谓性[2]。

钱穆："言其太虚之体，则未尝亡也。"（《〈正蒙〉大义发微》）

［注释］

[1]未尝：不曾；没有。无：空无。体：此指宇宙本体。　[2]此两句意为，我把那种不曾归结为空无的终极实在称作宇宙本体，把所体悟到的以此宇宙本体为终极渊源的生成能力称作性。体：体验；体悟。

［点评］

本章论宇宙本体及其与"性"的关系。这两句话文字极简短，也极难解释。以下尝试解读之。

第一句"未尝无之谓体"。这是说，佛教的空无本体和玄学的贵无本体都把哲学本体归结为"无"，而张载则认为，宇宙本体是"未尝无"的，就是说宇宙本体是有其实在性和真实性的。张载在批评佛教时说："观其发本要归，与吾儒二本殊归矣。"（17·11）所谓"二本殊归"，是指儒学与佛教各自对本体的理解属于两种不同类型。张载反对佛教"溺其志于虚空之大"（7·16），将本体空无化和非道德化；肯定太虚（天）本体既是宇宙万物的终极根源，也是"至实"的"天德"以及仁、孝、礼等道德价值的终极根源。在本章的明清旧注中，吴讷、刘儓、李光地、张棠和周芳都认为"体"指"太虚"。这些，都颇能得张载之意。

第二句"体之谓性"。"体之"，其句式与《中庸》第二十章所谓"诚之"类似。在张载看来，太虚本体是"性之渊源"（1·2），因而对太虚本体有所体悟，同时也就对赋予万物本性的宇宙根源有所体悟，并把这种生成万物的宇宙渊源称作"性"。

张载："天道即性也，故思知人不可不知天。能知天，斯能知人矣。知人与'穷理尽性以至于命'同意。"（《横渠易说·说卦》）

吴讷："'气之昏明'非天所性，故'通乎气之外'，而'思知人不可不知天'也。"（《正蒙补注》）

6·11　天所性者通极于道[1]，气之昏明不足以蔽之[2]；天所命者通极于性，遇之吉凶不足以戕之[3]。不免乎蔽之、戕之者，未之学也[4]。性通乎气之外，命行乎气之内[5]。气无内外，假有形而言尔[6]。故"思知人不可不知天"，尽其性然后能至于命[7]。

[注释]

[1]极：极致；终极。　[2]此两句意为，天所赋予性的，从其极致处看是与道相通的，而气的昏暗或明澈都不足以遮蔽性与道的根本。昏明：昏暗或明澈。　[3]此两句意为，天所赋予命

的，从其极致处看是与性相通的，而人的气命无论是吉还是凶都不足以伤害命与性的根本。遇：遭遇。张载言"遇"，指与德命相对的气命。吉凶：吉，意为吉祥、吉利或有得；凶，其意则相反。《周易·系辞上》："吉凶者，言乎其失得也。"戕：伤害。　[4]此两句意为，无法避免这种遮蔽、伤害的人，是因为他们未能究心于学。　[5]此两句意为，天性是超越于气的，而气命则是受限于气的。性：此指天地之性，简称天性。命：此指气命。　[6]此两句意为，气本身并没有内外之分，其所谓内外只是就人之成形后有性有命而言的。假：假借；借助。有形：指人出生而有形体。　[7]此两句意为，因此，应当依照《中庸》"思知人不可不知天"的遗训，经由"尽性"工夫的努力，然后能够达致德命的境界。

[点评]

本章论"天"是"性""道""命"的根源和极致，而气和遇（气命）则会损害于"性""道""命"，因而需要"知天""尽性""至命"。以下分五个方面评析。

一、关于"知天"主题。本章的主题是"知天"，因为"性""道""命"的根本都是由"天"所赋予的。也正因为如此，张载多次引用《中庸》提出的"思知人不可不知天"。《宋史》张载本传评价其学说："以为知人而不知天，求为贤人而不求为圣人，此秦、汉以来学者大蔽也。"

二、关于"天""性""道"的关系。对于《中庸》首章前三句"天命之谓性，率性之谓道，修道之谓教"，古今学者多看重其中的"性""道""教"三个概念，而张载却特意把《中庸》首章首句第一个字"天"纳入其概念序列，并置于首位。后来，朱熹解读说："此先明'性''道''教'之所以名，以见其本皆出乎'天'。"（《四书或问·中庸或问上》）这与张载的思路完全吻合。张载还将《中庸》由"性""道""教"三个概念组成的序列，改造为由"天""道""性""心"四个概念组成的序列。张载的"性"和"道"是同构的，都是由太虚（天）与气构成的；同时，"性"和"道"又是同源的，都源自天。因此，在"天""性""道"这三者的关系中，"天"是高于"性"与"道"的终极实在。

三、关于"天""性""道"与"气"的关系。本章前两句，在宇宙论意义上言"天""性""道"时，引入了"气"。张载强调"天"是宇宙的终极实在，"天"使"性""道"具有了本源性；而"气"的昏暗或明澈都不足以遮蔽"性"与"道"的根本，因而"气"的地位不能与"性""道"相提并论。

四、关于"天""性""命"与"遇"的关系。本章在性命论意义上言"天""性""命"时，还引入了"遇"这个概念。依据"命于德"还是"命于气"的不同选择，张载在理学史上第一次把人的命运分为"德命"与"气命"。这是受孟子划分"正命"与"非正命"的影响。后来，程朱理学家把"德命"也叫做"理命"。张载提出："德不胜气，性命于气；德胜其气，性命于德。穷理尽性，则性天德，命天理。"（6·24）就是说，以天为根源的命运属于"德命"，以生理欲望及恶俗等因素为根源的命运则属于"气命"或"遇命"。对于张载的"德命—气命"论，朱熹理解得相当透彻。他说："德性若不胜那气禀，则性

命只由那气；德性能胜其气，则性命都是那德。两者相为胜负。"(《朱子语类》卷九十八）

五、关于"尽性"和"至于命"。基于"知天"的诉求，本章还提出了"尽性"的工夫论和"至于命"的成性论。张载的至命论，源自《周易·说卦》所谓"穷理尽性以至于命"这一命题。他关于至命的目标和工夫的论述，都是围绕此命题展开的。

总之，"气"在张载宇宙论中只是起辅助作用的，源于"气"的"遇"在性命论中只是起负面作用的，"气"和"遇"这二者都不能与"天"在宇宙或人生中的地位和作用相提并论。

6·12　知性知天，则阴阳、鬼神皆吾分内尔[1]。

《孟子·尽心上》："尽其心者，知其性也。知其性，则知天矣。"

[注释]

[1] 以上几句意为，由于圣人知晓性是由虚（天）与气构成的，并知晓性是天所赋予的，因而天地间的阴阳以及作为此二气之良能的鬼神，都属于自己分内之事。鬼神：张载的自然哲学术语，指阴阳二气的功能。吾：此指知性知天的圣人。分：职分；责任。

[点评]

本章承上章知天尽性之说，论圣人知晓天人贯通的道理，因而知晓天地间的阴阳气化也都属于自己分内之事。

6·13　天性在人，正犹水性之在冰，凝释虽异，为物一也[1]；受光有小大、昏明，其照纳不二也[2]。

［注释］

[1] 此四句意为，天性对于人，就好像水性对于冰，冰虽然有冻结与消融的不同，但就这两种状态都来源于水而言，它们的本性都是一样的。犹：好像。凝释：冻结或消融。　[2] 以上几句意为，不同的器物接受日光会有小有大、有暗有明，但就日光来源于太阳而言则没有两样。受光：接受日光。义同下句的"纳"。昏明：昏暗或光明。照：日光照物。纳：器物接受光照。

［点评］

本章借助水冰之喻，论人由天所赋予的本性及导致人性差异的原因。

关于张载的水冰之喻。可以与1·9章合看。

6·14　天良能本吾良能，顾为有我所丧尔[1]。明天人之本无二[2]。

［注释］

[1] 此两句意为，就本来意义看，天的良能与人的良能是相通的，但是，人的这种能力因为其私意而有所丧失。良能：此指天的创生能力和人的参赞化育能力。本：原始之辞，意为本来。

顾：但。有我：指私欲、私意。 [2] 此句意为，由此可以明白，就本来意义看，天与人是相通的。

[点评]

本章论天之良能与人之良能。就本来意义看，二者是相通的。本章与上一章都言及，天与人有其相通之处。

"良能"一语，出自《孟子·尽心上》："人之所不学而能者，其良能也。"孟子所谓"良能"，指人生而具有的能力，而张载使用"良能"一词，既指"鬼神"，即阴阳二气的功能，又指天的能力，同时也指人的能力。

6·15 上达反天理[1]，下达徇人欲者欤[2]！

《论语·宪问》："子曰：'君子上达，小人下达。'"

[注释]

[1] 达：达致；达到。天理：理学术语，指根源于天的道德性命之理。 [2] 此两句意为，向上选择就会返归于天理，向下选择则会沉溺于人欲。徇：顺从；依从。人欲：指人的生理和物质欲求。

[点评]

本章论天理与人欲这两种不同的价值选择。这是张载对"古之学者"重视"立天理"（《经学理窟·义理》）传统的继承。

陈荣捷评本章说："张载乃是将天理与人欲，作显明区分之第一位儒者。这种显明的区分，为历来宋明新儒家所秉持，直到清代儒者，乃强烈地予以反对。"（《中国哲学文献选编》，第 627 页）张载不仅最早区分"天理"与"人欲"，而且最早区分"道心"与"人心"，并将这两对论辩结合起来。他说："穷人欲则心无由虚，须立天理。人心者人欲，道心者天理，穷人欲则灭天理。既无人欲，则天理自明，明则可至于精微。"（佚著《礼记说·乐记第十九》）

在张载的话语中，使用"天理"一词比使用"理"要少。检索通行本《张载集》和集外佚著《礼记说》，共得"天理"二十八例，其数量在北宋诸儒中仅次于二程兄弟。在二十八个"天理"用例中，张载往往以"天理"与"人欲"对置，约十三见，几近半数。无论是与"人欲"对立的"天理"也好，还是单独作为道德伦理原则的"天理"也好，其涵义都是指道德性命之理。天理人欲之辩，源于儒家经典《礼记·乐记》篇，至宋代成为理学家普遍关注的议题。

6·16　性其总[1]，合两也[2]；命其受[3]，有则也[4]。不极总之要[5]，则不至受之分[6]。尽性穷理而不可变[7]，乃吾则也[8]。天所自不能已者，谓命[9]；不能无感者，谓性[10]。虽然，圣人犹不以所可忧而同其无忧者[11]，有相之道存乎我也[12]。

王植："'合两'者，以虚与气合而为言，首篇所谓'合虚与气有性之名'是也。""'不可变'者，'尽性穷理'之造其极，即所谓'至于命'者也。"（《正蒙初义》）

李光地："圣人尽性至命，与天合一，而独不能与天同其无忧者，以赞助化育之责在我故也。"（《注解正蒙》）

［注释］

[1] 总：总体；整体。　[2] 此两句意为，性有其整体，它是整合虚与气这两者构成的。两：此指构成性的虚与气。　[3] 命：此指上天赋予人的命运。受：禀受；接受。　[4] 此两句意为，人禀受天命，是有其准则要遵循的。　[5] 极：极致。总："性其总"之"总"，指万物根源之性。要：欲；求。此指目的。　[6] 此两句意为，如果人不以完全体悟天性为目的，就不能获得天赋的德命。分（fèn）：命分；命运。　[7] 而：是；为。　[8] 此两句意为，尽性穷理是不可改变的，这是人类自我提升的准则。吾：此指人类。[9] 此两句意为，天鼓动万物的创生过程永不停息，这叫做天命。天命：语见《诗经·周颂·维天之命》："维天之命，於（wū）穆不已。"刘玑："'天所自不能已'，谓'维天之命'，古今昼夜，自不容须臾之或息也。"（《正蒙会稿》卷二）　[10] 此两句意为，天与阴阳之气不能不发生感应，这叫做万物的根源之性。[11] 犹：则（《古书虚字集释》卷一）。以：以为。（圣人）可忧：指圣人有心于参赞化育。忧：有心；有情；不能无心。其：此处指代天。无忧：无心；无情。此指天鼓动万物，无心无迹。　[12] 以上几句意为，虽然如此，圣人则不认为自己有心于参赞化育与天鼓动万物而无心是相同的，这表明参赞化育之责要由我（圣人）来承担。有相之道：指后稷使用源于天神的方法帮助农夫耕作。语出《诗经·大雅·生民》："诞后稷（jì）之穑（sè），有相之道。"毛注："相，助也。"郑笺："大矣后稷之掌稼穑，有见助之道。谓若神助之力也。"

［点评］

本章论性之总体结构、命之根源与准则，以及圣人与天道在宇宙中所发挥的不同作用。

本章有四句话比较难解，以下略作说明。

一、"性其总，合两也"。陈荣捷说："'两'究何指，颇不清晰。"（《中国哲学文献选编》，第636页）明儒刘玑认为，"合两，即合万而为一也"（《正蒙会稿》卷二）以"两"为"万"，似不相应。清儒李光地认为，"两"指"阴阳、刚柔、仁义"（《注解正蒙》），也不确切。在历代的解释中，唯明儒徐必达的解释最清晰准确，他说："然有天地之性、气质之性两者，故曰合两。"（《正蒙释》卷二）"合两"之"性"，与张载所谓"合虚与气，有性之名"中的"虚"与"气"两者是有对应关系的。这些是张载性论的基点。据此，他还批评了佛老单纯以虚言性、汉儒单纯以气言性的两偏之失。

二、"不极总之要，则不至受之分"。"极总之要"，是说以尽性为目的。"不至受之分"，是说"不能至命"（刘玑《正蒙会稿》卷二）。在张载看来，只有尽性，才能够至命。"至受之分"，其"分"的语义是"命分"。朱熹指出："命分有多寡厚薄之不同。"（《朱子语类》卷四）在张载的语境中，"至命"目的实现的程度是以各人"尽性"努力的程度为前提的。

三、"不能无感者，谓性"。这是《正蒙》宋、明、清诸本的表述，而《张载集》章校本和《全宋文》则依《朱子语类》卷九十九改作"物所不能无感者谓性"。所补"物所"二字，是朱熹与弟子论学时由弟子提出的，不是朱熹的正式文本，不足为凭。本章所谓"感"，其义为"无所不感者，虚也。感即合也"（17·5）。本章两言"不能"，皆以"天"（"虚"）为主语，而非以"物"为主语。

　　四、"有相之道"。《正蒙·乐器》第5章说:"幽赞天地之道,非圣人而能哉! 诗人谓'后稷之穑,有相之道',赞化育之一端也。"《诗经》所谓"有相之道",指后稷所掌握的助农耕作之道。此道源于天的"神助之力",因而在张载看来,后稷助农耕作体现的是参赞化育的一个方面("一端")。在本章中,张载借《诗经》的"有相之道",以说明圣人参赞化育的担当("存乎我")。

　　6·17　湛一[1],气之本;攻取[2],气之欲[3]。口腹于饮食,鼻舌于臭味[4],皆攻取之性也[5]。知德者属厌而已[6],不以嗜欲累其心[7],不以小害大[8]、末丧本焉尔[9]。

　　朱熹:"'湛一',是未感物之时,湛然纯一,此是'气之本'。'攻取',如目之欲色,耳之欲声,便是'气之欲'。"(《朱子语类》卷九十八)

　　张棠、周芳:"曰'气之本'、'气之欲'者,犹言形而上、形而下也。"(《正蒙注》)

　　[注释]

　　[1]湛一:清澈至一。　[2]攻取:排斥或吸引。　[3]此四句意为,清澈至一的太虚是气的本体,生理感官的排斥和吸引源于气的物欲。　[4]臭(xiù)味:气味。　[5]此三句意为,嘴和肚子对于饮食,鼻子和舌头对于饮食的气味,沉溺于这些诱惑的都属于人的攻取之性。　[6]属(zhǔ)厌:饱足;厌足。　[7]嗜欲:嗜好;欲望。　[8]小:此指"小体"。大:此指"大体"。语见《孟子·告子上》:"体有贵贱,有小大,无以小害大,无以贱害贵。"　[9]以上几句意为,知德君子只满足于基本的生理需求,不让穷奢极欲牵累精神,不让人之小体损害大体,因攻取之性占上风而忘记人的德性。末:此指攻取之性。丧(sàng):忘记。本:此指天地之性,亦即德性。

[点评]

本章论勿以"攻取之性"损害"天地之性"。

上章所云"合两"之性，其"两"亦有本、有末。其本，就是作为"气之本"的天地之性；其末，就是作为"气之欲"的攻取之性。张载把"攻取之性"视作源于气的生理欲求（"气之欲"），是相当准确的。

6·18　心能尽性，"人能弘道"也[1]；性不知检其心，"非道弘人"也[2]。

王植："此节大意，以心性释《论语》人道之义，亦因言性而及也。先下注语，而后出本文，亦训释之一体。"（《正蒙初义》）

[注释]

[1]弘：弘扬；光大。　[2]此四句意为，心能够充分领悟作为万物生成根源的性，就是孔子所谓"人能够弘扬天道"；性不知如何察验其心，就是孔子所谓"不能用天道弘扬人"。检：察验；考查。

[点评]

本章论心性作用之异，是对《论语·卫灵公》"子曰：'人能弘道，非道弘人'"的解释。对于孔子这句话，张载着重从心性作用的不同加以说明，其"心能尽性"和"性不知检其心"的说法影响很大。

张载心性论的内容，包括心性二者各自的地位和作用两部分。就心性二者各自的地位而言，他主张"性大心小"，其理论依据是"性，原也；心，派也"（佚著《孟子说·尽心章句上》）。"性，原也"，是说性是创生宇宙

万物之根源。这与张载所谓"性者万物之一源"的论断
是一致的。"心，派也"，是说相对于创生万物之根源的
性，人与万物都是派生的，因而人心也是派生的。由于
人心不能作为创生万物的根源，故其地位低于性，当然
更低于天。一言以蔽之，"心小性大"说的是：心性地位
有小大，然其作用惟在心。这与二程认为心与天同一甚
至等同的看法，以及朱熹认为心、性不应分"小大"的
看法，都很不相同。张载理学纲领对"天""道""性""心"
自上而下的排序，是这四个核心概念在其理学体系中的
定位。因此，"心小性大"这一命题中的"性""心"定
位，与张载理学纲领的概念序列定位是可以相互印证的。
"性大心小"，表明性与心各自在张载思想体系中的不同
地位，心的地位低于性；而"心能尽性"，则体现了张载
对心的能动作用的强调，这与孔子"人能弘道"的意涵
是一致的。

　　对于张载用"性不知检其心"解释孔子的"非道弘
人"，这需要从两方面说明。其一，在张载的话语系统中，
性与道是同一的。对此，前面曾多次言及，这里就不重
复。其二，在张载的话语系统中，道或天道是一种客观
存在；与此对应，"性不知检其心"之"性"也是就其客
观层面而言的。客观层面的"性"是宇宙生成论的概念，
并不具有主观能动性，当然也就"不知检其心"。由于张
载认为性与天道二者具有同一性，因而他用"性不知检
其心"说明孔子所谓"非道弘人"，也就不难理解了。

　　本章后被朱熹《论语集注》采入。

刘玑："'我体物未尝遗，物体我知其不遗'者，'万物皆备于我'，物我为一，而皆不遗也。"(《正蒙会稿》卷二)

6·19　尽其性，能尽人物之性^[1]。至于命者，亦能至人物之命^[2]。莫不性诸道，命诸天^[3]。我体物未尝遗，物体我知其不遗也^[4]。至于命，然后能成己成物，不失其道^[5]。

[注释]

[1] 此两句意为，充分领悟了万物生成的根源之性，就能够充分理解他人和万物的本性。　[2] 此两句意为，达到了德命的高度，也就能够理解他人和万物的命运。至：达到。命：天所赋予的命运。　[3] 此两句意为，能够充分领悟万物生成根源和达到天命高度的人，其性无不通于道，其命无不源于天。莫：无。此句省略主语"尽其性"和"至于命者"。诸：于。　[4] 此两句意为，我亲近万物未尝有所遗漏，万物亲近我也不曾有所遗漏。体：亲近；连结。遗：遗漏。　[5] 此三句意为，达到了天命的高度，然后成就自己和成就万物，不丧失贯通于其中的道理。

[点评]

本章基于"尽性"和"至于命"，论物我一体观。解读的难点是，"我体物未尝遗，物体我知其不遗也"这句话中的"我体物"和"物体我"，而重点则在"我体物"。

《中庸》第十六章曰："鬼神之为德，其盛矣乎！视之而弗见，听之而弗闻，体物而不可遗。"郑玄注："体，犹生也。"孔疏："言鬼神之道生养万物无不周遍，而不有所遗。"因为"鬼神"是《中庸》这句话的主语，郑注、孔疏把"体物"之"体"解作"生"或"生养"，是准确的。

但"我体物"的主语是"我"，显然不能套用"生"或"生养"以解"体"。对于"我体物"，历来歧见纷纭，有的套用《中庸》注、疏，解作"我养育形成物"（喻博文《正蒙注译》）；有些则望文生义，或解作"我们体察万物"（张金泉《新译张载文献》），或解作"我以万物之性为性"（周赟《〈正蒙〉诠译》），或解作"我全尽物之天性"（李峰注说《正蒙》）。这些解读很不通达，而且若用于"物体我"的解读，就更窒碍难通了。

在本章的语境中，"我体物"之"体"当作亲近义或连结义。若"体"为亲近义，则与《西铭》所谓"物，吾与也"的观念若合符节。另外，"体"也有连结义。《礼记·文王世子》曰："外朝以官，体异姓也。"郑玄注："体，犹连结也。"亲近与连结，其涵义相关，可以理解为我与物由亲近而连结为一体，这也接近于理学家的"万物一体"观。

6·20　以生为性[1]，既不通昼夜之道[2]，且人与物等，故告子之妄不可不诋[3]。

[注释]

[1] 以生为性：指告子的"生之谓性"，意为以生而具有的生理属性为性。语见《孟子·告子上》。　[2] 昼夜之道：此指性命之理。语见《周易·系辞上》："通乎昼夜之道而知。"　[3] 此四句意为，以生而具有的生理属性为性，这既不能通达于性命之理，而且把人与物等同起来，故而对告子的这种虚妄之论不能不加以

刘玑："告子曰'生之谓性'，'生'指人物之所以为知觉运动者而言，是即气上论也。'不通昼夜之道'者，不达性命之理也。以气论性，既不达性命之理，且人与物无异矣。"（《正蒙会稿》卷二）

谴责。告子：与孟子同为战国时人，提出性无善恶论，并有"生之谓性""食色，性也"等论点。妄：虚妄。诋：谴责。

[点评]

本章论告子以生为性之虚妄。在这里，张载对告子的谴责涉及两个方面。

一、谴责告子以生为性将导致"不通昼夜之道"。首先，就以生为性看。告子主张："生之谓性"，"食色，性也。"（《孟子·告子上》）张载将其视作"气之欲"，归结为"气质之性"。他认为，人性应当是"性其总，合两"的。"两"，包括"气质之性"和"天地之性"这两个方面。可见，告子所主张的人性论是片面的，不完整的。其次，就"昼夜之道"看。《周易·系辞上》曰："乐天知命，故不忧。安土敦乎仁，故能爱。范围天地之化而不过，曲成万物而不遗，通乎昼夜之道而知，故神无方而易无体。"张载指出："不通昼夜，未足以乐天。"（《正蒙·至当》）《易传》所谓"乐天知命"和"安土敦乎仁"，都关乎道德性命之理。这用告子的"生之谓性"是很难说得通的。

二、谴责告子以生为性将导致"人与物等"。告子以生为性，也就是以自然和生物属性的气或气质为性，这势必导致"人与物等"，抹杀了人与动物的本质区别。对此，张载批评说："告子言'生之谓性'，然天地之性人为贵，可一概论之乎？"（佚著《孟子说·告子章句上》）他还告诫学者，"当须立人之性"（《张子语录·语录中》），就是要以天地之性为生命中最宝贵的性，而决不能像告子那样完全以气性或物性为性。

6·21　性于人无不善，系其善反不善反而已[1]。过天地之化[2]，不善反者也[3]。命于人无不正[4]，系其顺与不顺而已[5]。"行险以侥幸"[6]，不顺命者也[7]。

李光地："'过天地之化'者，释老是也。溺于空，沦于静，自谓见性，而实不足以尽性；行险侥幸之小人，自谓己能为命而实乃不顺命也。"（《注解正蒙》）

张棠、周芳："反，修为以复性也。顺，行法以俟命也。"（《正蒙注》）

[注释]

[1]此两句意为，本性对于人是没有不善的，完全在于他擅长返归其本性，还是不擅长返归其本性而已。系：关系于，在于。其：语中助词，无义。善：擅长。反：同"返"。《孟子·尽心下》："尧舜，性者也；汤武，反之也。"　[2]过：逾越。化：化育；化生。过天地之化：批评佛、道逾越了天地化育之道。　[3]此两句意为，逾越天地化生之道，是不擅长返归其本性的人。　[4]正：指"正命"。孟子把人的命运分为"正命"与"非正命"。　[5]此两句意为，天赋予人的命运是没有不正的，这完全取决于他对正命是顺从还是不顺从而已。　[6]"行险以侥幸"：出自《中庸》第十四章："上不怨天，下不尤人。故君子居易以俟命，小人行险以侥幸。"行险：冒险。侥幸：企求非分。　[7]此两句意为，"冒险以企求非分"，是不能顺从正命的人。顺：顺从；遵循。

[点评]

本章引据《孟子》《易传》《中庸》，论反于性和顺于命。这关乎张载性、命的目标：性必须返归于善，命必须顺从于正。

朱熹:"(气质之说)起于张、程。某以为极有功于圣门,有补于后学。""使张、程之说早出,则这许多说话自不用纷争。故张、程之说立,则诸子之说泯矣。"(《朱子语类》卷四)

6·22　形而后有气质之性,善反之,则天地之性存焉[1]。故气质之性,君子有弗性者焉[2]。

[注释]

[1] 此三句意为,人出生有了形体以后便有了气质之性,若擅长返归其本性,天地之性便会保存于其身。形:人身的形体。气质:人受生理、环境影响所形成的性格和行为等方面的素质。善反,擅长返归其本性。　[2] 此两句意为,因而对于气质之性,君子是不以其为本真之性的。有:是(《古书虚字集释》卷二)。

[点评]

本章论"气质之性"与"天地之性"的划分,强调君子不以"气质之性"为本真之性。

张载"自立说以明性"(《经学理窟·义理》),第一次提出"气质之性"与"天地之性"的划分。然而,天地之性与气质之性的关系并非平列的,而是有本有末的。在张载人性论中,就性气关系看,性(天地之性)为本,气(气质之性)为末,性高于气;而作为气之本的天地之性,又是根源于太虚的。在张载看来,人性的本原不是气质之性,而是天地之性,天地之性具有仁义礼智等道德内涵。张载说:"仁义礼智,人之道也。"他自注说:"亦可谓性。"(《张子语录·语录中》)此"性"显然指天地之性。张载说:"天地以虚为德,至善者虚也。"(同上)又说:"虚者,止善之本也,若实则无由纳善矣。"(《张子语录·语录上》)太虚为至善,故根源于太虚的天地之性在价值论上也是指向至善的。于是，天地之性便不仅具有超越性和普遍性，而且它作为"道德性命"是"长在不死之物"（《经学理窟·义理》），因而还具有永恒性。另一方面，气质之性有善有恶。张载说："有天生性美，则或能孝友廉节者，不美者纵恶而已，性元不曾识磨砺。"（《经学理窟·礼乐》）"天生性美"，指后天之性善；"不美"，指后天之性恶，都属气质之性。由于"天资美不足为功"（《经学理窟·气质》5·28），故气质之善虽与超越之善相通，但它仍然不能作为道德的超越根据；又由于气质之善在每个人身上的表现殊异，故它也不能作为道德的普遍根据。由以上两点所决定，应当把超越的、普遍的而又永恒的本体之善作为人性的根据，而后天的、殊异的、有限的气质之善，则不能作为道德的普遍根据。这是张载人性论和道德实践的基本原则和前提。但这并不意味着张载无视气质之性存在的合理性，他说："饮食男女皆性也，是乌可灭？"（17·3）

　　有论者认为，作为人的道德属性的"天地之性"和"气质之性"，都根源于气，都是由气决定的。从哲学理论看，一方面，这是对张载性气关系的颠倒；另一方面，这也是对张载关于价值方向和道德根据理解的错位。依据张载的人性论，不但不能把气视作成德的根据，而且气或气质恰恰是人们在成性过程中需要加以克制和转化的对象，而这正是张载何以不认同气质之性为人的本真之性的原因所在。

　　总之，经张载重构的人性论，将道德价值的超越本体与人性的现实层面统一起来，大大拓展了人性的解释空间，成为儒学史上人性论的主流。

张棠、周芳：
"天本不偏，故能
尽性则合于天也。
善恶者，对立之
名，性未尽时不能
无恶，所以有善
而不可无继善之
功，故必曰'继之
者善'也。性既尽
时无所谓恶，即无
所谓善，而适合于
本然之天，故但曰
'成之者性'也。"
（《正蒙注》）

6·23　人之刚柔[1]、缓急[2]、有才与不才[3]，气之偏也[4]。天本参和不偏[5]，养其气[6]，反之本而不偏，则尽性而天矣[7]。性未成则善恶混[8]，故亹亹而继善者斯为善矣[9]。恶尽去则善因以亡[10]，故舍曰"善"而曰"成之者性"[11]。

[注释]

[1]刚柔：个性刚强或柔弱。　[2]缓急：性格或慢或急。[3]才：才性；才质。不才：指其才性不中用的人。　[4]以上几句意为，人的性格或刚强或柔弱，或慢或急，有的人才性好，有的则不好，这都是气质的偏差。　[5]参和：三者整合为一。参：同"叁（三）"。此指在太虚（天）的主导下与阴阳之气三者的整合。　[6]养其气：培养其浩然之气。出自《孟子·公孙丑上》："我善养吾浩然之气。"　[7]此四句意为，天性本来是在太虚（天）的主导下与阴阳之气三者和谐共存而没有偏差的，只要培养自己的浩然之气，返归性的根本而没有偏差，就能够成就自己的本性而合于天了。　[8]善恶混：扬雄："人之性也，善恶混。"（《法言》卷三）混：混杂。　[9]此两句意为，人性尚未完成时是善恶相混的，故经由勤勉不懈的努力而禀受天地之性才称得上是善了。亹亹（wěi wěi）：勤勉不倦。斯：则；乃。　[10]亡：消亡；消失。　[11]此两句意为，由于恶被完全除去，则善也由此消亡，因而就放弃"善"这个说法而说"成就此道者是人的本性"。舍：放弃；舍弃。"成之者性"：出自《周易·系辞上》："继之者善也，成之者性也。"孔疏

解释"成之"作"成就此道"。

[点评]

本章论人性善恶相混，必须"亹亹而继善"；若善恶之对立消失，便放弃说"善"而说"成之者性"。其中涉及的善恶关系比较复杂。以下，从两方面评析。

一、现实的善恶关系。从"人之刚柔"到"故亹亹继善者斯为善矣"。这里关键的语句是"性未成则善恶混，故亹亹而继善者斯为善矣"。人性"善恶混"的观念，源自西汉哲学家扬雄。他说："人之性也，善恶混。修其善则为善人，修其恶则为恶人。气也者，所以适善恶之马也与？"（《法言》卷三）对扬雄推崇备至的北宋司马光注解说："夫性者，人之所受于天以生者也，善与恶必兼有之，犹阴之与阳也。"（汪荣宝《法言义疏》卷五）显然，扬雄和司马光都是用阴阳之气来解释善恶之根源的。对比孟子与扬雄，他们说性的取径各异：孟子以善说性，言性未言及气；扬雄以气说性，言性未言及本。陈淳总结说："孟子不说到气禀，所以荀子便以性为恶，扬子便以性为善恶混，韩文公又以为性有三品，都只是说得气。"（《北溪字义》卷上）这一评价是相当精准的。张载对扬雄等人单纯以气言性的非本体化倾向提出批评，说："今之人灭天理而穷人欲，今复反归其天理。古之学者便立天理，孔孟而后，其心不传，如荀、扬皆不能知。"（《经学理窟·义理》）他明确指出，单纯以气言性势必忽略人性的本原，从而导致道德沦丧。而张载的人性新说在正视气的合理存在的同时，将根源于太虚本体、以"至善"为内涵的"天地之性"

作为德性的超越根据，并强调学者在禀受天命之性的同时，必须经由勤勉不懈的努力，才能够不断趋近于善。

二、超现实的善恶关系。从"恶尽去则善因以亡"到"而曰'成之者性'"。先看其校勘。对《正蒙》宋明各本以及王夫之《张子正蒙注》中的"善因以亡"，《张载集》章校本依《周易系辞精义》改作"善因以成"。"亡"乃古"无"字，其义与"成"正相反。章校本牵合他书之误，改本书之不误，于文理难通，不可从。再看其意涵。明儒高攀龙指出："善者，对恶而言，恶尽去则善之名亦亡，故不曰'善'而曰'性'。"（《正蒙释》卷二）王夫之也指出："善恶相形而著，无恶以相形，则善之名不立。"（《张子正蒙注》卷三）总之，本章论善恶的超现实层面是以"恶尽去"为前提条件的，从而使得这一"超现实"的论说只是一个假设，还没有成为像王阳明所谓"无善无恶心之体"那种超越相对性之上的纯粹的境界。此外，明儒余本、高攀龙，清儒张伯行、张棠和周芳等多人都指出，张载这里对"继善""成性"的解释，非《易传》本意，但这恰恰体现了张载对经典诠释的创造性。

朱熹："自家之德，若不能有以胜其气，则只是承当得他那所赋之气。若是德有以胜其气，则我之所以受其赋予者，皆是德。"（《朱子语类》卷九十八）

6·24　德不胜气，性命于气[1]；德胜其气，性命于德[2]。穷理尽性，则性天德，命天理[3]。气之不可变者，独死生修夭而已[4]。故论死生则曰"有命"[5]，以言其气也[6]；语富贵则曰"在天"[7]，以言其理也[8]。此大德所以必受命，易简理得而成位乎天地之中也[9]。所谓天理也者，能悦诸心，能通天下之志之理也[10]。能使天下悦且通，则天下必归焉[11]。不归焉者，所乘所遇之不同[12]，如仲尼与继世之君也[13]。"舜禹有天下而不与焉"者[14]，正谓天理驯致[15]，非气禀当然[16]，非志意所与也[17]。必曰"舜禹"云者，余非乘势则求焉者也[18]。

[注释]

[1] 此两句意为，德性若不能克制气质，则人的性命皆受制于气。德：德性。胜：克制；制服。气：气质。　[2] 此两句意为，德性若能够克制气质，则人的性命皆归属于德性。　[3] 此三句意为，穷理尽性，于是就能够知晓性源于天德，命源于天理。穷理：全面探究万物和性命之理。尽性：充分领悟万物生成的根源。则：于是。　[4] 此两句意为，人的气质所不可人为改变的，唯有死与生、长寿与短命而已。独：唯；仅。修：长；长久，此指长寿。夭：短命。　[5] "有命"：语见《论语·颜渊》："死生有命。"此处的"命"，指人的"死生修夭"的自然生命，亦指"性命于气"的气命。以：此。　[6] 此两句意为，因而论人的死生便说"有命"，这说的是他的气质。　[7] "在天"：语见《论语·颜渊》："富贵在天。"　[8] 此两句意为，说人的富贵便说"在天"，这说的是富贵当依据其理而得之。　[9] 此两句意为，这是有大德的人必定获得天命，获得平易简约的天下之理就能够知晓天理是定位于天地之中的。大德：指天德。出自《中庸》第十七章："故大德者必受命。"易简：平易简约。成位乎天地之中：出自《周易·系辞上》：

"天下之理得，而成位乎其中矣。"成：定。高亨《周易大传今注》卷五："成犹定也。"　[10]此三句意为，所谓天理，是能够愉悦人心，能够通达天下人之心志的道理。　[11]此两句意为，若能够使天下人心愉悦，并且能够通达天下人之心志，则天下必将归顺这位掌握天理的圣人。　[12]遇：遭遇；机遇。　[13]此三句意为，若天下不能归顺，是因为所趁形势和机遇的不同，仲尼与继承前世的君主就是这方面的例子。仲尼：孔子，名丘，字仲尼。世：此指君主世系。　[14]"舜禹有天下而不与焉"：出自《论语·泰伯》："子曰：'巍巍乎，舜禹之有天下也，而不与焉。'"舜禹：虞舜和夏禹的并称。舜：传说中的上古贤明君主。禹：传说中国夏代的第一位君主。与（yù）：参与；关连。此处指掌管天下却不参与分享掌权的好处。　[15]驯致：逐渐招致；逐渐达到。　[16]气禀：受之于气；所禀受的气质。　[17]此四句意为，《论语》所谓"舜禹掌管天下却不参与分享掌权的好处"，说的正是天理在他们身上逐渐得以体现的结果，而并不是他们受之于气自然如此，也不是他们的个人意志所导致的。　[18]此两句意为，孔子言必称舜禹，是因为舜禹之后的君主不是凭借家族权势就是依靠投机钻营而窃取天下的。乘势：趁形势；乘机。语见《孟子·公孙丑上》："齐人有言曰：'虽有智慧，不如乘势。'"

[点评]

本章论命。对于个人的命运，主张从德不从气；对于舜禹及其之后君主的命运，主张从理不从势。

对于个人的命运，张载强调的是"德胜其气"，就是说，性与命都要由德性决定，而不能由气禀决定。这可以称作"德命"论。除了以德主气之外，宋代还有主张以智主气的，例如张咏所说（田况《儒林公议》卷上，中华书局 2017 年版，第 45 页），而从未见有主张以气主德或以气主智的。这里的德命，其实也就是理命。这正如本章所说："穷理尽性，则性天德，命天理。"因而有学者认为，张载是最早区分理命与气命的理学家（崔大华《儒学引论》，人民出版社 2001 年版，第 616 页）。张载的"变化气质"工夫，是为了改变气质之偏以成就德性，而决不是要以气质作为修身工夫的根据。

对于舜禹及其之后君主的命运，张载主张"天理驯致"，遵循天理而"有天下"，反对凭借权势或投机钻营而窃取天下。他认为，孔子言必称舜禹，是由于舜禹都是据德而有天下，属于"德胜其气"；那些继世之君乘势而有天下，属于"性命于气"。此外，本章所言"仲尼与继世之君"，还可参见《孟子·万章上》。

6·25　利者为神[1]，滞者为物[2]。是故风雷有象，不速于心[3]；心御见闻[4]，不弘于性[5]。

　　张棠、周芳："此言心性之神也。风雷虽疾而犹杂于迹象，故发声有时，及物有渐，而心则不行而至，是心之速于风雷也。"（《正蒙注》）

[注释]

[1] 利：通畅。此处是形容心之运思神速，无所不至。　[2] 此两句意为，通畅而又无所不至的是心思之神，凝滞而固化的存在则是物。滞：凝滞；固化。　[3] 此两句意为，因而风驰雷闪作为有形象之物，其迅疾却比不上人心转瞬千里的快速。　[4] 御：桎梏。朱熹："御有桎之意。"（《朱子语类》卷六十）见闻：此指耳目感官所接受的外在知识。　[5] 此两句意为，心束缚于见闻知识，则无法弘大其本性。

［点评］

本章论心运思之神，并论心若束缚于见闻则不能弘大其本性。

6·26 上智下愚[1]，习与性相远既甚而不可变者也[2]。

［注释］

[1]上智：在上的智者。下愚：在下的愚人。出自《论语·阳货》："子曰：'唯上知与下愚不移。'"知：同"智"。　[2]此两句意为，在上的智者与在下的愚人，习染与人性相距其远已极，这是不可改变的。习与性相远：出自《论语·阳货》："子曰：'性相近也，习相远也。'"既：已。甚：极。而：此（《经词衍释》）。

［点评］

本章论智、愚各自的定位及其根源。

张载对《论语·阳货》所谓"子曰：'唯上知与下愚不移。'"的解说共有两条，其第一条就是本章，其第二条语见旁批。第二条是对本章的重要补充。由这两条合观可知，本章中的"上智"与"性"对应，指"德性"；"下愚"与"习"对应，指"见闻"。此外，第二条特意对孔子原话中的"不移"做了解释，认为"安于所执而不移也"。

6·27 纤恶必除[1]，善斯成性矣[2]；察恶未尽[3]，虽善必粗矣[4]。

张载："上智下愚不移，充其德性则为上智，安于见闻则为下愚。不移者，安于所执而不移也。"（佚著《论语说·阳货第十七》）

朱熹："若能如此，善莫大焉。以小恶为无伤，是诚不可。"（《朱子语类》卷一百一十七）

[注释]

[1]纤:纤小;细小。 [2]此两句意为,小恶必除,善乃能成就其性。斯:乃。 [3]察:察识。 [4]此两句意为,对恶的察识不彻底,虽有善也必然粗劣。粗:粗糙;不精纯。

[点评]

本章论除恶务尽,以善成性。

6·28 "不识不知,顺帝之则"[1],有思虑知识[2],则丧其天矣[3]。"君子所性"[4],与天地同流异行而已焉[5]。

刘僎:"'知识',私见也;'帝则',天理也;'顺',循也。言文王不作聪明以循天理,故能与天为一。若有思虑知识,则是自丧其天,而与天地不相似矣。"(《新刊正蒙解》卷二)

[注释]

[1]"不识不知,顺帝之则":出自《诗经·大雅·皇矣》。 [2]思虑知识:此指私意小知。 [3]以上几句意为,上帝对文王说:"你不要只相信自己的认知,一切要以上天的旨意为准则",若只有私意小知,便自丧其天。 [4]"君子所性":语见《孟子·尽心上》:"君子所性,虽大行不加焉,虽穷居不损焉,分定故也。"所:其。 [5]此两句意为,"君子其本性",不过是有心与天地一同流行而所忧则与天地有所不同而已。与天地同流异行:语见《孟子·尽心上》:"夫君子所过者化,所存者神,上下与天地同流,岂曰小补之哉!"异行:不同的行为。

[点评]

本章依据《诗经》《孟子》,论君子与天地的关系。其难点，在末句"与天地同流异行而已焉"中的"同流异行"。"异行"，宋本作"易行"，明本多作"异行"。《玉篇·日部》："易，异也。""易行"与"异行"，义得两存。"异行"更合乎今人使用习惯，当据明本改作"异行"。清儒冉觐祖解释说："'顺帝之则'，故'同流'。天地无心，君子有心，虽'异行'，不害其为'同流'。"（《正蒙补训》）此外，"天地同流"，还可与 8·4 章相互参证。

张棠、周芳："'教人'而'举天理'，欲人之共为察也。'行己'而'述天理'，君子之自为察也。"（《正蒙注》）

6·29　"在帝左右"[1]，察天理而左右也[2]。天理者，时义而已[3]。君子教人，举天理以示之而已[4]。其行己也[5]，述天理而时措之也[6]。

[注释]

[1]"在帝左右"：出自《诗经·大雅·文王》："文王陟降，在帝左右。"　[2]此两句意为，"（文王的神灵上升于天庭）伴随在上帝的左右两旁"，意味着仔细省察天理就能够从中受到助益。察：省察；细看。左右：帮助。语见《周易·泰·象》："辅相天地之宜，以左右民。"孔疏："左右，助也，以助养其人也。"　[3]此两句意为，天理，必须随时而合宜。时义：随时而合宜。语见《周易·豫·象》："豫之时义大矣哉！"　[4]此两句意为，君子教育人，只是向他们晓喻天理而已。举：提出；出示。　[5]行己：自己的行为。语见《论语·子路》："行己有耻。"　[6]此两句意为，君子的行为，只是遵循天理，不失时机地对事物加以合宜的处置而已。述：遵循。时措：时机处置得当。出自《中庸》第二十五章："故时措之宜也。"

[点评]

本章论天理的"时义"本质，并论"教人"则晓喻天理，"行己"则遵循天理。

本章所谓"述天理而时措之也"，可参考《横渠易说·总论》："动静不失其时，是时措之宜也。"

6·30　和乐[1]，道之端乎[2]！和则可大，乐则可久[3]。天地之性[4]，久大而已矣[5]。

刘玑："'和'则彼此无间，故'可大'；'乐'则始终不倦，故'可久'。"（《正蒙会稿》卷二）

[注释]

[1] 和：人际关系和谐。乐：始终乐此不疲。　[2] 此两句意为，人际关系和谐，始终乐此不疲，这是人道的开端。　[3] 此两句意为，人际关系和谐则功业可充实而弘大，始终乐此不疲，则德业可厚积而久远。可大、可久：语见《周易·系辞上》："有亲则可久，有功则可大。可久则贤人之德，可大则贤人之业。"　[4] 天地之性：张载哲学术语，与气质之性相对，指人源于太虚的至善本性。　[5] 此两句意为，天地之性，无非是基于贤人之德的久远而又弘大的事业。

[点评]

本章论"和""乐"之道与"天地之性"无非"久大"而已。在本章的四个概念或词组"和""乐""可大""可久"当中，"和"处于核心地位。而"和"这一概念，则源自《礼记·中庸》。《中庸》首章提出："喜怒哀乐之未发谓之中，发而皆中节谓之和。中也者，天下之大本也；

和也者，天下之达道也。致中和，天地位焉，万物育焉。"对于"中"，朱熹注解说："大本者，天命之性，天下之理皆由此出，道之体也。"对于"和"，朱熹注解说："达道者，循性之谓，天下古今所共由，道之用也。此言性情之德，以明道不可离之意。"（《中庸章句》）司马光把《中庸》所谓"中""和"与"乐"联系起来，他说："君子守中和之心，养中和之气，既得其乐，又得其寿。"（《司马光集》卷七十一《中和论》）

本章还依据《周易·系辞上》提出，"和则可大，乐则可久"。这里的"可大""可久"，是基于人的"和乐"之道，把贤人的事业开拓至《中庸》首章所谓"致中和，天地位焉，万物育焉"的境界。正是在此意义上，本章才说"和乐，道之端乎！"

6·31　莫非天也[1]，阳明胜则德性用[2]，阴浊胜则物欲行[3]。领恶者全好者[4]，其必由学乎[5]！

朱熹："'阳明胜则德性用，浊胜则物欲行。'只将自家意思体验，便见得。人心虚静，自然清明；才为物欲所蔽，便阴阴地黑暗了，此阴浊所以胜也。"（《朱子语类》卷九十八）

[注释]

[1]莫：无。　[2]阳明：阳光；光明。象征至善的天地之性。胜：盛。德性：道德品性。语见《中庸》第二十七章："尊德性而道问学。"　[3]此三句意为，人性无非根源于天，象征至善的光明占据优势则德性发用，象征恶习的阴浊之气占据优势则物欲横流。阴浊：阴暗混浊。象征气质之偏和攻取之性。　[4]领：克制。恶：恶习。全：保全。好：善。　[5]此两句意为，克制恶习和保

全善性，都必须经由为学之途！由：自；从。

[点评]

本章论人阳明之德性和阴浊之物欲皆源于天，而克制恶习和保全善性则必由乎学。本章共分两句。

第一句中的"阳明胜则德性用"，其"阳明"象征根源于天的"德性"。"德性"出自《中庸》。"德性"，不应当解释为"自然的禀性"（喻博文《正蒙注译》）。此可与本篇第24章"德胜其气，性命于德"互相参证。第一句中的"阴浊胜则物欲行"，可与本篇第24章"德不胜气，性命于气"互相参证。

第二句中的"领恶者全好者"，出自《礼记·仲尼燕居》："子贡越席而对曰：'敢问将何以为此中者也？'子曰：'礼乎礼！夫礼所以制中也。'子贡退，言游进曰：'敢问礼也者，领恶而全好者与？'子曰：'然。'"这句话强调，克制恶习和保全善性，都必须经由以礼为核心的为学实践。

6·32　不诚不庄[1]，可谓之尽性穷理乎[2]？性之德也未尝伪且慢[3]，故知不免乎伪慢者[4]，未尝知其性也[5]。

刘玑："'诚'以心言，'庄'以体言，合内外之道也。诚且庄，而后性可尽，理可穷，不然伪与慢而已。"（《新刊正蒙解》卷二）

[注释]

[1] 不诚不庄：出自《礼记·曲礼》："非礼不诚不庄。"诚：虔诚。庄：庄重。　　[2] 此两句意为，不实践礼仪就不能保持虔

诚和庄重，那还可以称之为尽性穷理吗？　　[3]性之德：语见《中庸》第二十五章："性之德也，合外内之道也。"孔疏："至诚而为德，故云'性之德也'。"未尝：未曾；不曾。伪：虚伪。且：与(《助字辨略》卷三）。慢：傲慢。　[4]不免：未免除。　[5]此三句意为，至诚作为人性的品德不曾掺杂虚伪与傲慢，因而知晓那些身上还没有去除虚伪傲慢之气的人，是不曾知晓其天赋德性的人。

[点评]

本章论诚、庄能够"尽性穷理"，伪、慢则不能知其本性。

6·33　勉而后诚庄[1]，非性也[2]。不勉而诚庄，所谓"不言而信""不怒而威"者欤[3]！

张棠、周芳："诚，则信；庄，则威。勉者，学之事。由勉而至于不勉，则性之德矣。"(《正蒙注》）

[注释]

[1]勉：强力；刻意。　[2]此两句意为，强力为学然后有虔诚之心和庄重的举止，不是由本性自然流露而达到的。　[3]此两句意为，不刻意为学而有虔诚之心和庄重举止的，是所谓"不说话而被尊信""不发怒而有威严"的圣人啊！

[点评]

本章论作为学者工夫的"勉而后诚庄"与作为圣人工夫的"不勉而诚庄"。

第一句的"勉"，相当于张载所谓"强学"(《张子语录·语录下》）。强学而后诚庄，不是天性的自然流露，所以说这是"非性也"。其中的"性也",是孟子所谓"尧舜,性者也",张载所谓"无意为善,性之也,由之也"(8·16),都是说其本性如此。这里所谓"勉",又相当于张载所谓"明"或"穷理"。他说:"苟志于学则可以胜其气与习,此所以褊不害于明也。""先穷理以至于尽性也,谓先从学问理会,以推达于天性也。"(《张子语录·语录下》)

第二句所引"不言而信""不怒而威",出自《礼记·乐记》:"天则不言而信,神则不怒而威。"这句话的主语为天、神。本章援引时,其主语则暗指圣人。

6·34　生直理顺[1],则吉凶莫非正也[2];不直其生者,非幸福于回[3],则免难于苟也[4]。

高攀龙:"人之生,能直而顺理,则所值吉凶皆天命之正;不然,非回邪以徼福,则苟且以免难,不能顺受其正矣。"(《正蒙释》卷二)

[注释]
[1]生直:正直。　[2]此两句意为,人生正直并遵循天理,则所遭遇的吉凶得失都无非属于正命。　[3]幸福:祈望得福。回:奸邪。　[4]此三句意为,不以正直为人生信条,其结果不是以奸邪的方式祈望得福,就是以无原则的方式幸免于难。则:乃;就是。苟:苟且;随便。

[点评]
本章论直其生和顺其理的方法。

6·35　"屈伸相感而利生"[1],感以诚也[2];

刘儓:"'屈
伸'以天言,'情
伪'以人言。"(《新
刊正蒙解》卷二)

李光地:"顺
理则吉凶皆正,故
为利;不循理而
行险侥幸,凶乃
自取,故为害。"
(《注解正蒙》)

"情伪相感而利害生"[3],杂之伪也[4]。至诚则
顺理而利[5],伪则不循理而害[6]。顺性命之理,
则所谓吉凶[7],莫非正也;逆理则凶为自取[8],
吉其险幸也[9]。

[注释]

[1]"屈伸相感而利生":出自《周易·系辞下》。孔疏:"日往
则月来,寒往则暑来。""往是去藏,故为屈也;来是施用,故为
伸也。一屈一伸,递相感动而利生。"感:感应;感通。 [2]以:
表示以至于(《词诠》卷七)。诚:《中庸》用语。此指"天之道"
的"诚"。 [3]"情伪相感而利害生":出自《周易·系辞下》。孔
疏:"情谓实情,伪谓虚伪。" [4]此四句意为,"阴阳屈伸相互
感应便产生有利的结果",其感应以至于天道之诚;"虚实相互感
应,以实情相感则利生,以虚伪相感则害生",其间混杂于虚伪。
杂:夹杂;混杂。之:于。 [5]至诚:《中庸》用语,作为主体性
原则的最高真诚。 [6]此两句意为,若具有最高真诚将遵循天
理而获得有利的结果,若为人虚伪就不会遵循天理而有害。 [7]吉
凶:吉利凶险。 [8]自取:咎(凶)由自取。 [9]此五句意为,
遵循道德性命之理,则所谓吉凶得失无非都属于正命;违背天理
则遭遇灾祸是咎由自取,得到吉利也只是冒险后的侥幸而已。

[点评]

本章论能行"至诚"之功,则能"顺性命之理"。

对本章引文"屈伸相感而利生"的理解,可以参考
唐李鼎祚《周易集解》卷十五引虞翻语:"'感',咸象,

故相感也。天地感而万物化生，圣人感人心而天下和平，故利生。"这对如何理解本章天道之"诚"与圣人"至诚"之间的关系，很有启发。对《中庸》第二十二章所谓"唯天下至诚，为能尽其性"，朱熹解释说："天之至诚，谓圣人之德之实，天下莫能加也。"（《四书集注·中庸章句》）可知"至诚"的主语指圣人，而"至诚"则是圣人所具备的最高真诚。

本章引文"情伪相感而利害生"，其中"利害"的语义，也就是下文的"吉凶"。

6·36　"莫非命也，顺受其正"[1]，顺性命之理，则得性命之正[2]。灭理穷欲[3]，人为之招也[4]。

本章依据《孟子》《礼记》，论"顺性命之理，则得性命之正"的性命观。

[注释]

[1] "莫非命也，顺受其正"：出自《孟子·尽心上》。正：指孟子所谓"正命"。　[2] 此四句意为，"人的任何遭遇无非都是命，但要顺应其正命"，顺从性命之理，就会使自己的性命处于正当的地位。　[3] 灭理穷欲：语见《礼记·乐记》："人化物也者，灭天理而穷人欲者也。"　[4] 此两句意为，毁灭天理而穷奢极欲，那是人为招惹的结果。招：招惹。

[点评]

本章与6·34章、6·35章可以作为一组合看。王植对这三章做过评析，有参考价值。他说："上三节（章）

大意相同。'生直理顺'节，言顺理则吉凶皆正命，不顺理则吉凶皆非正；'屈伸相感'节，推出诚伪一层意，言不诚者有得祸之理而无获福之道，词旨加严；此节'人为之招'，直见凶祸之不可免，而所谓侥幸苟免者，亦几难望矣。盖反复言之，而意愈严也。"（《正蒙初义》）

[篇末评]

本篇的题目"诚明"二字，是《中庸》的核心概念。本篇也是《正蒙》各篇中对《中庸》义理阐发最集中的一篇。以下把全篇36章分为四个部分加以评析。

一、"诚明所知"与"事天诚身"。从第1章至第6章。其内容包括"诚明所知"的知识论（6·1）、"性""道"同一论（6·3）、"事天诚身"的伦理责任论（6·4）、"不诚无物"的天道创生论（6·5）、"自明诚"和"自诚明"的修养工夫论（6·2、6·6）。

二、性论、人性论与成性、尽性、尽道论。从第7章至第28章。首先，看其性论。张载论性的精要：一是提出了"性者万物之一源"（6·7）这一万物生成之性的根源论，二是提出了"性其总，合两也"（6·16）这一万物生成之性的结构论。这两方面的论点，既是张载宇宙生成论的基础，也是其人性论的基础。其次，看其人性论。在这里，张载区分了"气质之性"与"天地之性"，认为"性于人无不善"，"善反之，则天地之性存焉"（6·22）。他还告诫人们，必须控制"攻取之性"，避免"以小害大、末丧本"（6·17）。张载反对"以生为性"（6·20）和以气为性，强调"天所性者通极于道，气之昏明不足以蔽之"

（6·11）。最后，看其成性、尽性、尽道论。论成性，包括6·23、6·27章。论尽性，包括6·8、6·9、6·16、6·18、6·19、6·25、6·28等多章。论尽道，主要有6·7章。在该章中，张载关于"惟大人为能尽其道，是故立必俱立，知必周知，爱必兼爱，成不独成"的论述，蕴涵了非常宝贵的博爱精神和经世理想。

三、教人以天理与成性必由学。从第29章至第33章。其内容包括"教人"则晓喻天理（6·29），成性则"必由学乎"（6·31），"和乐"是为学之方（6·30），"诚庄"是为学之实（6·32、6·33）。

四、"顺性命之理"与"得性命之正"。从第34章至第36章。在这三章中，张载提出并说明了性命论中"顺理"和"循理"的重要性。

值得注意的是，本篇的很多命题和观念，在儒学史上都是第一次明确区分或明确提出的。例如，第一次区分了"气质之性"与"天地之性"，第一次区分了"德命"与"气命"。又如，在《中庸》首章"天命之谓性"之后，第一次为"性"做了明确的界定，提出"性者万物之一源"和"性其总，合两也"。这些，都是张载对理学的重大贡献，对理学各派产生了很大的影响。

大心篇第七

7·1　大其心则能体天下之物 [1]，物有未体，

牟宗三："见闻之知与德性之知之分别，始于横渠。自有此分别以后，宋明儒无不遵守之。"（《智的直觉与中国哲学》）

则心为有外 [2]。世人之心，止于见闻之狭 [3]。圣人尽性，不以见闻梏其心 [4]，其视天下无一物非我，孟子谓尽心则知性知天以此 [5]。天大无外，故有外之心不足以合天心 [6]。见闻之知，乃物交而知 [7]，非德性所知 [8]。德性所知，不萌于见闻 [9]。

[注释]

[1]大：扩大。体：体会；体验。　[2]此三句意为，扩大心的运思就能够体验天下一切事物，若还有事物未被体验，就表明心的运思仍有未达之边际。外：边界；边际。　[3]此两句意为，世间人们的心，局限于感官认知的狭小范围。　[4]梏（gù）：手铐；引申为束缚。　[5]此四句意为，圣人能够充分领悟天性，是不以感官见闻束缚己心的，在他看来天下所有事物没有一件不在我心的运思范围之内，孟子据此认为所谓尽心则能够知性知天就是此意。　[6]此两句意为，天之广大无边无际，故而心的运思若被边际所限的话便不足以与天心相吻合。天心：此指"知性知天"之心。　[7]物交：人与外物的相互作用。　[8]此三句意为，由感官见闻而获得的知识，是人与外物相互作用而得到的知识，不是依据德性所得到的知识。　[9]此两句意为，依据德性所获得的知识，是不源于感官见闻的。萌：来源；开始。

[点评]

本章是全篇的总论，强调"大其心则能体天下之物"，并严格区分圣人之心与世人之心，"见闻之知"与"德性所知"。"大其心则能体天下之物"，是张载建构其宇宙意识的重要话语。以下是几点必要的说明。

一、"大"与"体"。第一句话"大其心则能体天下之物"的关键词，是"大"和"体"。先看"大"。牟宗三指出："'大其心'之大并不是空口说大话，其根本关键乃在是否能尽心或尽性而不为'闻见之狭'所限。"（《心体与性体》，第533页）这一评价是很确切的。再看"体"。朱熹把"体"解释为"体察"，"是将自家这身入那事物里面去体认"（《朱子语类》卷九十八）。对此，牟宗三批评道："此'体'字却非认知意义的'体察''体认''体究'之意，而是道德意义的立体直贯之体谅、体恕之意。"朱子"其着眼点重在认知意义也"。此"体"是"仁心之感通，是道德意义，非认知意义"（《心体与性体》，第540页）。牟宗三的批评有一定道理，因为朱子的解释的确未涉及道德因素。但牟宗三的批评并不完全正确，因为"体"作为体察、体会、体验等，并非完全没有认知意义。张载是主张"知必周知"（6·7）的，其"知"既包括"德性所知"，也包括"见闻之知"。这两种"知"都具有认知意义，只是二者的认知类型不同。张载这样界定"心"："合性与知觉，有心之名。"（1·12）可见，他所谓"心"内在地就包括"知觉"，而知觉当然与认知能力有关。此外，"大其心则能体天下之物"之"体"，还需要解决如何"尽天下之物"的途径。因而张载说："今所言尽物，盖欲尽心耳。"（《张子语录·语录下》）如何能够"尽心"？张载指出："当识其要，总其大体，一言而乃尽尔。"（《经学理窟·义理》）可见，"尽心"不是指从数量上穷尽天下所有事物，而是指致力于从总体上体悟宇宙真谛与造化之道，以建构宇宙意识，并据以发现德性的根源。

二、"大其心"与"小却心"。与"大其心"相反，张载还曾言及"小却心"。他说："若只以闻见为心，但恐小却心。今盈天地之间者皆物也，如只据己之闻见，所接几何，安能尽天下之物？"（《张子语录·语录下》）张载所谓"大其心"之"心"，才是真正的"心"。他强调："舍此见闻，别自立见，始谓之心。"（佚著《孟子说·尽心章句上》）因此，张载坚决反对"以耳目见闻累其心，而不务尽其心"（7·4）。他认为，与反映于"物"的"见闻"知识相比，"大其心"所获得的不同于"见闻"知识的"德性之知"乃至"诚明所知"，才是最有价值的。

三、天心。"天心"，通常作天意。《尚书·咸有一德》："克享天心，受天明命。"按照《周易》经传和宋代理学家的解释，"天心"还有"生物之心"等涵义。在本章当中，"天心"指"知性知天"之心。

四、所谓"大心之知"。张载的多层次知识论建构，包括"见闻之知""德性所知"与"诚明所知"这三个由低到高的层次。有研究者认为，张载把人类的知识划分为三个等级：除了"见闻之知"和"德性所知"之外，还包括所谓"大心之知"（喻博文《正蒙注译》）。这不确切，因为"德性所知"和"诚明所知"都是经由大心体物才能够获得的知识，因而所谓"大心"只是获得"德性所知"和"诚明所知"的途径，"大心之知"并不构成张载知识论的一个层次。

7·2　由象识心[1]，徇象丧心[2]。知象者心，存象之心亦象而已[3]，谓之心可乎[4]？

［注释］

[1]象：有形可见的器物或现象。　[2]此两句意为，由现象感觉到的心，将一味顺从于现象而丧失心。徇（xùn）：顺从；依从。　[3]存：积存。　[4]此三句意为，（虽然）能够感知现象的是心，（但）只知堆积现象的心其实也不过是现象而已，难道可以称之为心吗？

［点评］

本章论何谓真正的"心"。张载认为，"由象识心"将导致"徇象丧心"。"存象之心"，指"因物为心"（《张子语录·语录下》）之"心"，是只能获得"见闻之知"的心。他质疑说："存象之心亦象而已，谓之心可乎？"这就揭示了"存象之心"的本质只是"象"，而不是真正的"心"。

7·3　人谓己有知，由耳目有受也[1]。人之有受，由内外之合也[2]。知合内外于耳目之外，则其知也过人远矣[3]。

［注释］

[1]此两句意为，世人之所以声称自己有认知能力，自以为是由于自己的耳目感官对外物有所接受。　[2]此两句意为，人

高攀龙："'由象识心'者，格物致知也。'徇象丧心'者，玩物丧志也。'存象之心'，心滞于象也。"（《正蒙释》卷二）

黄百家："'存象之心'，心滞于象而自失其虚明矣。"（《宋元学案》卷十七《横渠学案上》案语）

王植："人知以心体物，合内外于耳目之外而不专恃耳目，则是不以闻见为知，而以德性为知，其知岂不过人远矣乎！"（《正蒙初义》）

们的耳目感官对外物有所接受，是由于内在的知觉能力与外物的整合。　[3]此两句意为，若知晓还应当进而发挥整合内外于耳目感官之外的认知能力，则其认知能力就将远远超过普通人了。

[点评]

本章论认知有两种"合内外"的类型。

一、认知的第一种"合内外"类型。这一类型的"合内外"，其"内"指人对经验事物和现象的感知能力，其"外"指一切经验事物和现象的存在。本章两次言及"有受"，都指人的耳目感官对外在对象物有所接受，致使这"内"与"外"两方面发生相互作用，从而产生"闻见之知"。由于此时"心"是受"耳目"引导的，因而张载将其归结为"以闻见为心"（17·5）。对于在认知中只知运用"耳目"感官的人，张载批评说，他们"耳目役于外"，是"揽外事者，其实是自惰，不肯自治"，是"不能反躬者也"（《经学理窟·义理》）。

二、认知的第二种"合内外"类型。本章最后说的是这一类型的认知特征及其本质。第二种"合内外"类型的本质，是"知合内外于耳目之外"。由此推知，第一种"合内外"类型的本质是"合内外于耳目之内"的。第二种类型的"合内外"，其"内"指主体超越耳目见闻感知能力的体验能力、直觉能力或本质直观能力，其"外"指形而上的存在，包括作为宇宙万物根源的"天"（"太虚"）和"性"，以及天道的造化原理。这是高级层次的"内"与"外"，也是高级层次的"合内外"。"其知也过人远矣"的认知能力，指的是"德性所知"乃至

"诚明所知"的能力。

7·4　天之明莫大于日，故有目接之[1]，不知其几万里之高也[2]。天之声莫大于雷霆[3]，故有耳属之[4]，莫知其几万里之远也[5]。天之不御莫大于太虚[6]，故心知廓之[7]，莫究其极也[8]。人病其以耳目见闻累其心[9]，而不务尽其心[10]。故思尽其心者，必知心所从来而后能[11]。

王夫之："言道体之无涯，以耳目心知测度之，终不能究其所至。"（《张子正蒙注》卷四）

李光地："'心所从来'，则天是也。"（《注解正蒙》）

[注释]

[1]接：接受。有目接之：义近7·3章的"耳目有受"。　[2]此三句意为，上天最明亮的星体其亮度没有能超过太阳的，因而用眼睛感受得到，然而却无法测知太阳距离我们有几万里之高。　[3]雷霆：震雷；霹雳。　[4]属（zhǔ）：附着；专注。此处作听。耳属：《诗经·小雅·小弁》："耳属于垣。"郑笺："人将有属耳于壁而听之者。"　[5]此三句意为，上天发出的声响之大没有能超过震雷的，因而用耳朵听得到震雷，然而却无法测知雷鸣距离我们有几万里之遥。　[6]不御：不止；没有尽头。语见《周易·系辞上》："夫易，广矣大矣，以言乎远则不御。"　[7]廓（kuò）：大。　[8]此三句意为，上天之大没有尽头，然而再大也大不过太虚，因而心虽欲测知天之大，却无法达致其究极处。极：究极；终极；顶点。　[9]病：指责；责备。　[10]此两句意为，（针对以上三种情况，）学者指责世人用耳目见闻拖累了自己的认知心，而没有致力于彻底发挥心的能动作用。务：致力。　[11]此两句意为，因此，想要彻底发挥心的能动作用的人，必须知晓心

的来源然后才能够做得到。

[点评]

本章论人应当致力于"尽其心",而不应当"以耳目见闻累其心",并提出"心所从来"的问题。在佚著《孟子说》中,张载对《孟子·尽心上》第1章的解说共有九段,本章是其中的第二段,7·1章是其中的第一段。以下把本章分为两部分加以评析。

一、"目接""天之明"、"耳属""天之声"、"心知""天之大"。这一部分从"天之明莫大于日"到"莫究其极也",由三句话组成。这三句话都省略了主语"不务尽其心"的世人。这三句话的第一个字都是"天"。无论从世人对"天"的三种观察方式("目接""耳属""心知")看,还是从这三句话的并列关系看,所言及的三个"天"字都指自然之天。第一句"目接"的对象是"天之明",第二句"耳属"的对象是"天之声",第三句"心知"的对象是作为天之大的"太虚"。需要注意的是,在张载的话语中,"太虚"有两种意义,第一种是哲学意义的"太虚",指宇宙本体,这种用法最多;第二种是自然意义的"太虚",指天空,这种用法不多。例如,《正蒙·参两》专论自然观,其中言及"云物班布太虚",就是第二种意义的"太虚"。对于天空意义的"太虚",第三句使用了"心知廓之"的说法。对"心知廓之"一语,《张载集》章校本误校作"必知廓之"。经由对校可知,《正蒙》南宋、明、清诸本和《正蒙》历代注本皆作"心知廓之"。"心"与第一句的"目"、第二句的"耳"，同属人之器官；误作"必"，则颇失伦类。

虽然表面看"心知廓之"与7·1章首句的"大其心"很接近，似乎世人是用扩大了的"心知"去测知"太虚"的。但下一句"莫究其极也"，表明张载认为世人只是从空间意义上去测知"太虚"的，因而对作为超越于自然之天的主宰之天和道德之天未能深究。其实，"大其心"是基于"尽性"和"尽心"而言的，而"心知廓之"对天的测知使用的仍然是耳目见闻的方式。第二部分"人病其以耳目见闻累其心，而不务尽其心"，是对世人以"目接""耳属""心知"的方式测知天的批评。这里的"心知"，其实质是"以闻见为心"（17·5）的。在《正蒙》的历代注家中，唯有王夫之道破了"心知廓之"的实质。他说："是知耳目心知之不足以尽道，而徒累之使疑尔。心知者，缘见闻而生，其知非真知也。"（《张子正蒙注》卷四）总之，这里的"心知廓之"之"心"，不同于第二部分第一句的"务尽其心"之"心"。

二、批评世人"以耳目见闻累其心，而不务尽其心"。这一部分从"人病其以耳目见闻累其心"到"必知心所从来而后能"，由两句话组成。

第一句批评世人"以耳目闻见累其心"，表明张载绝不以"耳目见闻"为心。这表明，真正被张载所认可的"心"，是舍弃"见闻"之后被确立的"心"。而且，只有基于真正的心，才能够做到"务尽其心"。

第二句强调，能"尽其心者，必知心所从来而后能"。这里，提出了"心所从来"的问题。张载说："有

无一，内外合，庸圣同。此人心之所自来也。"（17·5）
所谓"人心之所自来"，说的是心的来源和构成问题。
张载说过："合性与知觉，有心之名。"这是说，"知觉"
必须以"性"为根据，而"性"则是"虚"与"气"的
统一。这就是所谓"有无一"。这是就"心"的内在根
据而言的。对于"内外合"，张载说得更多的是"合内
外"，指整合"内"与"外"两个方面。"外"，指一切
存在，不仅包括经验事物的存在，而且还包括形而上的
存在；"内"，指人的知觉能力，不仅包括对经验事物的
感知能力，而且还包括对形而上存在的体验能力或直觉
能力。这是就不同性质的认知活动都会涉及内与外这两
个基本方面的整合而言的。因此，"尽其心"的展开，
既需要以"尽其性"为基础，又需要全面体现心知活动
的整合内外的能力。关于"心"的"合内外"，可以参
考7·3章和7·5章的点评。

对本章所谓耳
目见闻"其为启之
之要"的解读，分
歧很大。

7·5　耳目虽为性累[1]，然合内外之德[2]，知其为启之之要也[3]。

[注释]

[1] 为：此作"是"。累：拖累；牵累。　[2] 德：通"得"。
[3] 此三句意为，耳目见闻虽然是德性的拖累，然而就整合耳目
感知与外在现象所获得的结果看，可知耳目见闻是启发德性的要
件。启：启发。要：要点；要件。

［点评］

本章论虽然耳目对德性有所牵累，但仍肯定见闻之知对德性能够发挥"启之之要"的积极作用。全文虽短，但最易被误解。误解主要发生在第二、三句，有必要予以澄清。

第二句"然合内外之德"。先看"德"。"德"通"得"，指耳目"合内外"所获得的结果，亦即见闻之知。再看"合内外"。"合内外"这句话的主语是耳目，因而这是属于"耳目"的"合内外"，相当于所谓"人之有受，由内外之合也"。这种类型的"合内外"，其结果是获得见闻之知，而不可能获得德性之知。在张载的知识论中，见闻之知不能直接开启德性之知，这正如张载所强调的："德性所知，不萌于见闻。"（7·1）

第三句"知其为启之之要也"。时人对这句话的误解最深。先看"其"字。此指上一句由"合内外"所获得的见闻之知，因而作为"启之之要"的是见闻之知。再看"之"字。此句连续使用了两个"之"字。第一个"之"字，为"启"的宾语；第二个"之"字，为连词"的"。关键是如何理解第一个"之"字，亦即"启"的对象。联系前两句可知，这里所要"启"的对象，是本章第一句所谓"性"，亦即德性。最后看"要"字。与时人的解释不同，我们认为，依据前两句的语意，应当把"启之之要"的"要"解释为"要件"，亦即必要的条件。若把"要"解作"钥匙""基础"或"关键"，无疑将夸大"要"的作用。之所以把"要"解释为"要件"，有两点理由。其一，张载所谓发挥"启之之要"作用的见闻之知，并非来自自然现象，而是来自社会文化环境的"闻见之善者"（《经学理窟·义理》）。就是说，必须通过学习历史和儒家典籍所提供的道德范例才能够使"启之之要"的作用奏效。例如，张载强调必须"多识前言往行以畜其德"（《经学理窟·气质》5·4），"自幼闻见莫非义理文章"（《经学理窟·义理》）。若不属于"闻见之善者"，则"多闻见适足以长小人之气"（《经学理窟·气质》5·18）。可见，张载对耳目闻见的认可，是有条件的，专指那些"闻见之善者"。其实，区别见闻的善与不善及其后果，是儒学的传统。例如，荀子说："得贤师而事之，则所闻者尧、舜、禹、汤之道也；得良友而友之，则所见者忠信敬让之行也。""今与不善人处，则所闻者欺诬诈伪也，所见者汙漫、淫邪、贪利之行也。"（《荀子·性恶》）张载的贡献，是在儒学史上第一次对这一传统做了理论总结。其二，即使把耳目闻见限定在"善"的范围之内，它对德性或德性所知也只是起启发作用的一个要件，而并不是能够起关键作用和基础作用的必要条件。

值得注意的是，本章提出德性或德性所知能够从后天的"闻见之善者"那里获得启发，这在中外哲学史上都是比较早的。直至现代，瑞士著名现象学家耿宁（Iso Kern）在研究王阳明学说时，才意识到"见闻之知"对"良知"（亦即"德性所知"）的影响这一问题的重要性（耿宁《心的现象——耿宁心性现象学研究文集》，倪梁康、张庆熊、王庆节等译，商务印书馆2012年版，第295、305、306页）。

7·6　成吾身者[1]，天之神也[2]。不知以性成身，而自谓因身发智[3]，贪天功为己力[4]，吾不知其知也[5]。民何知哉[6]？因物同异相形[7]，万变相感，耳目内外之合，贪天功而自谓己知尔[8]。

刘玑："‘天地之塞吾其体，天地之帅吾其性’，是‘成吾身者，天之神也’，己何力焉？"（《正蒙会稿》卷二）

[注释]

[1]成：生成；成就。身：形体；身体。　[2]此两句意为，生成我们身体的，是宇宙间创生万物的神妙力量。天之神：指宇宙间以天（太虚）本体为终极根源的创生万物的神妙力量。在张载的话语中，"性"与"神"的作用大体一致，但也略有区别："性"，是宇宙间万物的根源；"神"，是宇宙间创生万物的神妙力量。　[3]而：然；却。　[4]贪：贪恋；贪图。贪天功：出自《左传》僖公二十四年："窃人之财，犹谓之盗，况贪天之功以为己力乎？"　[5]此四句意为，有人不知道他是由万物的根源（性）而生成自己的身体器官及其机能的，却自称他是依赖自身的力量而生发出智慧的，这是贪恋天的功劳并误以为是一己之力，我不知道他所自称的知是不是真知。　[6]此句意为，民众又能有什么真知呢？　[7]因：由于；因为。　[8]此四句意为，由于世界万物有同有异而又千姿百态，它们变化万端相互感应，人的耳目感官与外界事物相整合，因而有些人便贪恋天的功劳而自称这完全是由自己而生的知识。

[点评]

本章论人之"身"成于"天之神"，人之"知"源于

"天功"。

本章的重点，是批评这样一些人，他们"不知以性成身，而自谓因身发智，贪天功为己力"，"贪天功而自谓己知尔"。这涉及两个问题：一是人之"身"的来源问题，二是人之"知"的来源问题。第二个问题是本章解读的难点。

一、关于人之"身"的来源。张载认为："性者万物之一源，非有我之得私也。"（6·7）古人把人也包括在万物之内。因而，张载著名的"性者万物之一源"的理论，便成为本章"以性成身"的理论基础，从而能够有效地解释人之"身"的来源问题。

二、关于人之"知"的来源。张载提出："虚明—作静。照鉴，神之明也。"（4·3）这是用镜喻表达"虚明"或"虚静"这一认知方式的来源，并将这一来源归结为"神之明"。这与本章所谓"成吾身者，天之神也"的观点是一致的。张载的立场是，反对有些人自以为其认知能力源于"因身发智"，从而"贪天功为己力"的错误态度。这涉及"德性之知"乃至"诚明所知"的先验性问题。

本章可与3·11章相互参证。

高攀龙："'道之本'，即'天之神'也。"（《正蒙释》卷二）

7·7　体物体身[1]，道之本也[2]。身而体道[3]，其为人也大矣[4]。道能物身[5]，故大；不能物身而累于身，则藐乎其卑矣[6]。

[注释]

[1] 体：生成。语见《中庸》第十六章："体物而不可遗。"郑玄注："体，犹生也。"　　[2] 此两句意为，生成万物、生成人身的，是天道的本性。本：本性；本能。　　[3] 而：能。体：体会；体验；体悟。道：宇宙生成之道。　　[4] 此两句意为，能够体会宇宙创生之道，他作为人就可以被称作大人了。为：谓；称作。　　[5] 物身：支配人身。　　[6] 此四句意为，体道之人能够支配自身，因而为大人；人若不能支配自身而被生理欲望所牵累，则其人藐小而卑下。藐：藐小。乎：而。其：语中助词，无义。

[点评]

本章论生成万物、生成人身的是天道的本性，强调以身体道而不累于身。"体"之字义训解是本章解读的难点，这突出表现在"体"字语义的前后变化。经辨析，"体物体身"之"体"字，作生成义；"身而体道"之"体"字，作体会或体验义。对于这种语法现象，清儒俞樾称之为"上下文同字异义例"（《古书疑义举例》卷一）。综合此前相关篇章不难看出，在张载的话语中，"体"字在不同语境下约有三种不同的涵义：其一，本章首句"体物体身"之"体"字和 3·2 章"天体物不遗"之"体"字，作生成义；其二，7·1 章"体天下之物"之"体"字和 7·8 章"体身""体物"之"体"字，作体会或体验义；其三，6·19 章"体物""体我"之"体"字，作亲近义。

此外，还有必要对本章首句"体物体身，道之本也"，与 7·6 章"成吾身者，天之神也"加以对比。在这两句话中，"体物体身"之"体"字与"成吾身"之"成"字，都是生成的意思；"道之本"之"道"字与"天之神"之"神"字，其意涵都是宇宙生成论意义的。因而，有明儒曾分别揭示说，"道之本"亦即"天之神"（吴讷《正蒙补注》、高攀龙《正蒙释》卷二）。这两句话语意相近，也进一步证明把本章首句"体"字训解为生成义是正确的。

张棠、周芳："天者，性之所从来。能体天，则能体道，故能体物无疑也。"（《正蒙注》）

7·8　能以天体身^[1]，则能体物也不疑^[2]。

[注释]

[1] 以：用。体：体验；体会。　[2] 此两句意为，人若能够站在天的高度体会自身，那么，能够体会天下的万事万物也就无可怀疑了。

[点评]

本章论人应当以天为制高点，在体会自身的同时体会天下万事万物。

此前的7·6章、7·7章与本章，可以作为一组加以解读。以下略评这一组的主要观点。

一、从客观的宇宙论的角度强调，天道或天神是生成万物的根源。7·6章讲的是"吾身"的生成，7·7章则讲"体物体身"，把人身的生成扩大到万物的生成。

二、基于天道和天神的宇宙意识，强调"以性成身"和"知天"（7·6）、"体道"（7·7）的重要性。本章的"以天体身"，则使人以天为制高点去体会自身和天下万事万物。本章也使用了"体身""体物"的说法，但其"体"

字的涵义已不是客观的宇宙生成论的，而是主观的知天、知人和知物（包括知己）的认知论的。

三、此外，7·7章还揭示了以身"体道"而不"累于身"的价值取向。

7·10 成心忘[1]，然后可与进于道[2]。成心者，私意也。

[注释]

[1]忘：舍弃。　[2]此两句意为，舍弃私意，然后可以使自己的行为符合于中道原则。与：无义（《词诠》卷九）。进：向上移动。

[点评]

本章论只要摒弃私意，便可使自己的行为符合于中道原则。

7·10 化则无成心矣[1]。成心者，意之谓欤[2]！

[注释]

[1]此句意为，使用化解工夫便能够使私意不再存在。化：消化；消融；化解。　[2]意：私意。此两句意为，所谓成心，就是私意啊！

［点评］

本章论使用化解工夫，就能够摒除私意。

《中庸》第二章："君子之中庸也，君子而时中。"

7·11 无成心者，时中而已矣[1]。

［注释］

[1] 此两句意为，要摒除私意，无非合乎"时中"而已。时中：合乎时宜，无过与不及。

［点评］

本章论若要摒除私意，无非合乎"时中"而已。可以把此前的 7·9 章、7·10 章与本章合为一组，略加评析如下。

一、关于此三章的分合。《张载集》章校本认为，此三章"疑当合并"，然未说明理由。章校本之所以主张合并此三章，可能是因为三章皆言及"成心"，似乎符合结事为章的要求。其实，此三章对待"成心"的角度并不相同：一言"忘"，一言"化"，一言"时中"。这表明此三章结事各有分别，故仍当依《正蒙》宋、明、清诸本分为三章。

二、关于"进于道"之"道"的涵义。对于 7·9 章的"进于道"，历代注本仅援引而未加解释，今有研究者把此句中的"道"解释为"天道"（张金泉《新译张载文选》、周赟《〈正蒙〉诠译》）。这就把"进于道"之"道"定性为宇宙论意义的"道"了。与此不同，本书主张，"进于道"之"道"的性质并非宇宙论意义的，而是工夫论意义的。对于7·9章的"成心忘"，清儒冉觐祖注解说："忘之有存省工夫在。"（《正蒙补训》）7·10章和7·11章也是从工夫论的意义言如何对待"成心"的：7·10章说的是化解工夫，而7·11章说的则是"时中"工夫。此外，本书也不认可原封不动地搬用"进于道"之"道"字，而是主张将"道"解释为"中道"。这是因为，7·11章所谓"时中"具有合乎时宜、无过与不及的意思。不仅如此，7·10章所谓"化"也含有类似的意思。这正如冉觐祖所说："化者，因时制宜。"（《正蒙补训》）。

7·12　心存[1]，无尽性之理，故"圣不可知谓神"[2]。此章言心者，亦指私心为言也[3]。

刘儓："神者，圣而不可知，道之至妙，无心之极也。大哉！尽性之功乎，斯其至矣。"（《新刊正蒙解》卷二）

[注释]

[1] 心：指私心。　[2] 此三句意为，私心尚存，便无法获得充分领悟万物生成根源（尽性）的道理；因而如孟子所说，"圣人无思无为，不依赖人力所达到的境界被称作神"。"圣不可知谓神"：出自《孟子·尽心下》："圣而不可知之之谓神。"　[3] 此两句意为，本章所言之心，也指私心为言。王夫之认为，此乃张子自注（《张子正蒙注》卷四）。

[点评]

本章论私心尚存，便无法获得尽性之理；反之，圣人无思无为，所达到的境界被称作神。"心存"，与7·9

章所言"成心忘"相反。本章虽然简短，但表述了两个观点。

一、若私心尚存，便无法获得"尽性之理"。在张载那里，能够实现"尽性"亦即能够充分领悟万物生成根源的，便是圣人。可知，尽性是圣人的一种能力。此外，无私是圣人尽性的必要条件，这正如明儒余本所说："私心忘而性无不尽矣。"（《正蒙集解》）

二、本章引孟子所谓"圣不可知谓神"，其中的"不可知"是解读的难点。对此，学者多从外在观察者的角度将"不可知"解释为"不可测度"。例如，杨伯峻《孟子译注》的解释便如此，而今人的多种《正蒙》注本似乎皆依据杨注。然而问题在于，圣人所"不可测度"的究竟指的是什么？对此，还需要从圣人本身的角度将"不可知"解释为"圣人之无思无为"（王植《正蒙初义》），或解释为"圣不可知"乃"尽性之功"（刘儗《新刊正蒙解》），强调圣人所达到的神的境界似乎非人力所作成。就孟子这句话与私心的关系看，第二个角度的解读更符合张载的思路。总之，"圣不可知谓神"说的是圣人的精神取向和境界，而并不是观察者从旁感叹"不可测度"。

本章可与3·8、4·17、4·18、8·15章相互参证。

李光地："又申明'大其心'与'其为人也大'之意。"（《注解正蒙》）

7·13　以我视物则我大[1]，以道体物我则道大[2]。故君子之大也大于道[3]，大于我者容不免狂而已[4]。

[注释]

[1] 视：看。　[2] 此两句意为，以我为中心看万物则我大，以道生成万物和我为视角去看则道大。体：生成。　[3] 也：而。于：在。　[4] 此两句意为，因此君子之大而大在道，凡自以为大在我的人当不免于狂妄而已。容：当。

[点评]

本章论君子之"大"，大在"道"而不在"我"。解读的难点在于，"以道体物我"之"体"字。在这里，"体"字当作生成义。本章可与 7·7 章合看。

7·14　烛天理如向明[1]，万象无所隐；穷人欲如专顾影间[2]，区区于一物之中尔[3]。

张载是北宋最早提出天理人欲之辨的理学家。

[注释]

[1] 烛：洞察。　[2] 顾：看。影：阴影。　[3] 此四句意为，洞察天理就如同面向光明，在光照下万物无法掩藏其真相；穷极人欲则好像只会盯着阴影看，其眼界狭小而微不足道。区区：小；少。形容微不足道。

[点评]

本章论天理人欲的价值选择。其意同于 6·15 章："上达反天理，下达徇人欲者欤！"

7·15　释氏不知天命[1]，而以心法起灭天

地 [2]，以小缘大 [3]，以末缘本 [4]。其不能穷而谓之幻妄 [5]，真所谓疑冰者欤 [6]！夏虫疑冰，以其不识 [7]。

[注释]

[1] 释氏：泛指佛教或佛教徒。天命：此处指天命之性。出自《中庸》首章"天命之谓性"。　[2] 而：却。法：佛教用语。泛指一切事物和现象。心法：佛教术语。指缘起诸法的根本，认为一切诸法尽为此心所生。起灭：佛教用语。指因缘和合而产生，因缘离散而消灭。　[3] 小：指心法，亦即人心。大：指天命之性。缘：佛教名词。因缘的省称。以事物生灭的主要条件为因，辅助条件为缘。

[4] 此四句意为，佛教人士不知晓生成天地万物的是天命之性，却认为人心能够操控天地万物的生灭，把人心之小当作生成天地之大的原因，把人心这一枝节当作天地之根本。末：枝节。此指心法。本：根本。此指天命之性。　[5] 穷：穷究。此指穷理。　[6] 此两句意为，他们不能穷究天地万物之理却说天地万物是虚幻的，这真像所谓怀疑冬天有冰的夏虫那种人啊！疑冰者：本意指怀疑有冰存在的夏虫。这里用夏虫疑冰的比喻批评佛教人士。　[7] 此两句是本章自注，意为一直生活于夏天的虫子会怀疑冬天有冰存在，是因为它们只知有夏却不知有冬。夏虫疑冰：出自《庄子·秋水》："夏虫不可以语于冰者，笃于时也。"

[点评]

本章论佛教人士不理解天地万物的生成根源在于天命之性，却认为人心是天地万物生灭的根源。对于本章的用语，有必要略做几点说明。

一、关于"释氏不知天命"之"天命"。此处指生成天地万物的"天命"之"性"。张载把《中庸》首章"天命之谓性"的"性"，解释为"万物之一源"（6·7）。清儒冉觐祖指出："释氏不知有天命之性。"他还说："'天命'，即'性'也。"（《正蒙补训》）本章"天命"之取意，虽然涵括了其天命论意义，但主要使用的还是其宇宙生成论意义。

二、关于"以小缘大"之"大"和"以末缘本"之"本"。这里的"大"和"本"，都是指作为生成天地万物根源的天命之性，并据此批评佛教以心为天地万物的根源。"大"和"本"，并非如喻博文所说，泛指"物质世界"（《正蒙注译》）。

此外，本章和下一章都是批评佛教的。张载批评道家少，批评佛家多。对于佛教，他批评的重点是反对其否弃现实世界和社会人生的真实性。二程说，佛教"至以天地为妄"，"张子厚尤所切齿者此耳"（《河南程氏外书》卷七《二先生语》）。

7·16　释氏妄意天性[1]，而不知范围天用[2]，反以六根之微因缘天地[3]。明不能尽[4]，则诬天地日月为幻妄，蔽其用于一身之小，溺其志于虚空之大[5]。此所以语大语小，流遁失中[6]。其过于大也[7]，尘芥六合[8]；其蔽于小也，梦幻人世[9]。谓之穷理可乎？不知穷理而谓之尽性可乎？谓之无不知可乎[10]？尘芥六

徐必达："'妄意天性，而不知范围天用'，即《太和》章'略知体虚空为性，不知本天道为用'意。"（《正蒙释》卷二）

王植："'妄意天性'，谓以私意揣度天性。'不知范围天用'，正见其实不知性也。吾儒以性为至实，性中万理毕具，故能'范围天地之化'。"（《正蒙初义》）

合，谓天地为有穷也[11]；梦幻人世，明不能究所从也[12]。

[注释]

[1] 意：臆测。天性：其意同于上一章的"天命"，亦即天命之性。　[2] 范围：规范；使合乎模式。此指遵循某种道理。语见《周易·系辞上》："范围天地之化而不过。"　[3] 此三句意为，佛教人士以私意妄加揣度天命之性，不知遵循天地化育万物的道理，反而认为眼、耳、鼻、舌、身、意这些微不足道的因素才是天地万物的根源。六根：佛教用语。指眼、耳、鼻、舌、身、意。　[4] 明：佛教术语。智慧；明了。　[5] 此四句意为，他们不能完全明了天地万物的根源，却诬蔑天地日月都是虚妄的幻象，使世界的根据被其自身之小（六根）的功用所掩盖，陷入以虚空为大的一厢情愿。溺：陷入某种不好的境地。志：意念；心情。　[6] 此两句意为，这是他们议论自身之小和虚空之大时随波逐流，偏离中道的原因。流遁：顺水道流动。中：中道。　[7] 其过于大也：宋本作"其过也"。"其过于大也"，与下句"其蔽于小也"句式对称，文势清晰，故当据明清诸本在"其过"之后加"于大"二字。过：过失；过错。此指局限、弊病。[8] 尘芥：尘土和草芥。比喻微不足道。六合：上下四方，指宇宙；天地。　[9] 此四句意为，他们的局限是言虚空之大，并认为天地只是其中的尘土和草芥；他们被一身之小所掩盖的是，认为人世不过是睡梦幻影。梦幻：语见《金刚经》："一切有为法，如梦幻泡影。"　[10] 以上三个反问句意为，说他们对世界的认识做到了穷理是可以的吗？他们不知穷理能称之为尽性吗？说他们做到了无所不知是可以的吗？　[11] 穷：穷尽。　[12] 此四句

意为，他们把天地视作虚空中的尘土和草芥，声称天地是有穷尽的；把人世视作睡梦幻影，可知他们的心智无法探究天地的来源。究：探究。从：表示原因。

[点评]

本章批评佛教人士对天命之性妄加臆测，把一身之小视作天地万物的根源，从而否认宇宙和人世是真实的存在。"释氏妄意天性，而不知范围天用"，可以与第1·6章"略知体虚空为性，不知本天道为用"互相参证。这两句批评语的区别是，第1·6章称佛教"略知体虚空为性"，似乎对佛教论性还有些许肯定；而本章的批评则激烈得多，对佛教论天命之性是完全否定的。

[篇末评]

本篇题为《大心》，其主要内容是张载的心学思想和知识理论。以下，把本篇16章分为两个部分加以评析。

一、心学思想和知识理论。尽管张载不同于后来陆、王以"心"为本体的心学家，但其理学体系当中却也含有丰富的心学思想。本篇的心学思想，其内容主要包括：第一次提出"大其心则能体天下之物"的主张（7·1），反对以"存象之心"为"心"（7·2），区分心知活动两种不同的"合内外"（7·3），反对"以耳目见闻累其心"，提出"心所从来"（7·4）亦即心的来源的问题，认为"成吾身者，天之神也"，并驳斥"自谓因身发智，贪天功为己力"的偏见（7·6），主张"无成心"则能够"进于道"，并达致"时中而已矣"的地步（7·11）。此外，由于知由心生，因而知识论也是张载心学思想的组成部分。在这里，张载严格区分了"德性所知"与"见闻之知"（7·1），肯定耳目见闻对德性可以发挥"启之之要"的积极作用（7·5）。有关知识论的这些独特论述，后来被宋明理学各派学者广泛引用和讨论。

二、批判佛教教义。本篇对佛教的批判，包括7·15章和7·16章。一方面，张载批判了佛教人士不理解天地万物的生成根源，错误地以为人心可以"起灭天地"（7·15）。另一方面，他还批判佛教人士"妄意天性，而不知范围天用"（7·16），否认宇宙和人世是真实的存在。

中正篇第八

"中正之道"，是张载道德价值论的最高原理。

王夫之："所止者，至善也；事物所以然之实，成乎当然之则者也。"（《张子正蒙注》卷四）

8·1　中正[1]，然后贯天下之道[2]。此君子之所以大居正也[3]。盖得正则得所止[4]，得所止则可以弘而至于大[5]。乐正子[6]、颜渊[7]，知欲仁矣[8]。乐正子不致其学，足以为善人、信人[9]，志于仁无恶而已[10]。颜子好学不倦，合仁与智，具体圣人[11]，独未至圣人之止尔[12]。

[注释]

[1] 中正：一般作不偏不倚。作为《周易》术语，指正道。《周易·离·彖》："柔丽乎中正。"高亨："象人有柔和之德，附丽

于正道。"(《周易大传今注》卷二) 　[2] 此两句意为，基于中正，就能够贯通天下之道。贯：通；贯通。 　[3] 此句意为，这是君子之所以以恪守正道为贵的原因。大居正：以恪守正道为贵。大：尊尚；尊贵。语出《公羊传》隐公三年："故君子大居正。" 　[4] 止：此指终极之所在。朱熹："止者，所当止之地，即至善之所在也。"(《大学章句》) 　[5] 此两句意为，能够获得"正"就是达到了至善之所在，达到至善之所在就可以扩展为广大的人格之美。弘：扩展。大：广大的人格之美。出自《孟子·尽心下》："充实之谓美，充实而有光辉之谓大。" 　[6] 乐正子：乐正克，孟子弟子。 　[7] 颜渊：名回，字子渊，孔门七十二贤之首。 　[8] 此两句意为，乐正子、颜渊都知晓求仁的道理。欲仁：求仁。与下句"志于仁"意近。 　[9] 善人、信人：指乐正子为人有善有信。自己求善，也使他人求之，是为"善人"；自己相信求善必须"有诸己"，也使他人相信，是为"信人"。语出《孟子·尽心下》："浩生不害问曰：'乐正子何人也？'孟子曰：'善人也，信人也。''何谓善？何谓信？'曰：'可欲之谓善，有诸己之谓信。'" 　[10] 此三句意为，乐正子不致力于为学，但却堪称善人、信人，他有志于仁德就不会作恶。无恶：不会作恶。出自《论语·里仁》："苟志于仁矣，无恶也。" 　[11] 体：四肢。具体：具备完整的四肢。体以喻德。出自《孟子·公孙丑上》："冉牛、闵子、颜渊则具体而微。" 　[12] 此四句意为，颜子勤奋好学而不知疲倦，他整合仁与智两种德性于一身，具备了圣人的品德，只是略逊一筹，还没有达到圣人的至善境界。独：只；仅仅。

[点评]

本章所谓"中正然后贯天下之道"，可以概括为"中正之道"。这是本篇的主题。结合对张载相关论述的理解，有理由将"中正之道"视作张载价值论的最高原理。以下分四方面说明。

一、关于"中正"之"正"。对于张载所谓"得正则得所止",王夫之把"所止"解释为"至善"。"得所止"与《大学》所谓"止于至善"有关。张载说:"'大学之道','在止于至善',此是有本也。思天下之善无不自此始,然后定止,于此发源立本。"(《张子语录·语录下》)他认为,"至善"是道德价值的根本,也是实践"天下之善"的开始,然后才可能"定止"。因此,所谓"知止""得所止"以及"定止"之"止",都指道德价值的终极方向。美国学者葛艾儒(Ira E. Kasoff)认为,张载强调"知止"的用意,是避免"'止'错了地方"(《张载的思想(1020—1077)》,第107、108页)。这一看法是很确切的。在张载看来,只有首先把"至善"确立为道德价值的制高点,才能够使之发扬光大。

二、关于"中正"之"中"。对于"中",张载有很多解释。他说:"失之多,过也;失之寡,不及也。止有两端,无三也。凡学,不是过,即是不及。无过与不及,乃是中矣。"(佚著《礼记说·学记第十八》)在这里,张载虽然是就"学"言"中"的,但这也适用于就道德价值言"中"。张载把作为道德价值实施有度的"中",也称作"中道"。他说:"今闻说到中道,无去处,不守定,又上面更求,则过中也,过则犹不及也。"(《经学理窟·气质》5·6)张载把"至善"也称作"极善"。他说:"极善者,须以中道方谓极善,故大中谓之皇极。盖过则便非善,不及亦非善。"(《张子语录·语录下》)在张载看来，"中正"之"中"或"中道"，是道德价值实施过程中规避过与不及的方法准则。古希腊哲学家亚里士多德（Aristotle）反复强调，"德性就是中道"。他说："中道是一种决定着对情感和行为的选择的品质。""中道在两种过错之间，一方面是过度，一方面是不及。"（《尼各马科伦理学》，苗力田译，中国社会科学出版社 1990 年版，第 32、34、38 页）。张载与亚里士多德对"中道"意义的理解，非常接近。

三、关于"正"与"中"的关系。在张载的价值论中，"中正之道"之"正"，其意涵是至善，这是终极价值，能够统摄其他一切价值目类，例如礼和仁、孝等。本章末句，虽然肯定颜子已具备了圣人的品质，但认为他毕竟尚未达致"圣人之止尔"，这是说颜子仍然没有达到圣人的至善境界。这也揭示了至善作为终极价值的特征。"中正之道"之"中"，作为落实"正"的方法准则，能够使道德价值的实施有度，规避过与不及这两个极端。

四、关于张载中正价值论最高原理的形成。一方面，张载继承了孔子和子思的"中庸"方法论，将其归纳为"中"这一道德价值的实施准则。另一方面，张载又继承了《大学》"止于至善"的理念，将其归结为"正"这一终极价值，亦即价值的制高点。正是"中"与"正"这两方面的结合，构成了统一的道德价值论的最高原理。有理由认为，张载的中正价值论原理是对先秦儒学思想的传承创新。

朱熹《孟子集注·尽心章句下》引本章，文字略异。

8·2 学者中道而立[1]，则有位以弘之[2]。无中道而弘[3]，则穷大而失其居[4]。失其居则无地以崇其德[5]，与不及者同[6]。此颜子所以克己研几[7]，必欲用其极也[8]。未至圣而不已，故仲尼贤其进[9]；未得中而不居，故惜夫未见其止也[10]。

刘玑："'穷大'者，过中之大，犹穷高极广之义。"（《正蒙会稿》卷二）

王植："首句'中道'以学者言，即首节'中正'之'中'。"（《正蒙初义》）

[注释]

[1]中道：指以"中"为行事的原则。　[2]此两句意为，学者立于中道，则安于其所而扩大中道的实施。位：居处；地位。引申为安于其所。以：而。弘：扩展；扩大。　[3]无：未。　[4]此两句意为，若学者未立于中道却妄图扩大对中道的实施，这只能盲目趋向于"过"这一极端，从而失去"中道"这一立足之地。穷大：极大。后指多而不适用。此处指偏离"中道"之"过"。　[5]地：地位。　[6]此两句意为，若失去"中道"这一立足之地，就无以增崇其德性，这与中道的另一极端"不及"是相同的。不及者：指偏离"中道"的另一极端。　[7]克己：克制自己。几：事物开始变化的微小征兆。研几：穷究精微之理。出自《周易·系辞上》："夫易，圣人之所以极深而研几也。"　[8]此两句意为，这表明颜子为何克制自己并穷究中道的精微之理，进而一定要运用中道以达致极善。极：极致。此指"极善"，亦即"至善"。　[9]此两句意为，颜子在未达致圣人的境地之前一直没有停滞不前，因而孔子对他不断进步赞之以贤。　[10]此两句意为，颜子未掌握中道而不会安于其所，因而孔子叹息说从没看见颜渊停滞不前。未见其止：此与上句"贤其进"，出自《论语·子罕》：

"子谓颜渊曰：惜乎！吾见其进也，未见其止也。"

[点评]

本章论学者立于"中道"的重要性，并以颜渊的为学经历证之。以下略做三点说明。

一、对"中道"的说明。本章所谓"中道"，其语意与8·1章"中正"之"中"是对应的。

二、对"几"的说明。"几"，出自《周易·系辞下》："几者，动之微，吉之先见者也。"孔疏："几是离无入有，在有无之际，故云'动之微'也。"张载说："观其几者，善之几也，恶不可谓之几。"（《横渠易说·系辞下》）可见，张载所理解的"几"，指"善之几"，从而与"中正"之"正"有关。本章评价颜子对于中道"必欲用其极"，此"极"当指"正"之"极"，亦即张载所谓"极善"。张载认为，颜子在"研几"的过程中，为了达致极善，所运用的便是"中道"原则。

三、对末句的说明。此句说的是孔子对颜子为学经历的赞叹和惋惜，同于8·1章的末句。此两章可以合观。

8·3　大中至正之极 [1]，文必能致其用 [2]，约必能感而通 [3]。未至于此，其视圣人恍惚前后 [4]，不可为之像 [5]，此颜子之叹乎 [6]！

王夫之："大中者，无所不中；至正者，无所不正。"（《张子正蒙注》卷四）

[注释]

[1] 大中：此指适用于最大范围的"中道"。至正：此指终极

的"正"，亦即至善。极：充分；极致。 [2] 文：此指经典之文的道德知识。 [3] 此三句意为，实现中道和至善（正）的极致，就必须使经典的道德知识致于其用，使约束于我的礼仪贯通于日用行事之间。约：约束。指以礼仪约束行动。出自《论语·子罕》："（夫子）博我以文，约我以礼，欲罢不能。" [4] 其：此指颜子。圣人：此指孔子。恍惚：飘忽不定。 [5] 像：形象。 [6] 此四句意为，如果所做达不到这个地步，颜子看着圣人孔子忽而活动于前面，忽而又到后面去了，使人无法把握孔子的完整形象，这就是颜子为何要喟叹的原因吧！颜子之叹：出自《论语·子罕》："颜渊喟然叹曰：'仰之弥高，钻之弥坚。瞻之在前，忽焉在后。夫子循循然善诱人，博我以文，约我以礼，欲罢不能。'"

［点评］

本章论"大中至正"的极致及其运用。其第二句"文必能致其用"之"文"，通常多解作文献或六经之文，从而使人知古今，达事变。考虑到前一句"大中至正"之"至正"是说道德意义的至善，故这里将"文"解作经典之文的道德知识。此道德知识及其运用与约束于我的礼仪一起，是实现中正之道的博、约工夫。

本章可与 8·25 章和 8·36 章合看。此外，还可以与《经学理窟·气质》5·19 章、5·21 章相互参证。

《孟子·尽心下》："可欲之谓善，有诸己之谓信，充实之谓美，充实而有光辉之谓大，大而化之之谓圣，圣而不可知之之谓神。"

8·4 "可欲之谓善"，志仁则无恶也[1]。诚善于心之谓信，充内形外之谓美，塞乎天地之谓大，大能成性之谓圣，天地同流[2]，"阴阳不测之谓神"[3]。

［注释］

[1] 此两句意为，孟子所谓"内在而可求的德性便是善"，是说立志实行仁德就不会作恶。 [2] 天地同流：出自《孟子·尽心上》："夫君子所过者化，所存者神，上下与天地同流，岂曰小补之哉！" [3] 此六句意为，真诚善良的品德内在于心叫做"信"，扩充德性于内心并充分表现于行为叫做"美"，德性之美充塞于天地之间叫做"大"，德性之大直至人性的完成叫做"圣"，人格的这些精神品质上下与天地一同流行，就是《易传》所谓"阴阳气化运行难以测度叫做神"。"阴阳不测之谓神"：出自《周易·系辞上》。张载依据此句阐发《孟子》所谓"圣而不可知之之谓神"。

［点评］

本章基于《孟子·尽心下》对个体人格精神品质六个等级"善""信""美""大""圣""神"的论述，逐句做了新的阐发。

关于第三句"诚善于心之谓信"的校勘，通行本《张载集》章校本将此句改作"诚善于身之谓信"，所改无版本依据。另外，从义理诠释的角度看，此句系张载发挥孟子"有诸己之谓信"而成，"信"是内在于己的，首先与"心"相关。王夫之解此句作"有诸己者，诚自信于心也"（《张子正蒙注》卷四），揭示了"信"直接相关于"心"，而不是"身"。

"志仁则无恶也"，可以与 8·1 章"志于仁无恶而已"合观。

朱熹:"(横渠)虽说得拘,然亦自说得好。"(《朱子语类》卷三十六)

李光地:"'不可穷',言弥高;'不可极',言弥坚;'不可识',言瞻前忽后。"(《注解正蒙》)

8·5　高明不可穷[1],博厚不可极[2],则中道不可识[3],盖颜子之叹也[4]。

[注释]

[1]高明:形容孔子之道高大光明。　[2]博厚:形容孔子之道广博深厚。　[3]则:表示因果关系。识:认识;理解。　[4]此四句意为,夫子之道高大光明不能穷尽,广博深厚不能极尽,因而中道不能认识,这些正是颜子之所以要喟叹的。

[点评]

《论语·子罕》第11章曰:"颜渊喟然叹曰:'仰之弥高,钻之弥坚;瞻之在前,忽焉在后。'"本章是对颜渊之叹的解说。"高明不可穷,博厚不可极",其"高明"和"博厚"用的是《中庸》第二十六章的语辞。张载以"高明"表述"弥高",以"博厚"表述"弥坚"。此外,张载还用"中道不可识"表述"瞻之在前,忽焉在后"。朱熹评论说:"如'瞻之在前,忽焉在后',便是横渠指此做未能及中。"还说:"'瞻之在前,忽然在后'",是说(颜渊)"中道不可识。"(《朱子语类》卷三十六)总之,本章所论,是颜渊对夫子之道的仰慕,并喟叹中道的难以窥知。

"颜子之叹",可以与8·2、8·3章相互参证。

张载:"大达于天,则成性成身矣。"(《正蒙·至当》)

8·6　君子之道,成身成性以为功者也[1]。未至于圣,皆行而未成之地尔[2]。

[注释]

[1] 此两句意为，君子遵循的原则，是把成身成性视作所从事的功德。成身：以德完成修身。成性：以德成就人性。以为：视为；作为。功：功业。这里指功德。　[2] 此两句意为，君子尚未达致圣人的境界，无非是说其所行还处于未能最终完成的地步。未成：指未能达到"成身成性"的圣人阶段。尔：表示必然。

[点评]

本章论君子与圣人"成身成性"之别。以下分两个方面评析。

一、关于"成身""成性"的意涵。"成身"，出自《礼记·哀公问》："公曰：'敢问何谓成身？'孔子对曰：'不过乎物。'"孔疏："过，谓过误；物，事也。言成身之道，不过误其事。但万事得中，不有过误，则诸行并善，是所以成身也。"简言之，"成身"就是成德。"成性"，出自《周易·系辞上》："成性存存，道义之门。"又曰："继之者善也，成之者性也。"牟宗三认为，宋明理学的"成性"论是由张载提出的（《中国哲学十九讲》，上海古籍出版社 1997 年版，第 371—372 页）。简言之，"成性"指通过道德修养使人性不断趋向于至善。

二、关于"成身""成性"的阶段。张载指出："由学者至颜子一节，由颜子至仲尼一节，是至难进也。二节犹二关。"（《经学理窟·义理》）在这里，颜子是作为大人（贤人）的代表，而仲尼则作为圣人的代表；"二节""二关"，指在成身成性过程中向更高阶段转进的两个关节或关口：从学者、君子到大人、贤人为一个关口，而从大人、贤人到圣人则为另一个更高的关口。张载认为，学者、君子的"成身"，是以"好仁"与"恶不仁"为标准的。他说："'好德如好色'，好仁为甚矣。'见过而内自讼'，恶不仁而不使加乎其身，恶不仁为甚矣。学者不如是，不足以成身。"（8·34）在这个阶段，学者、君子"常存德性"（3·14）。学者、君子对德性的认知，是限于"德性所知"（7·1）的。而对于圣人而言，其"成性"则达到了"诚"和"性天德"（6·24）的高度。张载说："诚也，天德也"（17·11），"知天德，则知圣人"（17·10），"诚，成也。诚为能成性也"（《横渠易说·系辞上》）。圣人对德性的认知，达到了"诚明所知，乃天德良知"（6·1）的高度。可见，德性上达至"天"的高度，才是"成身成性"的终极目的。《宋史》本传称，张载"以为知人而不知天，求为贤人而不求为圣人，此秦、汉以来学者大蔽也"。此语所强调的也是这一点。

张棠、周芳："有，保有之也。未化而不能保有其大者，行而未成者也；已化而能保有其大者，成身成性者也。"（《正蒙注》）

8·7　大而未化[1]，未能有其大[2]，化而后能有其大[3]。

[注释]

[1] 大：指德性之美充塞于天地之间。出自《孟子·尽心下》："充实而有光辉之谓大。"张载阐发说："塞乎天地之谓大。"（8·4）而：却。化：指圣人所具有的感染和教化力量极强的精神境界。出自《孟子·尽心下》："大而化之之谓圣。"　[2] 有：保有。　[3] 此三句意为，充塞于天地之间的德性之美（大）未达

致圣人才具有的化境（化），那是未能保有充塞于天地之间的德性之美（大），只有实现了圣人的化境（化）之后才能够保有充塞于天地之间的德性之美（大）。

[点评]

本章承接上一章言"圣"之意，论"大"这一精神境界的实现必须以"化"这一精神境界为其前提条件。张载说："大人成性则圣也化，化则纯是天德也。"（《横渠易说·上经·乾》）这可与本章相参证。

8·8　知德以大中为极[1]，可谓知至矣[2]。择中庸而固执之[3]，乃至之之渐也[4]。惟知学然后能勉[5]，能勉然后日进而不息可期矣[6]。

徐必达："若知夫'德以大中为极'，可谓知所至之地矣。'可期'，即期于大中之极。"（《正蒙释》卷二）

[注释]

[1]知德：知晓德行。极：充分；极致。　[2]此两句意为，知晓德行若以中道为极致，就可以说获得了最高的道德知识。知至：道德知识的极致。《周易·乾·文言》："知至至之，可与几也。"王弼注："处一体之极，是'至'也。"　[3]择中庸而固执之：出自《中庸》第二十章。固执：坚持。　[4]此两句意为，选择善而坚持躬行，是德行实现的渐进过程。至之：实现德行。渐：渐进的过程。　[5]勉：努力；尽力。　[6]此两句意为，只有知晓向学的必要，然后才能够努力为学，能够努力为学然后便不断进步，这样勤学不懈则达致大中之极就是可以期待的了。而：则。可期：可以期待。

［点评］

本章论"知德""进德"。"知德"，出自《论语·卫灵公》："由！知德者鲜矣。""进德"出自《周易·乾·文言》："子曰：'君子进德修业。'……'知至至之，可与几也。'"可见，"知至至之"与"进德"有关。以下分三方面加以评论。

一、论圣人之"知至"。张载说："知德之难言，知之至也。"（《正蒙·至当》）明儒刘儓指出："'知德'之'知'，即'知止'之'知'。"（《新刊正蒙解》卷二）"知止"之"止"，亦即张载所谓"得正则得所止"之"止"。"知德以大中为极"，此是"圣人之德"（刘玑《正蒙会稿》卷二）。另外，8·3章所谓"大中至正之极"，可与本章相互参证。

二、论贤人之"至之"。"择中庸而固执之"，是由《中庸》第二十章所谓"诚之者，择善而固执之者也"变化而来的。此外，《中庸》第八章说："子曰：'回之为人也，择乎中庸，得一善，则拳拳服膺而弗失之矣。'"本章就是对《中庸》"子曰"这句话的解说（张载佚著《礼记说·中庸第三十一》）。可见，本章第二句话的主语是颜回。"乃至之之渐也"，其"至之"指的应当是前一句的"固执之"。由于《中庸》的原话是"择善而固执之"，因而，"至之"或"固执之"的"之"指代的都是"善"。总之，本章第二句是说贤人颜回"至之"或"固执之"于"善"的途径。

三、论学者之"知学"。本章第三句的主语是学者，通过"能勉"，"日进而不息"的努力，其德行由学者提升至贤人乃至圣人才能够具备的大中之极，是可以期待的。

8·9　体正则不待矫而弘^[1]。未正必矫^[2]，矫而得中^[3]，然后可大^[4]。故致曲于诚者^[5]，必变而后化^[6]。

《中庸》第二十三章："其次致曲。曲能有诚。诚则形，形则著，著则明，明则动，动则变，变则化。唯天下至诚为能化。"

[注释]

[1] 此句意为，圣人躬行至善，则不用纠偏就能扩展其德行。体：践履；躬行。《荀子·修身》："笃志而体，君子也。"王念孙云："笃志而体，谓固其志以履道。"不待：不用。矫（jiǎo）：匡正；纠正。而：能。弘：扩展；扩大。　[2] 未正：指未能躬行至善。　[3] 中：中道。　[4] 此三句意为，贤人未能躬行至善必须纠其偏，纠其偏而趋向中道，然后可以使中道实施的规模更大。大：扩大。　[5] 曲：细小之事。诚：指人由效法天道而具备的真诚。　[6] 此两句意为，因而贤人若在小事细节上能够体现其真诚，必然会改变他人，最后会化恶为善。变：此指改变他人。化：此指所变既久，遂趋于化恶为善。

[点评]

本章依据《中庸》，论圣人躬行至善（体正）与贤人未能躬行至善（未正）之别。

本章共三句，第一句说的是圣人，第二句和第三句说的是贤人。所引《中庸》"致曲"，原文为"其次致曲"，"其次"，指次于圣人的贤人。"变则化"之"化"前面的内容，说的都是贤人。而且，"变则化"之"化"与

"唯天下至诚为能化"之"化"是不同的，前者指贤人之"化"，后者则指圣人之"化"。

8·1章所谓"盖得正则得所止，得所止则可以弘而至于大"，可与本章合观。

8·10　极其大而后中可求[1]，止其中而后大可有[2]。

[注释]

[1] 极其大：规模极其广大。而：之。中：中道。可：适宜；相宜。　[2] 此两句意为，德行的规模极其广大之后便宜于中道的探求，至善合乎中道之后实施的规模便易于实现。止：此指至善。张棠、周芳："止，即篇首所谓圣人之止也。"（《正蒙注》）其：乎（《经词衍释》）。有：取得；得到。引申为实现。

[点评]

上章重点论"正"与"中"的关系，本章则转而论"大"与"中"的关系。

上章与本章的联系表现为：本章"止其中"之"止"，其意涵近于上章之"体正"之"正"；本章"而后中可求"，其意涵接近于上章之"矫而得中"；本章"而后大可有"，其意涵接近于上章之"然后可大"。

8·11　大亦圣之任[1]，虽非清和一体之偏[2]，犹未忘于勉而大尔[3]。若圣人，则性与天

道无所勉焉^[4]。

[注释]

[1] 大：人格境界的品级之一。出自《孟子·尽心下》："充实而有光辉之谓大。"圣之任：指圣人中的尽责者。出自《孟子·万章下》："伊尹，圣之任者也。"　[2] 清：清纯。出自《孟子·万章下》："伯夷，圣之清者也。"和：随和。出自《孟子·万章下》："柳下惠，圣之和者也。"一体：一部分。出自《孟子·公孙丑上》："子夏、子游、子张皆有圣人之一体。"偏：部分；局部。《荀子·天论》："一物为万物一偏。"　[3] 此三句意为，"充实而有光辉之谓大"的境界也属于伊尹之圣的担当，它虽不像伯夷之清高和柳下惠之随和那样只是圣人整体的某一方面，却仍未摆脱由人为努力而至"大"境的修养途径。犹：仍（《助字辨略》卷二）。忘：放弃；遗弃。　[4] 此两句意为，如果是圣人孔子，对于性与天道的领悟则无需牵强勉力而为。

[点评]

本章先论"充实而有光辉之谓大"这一境界的实现仍未摆脱"勉而大"的修养途径，次论圣人境界的实现则是"无所勉"的。这涉及大人或贤人与圣人修养方法的不同：前者是依赖思、勉的，而后者则是不思不勉的。张载认为，圣人"盛德自致"，"非思勉可得，犹大而化之"（《横渠易说·系辞下》）。他强调，"穷神知化"，"非思勉之能强"（4·15）。张载依据《中庸》，认为圣人孔子"与天同德，不思不勉，从容中道"（《正蒙·三十》）。

章内使用的话语，如"圣之任""清和""一体"等，见于《孟子》之《尽心下》《万章下》《公孙丑上》等篇。这里涉及伊尹与伯夷、柳下惠三人的比较。王夫之评价伊尹的德行，认为"可兼二子"，就是说伊尹兼有伯夷之清、柳下惠之和。但另一方面，他又把伊尹的功业归结为"皆勉也"（《张子正蒙注》卷四）。这对理解本章，有参考价值。

此外，"清和一体之偏"中的"一体"和"偏"，其涵义相同，都是部分、局部的意思，连用表示强调。

王夫之："清和未极其大，故中不能止；任者未止于中，故大不能化。唯孔子存神而忘迹，有事于天，无事于人，圣功不已，故臻时中之妙，以大中贯万理而皆安也。"（《张子正蒙注》卷四）

8·12　无所杂者清之极[1]，无所异者和之极[2]。勉而清[3]，非圣人之清[4]；勉而和，非圣人之和[5]。所谓圣者，不勉不思而至焉者也[6]。

[注释]

[1]杂：混杂。清：清纯。极：极致。　[2]此两句意为，人格没有任何混杂之气的是清纯的极致，人格没有任何乖异之气的是随和的极致。异：乖异。和：随和。　[3]而：能。　[4]此两句意为，依赖人为努力能够达到的清纯，不是圣人的清高。　[5]此两句意为，依赖人为努力能够达到的随和，不是圣人的随和。　[6]此两句意为，所谓圣人，是无需依赖人为努力和思虑就能够达致的精神境界。

[点评]

本章论"勉而清""勉而和"的一偏之圣与孔子之圣"不勉不思"的区别。

朱熹《孟子集注》卷十《万章章句下》引据本章。

8·13　勉，盖未能安也[1]；思，盖未能有也[2]。

[注释]

[1] 此两句意为，不断努力，是因为未能达到"不勉而中"的精神安宁。盖：承上文而推原其故时使用。　[2] 此两句意为，刻意的思虑，是因为未能达到"不思而得，从容中道"的境界。

[点评]

本章承接上章所谓"不勉不思"，论"勉"与"思"作为大人或贤人修养工夫的局限。

8·14　不尊德性[1]，则学问从而不道[2]。不致广大[3]，则精微无所立其诚[4]。不极高明[5]，则择乎中庸失时措之宜矣[6]。

[注释]

[1] 德性：道德之性；至诚之性。　[2] 此两句意为，若不尊崇道德之性，则君子虽致力于学问，却无法达致圣人之道。学问：出自《中庸》第二十七章："尊德性而道问学。"从：从事。而：却。道：此指圣人之道。　[3] 广大：广博；博厚。孔疏："广大谓地也。"形容大地生养万物之德。　[4] 此两句意为，若不努力使自己具备大地般广博宽厚的胸怀，则君子虽尽心于大地的养育之德，但仍无从确立至诚之道。精微：尽心而无微不至。出自《中庸》第

刘玑："'未能安'者，未能不勉而中。'未能有'者，未能不思而得也。"（《正蒙会稿》卷二）

王植："此节大意，引《中庸》而释之，以见德性之宜尊，所以明求中求正之功也。"（《正蒙初义》）

二十七章："致广大而尽精微。"孔疏："尽育物之精微，言无微不尽也。"　[5]高明：崇高而光明。孔疏："高明谓天也。"形容上天的高明之德。出自《中庸》："极高明而道中庸。"　[6]此两句意为，若不能极力领悟上天的高明之德，则君子即使选择了中庸之道，其运用也无法把握适宜的时机。失：此指未能把握到。时措：出自《中庸》第二十五章："性之德也，合外内之道也，故时措之宜也。"郑玄注："言得其时而用也。"

[点评]

本章论《中庸》有关君子欲行圣人之道的三句话。这三句话的开头用语，分别是著名的"尊德性""致广大""极高明"。张载把这三句话改为否定式后加以诠释，然而与《中庸》原意略有不同。

张棠、周芳："言圣人之心，虽无意、必、固、我，然一诚不息，其所以存心处亦必有道，特过化存神而不可知耳。"(《正蒙注》)

8·15　绝四之外[1]，心可存处[2]，盖必有事焉[3]，而圣不可知也[4]。

[注释]

[1]绝四：语出《论语·子罕》："子绝四：毋意，毋必，毋固，毋我。"绝：禁止；禁绝。　[2]可：当。　[3]盖：于所言之事不确信时使用。必有事焉：出自《孟子·公孙丑上》。朱熹："'必有事焉'，有所事也。"(《孟子集注》)　[4]此四句意为，在摒绝意、必、固、我这四种毛病之外，心所当用之处，一定是要有所事为的，而圣人所事则存神过化而不可测知。

［点评］

本章论君子心所当用，必有所为，不同于圣人无思无为而"不可知"。

8·16　不得已[1]，当为而为之，虽杀人皆义也[2]。有心为之[3]，虽善皆意也[4]。"正己而物正"[5]，大人也[6]。正己而正物[7]，犹不免有意之累也[8]。有意为善，利之也[9]，假之也[10]；无意为善，性之也[11]，由之也[12]。有意在善，且为未尽，况有意于未善耶[13]？仲尼绝四，自始学至成德，竭两端之教也[14]。

高攀龙："深明'有意'之不可也。圣人以绝四为教，自始学以至成德，所以克治融释者，不外乎此，所谓'竭两端之教'也。"（《正蒙释》卷二）

［注释］

[1] 不得已：不能不如此。王夫之："理所必行。"（《张子正蒙注》卷四）　[2] 此三句意为，理所应当做而去做，连杀人也都是正义的。义：合宜。张载："义者，谓合宜也。"（《经学理窟·学大原下》）　[3] 心：同"意"。此指"成心"。张载："成心者，私意也。"（7·9）　[4] 此两句意为，在私意支配下做事，所做虽属善事，但都是出于私意而已。意：此指功利意识等私意。　[5] "正己而物正"：出自《孟子·尽心上》："有大人者，正己而物正者也。"　[6] 此两句意为，"端正自己的同时能使所做之事自正"，能够这样做的人称之为大人。　[7] 正物：端正所做之事。物：此指事。　[8] 此两句意为，端正自己进而端正所做之事，仍无法避免功利心等私意的拖累。犹：仍。　[9] 利之：受

功利心驱使去做。 [10]此三句意为，有私意去做善事，其实质是受功利心驱使去做的，或假借正义等名义去做的。假之：假借正义等名义去做。 [11]性之：受善性支配去做。 [12]此三句意为，未受私意影响去做善事，其实质是受善性支配去做，或是依照本性去做。由之：依照本性去做。 [13]此三句意为，有意于善，尚且无法做到彻底为善，何况有意于不善呢？ [14]此三句意为，对于摒绝意、必、固、我这四种毛病，从开始为学直至成就德性，孔子所运用的教学方法是尽量从始与终这两方面入手，从而使学生领会得更多。竭：尽。此指对问题的彻底领会。两端：问题的始与终。此指"始学"与"成德"。出自《论语·子罕》："我叩其两端而竭焉。"

[点评]

本章在"利"与"义"价值冲突的意义上，论孔子的"绝四"之教。孔子所谓意、必、固、我四者，后三者皆根源于"意"，故本章着重论"意"。在张载看来，人的活动一旦涉及私意，即使爱人利物所为皆善，也不过是出于"利"而已，不得归结为"义"。

8·15章"绝四"，专就圣人言；而本章"绝四"，则就孔子教学言。

本章"仲尼绝四"至文末，后被朱熹、吕祖谦辑入《近思录》卷二。

王夫之："'不得已'，理所不可止，义也；'不得为'，时所未可为，命也。'义命合一存乎理'，顺理以屈伸动静，智斯大矣。"（《张子正蒙注》卷四）

8·17　不得已而后为，至于不得为而止[1]，斯智矣夫[2]！

[注释]

[1] 止：停止。　[2] 此三句意为，理所必然而后去做，直至不应当做时则停下来，这才堪称智慧啊！斯：此；这。

[点评]

本章论为所当为，则无意、必之累；止所当止，则无固、我之失。

8·18　意，有思也 [1]；必，有待也 [2]；固，不化也 [3]；我，有方也 [4]。四者有一焉，则与天地为不相似 [5]。

张棠、周芳："此又言四者之绝必尽。绝，以起下文直养无害之意。"（《正蒙注》）

[注释]

[1] 此两句意为，意，说的是成心之思。　[2] 此两句意为，必，说的是必期于事成而后已。有待：有所期待。　[3] 此两句意为，固，说的是既行之后，对是非得失滞而不化。不化：凝滞。　[4] 此两句意为，我，说的是只考虑一己之私的取向。有方：取向；处所。　[5] 此两句意为，以上四者，哪怕只有其一，就与天地没有私意不一样了。则：即；就。

[点评]

本章是对意、必、固、我这四种毛病的简要界定，并论此四者的危害，可与 8·20 章合观。

本章后被朱熹、吕祖谦辑入《近思录》卷二。

朱熹《论语集注》卷五《子罕第九》援引本章末句

"四者有一焉，则与天地不相似"。

8·19 天理一贯 [1]，则无意、必、固、我之凿 [2]。

[注释]

[1] 贯：统贯；贯穿。   [2] 以上几句意为，人若领会天理统贯一切事物的道理，就不会有穿凿附会于意、必、固、我的情况出现了。凿：穿凿附会。

[点评]

本章论只要基于"天理一贯"，便不会有"意、必、固、我"之弊。

8·20 意、必、固、我，一物存焉 [1]，非诚也 [2]。四者尽去，则"直养而无害"矣 [3]。

[注释]

[1] 一物：此指意、必、固、我四者之一。   [2] 以上几句意为，意、必、固、我这四种毛病，只要有其中一种存在，就无法像天道运行那样真诚。诚：《中庸》术语。此指天道创生万物的真诚。   [3] 此两句意为，彻底摒弃这四种毛病，则能够像孟子所说的那样"对浩然之气养之以义，而不害之以邪"。直养而无害：出自《孟子·公孙丑上》："（浩然之气）至大至刚，以直养而无害，则塞于天地之间。"直：焦循《孟子正义》："直，即义也。"

[点评]

本章论意、必、固、我与存诚的冲突及其解决方式。

本章与 8·18、8·19 章皆论意、必、固、我，可以合看。8·15、8·16 章论及"绝四"，也可以作为解读本章的参考。

8·21　妄去[1]，然后得所止[2]。得所止，然后得所养而进于大矣[3]。无所感而起[4]，妄也[5]；感而通，诚也[6]。计度而知[7]，昏也[8]；不思而得[9]，素也[10]。

徐必达："妄去，则大居正矣。"（《正蒙释》卷二）

[注释]

[1] 妄：虚妄之心。此指意、必、固、我等毛病。　[2] 此两句意为，摒除虚妄之心，然后就能够达到至善这一目的。得所止：达到至善之所在。　[3] 此两句意为，达到至善这一目的，然后使至善得以存养，并进而达到"大"的精神境界。大：此指精神境界。　[4] 感：感应；感通。起：兴起；引动。　[5] 此两句意为，未经善性的感应而引发的一切，都是虚妄的。　[6] 此两句意为，经善性的感应而与万事万物贯通为一体，便是真诚的。诚：《中庸》术语。指天道创生万物的真诚。　[7] 计度：估计；料想。　[8] 此两句意为，由揣测而获知的一切，都是昏愦迷乱的。昏：昏愦；迷乱。　[9] 不思而得：指圣人本性合于天道自然，因而能够不经过思虑而自得于真诚。出自《中庸》第二十章："诚者，不勉而中，不思而得，从容中道，圣人也。"　[10] 此两句意为，圣人毋须思虑便可达到至善的"大"境，这是其本色使然。素：本色；质朴。

[点评]

本章承接上一章，论去"妄"存"诚"，最终便能够达到"大"的精神境界。

吴讷："'有教以先之'，所谓'豫'也。'精义'至于'入神'，'豫'之至也。故'立斯立'，'动斯和'，正释《中庸》'凡事豫则立'意。"（《正蒙补注》）

8·22 "事豫则立"[1]，必有教以先之[2]。尽教之善[3]，必精义以研之[4]。"精义入神"[5]，然后立斯立[6]，动斯和矣[7]。

[注释]

[1]"事豫则立"：出自《中庸》第二十章："凡事豫则立，不豫则废。"豫：预备。立：成就；成功。 [2]此两句意为，凡事预先有准备就会有成就，因而必须以教学作为先行准备。有教以先之：出自《礼记·学记》："是故古之王者，建国君民，教学为先。"以：为。 [3]尽：充分。善：好处；优点。 [4]此两句意为，充分发挥教学的优势，必须对其精深微妙的义理加以研究。精义：精深微妙的义理。 [5]"精义入神"：出自《周易·系辞下》，意为精深微妙的义理，进入神妙之境。孔疏："'精义入神'，是先静也。"然后，由静至动。 [6]立：树立；建树。斯：尽；皆。 [7]此三句意为，"精深微妙的义理，进入神妙之境"，然后教者有所建树也能使学生都有所建树，教者有所动员就能使学生同心协力而为。动：发动。和：同心协力。出自《论语·子张》："夫子之得邦家者，所谓立之斯立，道之斯行，绥之斯来，动之斯和。"

[点评]

本章依据《中庸》"凡事豫则立"，论教学的优先性；

依据《周易·系辞下》"精义入神"，论充分发挥教学优势的重要性。本章可与4·22章"'精义入神'，豫之至也"合观。但需要注意，4·22章只是泛言"豫"，而本章则专就教学言"豫"。

8·23　志道则进据者不止矣[1]，依仁则小者可游而不失和矣[2]。

[注释]

[1]志道：志在于道。据：依据；根据。此指德性。　[2]此两句意为，志在于道，则其进步依据的是德性而一直不停息；依赖于仁，则即使悠游于六艺之小也能因应自如而不失于仁。依仁：依赖于仁。游：此是"游于艺"的省称。和：此指和顺。

[点评]

本章依据《论语·述而》，论"志于道，据于德，依于仁，游于艺"的为学四事，并强调以"志道"和"依仁"主导。

华希闵："志道，则一念向往，不得所据不止。仁体事而无不在，艺亦仁也，故依仁则小者可游而亦非玩物丧志。"（《正蒙辑释》卷二）

8·24　志学然后可与适道[1]，强礼然后可与立[2]，不惑然后可与权[3]。

吴讷："'不惑'则知之，明轻重必不差也，故'可与权'。"（《正蒙补注》）

[注释]

[1]可与适道：出自《论语·子罕》："子曰：'可与共学，未可与适道。'"适：至；往。　[2]强：固守。可与立：出自《论语·子

罕》："可与适道，未可与立"。立：有所成立。在《论语》中，"立"常包涵"立于礼"之意（《论语·泰伯》等）。　[3] 此三句意为，人有志于学，然后能够通向道；言行固守于礼，然后能够有所建树；头脑不迷惑，然后能够权衡轻重，因时制宜。可与权：出自《论语·子罕》："可与立，未可与权。"权：衡量轻重，因时制宜。

[点评]

本章依据《论语·子罕》之为学三"可"、三"未可"，论为学三"可"之所在：一可志学于道，二可守礼成性，三可权衡轻重。

吕柟："释道不外乎经。经者，义之所成也；义者，文之所具也。"（《张子抄释》卷二）

8·25　博文以集义[1]，集义以正经[2]，正经然后一以贯天下之道[3]。

[注释]

[1] 博文：博学于文，意为广泛地学习经典的道德知识。语出《论语·雍也》："君子博学于文，约之以礼。"集义：积聚内在的道义。出自《孟子·公孙丑上》："是集义所生者，非义袭而取之也。"　[2] 正经：使人的言行举止合乎常道。正：合乎；符合。经：常。此指仁义礼智之常道。　[3] 此三句意为，广泛地学习经典的道德知识用以积聚内在的道义，积聚内在的道义使言行举止合乎常道，言行举止合乎常道然后据以统贯天下之道。一：此指常道。贯：统贯；贯穿。出自《论语·里仁》："子曰：'参乎！吾道一以贯之。'"

[点评]

本章依据《论语·雍也》所言"博文"与《孟子·公孙丑上》所言"集义"，论"正经"以统贯天下之道。对于"博文"一语，这里未将其解释为广泛地学习文献或六经之文，而是解释为广泛地学习经典的道德知识，这与下一句"集义"的语义显得更加允协。

本章涉及为学程序的三个环节。其一，从"博文"到"集义"。不"博文"则不知义之所在，故"博文"用以"集义"。其二，从"集义"到"正经"。不"集义"则常道无所由而正，因而言行举止必由义以"正经"。其三，从"正经"到"一以贯天下之道"。明儒刘玑说："经者，万世不易之理，天下之道岂有过于此者哉？故学至于'正经'，则取之左右逢其原矣，所谓'一以贯天下之道'也。"（《正蒙会稿》卷二）刘玑所言，有助于对此第三环节的理解。

关于"正经"，可与《经学理窟·自道》9·11 章相互参证。

8·26　将穷理而不顺理[1]，将精义而不徙义[2]，欲资深且习察[3]，吾不知其智也[4]。

刘儳："'穷理''精义'，造其理也；'顺理''徙义'，履其事也。"（《新刊正蒙解》卷二）

[注释]

[1]将：欲；打算。其中含有意志作用。穷理：全面探究万物和心性的道理。而：却；然而。顺理：遵循于理。出自《周易·说卦》："昔者圣人之作《易》也，将以顺性命之理。"　[2]精义：此指精研义理。出自《易传·系辞下》："精义入神，以致用也。"

徙义：指见义就改变意念而从之。语出《论语·颜渊》："子曰：
'主忠信，徙义，崇德也。'" [3]资深：积蓄得深厚。语出《孟子·离娄下》："自得之（指道），则居之安；居之安，则资之深；资之深，则取之左右逢其原，故君子欲其自得之也。"习察：习以为常而要问其所以然。 [4]此四句意为，打算穷理却不顺从于理，打算精研义理却不能据以改变自己的观念，（因而）既想要义理积蓄得深厚，又想要对常识刨根问底以知其所以然，我不知道这些人是不是有理智的。

[点评]

本章所谓"习察"，出自《孟子·尽心上》："行之而不著焉，习矣而不察焉，终身由之而不知其道者，众也。"据此不难看出，孟子所谓"众"，亦即众人或常人，是本章批评的对象。在这一批评中，蕴涵了对"顺理""徙义""习察"的强调。

张棠、周芳："本，谓初也。差，等差也。生安、学利、困勉者，其初之等差也，所知所行无非五达道，是则所谓一也。"（《正蒙注》）

8·27 智、仁、勇，天下之达德[1]，虽本之有差[2]，及所以知之、成之则一也[3]。盖谓仁者以生知、以安行此五者[4]，智者以学知、以利行此五者[5]，勇者以困知、以勉行此五者[6]。

[注释]

[1]达德：此指常行之德。出自《中庸》第二十章："智、仁、勇三者，天下之达德也，所以行之者一也。" [2]本：原本；起初。 [3]此三句意为，智、仁、勇，是天下常行之德，虽然各

人在知行方面的资质起初是有差别的，但就他们所知所行无非都是五达道而言则是一致的。及：至。成之则一：亦即《中庸》所谓三"达德""所以行之者一也"。　[4] 生知：《中庸》用语，指天生而自知之。安行：《中庸》用语，指无所求为，安静而行之。五者：指《中庸》第二十章所谓五达道，包括：君臣、父子、夫妇、昆弟、朋友之道。　[5] 学知：《中庸》用语，指由学而知之。利行：《中庸》用语，指贪其利益而行之。　[6] 以上几句意为，所谓仁者是天生而自知此五达道、无所求而安静行此五达道，智者是由学而知此五达道、贪其利益而行此五达道、勇者是有困而学乃知此五达道、勉力自强而行此五达道。困知：《中庸》用语，指临事有困，由学乃知。勉行：《中庸》用语，指勉力自强而行之。

[点评]

本章是对《中庸》"问政"章关于三"达德"和五"达道"及其关系的论说。

8·28　中心安仁[1]，无欲而好仁[2]，无畏而恶不仁[3]，天下一人而已[4]，惟责己一身当然尔[5]。

华希闵："惟天下一人，故止可以之责己，不可以责之庸众人。"（《正蒙辑释》卷二）

[注释]

[1] 中：内。安仁：自安于仁德。出自《礼记·表记》："子曰：'中心安仁者，天下一人而已矣。'"　[2] 好仁：自好于仁德。出自《礼记·表记》："无欲而好仁。"　[3] 恶（wù）不仁：憎恶不仁。出自《礼记·表记》："无畏而恶不仁。"　[4] 天下一人而已：

此指天下能够实行安仁、好仁、恶不仁的人很少。　[5] 此五句意为，内心自安于仁德，没有私欲而自好于仁德，没有畏惧而憎恶不讲仁德，天下能够做到这些的只有一人而已，因而只能要求以一己之身来承担安仁、好仁、恶不仁就是理所当然的。惟：只；仅。责：要求；期望。己：此指《礼记·表记》所谓"一人而已"。

[点评]

本章集《礼记·表记》中孔子有关"安仁""好仁""恶不仁"的三句话，并加以解释。在感慨天下能够"安仁""好仁""恶不仁"的人极少之后，依据《表记》所谓"君子议道自己"，说"惟责己一人当然尔"。对此，张载曾解释说："'一人而已'，责己也。"（佚著《礼记说·表记第三十二》）这可以作为解读本章末句的参考。

徐必达："此释《中庸》'笃行'之义。天道无息，非一敦笃行之便了事也。"（《正蒙释》卷二）

8·29　行之笃者[1]，敦笃云乎哉[2]！如天道不已而然，笃之至也[3]。

[注释]

[1] 笃：切实；真切。　[2] 此两句意为，践行真切的人，是指其敦厚笃实吗！敦笃：敦厚笃实。　[3] 此两句意为，人只有像天道那样至诚不息地运行，才能够达到真切践行的极致。

[点评]

本章论人只有像天道那样至诚不息地运行，才能够达到真切践行的极致。强调"敦笃"是始学之功，而"天道不已”则是圣学之事。

8·30　君子于天下，达善达不善^[1]，无物我之私^[2]。循理者共悦之^[3]，不循理者共改之^[4]。改之者，过虽在人如在己，不忘自讼^[5]。共悦者，善虽在己，盖取诸人而为，必以与人焉^[6]。善以天下^[7]，不善以天下，是谓达善达不善^[8]。

华希闵：“善亦通乎物我，不善亦通乎物我，故云‘无物我之私’。共悦、共改者，言其心直欲与天下之人共悦之、共改之也。”（《正蒙辑释》卷二）

[注释]

[1] 达善：明白善的道理。达：通晓；明白。　[2] 此三句意为，君子立足于天下，明白善的道理、明白不善的道理，不能怀有把天下之人与我分隔开来的偏私之心。物我：此处指他人与我。　[3] 循理：遵循于理。此处的“理”，指善的道理。　[4] 此两句意为，遵循善的道理，君子就能与他人共享喜悦；若不遵循善的道理，君子则要与他人共同改正过错。　[5] 此三句意为，就改正过错而言，过错虽然发生在他人身上，君子却感到如同发生在自己身上一样，不忘记自责。自讼：反省自己的过错而自责。语见《论语·公冶长》：“子曰：‘已矣乎！吾未见能见其过而内自讼者也。’”　[6] 以上四句意为，就君子与他人共享喜悦而言，善虽然表现于君子的行为中，却好像是受益于他人才做到的，因而一定要归功于他人。以：因。与：于。　[7] 以：于。　[8] 此三句意为，善对于天下，不善对于天下，都是指君子明白善的道理、明白不善的道理而言。

[点评]

本章论君子“达善达不善”。其难点是对“达”字的解释，今人的解释歧义纷呈。例如，有把"达"解作"通行、共同"的（喻博文《正蒙注译》、李峰注说《正蒙》），也有把"达"解作"公认"的（张金泉《新译张载文选》），还有把"达"解作"感通"的（周赟《〈正蒙〉诠译》）。"达"的字义复杂，此处当解作通晓、明白。《论语·乡党》："康子馈药，拜而受之。曰：'丘未达，不敢尝。'"刘宝楠《论语正义》："'丘未达'云云者，达犹晓也。言不晓此药治何疾，恐饮之反有害也。"对"达"字释义不同，势必影响本章要点和思路的解读。

第一，把"善""不善"解读为"善的道理""不善的道理"。"善的道理"，其意涵是"无物我之私"之理，亦即下句所谓"循理"之"理"；"不善的道理"，其意涵是对"无物我之私"之理的背离，亦即下句所谓"不循理"。

第二，本章前后两次言及的"达善达不善"，其主语都是"君子"。

第三，"达善达不善"的道理，不能仅停留于理论知识层面，君子还必须将其付诸实践。这体现为"循理者共悦之"和"不循理者共改之"的状态。

张棠、周芳："善人，其名也。志仁、无恶，名之可言者也。"（《正蒙注》）

8·31 善人云者[1]，志于仁而未致其学[2]，能无恶而已[3]，"君子名之必可言也"如是[4]。

[注释]

[1] 善人：求善之人。语出《孟子·尽心下》："可欲之谓善。"

此指乐正子。云者：也者。　[2] 志于仁：立志实行仁德。出自《论语·里仁》："苟志于仁矣，无恶也。"　[3] 无恶：不会作恶。　[4] 此四句意为，《孟子》所谓善人，只是有志于仁德而不致力于为学、能够不做恶的人而已。孔子说"君子给某物命名，一定有可以这样说的依据"，说的就是善人。"君子名之必可言也"：出自《论语·子路》"故君子名之必可言也，言之必可行也。"

[点评]

本章依据《孟子》论善人是志于仁而无恶的人，并依据孔子的话指称其名为善而必有善可言。

8·32　善人，欲仁而未致其学者也[1]。欲仁，故虽不践成法[2]，亦不陷于恶[3]，有诸己也[4]。不入于室由不学[5]，故无自而入圣人之室也[6]。

刘玑："此释善人之所以为善人，惟心欲仁。""然其不能入于室而止于善人者，盖由其天资虽美而无学力以充之故也。"（《正蒙会稿》卷二）

[注释]

[1] 此两句意为，《孟子》所谓善人，是求仁而没有致力于为学的人。欲仁：求仁。　[2] 践：遵守。成法：既定的法规。　[3] 陷：陷入；坠入。　[4] 此四句意为，善人有意求仁，因而虽不遵守既定的法规，也并未陷入恶，他相信求仁是在于自己的。有：在（《古书虚字集释》卷二）。诸：于。　[5] 不入于室：已经登堂，还没有进入内室。登堂与入室，是比喻学习进步的不同阶段。出自《论语·先进》："子曰：'由也升堂矣，未入于室也。'"　[6] 此两句意为，善人已经登堂但还没有入室，这是由于他不致力于为学，因而没有门径可以凭借以优入圣人之域。

自：由。由：凭借。而：以。

［点评］

本章承接上一章，论善人之所以为善人，并依据《论语·先进》"由也升堂矣，未入于室也"，以及"不践迹，亦不入于室"，说明善人的局限。

在《论语集注》卷六中，朱熹援引了本章。

熊刚大："苟徒知仁之可好，而不知不仁之可恶，则所习者或未之察，所行者或未之明，虽有好仁之心而卒陷于不仁，而莫之觉矣。"（《性理群书句解·正蒙》）

8·33　恶不仁[1]，故不善未尝不知[2]。徒好仁而不恶不仁[3]，则习不察[4]，行不著[5]。是故徒善未必尽义[6]，徒是未必尽仁[7]。好仁而恶不仁，然后尽仁义之道[8]。

［注释］

[1] 恶（wù）不仁：憎恶不仁。出自《论语·里仁》："子曰：'我未见好仁者，恶不仁者。好仁者，无以尚之；恶不仁者，其为仁矣，不使不仁者加乎其身。'"　[2] 此两句意为，由于是憎恶不仁的人，因而对于不善的现象是没有不知晓的。不善：亦即"不仁"。未尝不：未曾不；未有不。　[3] 徒：但。好仁：爱好仁德的人。　[4] 习不察：习以为常却不知其所以然。出自《孟子·尽心上》："行之而不著焉，习矣而不察焉。"　[5] 此三句意为，但有爱好仁德之心而不憎恶不仁的人，则习以为常却不知其所以然，实行了却不明就里。著：明白。　[6] 尽义：充分实现义的价值。此指充分落实好仁、恶不仁之事。　[7] 此两句意为，因此，但有求善之心也并不一定能够充分实现义，但有求是之心也并不一

定能够充分实现仁。　[8]此两句意为，基于爱好仁德而且憎恶不仁，然后就能够充分领悟仁义的道理。

[点评]

本章依据《论语·里仁》，论"好仁"必"恶不仁"。清儒江永认为，此是"张子自为一说，以'好仁''恶不仁'为一人，若《论语》则是言两种人也"（《近思录集注》卷五）。明儒多认为，这里所谓"好仁而恶不仁"强调的是"仁义兼尽"（刘玑《正蒙会稿》卷二、徐必达《正蒙释》卷二等），故本章以"然后尽仁义之道"结束。8·6、8·28和8·34章也论及"好仁"与"恶不仁"，可与本章合看。

朱熹在与弟子讨论《论语·里仁》"我未见好仁者"章时认为，以资质而言，有的人"只知好仁"，而有的人则"专是恶不仁意思多"，并品评历史人物说："如颜子、明道（程颢）是好仁，孟子、伊川（程颐）是恶不仁；康节（邵雍）近于好仁，横渠（张载）是恶不仁。"（《朱子语类》卷二十六）这可以作为解读本章的参考。

8·34　"笃信好学"[1]，笃信不好学，不越为善人、信士而已[2]。"好德如好色"[3]，好仁为甚矣[4]。"见过而内自讼"[5]，恶不仁而不使加乎其身，恶不仁为甚矣[6]。学者不如是，不足以成身[7]，故孔子未见其人，必叹曰"已矣乎"，思之甚也[8]。

刘儓："张子意重好学，盖勉人以学之为急也。"（《新刊正蒙解》卷二）

张棠、周芳："成身之功，由于'好仁''恶不仁'之甚也。"（《正蒙注》）

［注释］

[1]"笃信好学"：出自《论语·泰伯》："子曰：'笃信好学，守死善道。'"笃信：坚信。　[2]以上几句意为，孔子说"坚信仁道并努力学习"，但有的人虽坚信却不努力学习，这样的人不过是善人、信人而已。不越：不过。　[3]"好德如好色"：出自《论语·卫灵公》："子曰：'已矣乎！吾未见好德如好色者也。'"　[4]此两句意为，孔子所谓"喜欢美德像喜欢美色"，是形容喜欢美德达到了极致。甚：极。　[5]"见过而内自讼"：发现自己的错误而自我责备。出自《论语·公冶长》："子曰：'已矣乎！吾未见能见其过而内自讼者也。'"　[6]此三句意为，孔子所谓"发现自己的过错而自责"，意味着憎恶不仁而不使不仁的情况发生在自己身上，这让憎恶不仁达到了极致。　[7]成身：成德。　[8]此五句意为，学者若不能这样去做的话，就不足以成就自身的德性，因而孔子未见到真正喜欢美德的人和发现自己过错而自责的人，就一定会感叹说"这如何是好啊"！可见他的忧思之深重。

［点评］

本章依据《论语·卫灵公》"好德如好色"章、《论语·公冶长》"见过而内自讼"章，论"好仁""恶不仁"。这里有两点需要略作说明。

第一，本章与8·28、8·33章，都是以"好仁""恶不仁"作为学者"成身"之标准的，故可以合观。

第二，本章末言及孔子"必叹曰'已矣乎'"，其中的"已矣乎"，在《论语》中多次出现过，其解释不易。依据本章的语境，尝试将其解释为一种无可奈何的感叹语"这如何是好啊"。

8·35　孙其志于仁则得仁[1]，孙其志于义则得义，惟其敏而已[2]。

华希闵："仁义非虚骄者所能得，孙其志则得矣。盖能孙者，亦必能敏也。"(《正蒙辑释》卷二)

[注释]

[1] 孙：同"逊"。使谦逊。志：心意。　[2] 此三句意为，使学者以谦逊的心态对待仁则获得仁，以谦逊的心态对待义则获得义，（这里没有捷径可走，）需要的只是长期坚持不懈的努力而已。惟：仅；只。敏：努力；勤勉。

[点评]

本章依据《尚书·商书·说命下》"惟学逊志，务时敏"，论志于仁则获得仁，志于义则获得义。

8·36　博文约礼[1]，由至著入至简[2]，故可使不得叛而去[3]。温故知新[4]，多识前言往行以畜德[5]，绎旧业而知新[6]。盖思昔未至而今至[7]，缘旧所见闻而察来[8]，皆其义也[9]。

徐必达："徒博则牿其心于闻见，徒约则溺其志于空虚，此皆叛道而去者也。'温故''多识'，博文之义；'知新''畜德'，约礼之义。"(《正蒙释》卷二)

[注释]

[1] 博文：广泛地学习经典的道德知识。约礼：用礼仪约束自己。出自《论语·雍也》："子曰：'君子博学于文，约之以礼，亦可以弗畔矣夫！'"　[2] 至著：最显著。至简：极简约。　[3] 此三句意为，广博地学习经典的道德知识、约束自身以礼仪，这是从最显著的学习进入极简约的礼仪的过程，故而可以警示学者不要走上离经

叛道的邪路。叛：同"畔"。背离；背叛。　[4]温故知新：语出《论语·为政》："子曰：'温故而知新，可以为师矣。'"　[5]多识前言往行以畜德：出自《周易·大畜·象》："君子以多识前言往行，以畜其德。"　[6]此三句意为，不断温习旧知识而启发新知，多学习前人的言行以不断增进道德修养，总结以往做事的经验教训就能知晓未来新事业所在。绎：寻绎；清理；总结。意为理出事物的头绪。　[7]盖：《张载集》章校本依王夫之《张子正蒙注》改作"益"，并属上句作"绎旧业而知新益"。此因形近而误校。　[8]缘：因；据。察：知晓。来：未来；将来。　[9]此三句意为，回顾过去为学尚未达到的境地而现在却已然达到，依据旧日的见闻经验能知晓未来，这些都是温故知新的道理。

[点评]

本章依据《论语》"博文约礼""温故知新"与《周易》"多识前言往行，以畜其德"之义，论为学之事。可以把本章分为两部分。第一部分，论"博文约礼"。这里把"博文"解释为广泛地学习经典的道德知识，与第二部分的"多识前言往行以畜德"，语义吻合。第二部分，论"温故知新"。"前言往行""旧业""昔未至""旧所见闻"，皆其"故"；而"畜德""知新""今至""察来"，则皆其"新"。

关于"博文"之"文"，当与8·25、8·36章合看。此外，还可以与《经学理窟·气质》5·19、5·21章相互参证。

华希闵："学虽不可不自信，亦不可专自是。自是，则尤人而忘责己矣。"（《正蒙辑释》卷二）

8·37　责己者当知天下国家无皆非之理[1]，故学至于不尤人[2]，学之至也[3]。

[注释]

[1]责己:反求诸己而自我反省。非:错误。　[2]不尤人:不责备人。出自《论语·宪问》:"子曰:'不怨天,不尤人,下学而上达。'"　[3]此三句意为,能自我反省的人应当知晓天下国家没有完全错误的道理,故而为学若达到了不埋怨人的境地,就是达到为学的极致了。

[点评]

本章论"责己"而"不尤人"是为学的极致。此意孔子在《论语》中反复申说,除了本章之外,孔子还说过"人不知而不愠"(《论语·学而》)、"躬自厚而薄责于人"(《论语·卫灵公》)、"君子求诸己,小人求诸人"(同上)。这些都可以作为解读本章的参考。

8·38　闻而不疑则传言之[1],见而不殆则学行之[2],中人之德也[3]。闻斯行[4],好学之徒也[5]。见而识其善而未果于行[6],愈于不知者尔[7]。世有"不知而作者"[8],盖凿也[9],妄也[10],夫子所不敢也,故曰"我无是也"[11]。

张棠、周芳:"盖知而不行,知不足贵;不知而行,行反为害也。"(《正蒙注》)

[注释]

[1]传言:传播。　[2]殆:疑惑。　[3]此三句意为,听到而不怀疑则将其传播开来,看到而不疑惑则加以学习施行,是中等人的德行。中人:中等智力的人。　[4]斯:则。　[5]此两句意为,

听闻他人的品行就行动起来的，是好学之人。　[6]未果：没有实现。　[7]此两句意为，看到而知晓其善却没有将其落实于自己的行动，胜过那些不知晓善的人。愈：胜过；超过。　[8]"不知而作者"：出自《论语·述而》："子曰：'盖有不知而作之者，我无是也。'"不知：无知。作：造作；创制。　[9]凿（záo）：穿凿附会。　[10]妄：狂妄。　[11]此五句意为，世上有"无知却要造作的人"，大概是些穿凿附会的人、狂妄的人。这是孔夫子所不敢做的，故而他说"我没有他们这种毛病"。

[点评]

本章依据《论语》，论知行统一的重要性。

高攀龙："皆闻然之仁，故曰'隐而未见'。"（《正蒙释》卷二）

8·39　以能问不能[1]，以多问寡[2]，私淑艾以教人[3]，隐而未见之仁也[4]。

[注释]

[1]能：此指有能力的人。问：请教。不能：此指无能的人。出自《论语·泰伯》："曾子曰：'以能问于不能，以多问于寡；有若无，实若虚，犯而不校，昔者吾友尝从事于斯矣。'"　[2]多：此指博学的人。寡：此指孤陋寡闻的人。　[3]私淑艾（yì）：取其人之善使自己受益。语见《孟子·尽心上》"君子之所以教者五"之第五。　[4]此四句意为，有能力的人请教于无能的人，博学的人请教于孤陋寡闻的人，以取人之善而自治其身的方式教育人，是君子隐藏而未显现的仁德。隐而未见（xiàn）：出自《周易·乾·文言》："隐而未见，行而未成。"

［点评］

本章合引《论语》《孟子》《周易》，论君子之仁。

8·40　"为山""平地"[1]，此仲尼所以惜颜回未止[2]，盖与互乡之进也[3]。

高攀龙："'为山'，未成一篑，颜子未见其止也；'平地'，方覆一篑，互乡方与其进也。"（《正蒙释》卷二）

［注释］

[1]"为山"：堆土成山。"平地"：平地堆土成山。出自《论语·子罕》："子曰：'譬如为山，未成一篑，止，吾止也；譬如平地，虽覆一篑，进，吾往也。'"　[2]惜：惋惜。此作痛惜。止：停滞。与"进"相对。　[3]以上几句意为，《论语·子罕》"堆土成山""平地堆土成山"章所讲的，是孔子痛惜颜回一生不断进步却从不停息，此外他还赞许互乡之人的进步。与（yǔ）：赞许。互乡：地名。进：进步。出自《论语·述而》："互乡难与言，童子见，门人惑。子曰：'与其进也，不与其退也，唯何甚？人洁己以进，与其洁也，不保其往也。'"

［点评］

本章依据《论语》之《子罕》和《述而》两篇的相关言述，论学者当进而不当止。这里需要辨析的是，孔子为何对颜渊之"进"用"惜"，而对互乡之"进"却用"与"（赞许）。"仲尼所以惜颜回未止"这句话，出自《论语·子罕》："子谓颜渊曰：'惜乎！吾见其进也，未见其止也。'"《唐写本论语郑氏注·子罕篇第九》："颜渊病，孔子往省之，故发此言，痛惜之甚。"（王素校录，文物出版社1991年版，第107页）这一背景，有助于了解孔子为何对颜渊之"进"用"惜",此痛惜当中包涵了对颜渊一生进而不止的赞扬。

刘僊:"学者诚能切己近思,精一自信,吾知其免矣夫。"(《新刊正蒙解》卷二)

8·41 学者四失[1]:为人则失多[2],好高则失寡[3],不察则易[4],苦难则止[5]。

[注释]

[1] 学者四失:出自《礼记·学记》:"学者有四失,教者必知之。人之学也,或失则多,或失则寡,或失则易,或失则止。此四者,心之莫同也。" [2] 为人:以学识炫耀于人。多:此指才识少却贪多。 [3] 寡:少。此指学问浅薄。 [4] 察:了解。易:轻易。 [5] 此五句意为,学者有四种过失:以学识炫耀于人则流于贪多嚼不烂,好高骛远则失之于浅薄,不了解学问的深浅却自以为那不过是轻而易举的,学习中遇到困难便浅尝辄止。苦:使受;施。难:此指学业中的困难。止:此指浅尝辄止。

[点评]

本章依据《礼记·学记》,论学者的四种过失。此外,张载还曾对此做过多方面的论述,他说:"失之多,过也;失之寡,不及也。止有两端,无三也。凡学,不是过,即是不及。无过与不及,乃是中矣。'失则多',谓才少,卒然不能会归,故失于烦多,若子夏是也。子夏之学,自洒扫应对之末,至博学而笃志,切问而近思,其学最实。失于寡者,以才多易晓达,而不精密。若子张窥见夫子近上一节,不复勤求力行,又问善人之道,意谓善人可不学而至。孔子告以必践履善人之事，乃能至善人之地。曾子亦曰：'堂堂乎张也，难与并为仁矣。'易者，轻易也，与寡相近，以为易知，更不复研究，子路事多近之。止，画也，苦其难而不进，冉求事近之。"（佚著《礼记说·学记第十八》）

值得注意的是，张载把"学者四失"的前两"失"归结为"过"与"不及"，并总结说："凡学，不是过，即是不及。无过与不及，乃是中矣。"这是对本篇主题"中正之道"的呼应。在张载那里，"中正"之"中"，是为学和道德价值实践过程中规避"过"与"不及"的方法准则。

8·42 学者舍礼义，则饱食终日[1]，无所猷为[2]，与下民一致[3]，所事不逾衣食之间[4]、燕游之乐尔[5]。

张伯行："礼义者，士人立身之本。既为学者，则其终日所谋，便当以礼义为事。"（《濂洛关闽书》卷二）

[注释]
[1]饱食终日：出自《论语·阳货》："子曰：'饱食终日，无所用心，难矣哉！'" [2]猷（yóu）：谋划。为：作为。出自《尚书·周书·洪范》："凡厥庶民，有猷、有为、有守，汝则念之。" [3]下民：百姓；人民。 [4]逾（yú）：超过；过。 [5]以上几句意为，学者舍弃礼义，则整天吃饱饭，不操心也没有作为，与下层民众一样，过着只知穿衣吃饭、沉溺于宴饮游乐的生活。燕游：宴饮游乐。

[点评]

本章劝诫学者，不要"饱食终日，无所用心"，而要以礼义为事。

张棠、周芳："此言心外无道，求之而得不如不思而自得也。'彼自立彼'者，谓就人论人，乃心与道一之喻也。"(《正蒙注》)

8·43　以心求道，正由以己知人[1]，终不若彼自立彼[2]，为不思而得也[3]。

[注释]

[1] 由：若。　[2] 彼：此指"心与道一"之人。　[3] 此四句意为，用心向外寻求道，正如立足于自己去推知别人一样，终究不如人自知自立于道，是不经过思虑就获得道的。为：是。不思而得：此指不经过思虑而自得于道。语出《中庸》第二十章："诚者，不勉而中，不思而得，从容中道，圣人也。"

[点评]

本章论"以心求道"，不能与道为一；"以己知人"，不如人之自知自立。

吴讷："盖谓至道以王，仁者安仁之事；义道以霸，知者利仁之事；'考道以为无失'，畏罪者强仁之事也。"(《正蒙补注》)

8·44　考求迹合以免罪戾者[1]，畏罪之人也[2]，故曰"考道以为无失"[3]。

[注释]

[1] 考求：探索研求；寻求。迹：行迹。罪戾(lì)：罪过。　[2] 畏罪：出自《礼记·表记》："仁者安仁，知者利仁，畏罪者强仁。"孔疏："若畏惧于罪者，自强行仁，望免离于罪。若无所畏，则不能

行仁也"。　[3] 此三句意为，寻求自己行迹中与道相合之处，祈望以此免离罪过，这是畏惧于罪的人，故而《礼记·表记》说"稽考之道，意谓行事谨慎不会有过失"。"考道以为无失"：出自《礼记·表记》："道有至有义有考，至道以王，义道以霸，考道以为无失。"考道：陈澔《礼记集说》引应氏之说，谓"尽稽考之道，而事不轻举焉"。以为：意谓。无失：不会有过失。

［点评］

本章依据《礼记·表记》，论"畏罪之人"非"安仁""利仁"之人，只是"强仁"之人。《表记》言及至道、义道和考道。至道，指兼有仁、义的王道；义道，指偏重于义而缺少仁的霸道。考道，低于至道和义道，指行事谨慎以避免过失的稽考之道。

8·45 儒者穷理[1]，故率性可以谓之道[2]。浮图不知穷理而自谓之性[3]，故其说不可推而行[4]。

刘儓："'天命之谓性，率性之谓道'，是性与道非二物也。"（《新刊正蒙解》卷二）

［注释］

[1] 穷理：穷究万物和心性的道理。　[2] 此两句意为，儒者穷究万物和心性之理，故而遵循天性而行可以称之为道。率：循。　[3] 浮图：佛陀；浮屠。此指佛教徒。之：其。性：此指佛教人士以虚空为性。　[4] 此两句意为，佛教人士不懂得穷理而自称以虚空为性，因而他们的学说不可推行于天下国家。

张棠、周芳："释氏不知穷理而妄意虚空为性，则亦何道之可行哉！"（《正蒙注》）

［点评］

本章依据《中庸》"天命之谓性，率性之谓道"，批判佛教人士以虚空为性的学说。

李光地："有定体者，有德可据也；体象定者，诚而形也；文节著见，一身之文；余善兼照，明及远也。以动为徙义，以变为通变，以化为圆神，皆主进德言。"（《注解正蒙》）

8·46　致曲不贰[1]，则德有定体[2]；体象诚定[3]，则文节著见[4]；一曲致文[5]，则余善兼照[6]；明能兼照[7]，则必将徙义[8]；诚能徙义[9]，则德自通变[10]；能通其变，则圆神无滞[11]。

［注释］

[1] 致曲：《中庸》术语。致：推致；达致。曲：小事；部分。不贰：诚一不二；专一。　[2] 此两句意为，专一不二地把真诚推行于细小的事情上去，则德行便有其确定的表现。定：确定。体：体现；表现。　[3] 象：此指外在现象。诚：若；苟。　[4] 此两句意为，德行的表现若被确定，则其礼节便显著可见。文节：也称"节文"，指礼节。著：显著。　[5] 一曲：一身；自身。文：文节。　[6] 此两句意为，以自己一身推行礼节，则尚未实现的善德便全部彰明。余善："未至之善也。"（王夫之《张子正蒙注》卷四）兼：全部；整个。照：明。　[7] 明：善德彰明。出自《中庸》第二十三章"明则动"，指善德彰明则能感动人。　[8] 此两句意为，善德彰明而感动人，则必将唯义是从。徙义：唯义是从。出自《论语·颜渊》："子曰：'主忠信，徙义，崇德也。'"　[9] 诚：如。　[10] 此两句意为，若能够唯义是从，则其善德自然便会以通情达理的方式改变众人。通：不滞。此指通情达理。变：出自《中庸》第二十三章"动则变"，指改变人。　[11] 此两句意为，

能够以通情达理的方式改变众人，则进而能够以运转无碍的神秘力量教化天下。圆：运转无碍。神：此指非人力所成的神秘力量。滞：窒碍。

[点评]

《中庸》"其次致曲"章，揭示了进德工夫次序从"形"到"化"的六个环节："诚则形，形则著，著则明，明则动，动则变，变则化。"本章六个分句，逐一解释了进德工夫次序的这六个环节。张载的解释，在《中庸》"明则动，动则变"中融入了《论语》的"徙义"观念。本章最后一句"圆神无滞"之"圆神"一语，出自《周易·系辞上》："是故著之德，圆而神"。此是"以圆象神"（韩康伯注），"神"指神妙莫测的天道。但是，本章"圆神"之"神"义，依据的是《孟子·尽心下》"大而化之之谓圣，圣而不可知之之谓神"，此与《中庸》"唯天下至诚为能化"的语意吻合。另外，本章的语词特色也很突出，如"定体""体象""致文"等。

8·47　有不知则有知[1]，无不知则无知[2]。是以鄙夫有问[3]，仲尼竭两端而空空[4]。易无思无为[5]，受命乃如响[6]，圣人一言尽天下之道[7]。虽鄙夫有问[8]，必竭两端而告之[9]。然问者随才分各足[10]，未必能两端之尽也[11]。

朱熹："两端，犹言两头。言终始、本末、上下、精粗，无所不尽。"（《论语集注》卷五）

[注释]

[1] 有知：有知识。　[2] 此两句意为，有所不知则求知而有知识，无所不知则反而如没有知识。无知：没有知识。　[3] 是以：所以。鄙夫：农夫。　[4] 此两句意为，所以有农夫向孔子提出问题求教，孔子竭尽问题的头和尾两方面去思考，显得很诚实。此两句出自《论语·子罕》："子曰：'吾有知乎哉？无知也。有鄙夫问于我，空空如也。我叩其两端而竭焉。'"竭：尽量；竭尽。两端：头与尾；始与终。空空：诚实。　[5] 易：易道；天道。无思：指易道任运自然，不须思虑。无为：指易道任运自动，不须人为。出自《周易·系辞上》："易无思也，无为也。"　[6] 受命如响：接受命令如同声音的回响。出自《周易·系辞上》："问焉而以言，其受命也如响。"　[7] 此三句意为，易道不须思虑、不须人为，接受上天的命令如同声音的回响那样迅速，受此启发，圣人用"诚"这一个字概括何谓天道。一言尽天下之道：出自《中庸》第二十六章："天地之道，可一言而尽也。其为物不贰，则其生物不测。"一言：一个字。此指作为天道的"诚"。　[8] 虽：若；若似（《助字辨略》卷一）。　[9] 此两句意为，与此相似，农夫有问题提出，圣人一定会尽量从问题的头、尾两个方面探究之后告诉他。　[10] 问者：除"鄙夫"之外，也包括学者。才分：才能；才质。　[11] 此两句意为，然而由于提问者的才能有所不同，对圣人竭尽问题头、尾两方面探究之后所告知的结果不一定能完全领会。

[点评]

本章论圣人从"无知"到"有知"的"竭两端"之教。其语境，参读《论语·子罕》"吾有知乎哉"章。孔子在坦承自己"无知"的同时，认为从"无知"到"有知"

的转化必须经历由问而答的过程，实现"有知"的方法是"竭两端而空空"。这种从正反两端之间求取其"中"的方法，与本篇的"中正"主题有关。此外，孔子"竭两端而空空"的睿智，也体现了他虚怀若谷的度量和"空空如也"的诚恳。

"虽鄙夫有问"之"虽"字，此处当作若似，故将其串讲为"与此相似"。这样，就使上下语句得到了连贯的解读。

对于本章，还有两点需要略做说明。第一，本章所言"空空"，指孔子的诚实，与《论语·子罕》"吾有知乎哉"章指"鄙夫"的诚恳是不同的。第二，最后一句"然问者随才分各足，未必能两端之尽也"，指"问者"对孔子所告知的结果不一定能完全领会，而并非指孔子未能"把问题的正反两方面完全讲透"（喻博文《正蒙注译》）。

本章当与 8·51 章相互参证。

8·48　教人者必知至学之难易[1]，知人之美恶[2]，当知谁可先传此[3]，谁将后倦此[4]。若洒扫应对[5]，乃幼而逊弟之事[6]，长后教之，人必倦弊[7]。惟圣人于大德有始有卒[8]，故事无小大，莫不处极[9]。今始学之人，未必能继[10]，妄以大道教之[11]，是诬也[12]。

刘玑："'至学'，至于学也。钝者，至之难；敏者，至之易。质美者，向道；不美者，叛道。'先传''后倦'，则又学者年有长少，教者施有次第，此皆教人者所当逆知也。"（《正蒙会稿》卷二）

[注释]

[1] 至学：至于学；进学。　[2] 美恶：此指学生资质的高低差异。此两句出自《礼记·学记》："君子知至学之难易，而知其美恶。"　[3] 此：指下一句"洒扫应对"等事。　[4] 此四句意为，教师必须知晓学生进学的深浅难易，知晓学生资质的高低差异，还应当知晓哪些学生可以先行传授以下所谓洒扫应对、爱敬兄长之事，哪些学生将来传授的话则会厌倦这方面的学习。　[5] 洒扫：洒水扫地。应对：接待客人。　[6] 逊（xùn）弟：亦作"逊悌"。敬顺兄长。　[7] 此四句意为，如洒水扫地、接待客人，是幼童恭顺兄长所做的事务，等到他们长大成人后再教授这些的话，一定会感到厌倦。倦弊：厌倦。　[8] 大德：大功德。　[9] 此三句意为，只有圣人在大功德上能够保持有始有终，因而他们对于事情无论大小，没有不做到极致的。极：极致。　[10] 继：此指继承圣人之事。　[11] 妄：随意。大道：大道理。出自《礼记·大学》："是故君子有大道，必忠信以得之。"　[12] 此四句意为，如今初学的人士，不一定能够继承圣人的事业，若随意教授给他们一堆空洞的大道理，那便是虚妄而不符合实际的。诬：虚妄不实。

[点评]

本章依据《礼记·学记》，论施教先传后倦之序。

刘玑："既知德又知人，故能循循善诱使入德也。观孔门之于诸子，问虽同而答异，为可见矣。"（《正蒙会稿》卷二）

8·49　知至学之难易，知德也[1]；知其美恶，知人也[2]。知其人且知德，故能教人使入德，仲尼所以问同而答异以此[3]。

[注释]

[1]此两句意为，知晓学生进学的深浅难易，重要的是知晓其德行。　[2]此两句意为，知晓学生资质的高低差异，重要的是知晓其人品。　[3]此三句意为，知晓其人品，而且知晓其德行，因而能够教授学生，使他们提升德性。孔子之所以针对学生相同的提问而所答则不同，其理由正在这里。

[点评]

本章依据《礼记·学记》，论为人师必"知德""知人"，并能"教人使入德"。

8·50　"蒙以养正"[1]，使蒙者不失其正，教人者之功也[2]。尽其道[3]，其惟圣人乎[4]！

本章"尽其道"之"道"，当作"养正"之道。"养正"之"正"，即本篇主题"中正"之"正"，亦即至善。

[注释]

[1]"蒙以养正"：出自《周易·蒙·彖》："蒙以养正，圣功也。"蒙：蒙昧；愚昧。以：用。养：修养；存养。正：正道。　[2]此三句意为，"对蒙昧者要用存养正道去启发"，从而使蒙昧者不脱离正道，这是教师的功德。　[3]道：养正之道；正道。　[4]此两句意为，能够充分体现正道的，那只有圣人吧！其：那。

[点评]

本章论"养正"之道。其中，需要特别关注对"蒙""正""道"这三个语词的解读。

一、关于"蒙"。有旧注解释为"童蒙"，指天真无邪的童心。与此不同，清儒王植指出，此"蒙"字，"似指学者言，不专指童蒙"（《正蒙初义》）。王植这样说是有道理的。

二、关于"正"。对"养正"之"正"，《周易》孔疏解释为"正道"。孔疏与本章两言"正"字之后接着说"尽其道"，其意涵是一致的。在本篇中，张载孤明独发地将"正"解释为"至善"，与"使蒙者不失其正"的教育方向也是一致的。

三、关于"道"。对于本章"尽其道"之"道"，古今的解读多流于浮泛。从以上对"正"与"道"二者关系的分析看，此"道"不仅特指"正道"，同时也指"养正"之"道"，其实这也就是与本篇题旨相应的"中正"之"道"。

刘儓："圣人何尝有知哉？张子以钟声喻之，可谓至亲切矣。"（《新刊正蒙解》卷二）

8·51　洪钟未尝有声，由叩乃有声[1]；圣人未尝有知，由问乃有知[2]。

[注释]

[1] 此两句意为，大钟未曾有声音，因为有人撞击然后才发出声音。叩：敲；击。乃：然后。　[2] 此两句意为，圣人未曾有知识，因为有人提问才激发出知识。

[点评]

本章借助扣钟之喻，论圣人因应有人提问才激发出知识。

扣钟之喻，见于《礼记·学记》："善待问者如撞钟，叩之以小者则小鸣，叩之以大者则大鸣，待其从容然后尽其声。"

8·52 "有如时雨之化者"[1]，当其可[2]，乘其间而施之[3]，不待彼有求、有为而后教之也[4]。

刘玑："若待其有求、有为而后教之，则非所谓时雨之化矣。"（《正蒙会稿》卷二）

[注释]

[1]"有如时雨之化者"：出自《孟子·尽心上》："孟子曰：'君子之所以教者五。有如时雨化之者，有成德者，有达财者，有答问者，有私淑艾者。'"　[2]当：遇到。可：王夫之："当其时也。"（《张子正蒙注》卷四）　[3]乘：趁。间：一定的时间和空间。此指时机。　[4]以上几句意为，"有像及时雨般滋润感化的善教者"，遇到适当的时机，便趁机而施教，无须等待学生有疑问或在社会事务中遇到难题，然后才去教育他们。有求、有为：李光地《注解正蒙》："有求者，则因问而答；有为者，则因事而教。"

[点评]

本章依据《学记》"当其可之谓时"，论《孟子》"有如时雨化之"之说。

8·53 志常继则罕譬而喻[1]，言易人则微而臧[2]。

王夫之："此言教者在养人以善，使之自得，而不在于详说。"（《张子正蒙注》卷四）

[注释]

[1]志常继：出自《礼记·学记》："善教者，使人继其志。"志：

此指教师的治学志向。常：一直；持续。则：虽（《古书虚字集释》卷八）。罕譬而喻：出自《礼记·学记》："其言也约而达，微而臧。罕譬而喻，可谓继志矣。"罕：少。而：却。喻：明白。　[2]此两句意为，善教者使学生一直继承老师的治学志向，虽然使用不多的比喻却表达明白易晓；老师的讲述学生容易接受，虽然其义理幽深微妙却解说精善。言：亦即《学记》所谓"其言也约而达"之"言"。入：接受。微：幽微；微妙。臧（zāng）：善；好。

[点评]

本章依据《礼记·学记》，论教学之法。

8·54　"凡学，官先事，士先志"[1]，谓有官者先教之事[2]，未官者使正其志焉[3]。七者[4]，教之大伦而言也[5]。

张棠、周芳：《学记》以'皮弁祭菜'七者，为'教之大伦'。张子以为此皆所以正其志也。"（《正蒙注》）

[注释]

[1]"凡学，官先事，士先志"：出自《礼记·学记》："此七者，教之大伦也。《记》曰：'凡学，官先事，士先志。'"　[2]有官：担任官职。　[3]以上几句意为，"凡为学，任官的学员先学处理政事，士人先要立志"，这是说对有官职的学员先教给他们如何处理政事，对没有官职的学员则使他们端正志向。未官：没有担任官职。　[4]七者：指《学记》所谓七项教学原理。　[5]此两句意为，以上七项，是就教学的重大原理而言的。大伦：大端；重大原理。

[点评]

本章内容分为两部分：一是对《礼记·学记》所谓"凡学，官先事，士先志"这句话的解说；二是论《学记》所谓"七者"，是就"教之大伦而言"的。这里的"七者"，指七项重大教学原理，包括："示敬道""官其始""孙其业""收其威""游其志""存其心""学不躐（liè）"。张棠、周芳所谓"皮弁祭菜"，指祭祀的基本礼仪，《学记》原话完整的句子是"皮弁祭菜，示敬道也"，指的只是"七者"的第一者。南宋《诸儒鸣道集》所收《正蒙》，是该书的最早传本，明确作"七者"；《正蒙》明清旧注，也多作"七者"。而《正蒙》明清诸本、《张载集》章校本及其他今人点校本，皆误作"志者"，乃因形近而误。此外，据《礼记·学记》和本章之文意，亦当作"七者"。

8·55　道以德者[1]，运于物外[2]，使自化也[3]。故谕人者[4]，先其意而逊其志可也[5]。盖志意两言[6]，则志公而意私尔[7]。

《礼记·祭义》："君子之所为孝者，先意承志，谕父母于道。"

王植："'逊其志'，即道以德；'先其意'，即运于物外。"（《正蒙初义》）

[注释]

[1]道以德：语见《论语·为政》："子曰：'道之以政，齐之以刑，民免而无耻。道之以德，齐之以礼，有耻且格。'"道：同"导"。引导。　[2]运：运用；运行。物：事。历代旧注多把此处的"事"，解释为不同于"德""礼"的"政""刑"之事。　[3]此三句意为，《论语》所说的用道德引导民众，运用的是政令和刑罚之外的方式，目的是使民众自我教化成长。自化：自我教化；自我化育。

《老子》第五十七章："故圣人云，我无为而民自化。"　[4]谕：教导。　[5]此两句意为，因此，教导民众的人在了解民众的意愿之前，能够顺从自己用道德引导民众的心志，那么政事就是可行的了。意：此指民众的意愿。而：能。逊：顺从。志：此指为政者的心志。　[6]言：此指"志""意"。　[7]此两句意为，大概志、意两个字，就是志指向公而意指向私的意思吧。则：即。志公：指当政者以道德引导民众的心志。意私：指民众的意愿，包括私欲。

[点评]

本章依据《论语》"道之以德"，并借助《祭义》"先意承志"，论为政者以德化人，然而与《祭义》"先意承志"原指事父母无关。

戴溪："横渠以为，'举直错诸枉'兼答仁、智，说得甚深切。"（《石鼓论语答问》卷中）

8·56　能使不仁者仁，仁之施厚矣[1]，故圣人并答仁、智以"举直错诸枉"[2]。

[注释]

[1]施：实行；推行。厚：深厚；广博。　[2]此三句意为，能够使不仁之人转变为仁人，表明仁的教化作用之广博，因而圣人一并回答了何为仁和何为智的提问，而且还用"选拔正直的人，废置邪曲之徒"为例做了说明。圣人：指孔子。并：并行；平列。"举直错诸枉"：出自《论语·颜渊》"樊迟问仁"章。另可参考《论语·为政》"哀公问"章。举：举用；选拔。直：正直。错：废置。黄侃《论语义疏》："错，废也。枉，邪也。樊迟未晓知人之旨，故孔子又为说之也。言若举直正之人在位用之，而废置邪枉之人不用，则邪枉之人皆改枉为直以求举之。"枉：邪

曲；不正直。

[点评]

本章依据《论语·颜渊》"樊迟问仁"章，论仁、智互为条件、相互为用。以下对本章略做四点说明。

一、"能使不仁者仁，仁之施厚矣"，这句话是本章的核心观点。

二、"圣人并答仁、智"，这句话交代了本章的语境。其背景是，"樊迟问仁。子曰：'爱人。'问知。子曰：'知人。'樊迟未达。子曰：'举直错诸枉，能使枉者直。'"（《论语·颜渊》）对于樊迟"问仁""问知"，孔子一并回答说"爱人""知人"。朱熹解释说："爱人，仁之施。知人，知之务。""举直错枉者，知也。使枉者直，则仁也。"（《论语集注》卷六）"爱人""知人"，亦即张载所概括的"仁""智"。

三、以"举直错诸枉，能使枉者直"为例，进一步对圣人（孔子）如何"并答仁、智"做了具体说明。值得注意的是，孔子所谓"能使枉者直"与本章首句"能使不仁者仁"，其意指是完全一致的。

四、明儒刘玑评论说："盖举直错枉，虽智之事，然使枉者舍旧图新、化而为直，则仁在其中矣。"（《正蒙会稿》卷二）在《正蒙》历代注本中，刘玑的解释最切合本章的主旨。

总之，张载的解读没有着眼于"直"与"枉"这两类人上下地位的固化，而是强调通过教化"使不仁者"

转化为"仁"，这就突显了"知人"的仁学价值基础。

8·57　以责人之心责己则尽道[1]，所谓"君子之道四，丘未能一焉"者也[2]。以爱己之心爱人则尽仁，所谓"施诸己而不愿，亦勿施于人"者也[3]。以众人望人则易从[4]，所谓"以人治人，改而止"者也[5]。此君子所以责己、责人、爱人之三术也[6]。

[注释]

[1]责：要求。　[2]以上几句意为，用要求别人的态度来要求自己，是君子之道的充分实现，所说的是"君子遵循的道理有四条，我孔丘一条也未能做到"的情形。"君子之道四，丘未能一焉"：出自《中庸》第十三章："君子之道四，丘未能一焉。所求乎子以事父，未能也；所求乎臣以事君，未能也；所求乎弟以事兄，未能也；所求乎朋友先施之，未能也。"　[3]以上几句意为，用钟爱自己的心态去关爱别人，是仁的充分实现，所说的是"施加给自己而自己不情愿的事，也不要施加给别人"。"施诸己而不愿，亦勿施于人"：出自《中庸》第十三章："忠恕违道不远，施诸己而不愿，亦勿施于人。"　[4]以：因。望：期望；期待。则：表示因果关系。从：顺从。　[5]以上几句意为，因为他是民众所期望的人，所以民众就容易听从，所说的是"君子用做人的道理治理有过错的人，直到他们改正为止"。"以人治人，改而止"：出自《中庸》第十三章。　[6]此句意为，以上是君子所用要求自己、要求

别人、关爱他人的三条法则。所以：所用。

［点评］

本章依据《中庸》，论责己、责人、爱人的三条法则。文中"责己""责人"之"责"字该如何释义？有研究者将其解释为"批评"（喻博文《正蒙注译》），这不确切。其实，此"责"字作"要求"义，此同于本章引《中庸》"君子之道四"以下四个"求乎"之义。

8·58　有受教之心，虽蛮貊可教[1]；为道既异[2]，虽党类难相为谋[3]。

冉觐祖："无类，则蛮貊可教；不同，则党类难谋。"（《正蒙补训》卷二）

［注释］

[1]此两句意为，只要有接受教育的意愿，即使对落后部族的人也应当给予教育。蛮貊（mò）：泛指落后的部族。可：当。　[2]道：此处作主张。既：尽。　[3]此两句意为，若各自的主张完全不同，即使亲族之间也很难进行商议。党类：同类；亲族。谋：商议。

［点评］

本章是对《论语·卫灵公》所谓"有教无类"和"道不同不相为谋"的解说。

《孟子·离娄上》："道在迩而求诸远，事在易而求诸难。人人亲其亲，长其长，而天下平。"

8·59　大人所存[1]，盖必以天下为度[2]。故孟子教人，虽货色之欲[3]、亲长之私[4]，达诸天下而后已^[5]。

［注释］

[1] 大人：有德有位的人。此指孟子游说的诸侯。存：此指存有货色之欲。　[2] 此两句意为，大人心存货色之欲，必须有将此意愿推广于天下的胸襟。度：度量。　[3] 虽：唯。货：财货。色：女色。参见《孟子·梁惠王下》："王如好货，与百姓同之，于王何有？""王如好色，与百姓同之，于王何有？"　[4] 亲长：父母尊长。私：爱；亲情。　[5] 以上几句意为，因而孟子告诫大人，只有把货色之欲、父母和尊长的亲情，都推广到天下所有的民众那里，自己的努力才算完成。达：推行；通行。诸：于。已：完成。

［点评］

本章依据《孟子》，论满足民众基本需求的天下观。此可与张载佚著《孟子说·尽心章句上》的相关解说互相参证。

冉觐祖："'孚化'，喻教者之诚心爱养；'翼飞'，喻教者之力为辅助。"（《正蒙补训》卷二）

8·60　子而孚化之^[1]，众好者翼飞之^[2]，则吾道行矣^[3]。

［注释］

[1] 子：此指鸟类的卵。孚化：孵化。　[2] 众：此指群鸟。好：喜爱；关爱。者：之。翼飞：展翅飞翔。　[3] 此三句意为，飞鸟把卵孵化为小鸟，群鸟关爱小鸟并诱导小鸟展翅飞翔。若能受此启发，那么，我所谓教育之道就能够通行于天下了。道：教育之道。

[点评]

本章以鸟为喻，论教育之道通行于天下的条件。

[篇末评]

本篇的主题是"中正"之道，或"大中至正"之道。在《正蒙》各篇中，本篇的章数最多，共有60章。依据其内容，可以分为以下三部分。

一、价值论。从第1章至第3章，是张载对中正之道的集中论述。本篇伊始，张载说："中正，然后贯天下之道。此君子所以大居正也。盖得正则得所止，得所止则可以弘而至于大。"（8·1）他还说："学者中道而立，则有位以弘之。无中道而弘，则穷大而失其居。"（8·2）"中正，然后贯天下之道"这句话，可以概括为"中正之道"。综合张载其他著作的相关论述，有理由把"中正之道"视作张载价值论的最高原理。"中正之道"之"正"，指至善或极善，是总摄其他价值类目的终极价值，是一切价值的制高点；"中正之道"之"中"，指落实"正"的方法准则，其作用是使各类价值实施有度，规避过与不及的偏向。"正"与"中"这两方面的结合，构成了统一的价值论最高原理。张载的中正价值论原理，是对先秦儒学价值论的传承创新。

二、工夫论。这方面的内容，包括第4章至第21章。中正之道的实现，必须依赖身心修养工夫的实践。本篇关于工夫论的内容，涉及"知德以大中为极"（8·8），"妄去，然后得所止"（8·21），"绝四"和"竭两端之教"（8·15、8·16、8·18、8·19、8·20）等。此外，张载还依据《孟子》，论述了如何以"诚善于心"为起点，使精神境界逐次提升至"美""大""圣""神"（8·4），而其最高境界与"至正"亦即"至善"是合一的。

　　三、教学论。这方面的内容，包括第22章至第60章。张载是北宋著名的教育家。他主要依据《礼记·学记》，以及《论语》《孟子》和《礼记·中庸》等经典资源，以将近四十章的篇幅，系统地论述了自己的教学思想。张载的教学论内容相当丰富，既包括为学之方，也包括教人之法。

乾称篇第十七

《尚书·泰誓上》："惟天地万物父母。"

《周易·说卦》："乾，天也，故称乎父；坤，地也，故称乎母。"

黄榦："'于时保之'以下，即言人子尽孝之道，以明人之所以事天之道。"（《西铭说》）

　　17·1　乾称父[1]，坤称母[2]。余兹藐焉[3]，乃混然中处[4]。故天地之塞[5]，吾其体[6]；天地之帅，吾其性[7]。民，吾同胞[8]；物，吾与也[9]。大君[10]，吾父母宗子也[11]；其大臣，宗子之家相也[12]。尊高年[13]，所以长其长[14]；慈孤弱[15]，所以幼其幼[16]。圣[17]，其合德；贤[18]，其秀也[19]。凡天下疲癃残疾、惸独鳏寡[20]，吾兄弟之颠连而无告者也[21]。"于时保之"[22]，子之翼也[23]；乐且不忧[24]，纯乎孝也[25]。违曰悖德，害仁曰贼[26]，济恶者不才[27]。其践形[28]，惟肖者也[29]。知化，则善述其事；穷神，则善继其志[30]。不愧屋漏为无忝[31]，存心养性为匪懈[32]。恶旨酒[33]，崇伯子之顾养[34]；育英才[35]，颍封人之锡类[36]。不弛劳而厎豫[37]，舜其功也[38]；无所逃而待烹[39]，申生其恭也[40]。体其孝而归全者，参乎[41]！勇于从而顺令者，伯奇也[42]。富贵福泽，将厚吾之生也[43]；贫贱忧戚[44]，庸玉汝于成也[45]。存，吾顺事[46]；没[47]，吾宁也[48]。

[注释]

[1] 乾：《周易》八卦及六十四卦的第一卦。乾的性质为"健"，取象为天。《周易·说卦》"乾，天也，故称乎父。"孔疏：乾"为万物之始也。"　　[2] 此两句意为，应当把乾称为宇宙万物的父亲，把坤称为宇宙万物的母亲。坤：《周易》八卦及六十四卦的第二卦。坤的性质为"顺"，取象为地。《周易·说卦》"坤为地，为母。"孔疏："坤既为地，地受任生育，故谓之为母也。""取其能载万物也。"张载用乾、坤说明宇宙万物的生成根源。　　[3] 余：人的自称，亦即"吾"或"我"。宋本作"余"，明清诸本多作"予"。兹：此。藐：微小的样子。　　[4] 此两句意为，我们以此藐然之身处于天地中间。混：混合。　　[5] 塞：充塞；充满。《孟子·公孙丑上》："其为气也，至大至刚，以直养而无害，则塞于天地之间。"　　[6] 此两

句意为，因此，充塞于天地之间的气，构成了人的形体。　[7]此两句意为，统帅天地万物的主宰，赋予人以德性。参见《中庸》第一章："天命之谓性。"　[8]此两句意为，天下所有的民众，都是我的同胞兄弟。　[9]此两句意为，天下所有的生物，都是我的同类伙伴。与：生命存在意义上的同类。　[10]大君：指天子。《周易正义》孔疏："大君，谓天子也。"　[11]此两句意为，天子是乾父坤母的嫡长子。宗子：古代宗法制度称大宗的嫡长子；泛称嫡长子。《诗·大雅·板》："怀德维宁，宗子维城。"郑笺："宗子，谓王之嫡子。"　[12]此两句意为，辅佐天子的大臣，是宗子的家务总管。家相：指公卿大夫的家务主管。　[13]高年：年长者。　[14]此两句意为，之所以尊敬天下年长的人，是推本于对长辈的尊敬。　[15]孤弱：孤儿弱子。　[16]此两句意为，之所以慈爱天下的孤儿弱子，是推本于对幼小子弟的怜爱。　[17]圣：儒家所称道德智能极高超的人。　[18]贤：儒家所称才德出众的人。　[19]此四句意为，圣人符合天地的仁德准则，贤人是民众中最优秀的。　[20]疲癃（lóng）：衰老病弱之人。残疾：残废之人。惸（qióng）：没有兄弟之人。独：老而无子之人。鳏（guān）：老而无妻之人。寡：老而无夫之人。　[21]以上几句意为，天下所有的老弱病残、鳏寡孤独之人是我的兄弟，他们是困苦不堪而又无处哭诉的人。颠连：困苦不堪。　[22]"于时保之"：语出《诗经·周颂·我将》："我其夙夜，畏天之威，于时保之。"夙夜：日夜。时：通"是"。　[23]此两句意为，我日夜敬畏天的威严，于是得到保佑，这就好像人子孝敬父母。翼：敬。　[24]乐且不忧：参见《周易·系辞上》："乐天知命，故不忧。"　[25]此两句意为，乐于接受天命，虽遭遇患难也不畏惧，这才真正称得上是对天地的孝敬。　[26]贼：此指伤害仁的恶人。语见《孟子·梁惠王下》："贼仁者谓之贼。"　[27]此三句意为，违背天命的可称作悖逆于德性的人，伤害仁的可称作恶人，作恶的是不讲名誉的小人。济恶：作恶。济：发挥。不才：不名誉。　[28] 其：若；如。践形：孟子哲学术语，指通过扩充内在的善性，以改变外在的形体、容色。语见《孟子·尽心上》："形色，天性也。惟圣人然后可以践形。"　[29] 此两句意为，如果能够扩充内在善性以改变自己的样貌和行为，就能够成为天地的孝子。惟：是；为。肖：相貌相似。《说文》："不似其先，故曰不肖也。"　[30] 此四句意为，只有通晓天地的变化之道，才能够由衷地赞扬乾父坤母的事迹；只有穷究天地的微妙之理，才能够忠实地继承乾父坤母的志向。"知化""穷神"，出自《周易·系辞下》："穷神知化，德之盛也。""善述其事""善继其志"，出自《礼记·中庸》第十九章："子曰：'武王、周公，其达孝矣乎！夫孝者，善继人之志，善述人之事者也。'"　[31] 屋漏：指古代室内西北角隐蔽处所设安藏神主之地。《诗经·大雅·抑》："相在尔室，尚不愧于屋漏。"毛传："西北隅谓之屋漏。"郑笺："屋，小帐也。漏，隐也。"无忝（tiǎn）：不玷辱。　[32] 此两句意为，独自居于内室时无愧于心而又不玷辱神明，同时还要存心养性以事天而不懈怠。存心养性：语见《孟子·尽心上》："存其心，养其性，所以事天也。"匪懈：不懈怠。匪，通"非"。　[33] 旨酒：美酒。《孟子·离娄下》："禹恶旨酒，而好善言。"　[34] 此两句意为，夏禹拒绝美酒的诱惑，而专心于孝敬抚养父母。崇伯：夏禹之父鲧（gǔn），因封于崇，故称。《史记·夏本纪》司马贞索隐："鲧封于崇。"后称之"崇伯鲧"。崇伯子：指夏禹。顾养：孝顺赡养父母。　[35] 育英才：语见《孟子·尽心上》："得天下英才而教育之。"　[36] 此两句意为，为天下培育英才，就好像颍封人那样以孝子之善施及众人。颍封人：名考叔，郑大夫。郑伯克段之后，颍考叔劝孝，使郑庄公与母亲姜氏和好如初。事见《左传》隐公元年。颍（yǐng）：水名。今称颍河。发源于河南省登封市嵩山南麓。封人：掌管边界的官员。锡：赐予。锡类：语出《诗经·大雅·既醉》："孝子不匮，永锡尔类。"毛传："类，善也。"　[37] 厎（zhǐ）豫：得以快乐。语见《孟子·离娄上》："舜尽事亲之道而瞽瞍厎豫，瞽瞍厎豫而天下化，瞽瞍厎豫而天下之为父子者定。此之谓大孝。"瞽瞍（gǔsǒu）：舜的父亲，性情愚顽，多次谋害舜，但舜仍尽心侍奉，使之欢心。　[38] 此两句意为，舜劳而不怨，一直没有放弃对父亲瞽瞍的抚养，并尽力使之欢心，从而感化天下的人，这是舜以孝治天下的功劳。　[39] 待烹：甘于就死。　[40] 此两句意为，晋世子申生遭谗言而不避，甘于赴死，以恭顺父命。申生：春秋时期晋献公之子。申生恭顺父命，事见《左传》僖公四年、《礼记·檀弓上》。　[41] 此两句意为，能够守身为孝，始终保全自己身体不受损伤的人，不正是曾参吗！参：曾参（shēn），字子舆，春秋末鲁国人，孔子弟子，以孝著称。他认为，"父母全而生之，子全而归之，可谓孝矣；不亏其体，可谓全矣"（《大戴礼记·曾子大孝》）。　[42] 此两句意为，能够勇于顺从父命、至死不渝的人，惟有伯奇了。伯奇：周宣王时大臣尹吉甫之子，对后母至孝。吉甫听信后妻不实之词，把伯奇赶出家门。就在被赶出家门的这天早上，伯奇踏霜于野外，援琴而歌，曲终投河而死。　[43] 此两句意为，富足、显贵、福禄和利泽，是天地对我们一生的厚待。厚：优待。　[44] 忧戚：忧愁烦恼。　[45] 此两句意为，贫困、卑下、忧愁和烦恼，则是天地用来玉成你的人格的。庸：用。玉：磨练；培养。《诗经·大雅·民劳》："王欲玉女（汝），是用大谏。"汝：你。　[46] 顺事：顺从事物之情理。《周易·升》："六四：王用亨于岐山，吉，无咎。《象》曰：'王用亨于岐山'，顺事也。"孔疏："《象》曰'顺事'者，顺物之情而立功立事。"　[47] 没（mò）：通"殁"，死。　[48] 此两句大意为，仁人孝子生存于世，就必

须顺应性命之理和事物之情；面对死亡，则应当保持宁静的心态
而无愧于天地。

[点评]

　　本章原是张载书写并悬挂于学堂西窗的铭文，题为
《订顽》。后来，张载接受了程颐的建议，改称《西铭》。
张载去世后，门人苏昞把《西铭》编为《正蒙》第十七
篇《乾称》之第一章。程、朱历来褒扬《西铭》，而贬
低《正蒙》。受程、朱的影响，明人辑编《张子全书》
把《西铭》置于《正蒙》之前。在南宋《诸儒鸣道集》
所收《正蒙》中，《西铭》也是作为《乾称篇》的第一
章被编入的，这与北宋苏昞的编次是一致的。《西铭》
全文虽然仅 250 多字，却堪称千古名篇，代表了理学最
高精神的追求。对《西铭》思想内容的评价，见《导读》
之二。

　　17·2　凡可状[1]，皆有也[2]；凡有，皆象
也[3]；凡象，皆气也[4]。气之性本虚而神[5]，则
神与性乃气所固有[6]，此鬼神所以体物而不可遗
也[7]。至诚[8]，天性也[9]；不息，天命也[10]。人
能至诚，则性尽而神可穷矣[11]；不息，则命行
而化可知矣[12]。学未至知化，非真得也[13]。舍气，
有象否[14]？非象，有意否[15]？

王植：“‘气之
性本虚’，谓本乎
太虚，即首篇所
谓‘太虚无形，气
之本体’者也。”
（《正蒙初义》）

[注释]

[1] 可状：可见其形状的存在。 [2] 有：泛指实然的存在。 [3] 象：物象；迹象。 [4] 以上几句意为，凡是可见其形状的存在，都是实然的；凡是实然的存在，都是物象；凡是物象的存在，都是气聚而成的。 [5] 性：此指本性。本：来源；根源。而：与。 [6] 则：表示因果关系。固有：本有；实有。此指成为其根源。 [7] 此三句意为，气的本性根源于虚与神，因而神与性是内在于气而为气所有的，由此而形成的鬼神之道（或鬼神之性）能够生养万物而无所遗漏。鬼神：阴阳之气往来、屈伸的自然过程。体物：生养万物。《中庸》第十六章："子曰：'鬼神之为德，其盛矣乎！视之而弗见，听之而弗闻，体物而不可遗。'"孔疏："言鬼神之道生养万物无不周遍，而不有所遗。"不可：无所。 [8] 至诚：《中庸》用语，最高的真诚，既指天道之诚，也指圣人能够贯通天人之诚。 [9] 此两句意为，作为天地间最真诚的天道，具有天生养万物的性能。天性：天生养万物的性能。 [10] 此两句意为，最真诚的天道不停息地运作，是天生养万物的使命。天命：此指天生养万物的使命。 [11] 此两句意为，圣人贯通天人之诚，因而能够充分地理解万物生成的根源并透彻地领悟天道的神妙莫测。 [12] 此两句意为，最真诚的天道发挥其作用而不停息，因而它依天命而运化，对此至诚之人是可以知晓的。命行：行其天命。化：出自《中庸》："唯天下至诚为能化。"孔疏："言唯天下学致至诚之人，为能化恶为善，改移旧俗。" [13] 此两句意为，为学若未能化恶为善、改移旧俗，那就不是真有所得。 [14] 此两句是张载自注，意为如果舍弃了气，还能有物象吗？ [15] 此两句也是张载自注，意为如果没有物象，还能有意象吗？

[点评]

　　本章分为两部分：第一部分论"至诚"之"天性"，第二部分论"人能至诚"而"知化"。其依据是《中庸》第二十章"诚者，天之道也。诚之者，人之道也。""天之道"对应于第一部分，"人之道"对应于第二部分。本章还依据《中庸》第二十二、二十三章对"诚者"与"诚之者"提出了"至诚"的要求。解读的难点，是第一部分的"气之性本虚而神，则神与性乃气所固有"。对此两句，《张载集》章校本指出，"性"字"疑当作'虚'，承上'本虚而神'言"。这是很有道理的。在此句的"虚"与"神""性"这三个重要概念中，对"性"的解读是症结所在。对于"性"的构成，张载指出："合虚与气，有性之名。"（1·12）此外，他还说过："性其总，合两也。"（6·16）这里的"两"，也指的是虚与气两者。既然"性"是由虚与气整合而成的，若说"性乃气所固有"，那岂不是把"性"完全归结于"气"了，并认为"性"是"气"本来就有的？若如此，"性"的构成便无关于"虚"了。但若采信章校本的校勘，肯定"神与虚乃气所固有"是正确的，则"气"的本性是根源于"虚"和"神"的，而"虚"和"神"又是内在于"气"，是为"气"所拥有的。"虚"内在于"气"，与张载所谓"太虚不能无气"（1·5）的意思接近。这样，"神与虚乃气所固有"这句话的意义便能够前后连贯，而且不至于把"性"等同于"气"了，同时也不至于使这种表述与张载对"性"的界定相冲突了。

　　此外，对本章的"鬼神"一语也有必要略作说明。张载凡用"鬼神"一词，多指阴阳之气运行的自然过程，但有时也可以与"天道"并言（张载佚著《礼记说·乐记第十九》）。在3·2章中，张载把《中庸》"体物而不可遗"的主语"鬼神"替换为"天"，以呼应篇题"天道"。可以认为，张载的鬼神论是对其天道论的补充（参见1·6、1·13和1·14章的点评）。孔疏解"鬼神"作"鬼神之道"，说明张载并言"鬼神"与"天道"，也是有前人的经典释例作为依据的。

最后，本章末的张载自注涉及"气""象""意"的关系，是对前面各句的呼应和总结。

徐必达："'太虚无形'，'至静无感'，所谓无与虚也。'其聚其散'，'有识有知'，所谓有与实也。无即性之'本体''渊源'，而有即性之'客形''客感'，所谓'通为一物'也。无必对有，虚必对实，故曰'是岂无对'！"（《正蒙释》卷四）

17·3　有无虚实通为一物者[1]，性也[2]；不能为一，非尽性也[3]。饮食男女皆性也，是乌可灭[4]？然则有无皆性也，是岂无对[5]！庄、老、浮屠为此说久矣[6]，果畅真理乎[7]？

［注释］
[1]有：指由气凝聚而成的有形的存在。无：此指无形的天或太虚。虚：指形而上的本体存在。实：指形而下的实然存在。一物：统一的整体存在。　[2]此两句意为，有形的与无形的、太虚与实然的存在融通为一个整体，就构成性。　[3]此两句意为，若有与无、虚与实不能统合为一个整体，就无法充分领悟作为宇宙创生万物根源的性。　[4]此两句意为，饮食男女都属于性，这哪能加以灭绝？乌：何；哪。　[5]此两句意为，然而有与无都是构成性的条件，有无二者岂能是失去相对关系的孤立存在？无对：此指双方失去相对关系。　[6]此说：指庄、老、浮屠舍"有"言"无"而"非尽性"的说法。　[7]此两句意为，庄、老、佛教人

士单纯以虚无言性的说法由来已久，这果然能够通达于性论的真理吗？畅：通达。

[点评]

本章基于"性"的界定，论如何"尽性"，并批评庄、老、佛教人士割裂无与有的关系是无法通达于性论的真理的。

17·4　天包载万物于内，所感所性[1]，乾坤、阴阳二端而已[2]。无内外之合，无耳目之引取[3]，与人物蕞然异矣[4]。人能尽性知天，不为蕞然起见[5]，则几矣[6]。

李光地："天大无对，故'无内外之合，无耳目之引取'。"(《注解正蒙》)

[注释]

[1] 所：表示被动。感：感应；感通。　[2] 以上几句意为，天对万物无不包容承载。被天感应而构成的性，其中涵括的无非是阳性之物或阴性之物、阴气或阳气这两类宇宙创生的要素而已。　[3] 引取：接受；求取。　[4] 此三句意为，天既无须以内外相合求知，又无须以耳目感官求知，这是天能之大与人物之小的差异。这三句的主语，仍为"天"。蕞（zuì）：渺小；微小。　[5] 起见：产生芥蒂或意见。　[6] 以上三句意为，人若能够充分领悟万物生成的根源（性）而知晓天的至高无上，就不会被那些微不足道的见闻所局限，从而也就能够接近于天的境界。几：接近。

[点评]

本章分为两部分：第一部分论天基于感应所构成的

万物根源之性及其实质；第二部分论人能够充分领悟万物生成的根源（性）而知晓天的至高无上，从而能够接近于天的境界。这两部分的划分，仍然体现的是张载理学的天人之学特色。

此外，有必要对本章的关键词"感"略作说明。张载所使用的"感"，是其宇宙生成论的重要术语，指作为主体的天（太虚）对异质的他者（阴阳之气）发挥关联作用时的感应、感通机制。经由这种感应或感通机制，天（太虚）本体能够将自身与阴阳之气整合为统一的宇宙创生力量。此可与张载所谓"不能无感者，谓性"（6·16）相互参证。

《周易·咸·象》："天地感而万物化生，圣人感人心而天下和平。"

华希闵：""本一故能合'，即太虚之包举乎阴阳也。"（《正蒙辑释》卷四）

17·5 有无一[1]，内外合[2]，庸圣同[3]。此人心之所自来也[4]。若圣人，则不专以闻见为心[5]，故能不专以闻见为用[6]。无所不感者[7]，虚也[8]。感即合也，咸也[9]。以万物本一[10]，故一能合异[11]。以其能合异，故谓之感[12]。若非有异，则无合[13]。天性[14]，乾坤[15]、阴阳也，二端故有感[16]，本一故能合[17]。天地生万物[18]，所受虽不同，皆无须臾之不感，所谓性即天道也[19]。

[注释]

[1]有：指气或实然的存在。无：指天或太虚。一：统一。

[2]内：指人的思维能力。外：指包括形而上与形而下的一切存在。合：整合。　[3]此三句意为，有（气）与无（虚）的统一，内（人的思维）与外（一切存在）的整合，其道理对于常人与圣人而言都是相同的。圣：圣人。庸：常人；众人。　[4]此句意为，这是人心的来源。所：无义。自来：来源。　[5]专：专门从事。闻见：此指耳目感知能力。　[6]此三句意为，如果是圣人，则不会专门把耳目感知能力当作心，因而能够不专门使用见闻知识。闻见：此指由耳目闻见所获得的感性知识。　[7]感：感应；感通。　[8]此两句意为，具有无所不在的感应能力的，是太虚。　[9]此两句意为，感应是太虚对阴阳之气的关联整合作用，这也就是《周易》咸卦的寓意。《周易·咸·象》："咸，感也。"　[10]以：表示原因。一：此处指宇宙的终极存在太虚（虚）。张载说："虚则至一。"（《张子语录·语录中》）　[11]此两句意为，由于万物根源于一（天或太虚），因而作为一的太虚能够整合异质的气及有形物。异：异质的存在，亦即与太虚性质不同的存在，此指阴阳之气。　[12]此两句意为，由于作为一的太虚能够整合异质的存在，因而可以把这种机制称作感应。　[13]此两句意为，如果不是性质有差异的存在，它们就不会发生整合。　[14]天性：指天生养万物的性能。　[15]乾坤：指阳与阴这两种性质的存在。　[16]二端：泛指虚与气、阴气与阳气等性质有别的存在或要素。　[17]以上几句意为，天生养万物的性能，是由天（太虚）与阳性之物或阴性之物、阴气或阳气相互作用的结果，由于是性质有别的两类存在（二端）因而才能够发生感应，这两类存在（二端）根源于太虚之一才能够被整合。　[18]天地：此指天地之道，与末句的"天道"义同。　[19]此四句意为，天道创生万物，虽然它们各自被赋予的禀性不同，但都没有片刻不承受太虚（天）与气的感应作用，这种感应作用说的是性的作用接近于天道。即：接近。

[点评]

若明本章所论，须对其脉络略加梳理，并着重说明解读的难点。

一、论人心之来源。"有无一，内外合，庸圣同"，其中"庸圣同"三字是附注而不是正文，对其"同"要做具体分析。"庸""圣"对世界的认知，相同点在都涉及"内外合"。不同点在庸关注的是"内外合"的第一种类型。它是"以闻见为心"的。张载说："人谓己有知，由耳目有受也；人之有受，由内外之合也。"（7·3）这是感官认知类型的"内外合"。而圣关注的是"内外合"的第二种类型。它是"不专以闻见为心"的。张载说："知合内外于耳目之外，则其知也过人远矣。"（7·3）这是圣人超越于耳目之外的、以"尽心""尽道""尽性""穷神知化"为主的认知方式，是更高层次的"合内外"。再看"有无一"。庸不涉及"有无一"，而圣则涉及"有无一"。张载提出："合性与知觉，有心之名。"（1·12）在他看来，"心"必须以"性"作为根据，而"性"则是"虚"与"气"的统一。这就是所谓"有无一"。而且，这是只有圣人才能够达到的认知高度。正因为如此，本章紧接着说："若圣人，则不专以闻见为心，故能不专以闻见为用。"这是因为，闻见无关乎"有无一"之"感"。

二、论虚"无所不感"。在本章中，"感"共五见，可知其重要性。张载所谓"感"，主要指太虚对异质的他者（气）所发挥的关联整合作用。这是天地间万物创生的根源和动力。因而张载说万物的生成"皆无须臾之不感"。

三、论"性即天道"。太虚本体对异质的阴、阳之气所发挥的感应及整合作用，能够形成创生万物的力量，这就是本章最后一句"所谓性即天道也"。在张载著作中，说"性即天道"仅此一见，而并列"性与天道"的说法则很多。"性即天道"之"即"字，是多义字。依据《尔雅·释诂下》及郭璞注，此"即"当释作"接近"义。其根据是，"性"与"道"二者是同构的，都是由"虚"与"气"构成的，因而意涵接近。值得注意的是，"太虚即气"这一命题其实说的正是"道"与"性"。在"太虚即气"之后，张载紧接着说："故圣人语性与天道之极。"（1·9）可见，"太虚即气"的基本意涵所指向的正是"性"与"天道"。尽管"道"与"性"是同构的，但二者在宇宙生成过程中的作用则各有侧重："性"，主要作为天地万物生成的根源，赋予天地万物不同的秉性或本质；而"道"，主要作为天地万物运行的动力，展现天地万物的变化过程及其秩序。

17·6 感者性之神[1]，性者感之体[2]。在天在人，其究一也[3]。惟屈伸[4]、动静终始之能一也[5]，故所以妙万物而谓之神[6]，通万物而谓之道[7]，体万物而谓之性[8]。

感应是万物根源之性的神妙机制，万物根源之性是感应的虚气总体。

[注释]

[1] 神：神妙机制。　[2] 此两句意为，感应是万物根源之性的神妙机制，万物根源之性是感应的虚气总体。体：整体；总体。　[3] 此两句意为，感与性无论对于天还是对于人，究其实

质是一致的。究：究竟；实质。一：一致；相同。　[4]惟：独；只。屈伸：气之收缩和伸展。　[5]动：指气的变动和太虚的"无所不感"（17·5）。静：指太虚"至静无感"（1·2）的原初状态。一：统合；联合。　[6]妙：奇妙；神妙。而：乃。神：此指宇宙间妙运万物的力量。　[7]通：贯通。道：此指推动万物变化的动力。　[8]以上几句意为，只有依赖于感应机制，才能够把宇宙间的屈伸之气、动静交互的太虚与气整合为统一的创生力量，因而其妙运万物被称作神，贯通万物被称作道，生养万物被称作性。体：生；生养。

[点评]

本章基于"感"与"性"的关系，论张载宇宙论哲学的三个重要概念："神""道""性"。其中，对"性"的理解是关键所在。

本章第二句"性者感之体"，《正蒙》古今注本多将其"体"字解释为"本体"。张载以"太虚"亦即"天"为本体（1·2、1·12），"性"只是宇宙生成万物的根源（6·7），"性"在其理学纲领中的地位是低于"天"（太虚）的。张载哲学不可能既以"天"（太虚）为本体，又以"性"为本体。这里的"体"字，当释义为总体，亦即张载所说的"性其总，合两也"（6·16）之"总"。总体之"性"必有其结构，此即"合两"，亦即张载所谓"合虚与气，有性之名"（1·12）中的"虚与气"之"两"。据此，我们在注释中把此"体"字串讲为"虚气总体"。此外，本章最后一句"体万物而谓之性"之"体"字作动词，而"性者感之体"之"体"字作名词，这两个"体"字的语意是不同的。

17·7　至虚之实[1]，实而不固[2]；至静之动[3]，动而不穷[4]。实而不固，则一而散[5]；动而不穷，则往且来[6]。

刘玑："'至虚''至静'，皆以太虚而言。'一而散'即不固，不散则固矣。'往且来'即不穷，不来则穷矣。"(《正蒙会稿》卷四)

［注释］

[1]至虚：至极之虚，指太虚本体。实：终极实在；真实的存在。　[2]此两句意为，作为至极之虚的终极实在，虽实在却并非凝固不动。而：却。固：凝结；凝固。　[3]至静：此指太虚处于绝对静止的原初状态。动：此指太虚由静态转入动态的创生过程。　[4]此两句意为，处于绝对静止状态的太虚转化为变动状态，其变动是没有穷尽的。　[5]此两句意为，太虚虽然是实在的却并非凝固不动的，因而才会有由太虚之"一"推动散而万殊的世界图景出现。则：表示因果关系。一：此指"太虚"("天")。散：散殊；万殊。　[6]此两句意为，世界的变动是没有穷尽的，因而万物纷繁往来不息。

［点评］

本章论从宇宙本体论到宇宙生成论的过渡。

首句"至虚之实"，其"至"言太虚本体的绝对性，其"实"言太虚本体的终极实在性。诸家旧注，以明儒刘玑所言最能得张载主旨。清儒张棠、周芳以周敦颐"无极而太极""静极而动"释本章大意，庶几近之。

17·8　性通极于无[1]，气其一物尔[2]。命禀同于性[3]，遇乃适然焉[4]。人一己百，人十己

李光地："人之性'通极于无'，则性即命也，气质之性特可谓之气耳，君子不谓性也；人之命'禀同于性'，则命即性也，气数之命特可谓之遇耳，君子不谓命也。"(《注解正蒙》)

千^[5]，然有不至^[6]，犹难语性^[7]，可以言气^[8]。行同报异^[9]，犹难语命，可以言遇^[10]。

［注释］

[1] 性：指人性。极：终极。无：指人性的终极根据，亦即表征至善的非实体化的太虚。　[2] 此两句意为，人性所通向的终极根据是太虚本体（无），气质只是人性中的一种物化因素而已。　[3] 命：命运。此指张载所谓德命（6·24）。禀：承受；领受。　[4] 此两句意为，德命禀受的是同样的天地之性，遇命则是一种偶然的不确定的遭遇。遇：遭遇。此指张载所谓气命或遇命（6·24）。适然：偶然。　[5] 人一己百，人十己千：语见《中庸》第二十章："人一能之，己百之；人十能之，己千之。"　[6] 然：如；若。　[7] 犹：则。　[8] 此五句意为，别人一学便知，自己则需要百倍用功，别人用百倍之功，自己则需要千倍之力。若仍未达到理想的地步，则难以说这是由人的本性决定的，却可以说这是由人的气质造成的。　[9] 行：行为；行动。报：报应。　[10] 此三句意为，人的行为相同而其报应却有差异，则难以说这是由人的德命决定的，却可以说这是由人的遇命造成的。

［点评］

本章论人的性与气、命与遇的关系，涉及人性和命运的两重划分。

一、关于性与气。17·6 等章所言"性"，指万物根源之性，是宇宙生成论意义的"性"。宇宙生成论意义的"性"，也涵盖人性。宇宙生成论意义的"性"，是"合虚与气"而组成的。张载把人性划分为"天地之性"与"气质之性"，这与"虚与气"有对应关系。他认为，在本原意义上"性于人无不善"（6·21）。这是由于作为天地之性根源的太虚是"至善"的。张载说："天地以虚为德，至善者虚也。"（《张子语录·语录中》）太虚为至善，故根源于太虚的天地之性在价值论上也是至善的。因而可以把本章所谓"性"与"气"，视作"天地之性"与"气质之性"的简称。

二、关于命与遇。依据"命于德"还是"命于气"（6·24）的不同取向，张载在理学史上第一次把人的命运分为"德命"与"气命"。他把"气命"也称作"遇命"（详见6·11章点评之四）。

17·9　浮屠明鬼[1]，谓有识之死[2]，受生循环[3]，遂厌苦求免[4]，可谓知鬼乎[5]？以人生为妄见[6]，可谓知人乎[7]？天人一物[8]，辄生取舍[9]，可谓知天乎[10]？孔孟所谓天，彼所谓道者[11]，指"游魂为变"为轮回[12]，未之思也[13]。

《周易·系辞上》："精气为物，游魂为变。"

[注释]

[1]浮屠：佛陀；佛。鬼：祖先。张载："鬼神一物也，以其归故谓之鬼。"（佚著《礼记说·祭义第二十四》）　[2]有识：佛教术语。指有情之人。明儒余本注："'有识'，谓人也。"（《正蒙集解》）　[3]受生：投生；投胎。　[4]遂：故。苦：佛教认为，"苦"

是世俗生活的本质。作为佛教基本教义的"四谛"，其中的"苦谛"对"苦"有所阐发。　[5]此五句意为，佛教人士自以为通晓人生归宿，认为人死后又会投生，形成生死循环，故厌倦人生之苦，祈求脱离生死苦海，这可以称得上知晓人生的归宿吗？　[6]妄见：佛教术语。指虚妄不实的分别。　[7]此两句意为，以人生为虚妄之见，这可以称得上知晓人生的道理吗？　[8]一物：关联一体。　[9]辄：每每；总是。　[10]此三句意为，天与人是关联一体的，佛教人士总是取天而舍人，这可以称得上知晓天的道理吗？　[11]道：多指佛教解脱生死轮回的涅槃。涅槃，是佛教修习的最高理想，指熄灭生死轮回后所获得的精神境界。　[12]游魂：游散的精气。出自《周易·系辞上》："精气为物，游魂为变。"轮回：也作"生死轮回"或"轮回转生"，意思是众生在生死世界循环不已。　[13]此四句意为，孔孟所谓"天"强调天与人是关联一体的，而佛教人士依据通往涅槃之"道"，误以为《易传》"游魂为变"说的只是生死轮回，这表明他们未经深思啊！

[点评]

本章批评佛教"知鬼""知人""知天"诸说，并指责佛教把"游魂为变"与"轮回"混为一谈。本章可与17·14章合看。

《孟子·离娄下》："舜明于庶物，察于人伦。"

《孟子·离娄上》："上无礼，下无学，贼民兴，丧无日矣。"

17·10 大学当先知天德[1]。知天德，则知圣人，知鬼神[2]。今浮屠极论要归[3]，必谓死生转流[4]，非得道不免[5]，谓之悟道可乎[6]？悟则有义有命[7]，均死生，一天人，推知昼夜，通阴阳，体之不二[8]。自其说炽传中国[9]，儒者未容窥圣学门墙[10]，已为引取[11]，沦胥其间[12]，指为大道[13]。其俗达之天下[14]，致善恶、知愚、男女、臧获[15]，人人著信[16]。使英才间气[17]，生则溺耳目恬习之事[18]，长则师世儒宗尚之言[19]，遂冥然被驱[20]，因谓圣人可不修而至，大道可不学而知[21]。故未识圣人心，已谓不必求其迹；未见君子志，已谓不必事其文[22]。此人伦所以不察，庶物所以不明[23]，治所以忽[24]，德所以乱，异言满耳[25]，上无礼以防其伪，下无学以稽其弊[26]。自古诐淫邪遁之词[27]，翕然并兴[28]，一出于佛氏之门者千五百年[29]。自非独立不惧[30]，精一自信[31]，有大过人之才，何以正立其间，与之较是非、计得失[32]！

《孟子·公孙丑上》："'何谓知言？'曰：'诐辞知其所蔽，淫辞知其所陷，邪辞知其所离，遁辞知其所穷。'"

[注释]

[1]此句意为，探究博大的圣贤之学，应当先领会天德。大学：博学。郑玄："名曰《大学》者，以其记博学可以为政也。"（《礼记目录》）此处作博大的圣贤之学。天德：天的德能；至高的德能。　[2]此三句意为，领会了天德，便能够领会圣人的境界，领会天地造化生灭循环的过程。鬼神："往来、屈伸之义。"（4·4）[3]极论：竭力论述；畅论。要归：要点所在；要旨。　[4]死生

转流：佛教所谓死生轮回。　[5]道：佛教以通为道，多指能通达解脱生死轮回的涅槃。　[6]此四句意为，现在佛教所竭力阐发的教义要点，强调的一定是死生轮回，人们若未获得解脱生死的涅槃之道，就无法从转世之苦中解脱出来，可以认为这是对道真有所领悟吗？悟：领悟；理解。　[7]义：义理。命：天命。　[8]以上几句意为，若领悟了道，则其内容既涵有义理，又涵有天命，从而使人能够从容地面对生死，视天人为一体，并能够测知昼夜之理，通达阴阳之变，所有的领悟都能够融贯而无二致。　[9]其说：佛教的学说。炽：强烈；兴盛。　[10]容：可以；能够。窥：泛指观看。门墙：指学术的门径。　[11]引取：吸引。　[12]沦胥：相率牵连。　[13]此五句意为，自从佛教学说大肆传播于中国，儒家学者还未能看清学术门径，便已被其教义吸引过去，相互影响牵连于其间，认为这才是大道。　[14]俗：大众的；通行的。　[15]臧获：古代对奴婢的贱称。　[16]以上几句意为，佛教通俗化之后传遍天下，以致无论善恶、智愚、男女、奴婢，所有的人都对其确信无疑。著信：确信。　[17]使：若；假使。间气：间隔于司天、在泉上下不同气位的客气。此指禀受天地非常之气的人物。司天：运气说术语。定居于客气第三步气位，统管上半年气候变化的趋向。在泉：运气说术语。象征在下，定居于客气第六步气位，统管下半年气候变化的趋向。　[18]恬（tián）习：安于所习。　[19]宗尚：推崇；崇尚。　[20]冥然：此处意为盲然。　[21]此六句意为，假使是禀受天地之气的英伟之才，自有生以来就沉溺于耳目所习之事，成年后则师法俗儒所推崇之语，于是便盲然地被驱使，因而认为圣人的境界不经过修为就可以达到，对大道不通过学习就可以知晓。　[22]此四句意为，因此，未理解圣人的心境，便已声称不必寻求其过往的行迹；未见识君子的志向，便已认为不必诵读其文字。　[23]庶物：众物；

万物。　[24]忽：忽略；怠惰。　[25]异言：异端的言论。　[26]此
七句意为，造成这样的局面是因为，人们不再洞悉人伦道德，不
再明察事物，社会治理怠惰，道德混乱，奇谈怪论充斥于听闻，
国家作为社会的上层未能落实礼仪典章以防范各级官员的虚伪欺
诈，社群作为国家的下层则没有推行儒家学说以抵制社会风气的
种种流弊。稽：核查。　[27]诐（bì）：偏颇。淫：夸；浮夸。邪：
邪僻不正。遁：躲闪；理屈而闪烁。　[28]翕（xī）然：一致的样
子。　[29]此三句意为，自古就有的偏颇、浮夸、邪僻、躲闪之
词，现在被高度认同而得以兴起，其中很多都源于佛教之门，至
今已一千五百年了。一：皆；总。　[30]自：苟。　[31]精一：道
德精粹纯一。　[32]以上几句意为，若不是独立特行又毫不畏
惧，精粹纯一而充满自信，满怀过人之才干，怎能正气凛然地站
立于天地之间，与佛教的谬误辨别是非、清算得失呢！计：结算；
清算。

[点评]

本章揭示了儒、佛之间的根本分歧，并从教育、治
理、道德等多方面批评了佛教的流弊，最后还强调与佛
教教义"较是非""计得失"的必要性。

本章解读的难点，是第一句的"大学"。"大学"的
"大"，是赞美之词。郑玄在此意义上把"大学"称作"博
学"。清儒冉觐祖也认为，"'大学'，是学之大者"。依据
张载的理学立场和本章的内容，应当把"大学"理解为
"渊博的圣贤之学"。

17·11　释氏语实际[1]，乃知道者所谓诚

《周易·系辞
上》："知周乎万物
而道济天下，故不
过。旁行而不流，
乐天知命，故不
忧。"

也[2]，天德也[3]。其语到实际，则以人生为幻妄，以有为为疣赘[4]，以世界为荫浊[5]，遂厌而不有，遣而弗存[6]。就使得之[7]，乃诚而恶明者也[8]。儒者则因明致诚[9]，因诚致明，故天人合一。致学而可以成圣，得天而未始遗人，《易》所谓不遗、不流、不过者也[10]。彼语虽似是，观其发本要归[11]，与吾儒二本殊归矣[12]。道一而已，此是则彼非，此非则彼是，固不当同日而语[13]。其言流遁失守[14]，穷大则淫[15]，推行则诐[16]，致曲则邪[17]。求之一卷之中[18]，此弊数数有之[19]。大率知昼夜、阴阳则能知性命[20]，能知性命则能知圣人，知鬼神[21]。彼欲直语太虚，不以昼夜、阴阳累其心，则是未始见易[22]。未始见易，则虽欲免阴阳、昼夜之累，末由也已[23]。易且不见，又乌能更语真际[24]！舍真际而谈鬼神，妄也[25]。所谓实际，彼徒能语之而已[26]，未始心解也[27]。

《周易·系辞上》："范围天地之化而不过，曲成万物而不遗。"

张棠、周芳："佛氏言诚归于不明，是与吾儒殊归也。既已不明，诚亦非诚，是并与吾儒异本也。"(《正蒙注》)

[注释]

[1]释氏：佛姓释迦的略称。也指佛或佛教。实际：佛教术语。指称万有本体。也称实相、法性、真如、真际等（丁福保《佛学

大辞典》）。张载也使用"实际"这一术语，用以指称天道、天性、天德等。　[2]道：此指天道。诚：此指真诚发挥生养万物之德能的天道。　[3]此三句意为，佛教言及的实际，乃是知晓"天道"之人所说的"诚"，也就是天的德能。　[4]疣赘（yóu zhuì）：泛指痈疽疮毒。此处比喻多余无用的东西。　[5]荫浊：阴暗混浊。　[6]以上几句意为，其用语虽然涉及实际，却以人生为幻灭虚妄，以经世为多余无用，以世界为阴暗混浊，于是便厌恶一切实有，遗弃一切存在。　[7]就：纵。　[8]此两句意为，纵使佛教对诚或天德的理解有心得，其实也只是认可诚而厌弃明的。明：为学；穷理。　[9]因：从；自。　[10]以上几句意为，儒者则能够从明推至诚，从诚推至明，在诚明互动的工夫中才可能实现天人合一，致力于为学便可以成就圣人境界，领悟天而并不遗弃人，这正是《周易·系辞上》所说的圣人成就万物而不遗弃万物，应对万变而没有流弊，参赞天地化育而没有发生过失。不遗、不流、不过：都是《周易·系辞上》用语。　[11]发本：阐发本原。要归：要点所在；要旨。　[12]此三句意为，佛教所说虽然看似正确，但观察其所阐发的本原和要旨，与我们儒者对世界本原的理解有别（二本），而且他们运用其本原所得到的结果也与我们儒者不同（殊归）。　[13]此四句意为，对道的正确理解只有一种，如果这样理解是对的，则那样理解便是错的，反之亦然。这本来就是不应当同日而语的。固：本来；原来。　[14]流遁：流荡逃遁。　[15]穷大：极大。后指多而不适用。淫：夸；浮夸。　[16]诐（bì）：偏颇。　[17]此四句意为，佛教所说，流荡逃遁而缺乏坚守，极大而浮夸，实行起来则陷于偏颇，致力于小事则邪僻不正。致：致力于。曲：小的；局部的。邪：邪僻不正。　[18]一卷：此指佛书。[19]此两句意为，细究佛书，其中的偏弊数不胜数。[20]大率（shuài）：大抵；大致。　[21]此三句意为，大致而言，知晓昼夜的循环、阴阳的变化，则能知晓道德性命之理；能知晓道德性命之理，则能知晓圣人，知晓鬼神。　[22]此三句意为，佛教总想抛开现实而片面强调太虚，不以昼夜、阴阳牵累其心，这乃是从未领悟易理的表现。则：乃。未始：从未；未曾。　[23]此三句意为，从未领悟易理，则虽然想要免除昼夜、阴阳的牵累，也是无从谈起的。末：未；无。由：从。　[24]此两句意为，易理尚且无从领悟，又怎能进一步谈论真际！真际：佛教用语。又称"真实际"或"实际"。指穷极真如之源的宇宙本体，也指成佛的境界。　[25]此两句意为，抛开真际而谈论鬼神，是虚妄的。　[26]徒：空。　[27]此三句意为，所谓实际，佛教只能空谈而已，从未用心加以理解。

[点评]

本章从多方面对儒、佛的学说进行比论，并系统地批评了佛教的宇宙本体论、宇宙生成论、人生论。明儒吴讷在解读本章佛教人士"欲直语太虚，不以昼夜、阴阳累其心"时指出，这表明他们"不知太虚即气，欲舍昼夜、阴阳而言太虚，则是未始见易"（《正蒙补注》）。吴讷的这一见解是深刻的。此外，张载在这里还第一次明确地提出了"天人合一"的学说，这在中国思想史上是具有特别重要的意义的。

《论语·先进》："季路问事鬼神。子曰：'未能事人，焉能事鬼？''敢问死。'曰：'未知生，焉知死？'"

17·12 《易》谓"原始要终"[1]，"故知死生之说"者，谓原始而知生，则求其终而知死必矣[2]。此夫子所以直季路之问而不隐也[3]。

[注释]

[1]"原始要终"：出自《周易·系辞下》："《易》之为书也，原始要终，以为质也。"孔疏："又要会其事之终末。"原：推求；探求。要：究察；查究。与下句"求其终而知死必矣"之"求"义同。 [2]以上几句意为，《易传》说"探求其本始，查究其归宿"，"因而能知晓死生之说"，这是说探求其本始而知晓人的生存，则追究其归宿而知晓人的死亡就是确定无疑的。 [3]此句意为，这是孔夫子之所以坦率回答季路所问而毫不隐晦的理由。直：坦率；率直。季路：孔子弟子仲由，字子路，因曾为季氏家臣，故通称季路。

[点评]

本章依据《易传》"原始要终"，论儒家生死观。

《正蒙》宋本作"原始要终"，而明清诸本、《张载集》章校本则作"原始反终"。"原始要终"，出自《周易·系辞下》；而"原始反终"，则出自《周易·系辞上》。"原始要终"与"原始反终"，义得两通，然当取宋本。

本章可与 17·9、17·14 章合观。

17·13 体不偏滞[1]，乃可谓无方无体[2]。偏滞于昼夜、阴阳者，物也[3]。若道，则兼体而无累也[4]。以其兼体[5]，故曰"一阴一阳"[6]，又曰"阴阳不测"[7]，又曰"一阖一辟"[8]，又曰"通乎昼夜"[9]。语其推行，故曰道[10]；语其

本章重点论天道的"兼体"特征。

不测，故曰神[11]；语其生生[12]，故曰易[13]。其实一物，指事异名尔[14]。大率天之为德[15]，虚而善应[16]。其应非思虑聪明可求，故谓之神[17]。老氏况诸谷以此[18]。

［注释］

[1] 体：本体。偏滞：拘执；拘泥。　[2] 此两句意为，宇宙本体具有毫无偏执的特征，这才能够被称作既无方位空间，也无有形物体的实在。乃：这才（《词诠》卷二）。方：方所；方位。体：形体；形迹。无方无体：出自《周易·系辞上》："故神无方而易无体。"　[3] 此两句意为，偏执于昼夜循环、阴阳变化的，只是有形物体而已。　[4] 此两句意为，若说天道，乃是同时由太虚与阴阳之气构成的整体宇宙创生力量，因而是不受有形物体拖累的。道：天道。则：乃。兼体：张载的哲学术语。指天道是同时兼具太虚与阴阳之气而构成的整体。兼：同时具有对象的若干方面。体：此指部分。累：牵连；拖累。　[5] 以：因。　[6] "一阴一阳"：出自《周易·系辞上》："一阴一阳之谓道。"　[7] "阴阳不测"：出自《周易·系辞上》："阴阳不测之谓神。"　[8] "一阖一辟"：出自《周易·系辞上》："一阖一辟谓之变。"　[9] 此五句意为，因天道是同时兼具太虚与阴阳之气而构成的整体，所以《易传》说"阴阳相互作用称作道"，又说"阴阳变化微妙莫测称作神"，又说"开闭循环、阴阳纷繁称作变"，又说"圣人通晓昼夜循环的道理而无事不知"。"通乎昼夜"：出自《周易·系辞上》："通乎昼夜之道而知。"　[10] 此两句意为，说到天地间的推动运行，所以称之为道。　[11] 此两句意为，说到天地间的精妙莫测，

所以称之为神。　[12]生生：万物化生不息。语出《周易·系辞
上》："生生之谓易。"　[13]此两句意为，说到天地间的万物化
生，所以称之为易道。　[14]此两句意为，（或称之为道，或称
之为神，或称之为易），其实这些称呼的意涵大体是一致的，只
是因指事角度略异而称名不同罢了。　[15]德：此处特指天地化
育万物的功能，亦即张载所谓"天德"。　[16]此两句意为，大
抵而言，天发挥其德能，如太空包容万物而善应万变。虚：空际；
太空。此处为比喻之词。虚而善应：参见《周易·系辞上》韩康
伯注："至虚而善应，则以道为称。"　[17]此两句意为，天的应
变能力不是凭借人的那点思虑聪明就可以求得的，所以称天能为
神。　[18]此句意为，正因为如此，老子把天道之神比喻为谷神。
况：比喻；譬喻。谷：象征天道的虚空。亦即"谷神"。出自《老子》
第六章："谷神不死，是谓玄牝。"

[点评]

本章的内容分为两部分。

第一部分，论宇宙本体，从首句"体不偏滞"到"偏
滞于昼夜、阴阳者，物也"。这里主要揭示宇宙本体不
"偏滞于昼夜、阴阳"的特征，强调其不拘执于有形实体。
这与张载所谓"太虚无形，气之本体"（1·2）的意旨
是一致的。在《正蒙》中，论述宇宙本体的章节不很多，
除了本章和1·2章之外，还有下一章。各章表述略有不
同，可以互相参证。

第二部分，论宇宙生成，从"若道，则兼体而无
累也"到本章结束。这是本章的重点，主要论述宇
宙生成论的核心概念"道"，亦即"天道"，并兼及

"神""易"等概念。"兼体",是本章的关键词,也是解释的难点。"兼",指同时具有对象的若干方面。解释的分歧集中于"体"字。牟宗三说:"'体'是事体的体,不是体用的体。'兼体'就是兼有两种事体。"(《宋明儒学的问题与发展》,第105页)他把"体"解释为"事体",这不准确。"体"是多义字,其主要涵义包括整体义,也包括部分义。《墨子·经上》:"体,分于兼也。"孙诒让《墨子间诂》:"盖并众体则为兼,分之则为体。"其中的"兼",指合并各部分的整体;"体",指部分。"兼体"之"体",也指的是部分,具体指天(太虚)与阴阳之气的不同部分。

对于张载的"兼体"观念,有必要结合其"天参"说进一步阐发。他说:"天所以参,一太极两仪而象之,性也。"(《正蒙·参两》)这里的"参"与"叁(三)",古字通用,有同一结构中三方面力量参错会合之意。屈原早在其《天问》中便提出:"阴阳三合,何本何化?"今人游国恩认为,历代诸家旧说中,"当仍以柳宗元《天对》自注所引《穀梁》之解为正"(游国恩《天问纂义》,中华书局1982年版,第26页)。《穀梁传》曰:"独阴不生,独阳不生,独天不生,三合然后生。""三合",指阴、阳和天这三种力量的参合互动,从而成为宇宙创生的结构性根源("性")和动力("道")。张载明确提出,太虚(天)或太极与阴、阳之气是由"一"和"两"构成的"三位一体式的存在",这是对儒家宇宙论哲学建构的重要贡献(庞朴《一分为三论》,第132页)。总之,本章的"兼体"说,其实也是指"天道"的"天参"或"三合"结构模式。

本章可以与《正蒙·大易》第11章相互参证。

17·14　太虚者，气之体[1]。气有阴阳，屈伸相感之无穷[2]，故神之应也无穷[3]；其散无数，故神之应也无数[4]。虽无穷，其实湛然[5]；虽无数，其实一而已[6]。阴阳之气，散则万殊[7]，人莫知其一也[8]；合则混然，人不见其殊也[9]。形聚为物，形溃反原[10]。反原者，其"游魂为变"欤[11]！所谓变者，对聚散、存亡为文，非如萤雀之化[12]，指前后身而为说也[13]。

王植："太虚，体也；神，即太虚之用也。其用随气所感而善应，体则湛然而至一。"（《正蒙初义》）

刘玑："'反原'，即归于太虚之谓。"（《正蒙会稿》卷四）

华希闵："'形聚为物，形溃反原'八字，说尽死生之理。"（《正蒙辑释》卷四）

[注释]

[1]此两句意为，太虚，是气的本体。　[2]屈伸：往来。[3]此三句意为，气有阴阳之分，往来相互感应是无穷无尽的，因而神的应对也是无穷无尽的。神：天道；神道。　[4]此两句意为，气发散无数，因而神的应变也无数。　[5]此两句意为，虽然气的往来运行无穷无尽，其实主导它的却是清澈的太虚本体。湛然：清澈的状态。此指太虚本体的本来状态。　[6]此两句意为，虽然气发散无数，其实主导它的无非是作为"至一"的太虚本体而已。一：此指太虚（天）。张载亦称作"至一"。　[7]殊：异；不同。　[8]此三句意为，阴阳之气的运行变化，发散开来则千变万化，人不知晓其背后的主导力量是作为"至一"的太虚本体。　[9]此两句意为，整合阴、阳之气与"至一"的太虚本体

则成为浑然整体的存在（天道或神），人无法看到其千变万化的运行。　[10]此两句意为，形质积聚便成为万物，有形之物离散便返归宇宙本原。溃：离散；分散。原：本原；本体。　[11]此两句意为，返归宇宙本原，那就是《易传》所谓"游散的精气最终生变"啊！其：那。精气：指阴阳精灵之气。游魂：指游散的精气。变：指游散的精气发生改变。　[12]萤：萤火虫。《礼记·月令》："腐草为萤。"雀：燕雀。《国语·晋语九》："雀入于海为蛤。"蛤（gé）：蛤蜊之类软体动物。　[13]以上几句意为，所谓发生变化，是对万物积聚而又离散、生存而又灭亡而言的，不是像腐草变为萤火虫、燕雀入海变为蛤蜊那样，指它们的形体及本性发生前后转变而说的。

[点评]

本章所论，主要有以下四方面内容。

一、论宇宙本体。本章第一句说："太虚者，气之体。"这一说法，与《正蒙·太和》所谓"太虚无形，气之本体"（1·2）的说法接近。这两种说法形成了前后呼应的作用，表示强调。

二、论述了气化运行无穷与神之应对也无穷的关系，并论述了宇宙间一与万殊的分合关系。

三、论述了万物的"形聚"与"形溃"、生存与灭亡的原理，并批评了佛教的轮回说。这是本章的重点。这部分论述所依据的经典，有《周易·系辞上》《礼记·月令》，但主要是前者所谓"精气为物，游魂为变"。张载曾对这句话做过重要的阐发。他说："'精气为物，游魂为变。'精气者，自无而有；游魂者，自有而无。自无而有，神之情也；自有而无，鬼之情也。自无而有，故显而为物；自有而无，故隐而为变。显而为物者，神之状也；隐而为变者，鬼之状也。大意不越有无而已。"（佚著《礼记说·祭义第二十四》）张载据以解读的核心观念，是"不越有无"。具体言之，这一核心观念就是宇宙间从"太虚"合于"气"，到"万物"；再从"万物"返归"太虚"的循环往复过程。这也正如张载所说："太虚不能无气，气不能不聚而为万物，万物不能不散而为太虚。循是出入，是皆不得已而然也。"（1·5）不难看出，"有无"是张载诠释"精气为物，游魂为变"的一组基本概念，其"无"对应的是太虚（天），其"有"对应的是"气"及"万物"。《正蒙》解释"游魂为变"的立场，既不单纯是"无"论的，也不单纯是"有"论亦即"气"论的，而是"不越有无"论的。后来，朱熹批评张载"说聚散屈伸处，其弊却是大轮回"（《朱子语类》卷九十九）。张载的宇宙论，是与其生死观相统一的学说。张载批评佛教，针对的是其个体轮回转生说，而后者则缺乏宇宙论作为其理论基础。朱熹把张载对佛教生死观的批评，放大用于宇宙生成过程，称之为"大轮回"，这既是一种错置，也是一种误解。朱熹的误解，对后人用佛教的轮回转世说附会张载的宇宙论和生死观是起了误导作用的。

四、最后论"变"所涉"萤雀之化"和"前后身而为说"，所依据的传统说法是古人对自然现象演变规律的误解，是不符合科学的。

本章对"游魂为变"的解读，可以与17·9、17·12章互相参证。

张棠、周芳："此明益卦之说而见成己、成物之必本于诚也，如天诚一不二也，如川至诚无息也。"(《正蒙注》)

刘儴："'施之妄'"，益物不诚也；'学之不勤'，自益不诚也。"(《新刊正蒙解》卷四)

17·15　益物必诚[1]，如天之生物，日进日息[2]；自益必诚[3]，如川之方至[4]，日增日得[5]。施之妄[6]，学之不勤，欲自益且益人[7]，难矣哉[8]！《易》曰"益，长裕而不设"[9]，信夫[10]！铭诸牖以自诏[11]。

[注释]

[1]益物：益于万物的生长，亦即成物。益：增益；长进。诚：此指人的至诚之德。　[2]此三句意为，人有益于万物的生长必须具备至诚之德，如同天生养万物，日日促进其生长。息：生长。《周易·革》："水火相息。"王弼注："息者，生变之谓也。"　[3]自益：益于自己的成长，亦即成己。出自《中庸》第二十五章："诚者非自成己而已也，所以成物也。成己，仁也；成物，知也。"　[4]川之方至：出自《诗经·小雅·天保》："如川之方至，以莫不增。"　[5]此三句意为，有益于自己的成长必须具备至诚之德，如同江河源远流长，滋养万物日日繁茂生长。　[6]妄：随意。　[7]益人：益于他人成长。　[8]此四句意为，行为随意，为学不勤，想要益于自己并益于他人成长，那是很难做到的啊！　[9]"益，长裕而不设"：出自《周易·系辞下》。益：《周易》之益卦。长：长进。裕：宽裕。不设：此指其益不虚设。　[10]此两句意为，《周易》所说"益卦，其卦义是增益己德使之长进而宽裕自如，其益不虚设"，诚然此言！信：诚。　[11]铭：刻写在金石等器物上的文辞。具有称颂、警诫等作用。牖（yǒu）：木窗。诏（zhào）：告诫。此句意为，铭刻于木窗以自警。

[点评]

本章结合《周易》益卦与《中庸》"成己""成物"之意，论"益物必诚"与"自益必诚"的必要性，以及"自益""益人"的求益之道。《正蒙·大易》第54章曰："'益，长裕而不设'，益以实也；妄加以不诚之益，非益也。"这可以视作对本章末句的补充。本章文字是张载"铭诸牖以自诏"的，这可与同样讲工夫论并同样"铭诸牖"的《东铭》合观。

17·16　将修己[1]，必先厚重以自持[2]。厚重知学，德乃进而不固矣[3]。忠信进德[4]，惟尚友而急贤[5]。欲胜己者亲[6]，无如改过之不吝[7]。

叶采："君子修己之道，必以厚重为本。苟轻浮，则无受道之基。然徒重厚而不知学，则德亦固滞而不进矣。"(《近思录集解》卷二)

[注释]

[1]修己：修养自己。出自《论语·宪问》："子曰：'修己以敬。'"　[2]此两句意为，将要修养自己，必须先敦厚持重并能自我克制。厚重：敦厚持重。自持：自我克制。　[3]此两句意为，敦厚持重并自觉向学，德性于是便有所长进而不会固步自封。乃：于是；始。固：固滞。　[4]忠信进德：出自《周易·乾·文言》："子曰：'君子进德修业。忠信，所以进德也。'"　[5]此两句意为，使用以忠待人和凡事取信于人的方式增进自己的德行，则既要以比自己优秀的人为友，又要急于求贤。惟：则。尚友：以比自己优秀的人为友。而：又。急贤：急于求贤。　[6]胜己：胜过自己的人。与"尚友"义近。亲：

亲近。　[7]此两句意为，想要亲近胜过自己的人，不如自己有过则改，无所吝惜。改过不吝：出自《尚书·商书·仲虺之诰》："用人惟己，改过不吝。"不吝：不吝惜。

[点评]

本章承接上章"自益且益人"之意，论"厚重知学""忠信进德""尚友而急贤"等为学原则。

本章后被朱熹、吕祖谦辑入《近思录》卷二。

17·17 戏言[1]，出于思也[2]；戏动[3]，作于谋也[4]。发于声，见乎四支[5]，谓非己心，不明也[6]；欲人无己疑[7]，不能也[8]。过言[9]，非心也[10]；过动[11]，非诚也[12]。失于声[13]，缪迷其四体[14]，谓己当然，自诬也[15]；欲他人己从[16]，诬人也[17]。惑者以出于心者[18]，归咎为己戏[19]；失于思者[20]，自诬为己诚[21]。不知戒其出汝者[22]，归咎其不出汝者[23]，长傲且遂非[24]，不智孰甚焉[25]！

[注释]

[1]戏言：开玩笑的言语。　[2]此两句意为，开玩笑的言语，出于自己的意识。　[3]戏动：开玩笑的动作。　[4]此两句意为，开玩笑的动作，始于自己的谋虑。作：始。谋：预谋；

刘宗周："此张子精言心学也。""戏而不已，必长其傲；过而不已，必遂其非。适以自欺其本心之明，不智孰甚焉！夫学，因明致诚而已矣。然则《西铭》之道，天道也；《东铭》，其尽人者欤！"（《圣学宗要·横渠张子·东铭》）

江永："张子作《东铭》，亦以戏言、戏动为戒。戏谑之害事，纳侮启衅、招尤致侮是也。人之有口才、多机智而好狎侮者，尤易犯此病，当深戒之。"（《近思录集注》卷四）

谋虑。　[5]四支：四肢。　[6]此四句意为，开玩笑要发出声音，又要表现于肢体，却辩解说自己不是故意的，这是不明智的。　[7]己疑：怀疑自己。　[8]此两句意为，想要别人对自己开玩笑的动机不加怀疑，这是不可能的。　[9]过言：说错话。　[10]此两句意为，说错话，并不是出自心之本然。　[11]过动：做错事。"过言""过动"：出自《礼记·哀公问》："公曰：'敢问何谓敬身？'孔子对曰：'君子过言则民作辞，过动则民作则。'"　[12]此两句意为，做错事，并不是出自心之诚然。　[13]失于声：说话失误。　[14]缪（miù）迷：欺诈迷惑；错乱。　[15]此四句意为，说话失误，做事错乱，（不愿改过）反而自以为是当然的，这是自我欺骗。诬：欺骗。　[16]己从：信从于自己。　[17]此两句意为，想要他人听信自己，这是欺骗他人。　[18]惑者：糊涂人。以：谓；以为。　[19]此两句意为，头脑糊涂的人以为那些有意识地开玩笑的人，只是由于自己一时不慎。咎：过错；过失。己戏：因自己不慎而开的玩笑。　[20]失于思者：思考失误的人。　[21]此两句意为，那些因思考失误而导致言行过错的人，（不愿改过）却自欺欺人地认为自己是真诚的。[22]戒：警告；告诫。其：无义。出汝者：指"戏言""戏动"出于有意。汝：你。　[23]不出汝者：指"过言""过动"不出自有心。　[24]长：增长。傲：骄傲；傲慢。遂非：掩饰过错。　[25]以上四句意为，（头脑糊涂的人）不知告诫那些"戏言""戏动"出于自己有意的人，也不知问责于那些有过错却自以为不是出自有心的人。这只能使前者徒增傲慢，使后者掩饰过失发生的真正原因，又有谁能如此不明智呢！孰：谁。甚：深叹之辞。

[点评]

本章原题作《砭愚》，是张载书写并悬挂于学堂东窗的铭文。后来张载采纳程颐的建议，改称《东铭》。《东铭》是张载基于心理分析，对言、动之"戏""过"及其根源的剖析，说明身心言动之际正是学者着实用工夫处。对本章的解读，可参考张载所说："戏谑直是大无益，出于无敬心。戏谑不已，不惟害事，志亦为气所流。"（《经学理窟·学大原上》7·8）"无敬心"，"志亦为气所流"，是对"戏言""戏动"实质的揭示。据此，有理由把《东铭》的主旨概括为以戏言、戏动为戒，避免纳侮启衅的工夫论。古希腊哲学家亚里士多德把开玩笑分为过度、不及和中道三种情况。本章所涉及的内容，与亚里士多德所说的第一种情况"把玩笑开得太过分"（《尼各马科伦理学》，苗力田译，中国人民大学出版社1990年版，第85页）很接近。

晚明心学家刘宗周把本章所谓"心"，分为"本乎人者"与"本乎天者"，认为支配"戏言""戏动"之"心"与"过言""过动"之"心"，都属于前者，应当"省察之"，"克治之"，从而使这种"心"返归"本乎天者"之"心"，亦即"本心"。这与张载把人心分为"成心"（7·9、7·10）与"本心"（《经学理窟·诗书》，《经学理窟·学大原上》7·27）、"实心"（《经学理窟·学大原下》），是相通的。张载认为，"成心"即"意"或"私意"，是属于个人意识层面的，有时也被他称作"习俗之心"（同上）。

《东铭》所谓"戏言""戏动"和"过言""过动"，皆"出于思"或"出于心"。此处的"思"或"心"，指的是当事人的意识心。《东铭》所谓"过言，非心也；过动，非诚也"涉及的"心"和"诚"，指的是本心和诚心。

"非心""非诚"，是说"过言""过动"并非出自当事人的本心或诚心，而是出自其意识心。

本章可以与 17·15、17·16 章合观。

[篇末评]

《乾称》篇共 17 章，论及的内容主要有以下五方面。

一、首章《西铭》，是张载的伦理学纲领，其宗旨是基于宇宙根源的仁孝伦理原则。这是对后世影响最大的内容。

二、末章《东铭》，是张载基于细致的心理分析，对工夫门径的阐发，并揭示了"戏言"和"戏动"的实质是"无敬心"，"志亦为气所流"（《经学理窟·学大原上》7·8）。晚明刘宗周认为，《东铭》表明"张子精言心学也"。此说并非毫无道理，但不很准确，因为《东铭》并不是在严格的"心学"意义上言"心"的，而只是在工夫论的意义上言"心"的。张载认为，在工夫实践中"心"必须发挥主导作用，这与他所谓"变化气质"工夫的实质是一致的。可以把本篇的 17·15、17·16 章与《东铭》视为一组，因为这三章都是论工夫实践及其原则的，只是角度有所不同。

三、张载依据《中庸》的诚明理论，针对佛教"诚而恶明"的偏向，明确提出了著名的"天人合一"观念（17·11）。这在中国观念史上还是第一次，具有特别重要的意义。"天人合一"，既是张载理学思想的宗旨，也是他所高扬的儒家精神境界。

四、反复论述了理学宇宙本体论和宇宙生成论，以及理学世界观、人生观、生死观的基本概念和原理，尤其是论述了太虚乃气的本体（17·14），宇宙生成论的"兼体"说（17·13），"形聚为物，形溃反原"的宇宙生成循环论（17·14）。

五、本篇还多次对佛老，尤其是对佛教理论展开了尖锐的批判，包括对佛教的宇宙本体论、宇宙生成论、人生论和生死观的系统批判（17·11），对佛老割裂有无关系的批判（17·3），对佛教把"游魂为变"与"轮回"混为一谈的批判（17·9），并从教育、治理、道德等多方面批评了佛教的流弊（17·10）。

经学理窟

　　《经学理窟》，是张载的经学著作。"理窟"，意为经学义理的渊薮。关于该书的体例，古今研究者多将其归结为"语录类编"。宋代理学各家的语录体著作，包括张载的语录体著作，所使用的语言多以当时的白话文为主。但《经学理窟》的不少用语却相当古奥，有不少与《正蒙》的用语比较接近。有理由认为，《经学理窟》既是张载的"语录类编"，也是他的"札记类编"，这两种体例是混杂的。关于该书的作者，南宋晁公武《郡斋读书志》称："《理窟》二卷，右题曰金华先生，未详何人，盖为二程、张氏之学者。"今人以《经学理窟》中有混入的二程语录为由，将张载、二程并列为《经学理窟》的作者，似不妥当。张载与二程，分别作为关学与洛学这两大学派的领袖，各自的语言风格和思想表达是有明显区别的。除《郡斋读书志》之外，宋元明学者多认同该书的作者为张载。赵希弁《读书附志》称"希弁所藏《横渠先生经学理窟》一卷，其目有所谓《周礼》《诗书》《宗法》《礼乐》《气质》《义理》《学大原》《自道》《祭祀》《月令统》《丧纪》，凡十二云"，与该书传世版本的十二篇目次吻合。南宋理学家魏了翁（1178—1237）说：

"横渠张先生之书行于世者,惟《正蒙》为全书,其次则《经学理窟》。"(《横渠礼记说序》)《宋史·艺文志》著录《经学理窟》三卷。此外,宋代以降的官私书目多著录有《经学理窟》一书。

《经学理窟》传世的最早版本,是宋理宗端平二年(1235)黄壮猷修补印行的《诸儒鸣道集》本,题《横渠经学理窟》五卷。其他重要版本还有:明嘉靖元年(1522)黄巩刊刻的《横渠经学理窟》五卷、明嘉靖八年(1529)吕柟刊刻的《横渠张子抄释》所收《理窟》二卷(节选本)、明万历三十四年(1606)徐必达辑编的《张子全书》所收《经学理窟》三卷。此外,现代张载著作集整理本收入《经学理窟》的也有多种(参见本书《主要参考文献》)。

《经学理窟》的成书年代已不可考,但可以大致推断该书完成于张载治学历程的中期前后,其中也包括其思想学说晚期的言论,尤其是《经学理窟·自道第九》所辑入的某些言论,明显出自张载五十岁或五十岁以后。

通行本《经学理窟》五卷,合计十二篇,其目次为:卷一《周礼》《诗书》《宗法》,卷二《礼乐》《气质》,卷三《义理》《学大原上》,卷四《学大原下》《自道》,卷五《祭祀》《月令统》《丧纪》。

本书的解读,从《经学理窟》十二篇中精选了三篇,包括:《气质第五》《学大原上第七》《自道第九》。

气质第五

5·1　变化气质[1]。孟子曰："居移气，养移体"[2]，况居天下之大居者乎[3]！"居仁由义"[4]，自然心和而体正[5]。更要约时[6]，但拂去旧日所为[7]，使动作皆中礼，则气质自然全好[8]。《礼》曰"心大体胖"[9]，心既弘大则自然舒大而乐也[10]。若心但能弘大[11]，不谨敬则不立[12]；若但能谨敬而心不弘大，则入于隘[13]，须宽而敬[14]。大抵有诸中者必形诸外[15]，故君子心和则气和，心正则气正[16]。其始也，固亦须矜持[17]。古之为冠者以重其首[18]，为履者以重其足[19]，至于盘盂几杖为铭[20]，皆所以慎戒之[21]。

朱熹："气质之说，始于张、程。某以为极有功于圣门，有补于后学，读之使人深有感于张、程，前此未曾有人说到此。""故张、程之说立，则诸子之说泯矣。"（《朱子语类》卷四）

[注释]

[1] 此句意为，（依据天地之性的至善）自我改变气质之性。变化：改变；改善。气质：人受生理、欲望、习俗制约而形成的体质和素质，以及人在这些内外因素的影响下所形成的性格、心理和行为特征。气质，还关乎人性善、恶不同倾向的形成。　[2] "居移气，养移体"：出自《孟子·尽心上》。　[3] 以上几句意为，孟子说"居处改变人的气质，奉养改变人的体貌"，何况居住于仁这所天下最广大的居处呢！大居：广大的居处。焦循《孟子正义》："夫居尊为居，居仁亦为居，以居仁与居尊较，则居仁为大矣。"

张载认同孟子以仁为广居。广与大，义得两通。　[4]"居仁由义"：出自《孟子·尽心上》："居仁由义，大人之事备矣。"赵岐注："言志之所尚，仁义而已矣。"　[5]此两句意为，"居住于仁而行走在义"，自然会心态平和、体貌端正。　[6]要：必须；应当。约：简要；精要。　[7]但：仅；只。拂（fú）：擦拭。引申为除去。　[8]此四句意为，工夫更应当精要时，只要除掉自己过去不好的行为，使自己的行为都符合于礼节，则气质就会完全变好。　[9]"心大体胖（pán）"：出自《礼记·大学》："富润屋，德润身，心广体胖，故君子必诚其意。"郑玄注："胖，犹大也。"心大：义同下一句"心既弘大"。胖：朱熹注："胖，安舒也。"　[10]此两句意为，《礼记·大学》说"内心弘大，体态宽舒"，内心既弘大则自然舒泰而快乐。舒大：舒泰。　[11]能：及（《词诠》卷二）。　[12]此两句意为，如果内心只及于弘大，未做到举止谨慎恭敬，则无法立身。谨敬：谨慎恭敬。　[13]隘（ài）：指人的气量褊狭，见识短浅。　[14]此三句意为，如果只做到举止谨慎恭敬而内心不弘大，则会陷入气量褊狭的地步，因而必须气量宽舒而且举止恭敬。　[15]有诸中者必形诸外：出自《礼记·大学》："……此谓诚于中形于外，故君子必慎其独也。"　[16]此三句意为，大致说来，存在于内心的必然会表现于外在举止上，因而君子内心平和则气质平和，内心中正则气质中正。　[17]此两句意为，开始时，本来必须保持庄重。固：应对副词，与"也"字连用，相当于今言本如此；原来如此。矜持：保持庄重。　[18]为：制作。冠：帽子。以：用。　[19]履：鞋子。　[20]盘盂（yú）：亦作"盘杅"。圆盘与方盂的并称，用于盛物。几杖：坐几和手杖。古常用为敬老者之物。铭：刻写在碑版或器物上的文字。　[21]此四句意为，古代制作冠帽用以庄重其头，制作鞋靴用以稳重其脚，至于在盘盂几杖上刻写铭文，所重视的都是其自励自警的作用。

[点评]

本章从内、外两方面论变化气质工夫。变化气质的内在工夫，指居仁之心"弘大"；变化气质的外在工夫，指举止"中礼"。此即本章所谓"有诸中者必形诸外"，亦即张载常说的"合内外之道"（《经学理窟·气质》5·24）。运用这一工夫，才有可能达致"气质自然全好"的结果。在实践变化气质工夫的过程中，心与气相比，心处于主导地位，并发挥主动作用，即"心和则气和，心正则气正"。因而可以认为，变化气质的实质是以心驭气，而不是相反。

5·2　人之气质美恶与贵贱夭寿之理[1]，皆是所受定分[2]。如气质恶者，学即能移[3]。今人所以多为气所使而不得为贤者[4]，盖为不知学[5]。古之人，在乡闾之中[6]，其师长朋友日相教训，则自然贤者多[7]。但学至于成性[8]，则气无由胜[9]。孟子谓"气壹则动志"[10]，动犹言移易[11]。若志壹亦能动气[12]，必学至于如天则能成性[13]。

张载："德不胜气，性命于气；德胜其气，性命于德。"（6·24）

[注释]

[1]美恶：好坏。夭（yāo）寿：短命与长寿。　[2]此两句意为，人的气质或好或坏与或高贵或低贱或短命或长寿的道理，这是每个人都具有的命运。定分：人力难以改变的前定的命运。张载把人的命运分为德命与气命。这里的命运指气命。　[3]此两句意为，如果是气质不好的人，为学就能够使之改变。移：变化，

改变。与下文"动""移易"义同。　[4]使：驱使；支配。　[5]此两句意为，现在人们之所以多被气支配而不能成为贤人，是因为不求进学。　[6]乡闾（lú）：家乡；故里。　[7]此四句意为，古代的人们，在家乡生活，他们的老师、长辈和朋友每天加以教育训导，因而自然贤人很多。　[8]但：只；仅。成性：此处指成就德性。　[9]此两句意为，只要经由为学的努力而成就德性，则气就无法克制德性。胜：克制；制服。　[10]"气壹则动志"：气专一时能扰动志。出自《孟子·公孙丑上》："志壹则动气，气壹则动志也。"壹：专一；专注。　[11]此两句意为，孟子说"气专一时能扰动志"，所谓扰动也就是说移动变化。移易：移动变化。　[12]若：其。指代前句"孟子谓"。动气：在孟子那里，作鼓动气、扰动气；在本章的话语中，则是在"移""胜""移易"的意义上言说的，作改变气、克制气。　[13]此两句意为，孟子又说"志专一能够改变气"，这意味着学者一定要使为学接近天那样的高度才能够最终成就德性。

[点评]

本章依据《孟子》，论为学能够变化气质，进而论变化气质和成性的最高境界是接近于天。在解读中，需要注意以下几点。

一、在本章与上一章中，在人性论意义上所使用的"气"，有时指气质的根源，有时也是气质的省称。在工夫论意义上的用法，大体同于此。

二、这两章提示我们，张载学说中存在工夫论意义上的气论。问题在于，变化气质工夫是以"气"为根据的，还是以德性为根据的？有理由认为，"气"绝不是变化气质工夫的根据，反而恰恰是这一工夫所要加以改变的对象。在张载看来，变化气质必须通过为学的努力，具体来说就是通过以心制气（《经学理窟·气质》5·1）才能够实现。因此，本章针对人性"多为气所使"，提出为学成性而"气无由胜"的问题。张载深刻地认识到，人性"多为气所使"是气质之性的根源。这与他早年的经历有关。他曾回顾说："某旧多使气，后来殊减，更期一年庶几无之，如太和中容万物，任其自然。"（《学大原上》7·22）其中"如太和中容万物，任其自然"，与本章最后一句话的意涵是一致的。

三、《宋史》张载本传揭示了其学术取向的特征"以为知人而不知天，求为贤人而不求为圣人，此秦、汉以来学者大蔽也"。本章两次言及为学是成为贤者的前提条件，并进而提出为了成性"必学至于如天"的重要性。"如天"，是比喻高于贤人的圣人境界。可见，本章所反映的张载的学术取向与《宋史》本传是吻合的。

5·3　诚意而不以礼则无征[1]，盖诚非礼无以见也[2]。诚意与行礼无有先后，须兼修之[3]。诚谓诚有是心，有尊敬之者则当有尊敬之心[4]，有养爱之者则当有抚字之意[5]。此心苟息[6]，则礼不备，文不当[7]，故成就其身者须在礼[8]，而成就之礼则须至诚也[9]。

张载："忠信所以进德，学者止是一诚意耳。若不忠信，如何进德！"（《横渠易说·上经·乾》）

［注释］

[1] 诚意：使意念真诚。语出《礼记·大学》："欲正其心者，先诚其意。"征：征兆；迹象。此处引申为体现。　[2] 此两句意为，使意念真诚而不遵循礼节则无法体现之，真诚若缺失礼节实践的话是没法表现的。见（xiàn）：表现。　[3] 此两句意为，意念真诚与实行礼节是不分先后的，修养实践对此二者必须兼顾。　[4] 有：于。　[5] 此三句意为，诚，是说要使自己的心意做到真诚，对于值得尊敬的人就应当抱有尊敬之心，对于需要爱抚的人则应当具有抚养之意。抚字：抚养。　[6] 苟：若；如。　[7] 此三句意为，如果自己的心不真诚，那么将出现礼节不完备、善德不相应的情况。文：美；善。《礼记·乐记》："礼减而进，以进为文。"郑注："文，犹美也，善也。"当（dàng）：适应；恰当。　[8] 成就：成全。　[9] 此两句意为，因此，成全自身的行为必须遵循礼节，而成全于礼节则必须有最真诚的心意。之：于。

［点评］

本章依据《大学》"诚意"和"诚于中，形于外"的观念，论诚意与礼不可分先后，必须兼修。所说仍是"合内外之道"（《经学理窟·气质》5·24）。在"四书"中，张载言及《大学》比较少，言及"诚意"也不甚多。

张载："天地之心惟是生物，天地之大德曰生也。"（《横渠易说·上经·复》）

5·4　天本无心，及其生成万物，则须归功于天，曰：此天地之仁也[1]。仁人则须索做[2]，始则须勉勉[3]，终则复自然[4]。人须常存此心，及用得熟却恐忘了[5]。若事有汩没[6]，则此心旋失[7]。

失而复求之，则才得如旧耳[8]。若能常存而不失[9]，则就上日进[10]。立得此心方是学不错[11]，然后要学此心之约到无去处也[12]。立本以此心，"多识前言往行以畜其德"[13]，是亦从此而辨[14]，非亦从此而辨矣[15]。以此有心[16]，则无有不善[17]。

[注释]

[1] 以上几句意为，天本来没有心，至于说到创生万物，则必须把这创生之功归于天，并认为：这正是天地之仁。曰：认为。　[2] 仁人：张载常用术语。例如，"仁人孝子"（6·4）。索：尽。　[3] 勉勉：力行不倦貌。　[4] 此三句意为，仁人就必须尽全身心去做，开始时必须力行不倦，最终则复归于自然而然的境界。自然：此指"任其自然"的太和境界（《学大原上》7·22）。　[5] 此两句意为，人必须常常存养此心，达到仁熟义精时却担心会忘掉对心的存养。熟：精通。却：反而。　[6] 汩没（gǔ mò）：沉溺。　[7] 此两句意为，如果完全沉溺于杂事，则此仁心随即就会失去。旋：随即。　[8] 此两句意为，失去了而又加以寻求，才得以恢复如前。　[9] 若：用于句首，无义。　[10] 此两句意为，由于此仁心常存而没有失去，因而能够就地日有所进。则：表示与前句为因果关系。就上：就地。　[11] 不错：明白（《宋元语言词典》）。　[12] 此两句意为，确立此心才算是为学明白，然后还要学习此心包蕴的精要，一直坚持不懈。约：精要。　[13] "多识前言往行以畜其德"：出自《周易·大畜·象》："天在山中，大畜。君子以多识前言往行，以畜其德。"孔疏："物既大畜，德亦大畜，故多记识前代之言，往贤之行，使多闻多见

以蓄积己德，故云以畜其德也。" 　[14]是：是非的"是"。下句指是非的"非"。 　[15]此四句意为，确立做人的根本要依据仁心，《周易》说"多学习前人（圣贤）的言行，以不断蓄积自己的德性"，这样，正确的也据此辨析得分明了，错误的也据此辨析得分明了。 　[16]有心：宋本作"有心"，别本作"存心"。当以"有心"为是。有：取，获得。《玉篇·有部》："有，得也，取也。" [17]此两句意为，运用以上存心方法而得到的心，就不会有不善了。

[点评]

本章依据《周易·复卦》的"天地之心"观念，以及《孟子·离娄下》的"存心"观念，论"天地之仁"与"存心"。本章的内容，包括以下三部分。

一、关于"天本无心"与"天地之心"。张载依据《周易·复卦》发挥"天地之心"的观念说："大抵言'天地之心'者，天地之大德曰生，则以生物为本者，乃天地之心也。""天地之心惟是生物。"（《横渠易说·上经·复》）承认"天地之心"的客观存在，既是《周易》经传的传统，也是宋儒的共识，张载也不例外。在天地创生万物的意义上，张载是明确承认天地有心的。本章第一句说"天本无心"，这看似与张载承认天地有心相矛盾，其实不然。在他看来，若以人的知觉为标准，则天或天地的确无心；但若从创生万物的目的因角度看问题，天或天地便是有心的（林乐昌《"为天地立心"——张载"四为句"新释》，《哲学研究》2009年第5期）。因此，紧接着"天本无心"下面的几句话，其实说的就正是创生万物意义上的天地心。张载为什么要用"天地之心"

这一具有主观意味的话语来说明"天地"这一客观存在的宇宙根源性力量？似可这样理解：如果说上述"天地"是生成万物的根源的话，那么，"天地之心"的说法便使"天地"创生万物的目的特征凸显出来。依据亚里士多德的"四因说"，"天地之心"便是创生万物的"目的因"（牟宗三《四因说演讲录》，上海古籍出版社1998年版，第16页）。金春峰认为，包括张载在内的理学家，"目的论思想都很鲜明。因为和佛老不同，他们都承认'天地以生物为心'的思想"（金春峰《汉代思想史》，中国社会科学出版社1987年版，第647页）。我们有理由把目的论视为张载肯定天地有心的哲理根据。

二、关于"存心"与"有心"。在本章中，"此心"共五见，"存心"共二见，"有心"共一见。这里的"心"，都指仁心或仁、礼之心。孟子说："君子所以异于人者，以其存心也。"（《孟子·离娄下》）朱熹解释说："以仁、礼存心，言以是存于心而不忘也。"（《孟子集注》卷八）正是在此意义上，本章反复强调"人须常存此心"，"以此有心，则无有不善"。详见注释[16]。

三、关于"仁人"之心与"天地之仁"的关系。值得注意的是，张载所谓天地生物之心同时也就是"仁"这一德性价值的体现，故张载将其称之为"天地之仁"。张载相信，"仁人"的道德价值是有其形而上的宇宙论根据的。这种观念，源于孔子、《易传》和《中庸》。孔子自信"天生德于予"。《周易·乾·文言》宣称"夫大人者，与天地合其德"。《中庸》第二十章则提出"诚者，天之道；诚之者，人之道"。这些在早期儒家经典中具有普遍意义的言述，意味着人的德性是以天或天道作为宇宙论根据的。张载强化了这种观念，他提出了基于宇宙根源论的仁、孝伦理原则，认为："天所以长久不已之道，乃所谓诚。仁人孝子所以事天诚身，不过不已于仁孝而已，故'君子诚之为贵'。"（6·4）后来，朱熹说："天地以生物为心者也，而人物之生，又各得夫天地之心以为心者也。故语心之德，虽其总摄贯通，无所不备，然一言以蔽之，则曰仁而已矣。"（《仁说》）在朱熹看来，作为"心之德"的"仁"，是根源于天地生物之心的。这一看法，有可能受张载把"生成万物"既"归功于天"，又归结为"天地之仁"的影响。

張載："事无大小，皆有道在其间，能安分则谓之道，不能安分谓之非道。"（《张载集·性理拾遗》）

5·5　古人耕且学则能之[1]，后人耕且学则为奔迫[2]，反动其心[3]。何者？古人安分[4]，至一箪食[5]，一豆羹[6]，易衣而出[7]，只如此其分也[8]。后人则多欲，故难能[9]。然此事均是人情之难[10]，故以为贵[11]。

[注释]

[1]且：又；而且。此指兼做二事。　[2]奔迫：急促；匆忙。[3]此三句意为，古人且耕且学能够做得到，后人且耕且学则因忙乱而顾此失彼，这是气质干扰其心的结果。反动其心：出自《孟子·公孙丑上》："志壹则动气，气壹则动志也。今夫蹶者趋者，是气也，而反动其心。"　[4]安分：安于本分。　[5]至：到。箪（dān）：古代食器，以竹或苇编成。　[6]豆：古代食器，亦用作祭器，多为陶质，或以青铜制成。羹（gēng）：用肉类或菜蔬等制

成的带浓汁的食物。　[7] 易衣而出：合家只有一件像样的衣服，出门才可以穿着。出自《礼记·儒行》："儒有一亩之宫，环堵之室，筚门圭窬，蓬户瓮牖，易衣而出，并日而食。"孔疏引王肃注："更相衣而后可以出。"　[8] 以上几句意为，其原因何在？古人安于本分，其生活有时穷困到只有一盘饭，一碗汤，换上全家唯一一件衣服才得以出门的地步，所说的就是这样的本分。只：即；就。其：之。　[9] 此两句意为，后人则多贪欲，因而很难做得到。　[10] 此事：此指"安分"之事。情：本性。俞樾："盖性、情二字，在后人言之，则区以别矣；而在古人言之，则情即性也。"（《群经平议·孟子二》）　[11] 此两句意为，然而安于本分之难取决于人的本性，因而以遵行安分之道为贵。

[点评]

本章论耕读一体的生活于古人可行，而于后人难行的原因。

5·6　所以勉勉者[1]，谓"继之者善也，成之者性也"[2]，继继不已，乃善而能至于成性也[3]。今闻说到中道[4]，无去处[5]，不守定，又上面更求[6]，则过中也[7]，过则犹不及也[8]。不以学为行，室则有奥而不居[9]，反之他而求位，犹此也[10]。是处不守定，则终复狂乱[11]，其不是亦将莫之辨矣[12]。譬之指鹿为马，始未尝识马，今指鹿为之[13]，则亦无由识鹿也[14]。学释

张载："勉勉而不息，可谓善成，而存存在乎性。"（《横渠易说·系辞上》）

张载："性未成则善恶混，故亹亹而继善者斯为善矣。恶尽去则善因以亡，故舍曰善，而曰'成之者性也'。"（6·23）

者之说得便为圣人[15]，而其行则小人也[16]。只闻知便为了[17]，学者深宜以此为戒[18]。

[注释]

[1]所以：表示原因。勉勉：力行不倦貌。　[2]"继之者善也，成之者性也"：出自《周易·系辞上》："一阴一阳之谓道，继之者善也，成之者性也。"　[3]以上几句意为，之所以要力行不倦，是因为《易传》说"继承天道化育万物的是善德，万物据此成就的是天道的本性"，这是说只有持续不懈地努力，然后才能够依据天道之善德达到成性的境地。乃：于是；然后。而：才（《古书虚字集释》卷七）。　[4]中道：此指中庸之道。　[5]去处：场所；地方。　[6]上面：此指超过中道的边界。　[7]中：亦即前所谓"中道"。　[8]此六句意为，如今听说的中道原则，有人不知道究竟在哪里，有人有所了解但不能坚守，又有人更向中道的上面去寻求，这就超过中的适度要求了，超过了适度也就相当于未及于适度。　[9]奥：室内西南墙角，古时祭祀设神主之处。居：放置。　[10]此四句意为，不把自己所学用于践行，其道理就好像室内有摆放神主的位置而不去设置，反而向其他地方求神位。　[11]则：表示因果关系。复：更。　[12]此三句意为，于学行合一处不能坚守，因而最终将陷于更狂躁昏乱的地步，这一错误则是无可辩白的。亦：则。　[13]今：若。　[14]此四句意为，譬如指鹿为马，开始时未尝认识马，若指鹿为马，则连鹿也无从认识了。　[15]释：指释迦牟尼。说：言说；口说。　[16]此两句意为，学佛的人以为靠口说就可以成为圣人，然而看他们的作为则是小人的行径。　[17]了（liǎo）：明白；懂得。　[18]此两句意为，学佛的人自以为只要有口耳之知就能通晓一切，学者应该深以为戒。宜：应该。

[点评]

本章论学者为何要勉勉以继善成性，并论中道原则和学行合一的重要性，最后批评了学佛者脱离修为实践的口耳之学。以下，对两个问题略作说明。

一、关于"成性"。《宋元学案》引杨开沅语，认为张载"成性之说，始于董子《天人策》"（黄宗羲、全祖望《宋元学案》卷十七《横渠学案上》，第 698 页）。关于张载成性论与董仲舒的渊源关系，20 世纪 30 年代何炳松曾经有所讨论（《浙东学派溯源》，中华书局 1989 年版，第 178 页）。而牟宗三则认为，宋明理学的"成性"论是由张载正式提出，并做了系统发挥的（《中国哲学十九讲》，上海古籍出版社 1997 年版，第 372 页）。

二、关于"中道"。本章所谓"中道"，当指"中庸之道"，这与张载特别看重的"中正之道"有联系但又有区别。张载将中正之道的"正"，解释为"至善"或"极善"；又将中正之道的"中"，解释为道德价值实施过程中规避过与不及的方法准则，有时也称作"中道"，例如本章即如此。明儒刘儓在解释张载所谓"中"与"正"的关系时说："言中而止于正，足以贯天下之道，此君子所以大居正也。"（《新刊正蒙解》卷二）对此问题的详细说明，见 8·1 章的点评。

5·7　孔子、文王、尧、舜[1]，皆则是在此立志[2]，此中道也[3]，更勿疑圣人于此上别有心[4]。人情所以不立[5]，非才之罪也[6]。善取善

对于善与不善，君子都要取益或求益。

者[7]，虽于不若己采取亦有益[8]；心苟不求益，则虽与仲尼处何益[9]！君子于不善，见之犹求益，况朋友交相取善乎[10]？人于异端[11]，但有一事存之于心[12]，便不能至理[13]。其可取者亦耳[14]，可取者不害为忠臣孝子[15]。

[注释]

[1]文王：详见3·14章注释[3]。尧：传说中的上古部落联盟首领陶唐氏之号。舜：传说中的上古部落联盟首领有虞氏之号。相传受尧禅位。 [2]则是：承上文为断辞。 [3]中道：见上章注释[4]。 [4]以上几句意为，孔子、周文王、尧、舜，都是在这同一方向上确立其心志的，这一心志指的就是中道，切莫怀疑圣人在此志向之外还另有用心。此上：犹"此外"。在此句中，"此"字三见，都指"中道"。 [5]情：此指人性的实情。 [6]此两句意为，就人性的实情看，之所以不能确立其善，不是人生而具有的气质的过错。"非才之罪也"：出自《孟子·告子上》："乃若其情，则可以为善矣，乃所谓善也。若夫为不善，非才之罪也。"才：此指人初生时的材质。 [7]善取善：前一个"善"，义为善于、擅长；后一个"善"，义为他人善德的表现。取：选取；择定。 [8]此两句意为，擅长从他人那里获取善德启发的人，即使从不如自己的人身上也能够选取有益于自己的东西。虽：纵然；即使。 [9]此两句意为，如果不用心于向他人求取有益的品行，即使整日与孔子相处又能有何收获！ [10]此三句意为，对于不善的表现，君子看到之后还要从中择取有益于自己的东西，何况与朋友在一起能够互相汲取对方身上的善德呢？ [11]异端：

指不正确的学说。　　[12]但：单；只。　　[13]此三句意为，人们对于有异于圣人之道的邪说，哪怕心中只有一个方面受其影响，都不能通达于理。　　[14]其：指前句中的"异端"。耳：表示限制。　　[15]此两句意为，异端邪说之可取之处也是有限定的，其道理与上述君子有必要从不善的表现中择取有益的东西一样，依据其可取之处去做，并不妨碍成为忠臣孝子。

[点评]

本章内容分为两部分。第一部分，论尧、舜、文王、孔子心传的以"中道"为核心的道统，此是圣人之事。第二部分，论对于善与不善都要取益或求益，此是君子之事。

5·8　如是心不能存[1]，得虚牢固[2]，操则存，舍则亡[3]，道义无由得生[4]。如地之安静不动，然后可以载物，生长以出万物[5]。若今学者之心[6]，出入无时[7]，记得时存，记不得时即休[8]，如此则道义从何而生[9]！

"得虚"，即理会到虚心处，是"操心""存心""求心""尽心"的方式。基于此，对天道的义理才能够了然于胸。

[注释]

[1]是：此。　　[2]得：理会；知晓。《礼记·乐记》："礼得其报则乐，乐得其反则安。"郑注："得，谓晓其义，知其吉凶之归。"虚：此指虚心。牢固：使坚固；加固。此指体会至虚心处，使心的存养得以确定，这有别于以下所说心之"存""亡"不定的状态。　　[3]操则存，舍则亡：语出《孟子·告子上》："故苟得其养，无物不长；苟失其养，无物不消。孔子曰：'操则存，舍则亡；出入无时，莫

知其乡。'惟心之谓与？"　　[4]此五句意为，如果此心未能得到存养，就需要理会到虚心的地步，这正如孔子所说的，把握就存在，舍弃就消亡，此心消亡则天道的义理将无从产生。道义：道理。此指天道的义理。　　[5]此三句意为，譬如大地安静不动，然后可以承载万物，而天则生养万物。　　[6]若：假如。　　[7]出入无时：出入不定。此指心之"存""亡"不定的状态。　　[8]休：停止；罢休。此指放弃。　　[9]此五句意为，假如像今天的学者之心那样，出入不定，想到时就存养，想不到时就放弃，这样的话，天道的义理将从哪里产生！？而：能。

[点评]

本章论存心需要理会到虚心的地步，以避免心之"存""亡"不定的状态，基于此才有可能产生天道的义理。

本章的难点，是对"得虚"的解读。张载曾经用"理会到此虚心处"解读"得虚"（《经学理窟·义理》），并认为不能"得虚"，是由于"求心不得其要"（《经学理窟·气质》5·21）。在他看来，"得虚"是"求心"或"存心"的最高要求。"得虚"，与"道义"之"生"有关。《易传·系辞上》称："成性存存，道义之门。"孔颖达疏对"道义"是这样解释的："此明易道既在天地之中，能成其万物之性，使物生不失其性，存其万物之存，使物得其存成也。""易道"，亦即"天道"。显然，孔疏是就天道在天地之中生成万物的作用而言的，这与本章"道义无由得生"以下几句话的意涵是相应的，表明这里所谓"道义"也是为了说明天道的义理的。对于"虚心"，张载有很多论述。例如，他说："虚心，则无外以为累。""虚心，然后能尽心。"(《张子语录·语录中》)"虚心"或"尽心"，都是为了从总体上体悟宇宙真谛与造化之道，并据以揭示天道的义理。"得虚"的确解，是贯通本章言说脉络的关键。

5·9　于不贤者犹有所取者[1]，观己所问何事[2]。欲问耕则君子不如农夫，问织则君子不如妇人，问夷狄不如问夷人[3]，问财利不如问商贾[4]。但临时己所问学者[5]，举一隅必数隅反[6]。

善问取益，举一反三。

［注释］

[1] 于：从。贤者：古代多指士人，亦即下文的"君子"。不贤者：此处泛指士人之外不同行业或民族的民众。犹：仍。取：选取有益于自身的东西。　[2] 此两句意为，从士人以外的各色人等那里，仍然能学到有益于自己的东西，这要看自己想问哪方面的事情。　[3] 夷狄：古称东方部族为夷，北方部族为狄。常用以泛称除华夏族以外的各族。　[4] 此四句意为，想问农田耕种的事情，则问君子不如问农夫；问纺织的事情，则问君子不如问家庭主妇；问外族的事情不如问外族人，问财物货利的事情不如问商人。财利：财物货利。商贾（gǔ）：商人。　[5] 但：不过。临时：谓当其时其事。此指随时。问：此指提问。学者：此指学生。　[6] 此两句意为，不过，在随机向学生提问时，教给他一个方面的知识，必须让他能够推知其他更多方面的知识。举：此指讲授。一隅：一个方面。数隅：多个方面。反：此指推知。出自《论语·述而》："不愤不启，不悱不发。举一隅，不以三隅反，则不复也。"

[点评]

本章的内容分为两部分。第一部分，论学者应当向不同行业或民族的民众求教取益。第二部分，论学者应当启发学生获得举一而反三的能力。第二部分，是把第一部分关于多方取益的精神，用于启发学生如何举一反三。

张载："既学而先有以功业为意者，于学便相害。"（《经学理窟·学大原上》7·4）

5·10 "后生可畏"[1]，有意于古[2]，则虽科举不能害其志[3]，然不如绝利一源[4]。

[注释]

[1]"后生可畏"：出自《论语·子罕》："后生可畏，焉知来者之不如今也？"　[2]古：此指古代学者崇尚道义或天理的精神取向。　[3]科举：隋唐以来朝廷选拔文武官员的考试制度。　[4]此四句意为，"年轻人是值得敬畏的"，有学习古代学者崇尚道义或天理的意愿，即使参加科举考试也不能损害其志向，然而毕竟不如断绝这一求取功名的来源。绝利一源：断绝这一求利的来源。

[点评]

本章以孔子"后生可畏"一语评价年轻人，肯定后来者居上，其前提是必须具有学习古代学者崇尚道义或天理的意愿。张载指出："古之学者便立天理，孔孟而后，其心不传。"（《经学理窟·义理》）这对解读本章"有意于古"，是有启发的。张载对科举的态度，其门人吕大临曾这样记载说："京兆王公乐道尝延致郡学，先生（指张载——引者注）多教人以德，从容语学者曰：'孰能少置意科举，相从于尧舜之域否？'学者闻法语，亦多有从之者。"（《行状》）这可以与本章互相参证。

5·11　学者有息时[1]，一如木偶人，牵搐则动[2]，舍之则息，一日而万生万死[3]。学者有息时，亦与死无异，是心死也，身虽生，身亦物也[4]。天下之物多矣，学者本以道为生，道息则死也，终是伪物[5]，当以木偶人为譬以自戒[6]。知息为大不善，因设恶譬如此[7]，只欲不息[8]。

吕柟："息便是人欲，故曰人心惟危。"（《张子抄释》卷三）

［注释］

[1]息：停止；停息。此指精神懈怠。　[2]牵：牵引。搐（chù）：抽拉。　[3]此五句意为，学者精神懈怠时，就好像木偶人一样，一牵引就动起来，一松手就停息不动了，在一天的演出中被无数次操控，或动或停。万生万死：形容在演出中木偶人被无数次操控，或动或停，比喻学者任由摆布。　[4]此五句意为，学者出现精神懈怠时，就与死去没有区别，此时心已死去，肉体虽还活着，但心死之身也不过是死物而已。　[5]伪物：虚假的东西。　[6]此五句意为，天下存在的事物何其多啊，学者本来应当以道为自己的生命，道若失去则形同行尸走肉，没有生命的肉体终究只是虚假的东西，因而应当以木偶人为例，引以为戒。譬：譬喻；例子。　[7]恶譬：严苛的比喻。　[8]此三句意为，学者必须知晓，精神懈怠是大不善，因而假设以上这样的严苛比喻，

只是为了使学者的精神永不懈怠。

[点评]

本章以木偶人设譬，告诫学者"以道为生"，保持人格独立，奋进不息。张载曾这样揭示《西铭》的撰作意图："只欲学者心于天道。"（《张子语录·语录上》）这与本章的意旨是一致的。

张载："敬斯有立，有立斯有为。"（《正蒙·至当》）

5·12 欲事立须是心立，心不钦则怠堕[1]，事无由立[2]。况圣人诚立[3]，故事无不立也[4]。道义之功甚大[5]，又极是尊贵之事[6]。

[注释]

[1]钦：恭敬。怠惰：懈怠；堕落。 [2]此三句意为，想要事业有成必须先立心，此心不能恭敬则精神懈怠堕落，事业无从成就。 [3]况：比；譬。诚立：此指以至诚立心。 [4]此两句意为，譬如圣人以至诚立心，因而其事业无不有所成就。 [5]道义：道德义理。 [6]此两句意为，道德义理的作用很大，实践道德义理更是极尊贵的事业。又：更。

[点评]

本章论"事立"与"心立"的关系。本章的解读，有三个字、词的释义很重要，这里略作说明。

一、"况"字的释义。在"况圣人诚立"这句话中，"况"字不能训解为"况且"，而是应当训解为"比""譬"。

杨倞注《荀子·非十二子》曰："况，比也。"可以翻译为"譬如"，是举例的意思。这句话所承接的前面各句，是说明"事立"与"心立"关系的道理。"况且"，是用以表示更进一层的意思，但"况圣人诚立"这句话并没有使"事立"与"心立"关系的道理更深入一层的意思。用"譬如"则表示，在处理"事立"与"心立"关系方面，要以圣人为榜样。这样，"况"字前后的各句句意才更加顺畅。

二、"道义"一词的释义。在本章的论述中，"道义"应当解释为"道德义理"。这与5·8章把"道义"解释作"天道的义理"是不同的。

三、"又"字的释义。对于"又极是尊贵之事"这句话，"又"字不能用为重复义或相加义，而是应当用为"更"义。圣人的事业，包括内圣与外王两个方面，外王是以内圣为基础的。由于"道义"亦即"道德义理"是就"内圣"而言的，因而本章强调道德义理的实践是更加"尊贵之事"。

5·13　苟能屈于长者[1]，便是有问学之次第云尔[2]。

本章发挥《论语·公冶长》"不耻下问"之意。

[注释]

[1] 屈：请。　[2] 此两句意为，如果能够虚心向师长请教，就明白了问学求道的先后顺序。次第：次序；顺序。云尔：表示语句结束。

[点评]

本章论向师长求教请益是为学的重要环节。对于少年老成"不肯下问"的原因和危害，张载曾做过中肯的分析，他说："人多以老成则不肯下问，故终身不知。"（《张载集·近思录拾遗》）可以与本章相互参证。

"独学而无友，则孤陋而寡闻。"（《礼记·学记》）

5·14　整齐即是如切如磋也[1]，鞭后乃能齐也[2]。人须偏有不至处[3]，鞭所不至处，乃得齐尔[4]。

[注释]

[1]整齐：整治；使齐一。此指使学者间的学业齐头并进。如切如磋：比喻互相砥砺。出自《诗经·卫风·淇奥》："有匪君子，如切如磋，如琢如磨。"　[2]此两句意为，要使学者能够具有相等的学养，就要像雕琢玉器那样让不同的材料互相砥砺，通过鞭策后进的方法使大家齐头并进。鞭：督促；激励。齐：相等；对等。　[3]须：虽（《诗词曲语辞汇释》卷一）。偏：片面；不周全。　[4]此三句意为，人虽有学而未达的片面之处，但鞭策其未达处，然后就能使其学业与学友齐头并进。乃：于是；然后。

[点评]

本章论学者必须"如切如磋"，互相激励，同学共进。这里的两个句子，都言及对学友之"鞭"，亦即督促和激励，而第二个句子则进一步揭示了所要鞭策的对象是学者"偏有不至处"。

5·15　不知疑者，只是不便实作^[1]，既实作则须有疑^[2]。必有不行处^[3]，是疑也^[4]。譬之通身会得一边^[5]，或理会一节未全，则须有疑，是问是学处也^[6]，无则只是未尝思虑来也^[7]。

叶采："始学之士，知必有所不明，行必有所不通。不知疑者，是未尝实用功也。"（《近思录集解》卷二）

[注释]

[1] 不便：不熟悉。实作：将所学付诸实行。　[2] 此三句意为，学而不知怀疑的人，只是不擅长把所学付诸实行，若能够把所学付诸实行的话，则一定会有疑问。既：若（《古书虚字集释》卷五）。　[3] 不行：此指行有所不通（茅星来《近思录集解》卷二）。　[4] 此两句意为，把所学付诸实行，一定还会遇到行不通的情况，这也会有疑问发生。　[5] 通身：完全；全部。会：理解；理会。一边：一侧；一面。　[6] 问：探讨。　[7] 此五句意为，譬如对义理的整体只理解了其中的一部分，或只理会义理的某一个环节而未得其全，此时则一定有疑问发生，这里就正是探讨学问之处；若没有疑问发生，那只是未曾思考过。来：表示情况已经发生。

[点评]

本章论学者必须"有疑"。张载非常重视"学则须疑"的怀疑精神。他说："可疑而不疑者不曾学，学则须疑。"又说："义理有疑，则濯去旧见以来新意。"（《经学理窟·学大原下》）还说："不疑处有疑，方是进矣。"（《经学理窟·义理》）这些论述，尤其是最后这段话，对胡适产生过很大的影响，被他"终身奉为治学的格言"

（唐德刚译《胡适口述自传》，华文出版社 1992 年版，第
13、22 页），以至于后来凡遇到年轻人向胡适求字，他
题写最多的就是张载的这句话。

　　本章"不知疑者，只是不便实作，既实作则须有疑。
必有不行处，是疑也"这一段话，被朱熹、吕祖谦辑入
《近思录》卷二。

叶采："学者
当去轻傲之气，存
恭谨之心。"（《近
思录集解》卷五）

　　5·16　君子不必避他人之言，以为太柔
太弱[1]。至于瞻视亦有节[2]，视有上下，视
高则气高[3]，视下则心柔，故视国君者，不离
绅带之中[4]。学者先须去客气[5]，其为人刚
行[6]，则终不肯进[7]。"堂堂乎张也，难与并为
仁矣"[8]。盖目者人之所常用，且心常托之[9]，
视之上下且试之[10]，己之敬傲必见于视[11]。
所以欲下其视者，欲柔其心也[12]。柔其心，则
听言敬且信[13]。

[注释]
　　[1] 此两句意为，君子没有必要回避他人的言论，这会被认
为太过温和，太过软弱。柔：温和；温顺。　[2] 瞻视：观瞻；观看。
节：仪节；节制。　[3] 气高：气貌高亢。　[4] 此六句意为，至于
观看则是需要加以节制的，观看的眼光有上下之别，眼光向上表
现的是气貌高亢，眼光向下则表现的是心地温和，因而面对国君

时，眼光不要离开腰带的中间。绅带：士人束腰之大带。　[5] 客气：指言行中的虚浮轻傲之气。此仍属气质。　[6] 其：若；如。刚：粗暴；刚暴。行（xìng）：行迹。　[7] 此三句意为，学者必须先去除身上的虚浮轻傲之气，假如做人的行迹粗暴的话，则最终很难上进。　[8] 此两句引文意为，"子张真够得上威仪堂堂了，别人难以跟他一起向仁德努力呀"。"堂堂乎张也，难与并为仁矣"：出自《论语·子张》。张：子张。姓颛（zhuān）孙，名师，字子张。春秋末陈国人。孔子弟子。　[9] 托：依托；借助。别本多作"记"，因形近而讹。之："托"的宾语，指心常借助于目。　[10] 试：使用。　[11] 此四句意为，眼睛是人所常用的器官，而且人们常借助于眼睛表现自己的心境，使用眼睛而且眼光上下活动，自己内心或恭敬或傲慢都一定会表现于目光。敬傲：敬慎或傲慢。见（xiàn）：表现。　[12] 此两句意为，所以，要使眼光谦卑地向下看，就先要温和其心。　[13] 此两句意为，君子温和其心，自然就会对圣人之言表示恭敬和信任。听言：指圣人之言。《诗经·大雅·桑柔》："听言则对，诵言如醉。"于省吾："听与圣古通用。"（《诗经新证》卷上）

[点评]

本章的内容分为两部分。第一部分，"君子不必避他人之言，以为太柔太弱"，言外之意是说君子持身自有定见，对于"太柔太弱"的议论，应当自我反省，济之以刚强。第二部分，从"至于瞻视亦有节"直到句末。"至于"，表示以下述事与前句有别，论学者的视听举止必须"柔其心"，"敬且信"。古代学者视听言动皆有节制，而"视"最易忽略，故这里特别予以强调。

本章后被朱熹、吕祖谦辑入《近思录》卷五。

5·17　人之有朋友，不为燕安[1]，所以辅佐其仁[2]。今之朋友，择其善柔以相与[3]，拍肩执袂以为气合[4]，一言不合，怒气相加[5]。朋友之际，欲其相下不倦[6]，故于朋友之间主其敬者[7]，日相亲与[8]，得效最速[9]。仲尼尝曰："吾见其居于位也，与先生并行也，非求益者也，欲速成者也[10]。"则学者先须温柔[11]，温柔则可以进于学[12]。《诗》曰"温温恭人，惟德之基"[13]，盖其所益之多[14]。

叶采："始则气轻而苟于求合，终则负气而不肯相下。若是者，其果有益于己乎？故朋友之间以谦恭为主，则其相亲之意无厌，相观之效尤速。"（《近思录集解》卷五）

［注释］

[1]燕安：安逸享乐。　[2]此三句意为，人有朋友，不是为了一起享受安乐，而是为了取其善而辅其仁。　[3]善柔：善为柔媚。相与：相处。　[4]拍肩执袂：形容亲昵的样子。袂（mèi）：衣袖。气合：意气相投。　[5]此五句意为，生活中的所谓朋友，喜欢选择那些惯于讨好自己的人与其相处，互相拍肩搭背，认为这才是意气相投，若一句话不投机，就怒气相加。　[6]相下：互相谦让。　[7]故：必。　[8]亲与：亲密相处。　[9]此五句意为，朋友之间，想要一直互相谦让下去，相处必须以恭敬为主，以期长久亲密相处，这对交友是最有效的。　[10]"吾见其居于位也，与先生并行也。非求益者也，欲速成者也"：语出《论语·宪问》。这是孔子对一位"童子"举止的评价，意思是，"我看见他坐在成年人的座位上，又看见他与长辈并肩而行。这不是个肯求上进的人，而是个急于求成的人"。　[11]则：那么。　[12]此

两句意为，那么，学者必须首先具备温顺谦和的品性，温顺谦和就能够提高自己的学养。温柔：心意温顺谦和。　[13]"温温恭人，惟德之基"：出自《诗经·大雅·抑》。毛传："温温，宽柔也。"恭人：谦恭的人。基：根基。　[14]以上几句意为，《诗》曰"（那些成器的木料）好比那些温和谦恭的人，必以最高的品德为根基"，大抵他们受益是最多的。盖：大抵。

[点评]

本章论交友之道，主张温柔谦和是交友最有效的方法，并将温柔谦和视作进学成德不可或缺的品性。

本章后被朱熹、吕祖谦辑入《近思录》卷五。

5·18　多闻见适足以长小人之气[1]。"君子庄敬日强"[2]，始则须拳拳服膺[3]，出于牵勉[4]，至于中礼却从容[5]，如此方是"为己之学"[6]。《乡党》说孔子之形色之谨亦是敬[7]。此皆变化气质之道也[8]。

张载："德性所知，不萌于见闻。"（7·1）

[注释]

[1]此句意为，满足于增多闻见之知，恰好充分助长了小人的气质。适：恰好；正好。　[2]"君子庄敬日强"：出自《礼记·表记》："子曰：'君子庄敬日强，安肆日偷'。"　[3]拳拳服膺（yīng）：出自《礼记·中庸》："回之为人也，择乎中庸，得一善，则拳拳服膺而弗失之矣。"拳拳：诚挚。服膺：衷心信奉。　[4]牵勉：勉强；力行。　[5]从容：悠闲舒缓；神态随意。　[6]此五

句意为，"君子庄重恭敬，德业日益增强"，开始时必须诚恳地信奉中庸之道，基于力行不倦，直至行为符合礼节而且随心所欲，这样才是修养充实自己的学问。"为己之学"：出自《论语·宪问》。　[7]《乡党》：《论语·乡党》，记载孔子的容色言动、衣食住行均符合于礼节。形色：形体和容貌。谨：谨慎，亦表恭敬。　[8]此两句意为，《论语·乡党》说，孔子行为和容貌的谨慎也是恭敬的表现，这些说的都是变化气质的道理。

[点评]

本章论"变化气质之道"。以下，分为两部分略作说明。

第一部分，论小人。这一部分虽然只有一句话，但其解读却需要注意。首先，"小人之气"的"气"，指"气质"，这与句末的"变化气质之道"是相呼应的。其二，揭示了小人的特征是"多闻见"，而罔顾其他。其三，张载认为"多闻见"是滋生和助长"小人之气"的因素，也是"变化气质"工夫所要改变的对象。

第二部分，论君子、圣人（孔子）。这里的重点是论述变化气质的工夫，亦即德性修养工夫。首先，这里所言及的修养工夫包括"君子庄敬日强"，对中庸之道的"拳拳服膺"，乃至"从容中礼"等。其二，从学理基础上，张载把这些修养方法归结为"为己之学"。其三，这里的修养工夫还包括，以孔子为表率的谨慎和恭敬。其四，张载并没有把耳目见闻视作修养工夫的积极因素。在言及耳目见闻与德性的关系时，张载曾经提出耳目见闻可以发挥"启之之要"的作用。但他又认为，这种作用的发挥是有条件的，专指那些"闻见之善者"（《经学理窟·义理》）。正因为如此，本章第一句才说"多闻见适足以长小人之气"。而且，即使是"闻见之善者"，对"德性"所起的作用也只是启发性的，而不是根本性的。

总之，"变化气质"的实质，是改变人的气质，亦即变小人为君子，而"气质"本身绝不可能成为修养工夫的根据。

5·19　道要平旷中求其是[1]，虚中求出实[2]，而又博之以文[3]，则弥坚转诚[4]，不得文无由行得诚[5]。文亦有时[6]，有庸敬[7]，有斯须之敬[8]，皆归于是而已[9]。存心之始，须明知天德[10]。天德即是虚，虚上更有何说也[11]！

[注释]

[1] 道：此指为学的道理。平旷：平正；广阔。此指心的弘阔。是：此指法则、原则或方法。　[2] 虚：太虚的简称。张载以太虚指称"天"（1·12）。实：实在；真实的存在。　[3] 博之以文：出自《论语·雍也》和《论语·子罕》。博：广泛。文：一般指文献、六经之文，此指经典的道德知识。　[4] 则：必（《古书虚字集释》卷八）。弥坚：愈益不可穷尽。弥：益；更。转：转变。诚：诚意工夫。　[5] 此五句意为，对为学的道理要以平正弘阔之心探求其方法，既要从太虚中寻求其作为终极实在的根据，又要广泛学习经典的道德知识，还有必要把经典中更加难以穷尽的道德知识转换为诚意工夫实践。若不能理解经典的道德知识，则无法

实践诚意工夫。得：理解。　[6]时：随时而应变。　[7]庸：平时；常。　[8]斯须：须臾；片刻。语出《孟子·告子上》："庸敬在兄，斯须之敬在乡人。"　[9]此四句意为，实践道德知识也要随时应变，有平时常用的恭敬，也有只用于片刻的恭敬，这些都应当被归结为实践道德知识的方法。　[10]此两句意为，存心工夫的开始，必须明白地体悟天所具有的最高道德。天德：此指天所具有的最高道德。　[11]此两句意为，天所具有的最高道德就是太虚，在太虚这一终极实在之上还有什么东西可说呢！

[点评]

本章论在修养过程中"博文"必"弥坚"而"转诚"，进而论"存心"而"明知天德"。以下分三个部分加以说明。

一、"虚中求出实"之"实"的三层涵义。其一，"实"指作为宇宙间的最高实在太虚（简称"虚"），亦即宇宙的本体，然而这并不是虚、实相对意义上的"实"，而是绝对的"实"。"虚上更有何说也"，说的正是太虚这一至高无上的"实"。其二，"实"指道德价值的实在性。张载说："天地以虚为德，至善者虚也。"（《张子语录·语录中》）本章所说的"诚"和"敬"，指的就是具有这种实在性的道德价值。其三，"实"，说的是以太虚本体为终极根据的"存心"工夫有其现实的实在性。

二、张载从引据孔子的"博之以文"开始，涉及四个关键词：一是"文"，二是"弥坚"，三是"转诚"，四是"道"。

1.关于"文"。在本章中，"文"字共三见，其解读关乎本章语意的贯通。据《论语·雍也》："子曰：'君子博学于文，约之以礼，亦可以弗畔矣夫。'"此外，《论语·子罕》说："夫子循循然善诱人，博我以文，约我以礼，欲罢不能。"其中最重要的两句话被概括为"博文""约礼"，其中的"文"字歧义最多，或解释为文献、文章，或解释为六艺之文，或解释为古今事变。与以往的解释不同，张载强调："博文所以崇德也，惟博文则可以力致。"（5·21）张载以"德"释"文"，不是没有典籍依据的。《国语·周语下》称："夫敬，文之恭也。"韦昭注曰："文者，德之总名也。"据此，笔者把这里的"文"解释为六经之文的道德知识。明清之际的关学学者李二曲指出："以'博文'为知古今、达事变，则稍知读书者皆可能，颜子乃反见不及此，必待夫子之诱而始知从事于此，何以为颜子？夫'博文'而止于知古今、通事变，亦何关于身心性命之急？""身心性命之道，灿然见于语默动作、人伦日用之常及先觉之所发明，皆文也。"（《二曲集》卷三十五《四书反身录·子罕篇》）二曲的解说，是对张载以"崇德""力致"释"文"的拓展，与本章所用"文"的语意若合符节。

2.关于"弥坚"。语自《论语·子罕》，其涵义为更加不可穷尽。这里把"博之以文"之"文"字解释为六经之文的道德精义，与"弥坚"的语义就更具有连贯性了。

3.关于"转诚"。孔子所谓"博文""约礼"，是教人的次序。本章所谓"转诚"，意味着张载把"博文""约礼"的"约礼"转换为"诚意"。在张载的工夫论中，诚意和恭敬皆属于"礼"的内在精神。他说："'敬，礼之舆也'，不敬则礼不行。"(《正蒙·至当》)又说:"诚意与行礼无有先后,须兼修之。"(本篇5·3章)有理由认为,张载的这一转换不仅并未脱离"文""礼"二事,而且还是对"礼"的深化。"转诚",还可以与本篇5·24章相互参证。

4.关于"道"。孔子认为,做到了"博文约礼",就"可以弗畔"于"道"了。本章"得文""转诚"所蕴涵的道德修养工夫之"道",与首句"道"的意涵是有呼应关系的。

三、从"存心"到"明知天德"。本篇有多章论及"存心",例如5·4章、5·8章等,此外还论及"心弘""心大"(5·20)。而"心"的能力发挥到极致,便是"虚心"。张载说:"虚心,则无外以为累。""虚心,然后能尽心。"(《张子语录·语录中》)不仅如此,"虚心"还意味着主体具有洞见宇宙最高实在的直觉能力。基于此,张载说:"当以心求天之虚。"(同上)这与本章前面所说的"虚中求出实",后面所说的"存心之始,须明知天德。天德即是虚",其意涵是一致的。

关于"博文"之"文",当与本篇5·21章合看。

叶采:"心大则宽平弘远,故处己待人无往而不达;心小则偏急固陋,无所处而不为病也。"(《近思录集解》卷二)

5·20 求养之道,心只求是而已[1]。盖心弘则是[2],不弘则不是;心大则百物皆通[3],心小则百物皆病[4]。悟后心常弘,触理皆在吾术内[5],睹一物则敲点着此心[6],临一事又记念着此心[7],常不为物所牵引去[8]。视灯烛[9],亦足以警道[10]。大率因一事长一智[11],只为持得术博^[12]，凡物常不能出博大之中^[13]。

[注释]

[1] 此两句意为，探求身心修养的道理，无非是以心求得其正确的法则而已。是：此指法则、原则或方法。　[2] 弘：大；广。　[3] 通：此指道理通透。　[4] 此四句意为，心弘大则得法，心不弘大则不得法；心大则对万物之理的悟解就通透，心小则对万物之理的理解就窒碍不通。病：此指道理窒碍不通。　[5] 术：方法；主张。因与上文"悟"字有关，故此处将"术"解释作"悟解"。　[6] 敲点：惦记。　[7] 记念：记挂。　[8] 此五句意为，体悟天下万物的道理之后心能保持弘大，凡接触到的道理都在我的悟解范围之内，每观察一物便惦记着此心，每面临一事便记挂着此心，这样心就不会被任何外物所牵累。　[9] 灯：佛教以灯能破暗，因而用以喻悟佛法。也有儒者借灯以喻悟理。此处借灯烛以喻悟道。　[10] 此两句意为，每看到灯烛，也足以让人警悟于道。警：警省；警悟。　[11] 大率：大抵；大致。因：凭借；利用。　[12] 为：因。　[13] 此三句意为，大抵人们每经历一事便借此增长一分智慧，只因我的悟解范围广博，所以一切事物都不会超出我所悟解的广博范围之外。凡：一切。

[点评]

承接上一章所论"存心"而"明天德"，本章论"心弘""心大"则"百物皆通"。

朱熹、吕祖谦把本章"心大则百物皆通，心小则百物皆病"辑入《近思录》卷二。

须知求心有其要领。

5·21 求心之始则有所得[1]，久思则茫然复失，何也[2]？夫求心不得其要[3]，钻研太甚则惑[4]。心之要只是欲平旷[5]，熟后无心如天，简易不已[6]。今有心以求其虚，则是已起一心，无由得虚[7]。切不得令心烦[8]，求之太切[9]，则反昏惑[10]，孟子所谓助长也[11]。孟子亦只言存养而已[12]，此非可以聪明思虑，力所能致也[13]。然而得博学于文以求义理[14]，则亦动其心乎[15]！夫思虑不违是心而已[16]。"尺蠖之屈，以求伸也[17]；龙蛇之蛰，以存身也[18]；精义入神，以致用也[19]；利用安身，以崇德也"[20]，此交相养之道[21]。夫屈者所以求伸也[22]，勤学所以修身也，博文所以崇德也，惟博文则可以力致[23]。人平居又不可以全无思虑[24]，须是考前言往行[25]，观昔人制节[26]，如此以行其事而已，故动焉而无不中礼[27]。

[注释]

[1]求心之始：与本篇5·19章"存心之始"义同。 [2]此三句意为，探求于心的开始就能有所收获，然而长时间思考后却陷入迷茫，得而复失，这是为什么呢？则：却。 [3]夫：凡。 [4]此两句意为，因为凡用心探求而不得要领，钻研过度

反生困惑。　[5]平旷：平正；广阔。　[6]此三句意为，求心的要领只是让其平正弘阔，用心娴熟之后将会像天那样无须用心，这是最简易不过的。　[7]此三句意为，现在若有心探求其虚静，其实已生出思虑之心，反而无法使心得到虚静。其：指代心。虚：此指心的虚静状态。　[8]切不：切莫。　[9]切：急切；急迫。　[10]昏惑：昏乱；困惑。　[11]此四句意为，切莫使心变得烦躁，从而操之过急，那反倒使心昏乱不堪，这正像孟子所说的，是"盲目帮助"心的生长。助长：盲目帮助生长。出自《孟子·公孙丑上》："心勿忘，勿助长也。"　[12]存养：出自《孟子·尽心上》："存其心，养其性。""存其心"之"心"，属于道德心。　[13]此三句意为，孟子也只说"保存我们的心，养护我们的性"而已，这不是依赖耳聪目明和思虑，尽其力就可以达致的。　[14]得：能。义理：此指从"博学于文"中求得的道理。　[15]此两句意为，然而，广泛学习经典的道德知识以探求其中的道理，所动用的也是其道德心！动：动用。其心：此指上一句的孟子所谓"存养"之心，亦即道德心。　[16]此句意为，而人的思虑只是不能违背这一道德心而已。　[17]此句比喻做学问宜潜心入神，而后学以致用。尺蠖（huò）：一种毛虫，靠弯曲身体前进。　[18]此句以龙蛇遇冬藏身，比喻人要保存自己的身体。蛰（zhé）：冬眠潜藏。　[19]"精义入神，以致用也"：详见4·15章注释[1]。[20]"利用安身，以崇德也"：此处与以上引文均出自《周易·系辞下》。　[21]以上几句意为，"毛虫弯曲身体，用以伸展身体而前进；龙蛇冬眠潜藏，用以保存身体；精研义理达到出神入化的境界，用以实际；利用精微的义理以安身立命，崇尚道德"，这是生存的智慧与精微的义理互相养护的道理。　[22]夫：其，指代以上《易传》的引文。　[23]此四句意为，以上《易传》的名言告诉我们，一时的屈服是为了日后的前进，勤奋为学是为了修身实践，广泛学习六经的道德知识是为了崇敬道德，只要广泛学习六经的道德知识就可以致力于实践。惟：仅；只。   [24]平居：平日；平素。   [25]前言往行：出自《周易·大畜·象》："多识前言往行以畜其德。"   [26]昔人：前人；古人。制节：制度适宜。   [27]此五句意为，平日里人又不能完全不用思虑，必须用于考察前人（圣贤）的言行以蓄积德性，观览古人的礼仪制度是否合宜，以这样的方式处理一切事务，因而使所有的行为无不符合于礼节。

[点评]

本章论"求心"的要领，并论及存养之心与思虑之心的关系、无心与有心的关系。

关于"博文"之"文"，当与本篇5·19章合看。

学者养德安行，必须用心汲取前代的嘉言懿行，并总结自己的见闻经验。

5·22 学者既知此心，且择所安而行之已不愧[1]。疑则阙之[2]，更多识前言往行以养其德[3]。多闻阙疑，多见阙殆[4]，而今方要从头整理[5]，将前言往行常合为一，有不合自是非也[6]。

[注释]

[1]此两句意为，学者既已理解此心，并选择所以安身立命的根基而付诸实行便已无愧了。   [2]阙（quē）：搁置；保留。   [3]此两句意为，为学若有疑问就先搁置起来，此时尤其要多学习前代的嘉言懿行，以养护自己的德性。《周易·大畜·象》："君子以多

识前言往行，以畜其德。"　　[4]多闻阙疑，多见阙殆：出自《论语·为政》："子曰：'多闻阙疑，慎言其余，则寡尤；多见阙殆，慎行其余，则寡悔。'"殆（dài）：不可靠；危险。　　[5]而今：如今。方：正。　　[6]此五句意为，多听，对有疑问的就先搁置起来；多看，对有风险的就先不去做，如今正需要从头进行总结清理，常以自己的见闻经验与前代的嘉言懿行作比较，看是否符合一致，若有不符合的，就是错的。

[**点评**]

本章论学者养德安行。后半部分所说"而今方要从头整理"，既包括前代的嘉言懿行，也涉及学者的见闻经验，而且后者必须与前者符合一致。

本章当与5·4章、5·21章合看。

5·23　人能不疑[1]，便是德进[2]。盖己于大本处不惑[3]，虽未加工[4]，思虑必常在此，积久自觉渐变[5]。学者恶其自足[6]，足则不复进[7]。

对道德信念，不能有疑惑。

[**注释**]

[1]不疑：此指不怀疑成德的信念。　　[2]此两句意为，人能够不怀疑成德的信念，就表明道德有进步。　　[3]大本：根本。此指以成德的信念为根本。　　[4]加工：花功夫；用力。　　[5]此四句意为，若自己对成德信念这个大本没有疑惑，虽然没有花费很大的气力，所用心思一直集中在这里，积累得长久了自己就会感到成德的意识会逐渐变得更自觉。　　[6]恶（wù）：忌讳。自足：自满。　　[7]此

两句意为，学者最忌自满，自满则不可能再有进步。复：再。

[点评]

本章论学者必须确立道德信念，切忌自满自足。这里有两点需要略作说明。

一、关于"不疑"。张载既主张"不疑"，也主张"有疑"。在他看来，"不疑"与"有疑"的适用范围是不同的："不疑"，适用于"信"，亦即道德信念或精神信仰的确立；"有疑"，则适用于"学"，亦即学理的探索。对于前者，张载认为，"信"必"无疑"。他主张："学者信书，且须信《论语》《孟子》。"另外，"如《中庸》《大学》出于圣门，无可疑者。"（《经学理窟·义理》）他还主张，成德必须"自信"，亦即"不疑"。张载在解说《周易·乾卦》时强调，"德成自信而不疑"。在本章中，张载所说的"人能不疑，便是德进"，也是同样的意思。对于后者，张载强调，"学"必"有疑"。他把怀疑精神看作为学创新的起点，提出"义理有疑，则濯去旧见以来新意"（《经学理窟·学大原下》）。

二、关于"大本"。本章所谓"大本"，指以成德的信念为根本。此外，张载还曾把"致知"视作"为学之大本"（佚著《礼记说·大学第四十二》）。这些，都属于人所作所为某一方面的根本，而不是作为宇宙本体的终极的根本。

吕柟："精微只在广大中，故'好问''好察'，巨细一道。"（《张子抄释》卷三）

5·24　立本既正[1]，然后修持[2]。修持之道，既须虚心[3]，又须得礼，内外发明[4]，此合

内外之道也 [5]。当是畏圣人之言 [6]，考前言往行以畜其德，度义择善而行之 [7]。致文于事业而能尽义者 [8]，只是要学，晓夕参详比较 [9]，所以尽义 [10]。惟博学然后有可得以参较琢磨 [11]，学博则转密察 [12]，钻之弥坚 [13]，于实处转笃实 [14]，转诚转信 [15]。故只是要博学，学愈博则义愈精微 [16]。舜好问，好察迩言 [17]，皆所以尽精微也 [18]。舜与仲尼心则同 [19]，至于密察处，料得未如孔子 [20]。大抵人君则有辅弼疑丞 [21]，中守至正而已 [22]；若学者则事必欲皆自能，又将道辅于人 [23]。舜为人君，犹起于侧微 [24]。

[注释]

[1] 本：根本；大本。　[2] 此两句意为，成德信念这一根本既已端正，然后就要落实于修身实践。修持：修身；修行。　[3] 虚心：此指谦虚；不自满。　[4] 内：此指谦虚的心态。外：此指礼仪规范。　[5] 此五句意为，修身实践的原理是，内心必须谦虚，行为又必须符合礼节，两方面相互作用，这是整合内外的原则。　[6] 畏圣人之言：出自《论语·季氏》："孔子曰：'君子有三畏：畏天命，畏大人，畏圣人之言。'"　[7] 此三句意为，应当敬畏圣人的话，考察前代的嘉言懿行以培育德性，酌理择善而加以实行。度（duó）：估量；斟酌。义：此指理。　[8] 文：一般指文献、文章，此指六经之文的道德知识。　[9] 参详：参

酌详审。 [10]此四句意为，致力于六经之文的道德知识而穷尽其理的人，离不开为学，早晚参酌详审对比，才能够穷尽其理。 [11]参较：参详比较。琢磨：雕刻和磨治玉石。比喻修养德业，研讨义理等。 [12]密察：缜密明辩。 [13]钻：钻研。弥：益；更。坚：此指不可穷尽。出自《论语·子罕》："颜渊喟然叹曰：'仰之弥高，钻之弥坚。'"。 [14]笃实：纯厚朴实。 [15]此五句意为，唯有广泛地学习，然后能够做到参酌详审对比，修养德业和研讨义理，为学广博还能转而缜密明辩，持续钻研，在实际中转向纯厚朴实，并进而转向诚和转向信。诚：诚意。 [16]此两句意为，因此，归结起来无非是广泛地学习，为学越广博则求得的道理就越精细微妙。精微：精细微妙。 [17]舜好问，好察迩言：出自《中庸》第六章："舜其大知也与！舜好问，而好察迩言，隐恶而扬善，执其两端，用其中于民。"好（hào）：喜欢。迩（ěr）：浅显；平凡。 [18]此三句意为，舜喜欢询问下情，而且喜欢考察来自民间的言论，这都是因为他能够穷尽精细微妙之理。 [19]则：虽。 [20]此三句意为，舜与孔子的本心虽然相同，但就缜密明辩的程度看，估计舜不如孔子。 [21]辅弼疑丞：古代最高统治者左右大臣的通称。"古者天子必有四邻：前曰疑，后曰丞，左曰辅，右曰弼。"（《尚书大传》卷二） [22]中（zhòng）：符合。守：职守。至：施行。正：常例；常法。 [23]此四句意为，通常君主周围会有一众臣子，他们无非是要忠实于职守、施行常法而已；若学者则不然，遇事必须以自己的能力去解决，还要以道理晓谕于民众。辅：佐助；辅助。 [24]此两句意为，舜作为君主，而出身卑贱。犹：而（《经词衍释》）。侧微：卑贱。语出《尚书·舜典》："虞舜侧微。"

[点评]

本章基于对"只是要学"和"只是要博学"的强调，

论修身实践的原理，需要整合"虚心"与"得礼"这内外两方面的工夫。其中，有两点值得注意。

一、"虚心"的两重意涵。在张载话语的不同语境下，"虚心"是被赋予了两重意涵的。经分析可知，本章所用"虚心"的确切语义是谦虚、不自满。在本篇上一章中，张载说："学者恶其自足，足则不复进。"强调学者最忌自满，与本章强调学者必须"虚心"，意思是一致的。本章在言及"虚心"之后，大部分篇幅都在强调"只是要学""只是要博学"。可见，这里的"虚心"是就学者的为学态度而言的。这是"虚心"的第一重意涵。"虚心"的第二重意涵，指主体所具有的洞见宇宙本质和万物终极根源的直觉能力。本篇5·8、5·19、5·21各章所言及的"虚心"，都是其第二重意涵。总之，第一重意涵的"虚心"，是经验层次的日常用语；第二重意涵的"虚心"，则是超验层次的哲学概念。

二、"合内外之道"与"变化气质之道"。本篇名为《气质》，所论述的重点是"变化气质"工夫。在本篇5·18章中，张载在言及"谨""敬"的内在工夫和"中礼"的外在工夫之后，总结说："此皆变化气质之道也。"联系本章所谓"合内外之道"，所指应当就是"变化气质之道"。"合内外"，是"变化气质"工夫的结构特征。

5·25　学者所志至大[1]，犹恐所得浅[2]，况可便志其小[3]？苟志其小，志在行一节而已[4]，若欲行信，亦未必能信[5]。自古有多少要如仲尼

张伯行："学者当'为天地立心，为生民立命，为往圣继绝学，为万世开太平'，非止一身一时之事已也。故所志至大，犹恐所得尚浅，况可徒志其小，而卑近自安，则其所成就可知矣。何贵乎有是学哉？"（《濂洛关闽书》卷二）

者，然未有如仲尼者^[6]。颜渊学仲尼，不幸短命^[7]。孟子志仲尼，亦不如仲尼^[8]。至如乐正子^[9]，为信人，为善人^[10]，其学亦全得道之大体^[11]，方能如此^[12]。又如漆雕开言"吾斯之未能信"^[13]，亦未说信甚事，只是谓于道未信也^[14]。

[注释]

[1]志：志向。至：极。 [2]犹：仍。 [3]此三句意为，学者所立的志向极大，仍恐怕为学所获浅少，何况所立的志向不大？可便：句中衬词，无义（《宋元语言词典》）。 [4]一节：事物的一端。因下句言及"信"，此当指仁、义、礼、智、信这五德中之一德。 [5]此四句意为，如果所立志向很小，其志向只在实行诸德之一德而已，如果想要实行信德，也未必能够实现信德。 [6]此两句意为，自古以来，有很多学者以孔子为榜样，然而未再出现过像孔子那样的学者。 [7]此两句意为，颜渊学孔子，不幸短命夭折。 [8]此两句意为，孟子有志学孔子，也不如孔子。 [9]乐正子：乐正克，孟子弟子。 [10]为信人，为善人：指乐正子为人有信，有善。语出《孟子·尽心下》。 [11]大体：大要。 [12]此五句意为，至于如孟子的弟子乐正子，做信人，做善人，其为学也完全理解了修持之道的大要，才能够达到这个地步。 [13]漆雕开：姓漆雕，名开。孔子弟子。"吾斯之未能信"：出自《论语·公冶长》。 [14]此三句意为，又如孔子的弟子漆雕开，他说"我对此还不自信"，也没有说要信什么事，其实就是以为对于道尚未能信。只：即（《古书虚字集释》卷九）。谓：以为（同上）。

[点评]

本章论学者既要立大志，又要贵于学。

5·26　慎喜怒，此只矫其末而不知治其本[1]，宜矫轻警惰[2]。若天祺公之弟[3]，御史[4]。气重也，亦有矫情过实处[5]。

张绍价："轻与惰，皆出于气。气之轻者浮躁，矫之以厚重，而学始固；气之惰者弛靡，警之以奋勉，而学乃进。"（《近思录解义》卷五）

[注释]

[1]矫：纠正；匡正。末：细枝末节。本：大本大根。　[2]此三句意为，谨慎地控制喜怒，这只能纠正性情的细节，而不知道救治其根本，应当纠正轻浮之气，警觉怠惰之气。轻：此指轻浮之气。惰：此指怠惰之气。　[3]天祺：张戬（1030—1076），字天祺，张载之弟。公：指张载。　[4]御史：宋官职名，专司纠弹、监察的官员。　[5]以上几句意为，像天祺（张载之弟，曾任御史），其气质过于凝重，因而他的言行也会有违反常情、不合实际之处。矫情：违反常情。过实：不合实际；不真实。

[点评]

本章论"慎喜怒"只是纠正性情之末，而"矫轻警惰"才是治本之法。朱熹曾经评价说："觉得轻浮浅易，便须深沉厚重。先生（指张载——引者注）所谓'矫轻警惰'，盖如此。"（《朱子语类》卷九）

张载不仅在修养实践方面主张"矫轻警惰"，而且在义理之学方面同样主张"亦须深沉方有造，非浅易轻浮之可得也"（《经学理窟·义理》）。

最后一句"若天祺公之弟，御史。气重也，亦有矫情过实处"，其中的"公之弟，御史"五字，宋明各本皆作小字注。由于中华书局章校本依据的是清本，则无此小字注。

朱熹："人之所以戚戚于贫贱，汲汲于富贵，只缘不见这个道理。若见得这个道理，贫贱不能损得，富贵不曾添得，只要知这道理。"（《朱子语类》卷十三）

5·27　人多言安于贫贱，其实只是计穷力屈才短[1]，不能营画耳[2]。若稍动得[3]，恐未肯安之[4]。须是诚知义理之乐于利欲也，乃能[5]。

[注释]

[1]计穷力屈才短：指计谋、力量、才干均不足。　[2]此三句意为，人们经常说要安于贫贱，其实这只是由于计谋、力量、才干都不足，因而不能经营谋划。营画：经营谋划。　[3]动：此指劳作。　[4]此两句意为，如果稍肯劳作，恐怕没有人甘心安于贫贱。　[5]此两句意为，义理的愉悦是超越于利欲的，必须真正知晓这个道理，才能够做到不安于贫贱。

[点评]

本章论真知义理之愉悦超越于利欲的道理，并提倡为摆脱贫困而积极"营画"的进取精神。后者为儒家的经世致用观念和实践注入了富有活力的精神资源。

朱熹、吕祖谦后将本章辑入《近思录》卷七。

5·28　天资美不足为功[1]，惟矫恶为善，矫惰为勤，方是为功[2]。人必不能便无是心，须使思虑，但使常游心于义理之间[3]。立本处以易简为是[4]，接物处以时中为是[5]。易简而天下之理得[6]，时中则要博学素备[7]。

张伯行：“夫天资之美者尚不可恃，则天资之不美者可不‘人一己百，人十己千’，加百倍之功哉？学者亦可以知所勉矣。”（《濂洛关闽书》卷二）

[注释]

[1]天资：天赋。功：功绩；功业。 [2]此四句意为，天赋好并不足以为功业，只有矫治恶实行善，矫治怠惰奉行勤奋，才能够建功立业。 [3]此三句意为，人肯定不能没有功业之心，必须使其用心思虑，要让他时常潜心于义理中间。但：单只如此。游心：潜心。 [4]本：根本。此指以义理为本。易简：平易简约。出自《易传·系辞上》：“易则易知，简则易从。” [5]此两句意为，确立义理这一根本要以平易简约为原则，待人接物要以合乎时宜为原则。 [6]而：能。 [7]此两句意为，做到平易简约就能获得天下之理，做到合乎时宜则需要渊博的学识和平日的积累。素：平素；向来。备：储备；积累。

[点评]

本章论“矫恶为善，矫惰为勤”的道德修养原则，并论以“易简”立本和以“时中”接物的原则。本章可以与本篇5·26章相互参证。

[篇末评]

本篇篇名“气质”。“气质”，指人受生理、欲望、习俗制约而形成的体质和素质，以及人在这些内外因素的影响下所形成的性格、心理和行为特征。其"气",指阴阳五行之气;其"质",指由气积聚而成的一定形质(陈来《朱子哲学研究》,第 198 页)。《气质》作为《经学理窟》书中独立的一篇,在理学家的著作中是很独特的,表明张载是气质之说的最有力的倡导者。气质之说,后来被二程所接受,遂共同加以倡导。张载言"气质",是为了说明人性。对此,朱熹看得很准确,他说:"气积为质,而性具焉。"(《朱子语类》卷一)又说:"须是个气质,方说得个'性'字。"(《朱子语类》卷九十五)张载用气质指称与"天地之性"相反的"气质之性"。基于这两重人性论,张载进而提出"变化气质"的修养工夫。其弟子吕大临言及先师的修养工夫时说:"学者有问,多告以知礼成性、变化气质之道,学必如圣人而后已,闻者莫不动心有进。"(《行状》)"变化气质",后来被理学各派所普遍接受,成为理学的重要话语和工夫形态。本篇对"变化气质"工夫的论述最为集中,是研究"变化气质"工夫的重要文献。南宋黄震说:"《理窟》一书,惟《气质》篇最于学者有益。"(《黄氏日抄》卷三十三)

通览全篇 28 章可知,"心"—"气"关系问题是研究张载"变化气质"工夫的基本问题。在实践变化气质工夫的过程中,"心"与"气"相比,"心"处于主导地位,并发挥主动作用,因而张载强调"心和则气和,心正则气正"(5·1),"人须常存此心","立得此心方是学不错"(5·4),反对以"气""反动其心"(5·5)。据此有理由认为,变化气质工夫是以德性亦即道德意识为根据的,而绝不是以"气"为根据的(5·28)。"气"或"气质",不仅不是变化气质工夫的根据，反而恰恰是这一修养工夫所要加以改变的对象。在张载看来，变化气质必须通过为学的努力，具体说来就是通过以心制气（5·1、《学大原上》7·22）的方式，最终获得"气质自然全好"（5·1）的结果。此外，张载还把变化气质归结为"合内外之道"（5·24）。这些，都是张载对理学工夫论的重要贡献。

学大原上第七

7·1　学者且须观礼[1]，盖礼者滋养人德性[2]，又使人有常业[3]，守得定，又可学便可行[4]，又可集得义[5]。养浩然之气须是集义[6]，集义然后可以得浩然之气[7]。严正刚大，必须得礼上下达[8]。集义者，克己也[9]。

强调"观礼""得礼"，进而"集义""养气"。

[注释]

[1]且：必。观：观摩；揣摩。语出《礼记·学记》："相观而善之谓摩。"　[2]盖：此作于是。　[3]常业：本业；实有之业，古代特指农业。　[4]又：而且。　[5]以上几句意为，学者对于礼仪必须相互观摩而取人之长，于是使礼仪养育人的德性，又使人有本业，坚持守护，而且能够有所学就能够有所行，更能够积聚而得到善德。又：更。集得义：即集义。张载："集义，犹言积善也。"（《经学理窟·学大原上》7·22）　[6]养浩然之气：出自《孟子·公孙丑上》："曰：'我知言，我善养吾浩然之气。'"

[7] 此两句意为，培养浩然之气必须积聚内心的善德，积聚内心的善德然后可以得到浩然之气。 [8] 此两句意为，这种浩然之气严谨正直，刚强伟大，必须采用礼乐使之通达于天地上下。得：采用。 [9] 此两句意为，积聚内心的善德，要克制自己。克己：约束自我。语出《论语·颜渊》："克己复礼为仁。"

[点评]

本章论"观礼""得礼"以"养浩然之气"和"集义"。"养浩然之气"和"集义"之说，出自孟子。"浩然之气"，是精神心志之气，是发自心、志的德气，而非生物之气。张载所谓"德不胜气，性命于气；德胜其气，性命于德"的论述，与孟子的意思是一致的（6·24）。他在孟子论说中引入"观礼""得礼"，是对孟子"集义"和"养浩然之气"之说的发挥。

吕柟："必心常存省，后理自然精。既常存省，何不知之有？"（《张子抄释》卷四）

7·2 书多阅而好忘者，只为理未精耳[1]，理精则须记了无去处也[2]。仲尼一以贯之[3]，盖只着一义理都贯却[4]。学者但养心识明静[5]，自然可见，死生存亡皆知所从来[6]，胸中莹然无疑[7]，止此理尔[8]。孔子言"未知生，焉知死"[9]，盖略言之[10]。死之事只生是也，更无别理[11]。

[注释]

[1]精：精熟；精通。 [2]此三句意为，书读得多而容易忘

记，只是因为道理未能精熟，道理精熟的话就难以忘记了。记了无去处：忘不了；难以忘记。　[3]一以贯之：指道理统贯于天下万事之中。出自《论语·里仁》："子曰：'参乎！吾道一以贯之。'"贯：贯穿；统贯。　[4]此两句意为，孔子之学的观念是贯穿始终的，只要知晓其中的一种义理就都贯穿了。着：明白；知晓。却：用于句末，表示动作完成，相当于"了"。　[5]但：仅；止。养：涵养；省察。心识：心智；意识。　[6]从来：由来；来源。　[7]莹然：光洁貌。形容通达、透彻。　[8]此五句意为，学者只要涵养省察心智，使之明白平静，自然就可以见识这一道理，对生死存亡都知晓其来源，心中光明通透没有疑问，以上所说只是这个道理。　[9]"未知生，焉知死"：出自《论语·先进》。　[10]以上几句意为，孔子说："生的道理还未弄明白，哪里知道死是怎么回事？"他大概是这么说的。略：大致；大概。　[11]此两句意为，死的事情只是生的道理，就生死而言就再没有其他的道理了。

[点评]

本章论读书必须理精而义明。所言"理"，共五见，其重点论死生之理。在这里，张载引用孔子所谓"未知生，焉知死"之后，强调"死之事只生是也"。这就揭示了人的死亡还有其不死的一面，亦即精神不死。张载曾明确说："道德性命是长在不死之物也。己身则死，此则常在。"（《经学理窟·义理》）由此可知，在张载那里已经形成了一种更加完整的生死观。

7·3　下学而上达者两得之[1]，人谋又

子曰："不怨天，不尤人，下学而上达，知我者，其天乎？"（《论语·宪问》）

得^[2]，天道又尽^[3]。任私意以求是未必是^[4]，虚心以求是方为是^[5]。夫道^[6]，仁与不仁，是与不是而已^[7]。

［注释］

[1]下学：学射、学御等日常技能，泛指学人事。上达：向上达到对天道性命的体悟。　[2]人谋：此指人的谋划。语出《周易·系辞下》："人谋鬼谋，百姓与能。"　[3]此三句意为，学习人事，进而向上达到对天道的体悟，这两者兼得，在人的谋划方面有所得，对天道又能充分体悟。天道：此指宇宙生化过程的动力和法则。　[4]私意：私心；私智。在张载的话语中，也把"私意"称作"成心"（7·9）。是：对；正确。　[5]此两句意为，完全用私心去探求正确的东西，并不就是正确的；虚心去探求正确的东西，才是正确的。　[6]夫：此。　[7]此三句意为，这里的道，无非是仁或不仁，正确或不正确而已。

［点评］

本章论"下学而上达"和"虚心以求是"。

江永："学成自能立功业。若先以此为志，则穿凿创造，有害于道矣。"（《近思录集注》卷二）

7·4　既学而先有以功业为意者^[1]，于学便相害^[2]。既有意，必穿凿创意^[3]，作起事也^[4]。德未成而先有以功业为事，是代大匠斫，希不伤手也^[5]。

[注释]

[1] 既：将（《古书虚字集释》卷五）。而：却。功业：事功。意：愿望；意愿。　[2] 此两句意为，将要为学却把事功摆在优先地位，这对为学就会有损害。　[3] 穿凿（záo）：牵强附会。创意：起意。　[4] 此三句意为，既然心生事功之意，就一定会牵强附会地别起私意，以开拓事业。作起：创制；设立。　[5] 此三句意为，德性尚未成就却把事功摆在优先地位，这如同代替高明的木匠去砍木头一样，很少有不砍伤手的。代大匠斫（zhuó），稀有不伤手也：出自《老子》七十四章。

[点评]

本章论为学不当先以功业为意，而无视成德。

朱熹、吕祖谦后将本章辑入《近思录》卷二。

7·5　为学须是要进，有以异于人[1]。若无以异于人，则是乡人[2]。虽贵为公卿[3]，若所为无以异于人，未免为乡人[4]。

吕柟："与俗人同者，只是未居广居。"（《张子抄释》卷四）

[注释]

[1] 此两句意为，君子为学必须要上进，具备使自己优异于他人之处。以：使（《古书虚字集释》卷一）。　[2] 此两句意为，君子如果不具备使自己优异于他人之处，则只是普通人。乡人：普通人。语出《孟子·离娄下》："是故君子有终身之忧，无一朝之患也。乃若所忧则有之：舜，人也；我，亦人也。舜为法于天下，可传于后世，我由未免为乡人也，是则可忧也。"　[3] 公卿：

三公九卿的简称，泛指高官。 [4] 此三句意为，虽然地位高贵，身居三公九卿，如果所作所为不具备使自己优异于他人之处，其实也不过只是普通人。

[点评]

本章依据孟子，论为学必须"异于人"。孟子说："君子所以异于人者，以其存心也。君子以仁存心，以礼存心。"（《孟子·离娄下》）

张伯行："在天者，有得不得，不可以强求，富贵是也。在己者，无众不得，不可以不求，道德是也。"（《濂洛关闽书》卷二）

7·6 富贵之得不得，天也[1]；至于道德，则在己求之而无不得者也[2]。

[注释]

[1] 此两句意为，富贵能得到或不能得到，全凭上天。富贵之得不得，天也：语出《论语·颜渊》："子夏曰：'商闻之矣：死生有命，富贵在天。'" [2] 此两句意为，至于道德，如果自己去追求，应当没有得不到的。则：若；苟。而：当（《古书虚字集释》卷七）。

[点评]

在本章中，张载先取《论语·颜渊》"富贵在天"语意，再取《孟子·尽心上》"求则得之，舍则失之，是求有益于得也，求在我者也"语意，合而论之，强调富贵在天，道德由我。

张伯行："（汉儒）存仁制义之心与履仁蹈义之迹，两不相符也。"（《濂洛关闽书》卷二）

7·7 汉儒极有知仁义者，但心与迹异[1]。

[注释]

[1] 此两句意为，汉儒之中，有深知仁义的学者，但其心知与行动有所背离。迹：形迹；行动。异：背离；不同。

[点评]

本章评议汉儒，认为其心知与实行之间有所背离。

7·8　戏谑直是大无益^[1]，出于无敬心^[2]。戏谑不已，不惟害事，志亦为气所流^[3]。不戏谑，亦是持气之一端^[4]。善戏谑之事^[5]，虽不为^[6]，无伤^[7]。

江永："戏谑之害事，纳侮启衅、招尤致侮是也。人之有口才，多机智而好狎侮者，尤易犯此病，当深戒之。"（《近思录集注》卷四）

[注释]

[1] 戏谑（xuè）：开玩笑。直是：真是。　[2] 此两句意为，开玩笑真是绝无益处，因为这是对他人没有恭敬之心。　[3] 此三句意为，总是拿别人开玩笑，不仅会损害合作共事，其志也因被气扰动而失控。流：流荡；放纵；无节制。　[4] 此两句意为，不开玩笑，则是对气加以约束的一个方面。亦：则。持：约束；控制。　[5] 善：喜欢；认为好。　[6] 虽：即使。　[7] 此三句意为，总喜欢开玩笑的人并不懂得，即使不去做这类事，也不会对自己有什么伤害。无伤：没有什么关系；不妨。

[点评]

本章论戏谑无益而害事。其中，涉及孟子有关志、气关系的言论（参见《孟子·公孙丑上》）。本章可以视作对张载所撰《东铭》的补充。

"戏谑不已"至"持气之一端"，后被朱熹、吕祖谦辑入《近思录》卷四。

吕柟："仲尼亦只是明得快耳。"（《张子抄释》卷四）

7·9　圣人于文章不讲而学[1]。盖讲者有可否之疑，须问辨之后明[2]。学者有所不知，问而知之，则可否自决[3]，不待讲论[4]。如孔子之盛德，惟官名、礼文有所未知[5]，故其问老子[6]、郯子[7]。既知，则遂行而更不须讲[8]。

[注释]

[1] 此句意为，圣人对礼乐制度无需讲论就已知晓。文章：礼乐制度。讲：讲说；谈论。学：知晓。　[2] 此两句意为，讲论者若有了是非对错方面的疑惑，必须加以询问辨析，然后才能够明白。问辨：询问辨识。　[3] 则：于是。　[4] 此四句意为，学者所不知晓的东西，询问便能知晓，于是是非对错就可以自行解决，这无待于讲论。　[5] 官名：官职的名称。礼文：礼乐的仪节。　[6] 问老子：据《史记·老子韩非列传》："孔子适周，将问礼于老子。"　[7] 郯（tán）子：据《左传》昭公十七年："仲尼闻之，见于郯子而学之。"　[8] 以上几句意为，像孔子那样具有非凡德能的人，只是对官职名称和礼乐仪节等具体知识有所不知，因而他曾就此请教于老子、郯子，既已知晓便付诸实行，而无待讲论。须：待。

[点评]

本章论圣人对礼乐制度"不讲而学"，孔子对官名、礼文等知识曾问于老子、郯子，并强调既知则遂行。

7·10　"忠信所以进德"者，何也[1]？闲邪，则诚自存[2]。诚自存，斯为忠信也[3]。如何是闲邪？非礼而勿视听言动[4]，邪斯闲矣[5]。

张伯行："盖忠信即诚也，非礼即邪也。吾人一心，诚与邪不容并立，故闲邪则诚自存，诚存则无欺无伪，斯即所为忠信也。"（《濂洛关闽书》卷二）

[注释]

[1]此两句意为，"追求忠信故可以提升美德"，说的是什么？"忠信所以进德"：出自《周易·乾·文言》："君子进德修业。忠信，所以进德也。"　[2]此两句意为，防范邪恶，则诚心自然得以存养。闲邪，则诚自存：出自《周易·乾·文言》："庸言之信，庸行之谨，闲邪存其诚，善世而不伐，德博而化。"闲邪：防范邪恶。　[3]此两句意为，诚心自然得以存养，则做到忠信了。斯：则。为：作。　[4]非礼而勿视听言动：参见《论语·颜渊》。　[5]此三句意为，怎样才能够防范邪恶呢？应当做到：不符合礼的，就不看、不听、不说、不做，这样邪恶就得以防范了。斯：就。

[点评]

本章论经由防范邪恶，存养诚心，就可以做到忠信。

孔子："赞而不达于数，则其为之巫；数而不达于德，则其为之史。"（马王堆帛书《易传·要篇》）

7·11　日月星辰之事，圣人不必言[1]。颜子辈皆已理会得，更不须言也[2]。

[注释]

[1]此两句意为，日月星辰等星象之事，圣人不一定要说。　[2]此两句意为，颜回这一辈的学者对此都已理解，就更没必要说了。

[点评]

本章论孔子、颜回对日月星辰等星象之事的态度。因议题比较特殊，语意简略晦涩，有必要逐句解读如下。

第一句："日月星辰之事"，与星占有关，也与《周易》有关。《周易》是占卜之书，其中也涉及星象占断。

第二句："圣人不必言"，因下一句言及孔子的学生颜渊，故此处所谓"圣人"当指孔子。孔子把春秋时期对《周易》的不同理解分为卜筮、数理、德义三个类型。职掌第一个类型的是巫，职掌第二个类型的是史，能够把数理上升到人之德义的是孔子。因而孔子说："吾求亓（其）德而已，吾与史、巫同涂而殊归者也。"孔子晚年提出："《易》，我后亓（其）祝卜矣！我观亓（其）德义耳也。"（马王堆帛书《易传·要篇》）可见，孔子晚年更加关注对《周易》德义的阐发，但并未彻底摒弃《周易》之卜筮和数理（林忠军《易学源流与现代阐释》，上海古籍出版社2012年版，第93页）。正是在此意义上，这里才说对于星象"圣人不必言"。所谓"不必言"，是说与星象有关的占卜不是孔子关注的重点，但这也并不是说孔子对此就一概否定，从不言及。

第三、四句："颜子辈皆已理会得，更不须言也"，是说因受孔子的影响，颜渊一辈学生对《周易》有关占卜与义理二者关系的道理已有所领会，因而也就"更不须言"了。

　　顺便指出，《周易》对于日月星辰等星象，并非完全是在占卜意义上讲的，其中也涉及古代天文学方面的内容。例如，所谓"与时消息"（《周易·丰·彖》）、"日月之道"（《周易·系辞下》）等，就是对日月星辰周期性运行特征及规律的揭示。

　　7·12　学者不可谓少年，自缓便是四十、五十[1]。二程从十四岁时便锐然欲学圣人[2]，今及四十未能及颜、闵之徒[3]。小程可如颜子，然恐未如颜子之无我[4]。

陆游："古人学问无遗力，少壮工夫老始成。"（《冬夜读书示子聿》）

[注释]

[1]此两句意为，不能以为学者是出自少年的，若为学成长缓慢要到四十、五十岁（才能够成为学者）。自：苟；如。缓：迟；慢。便：表示确定。　[2]锐然：急切、迫切貌。　[3]此两句意为，二程从十四岁时就执意要学圣人，现在他们已四十岁，其学行还没有达到颜渊、闵子骞弟子的高度。颜：指孔子的弟子颜回，字子渊。闵：指孔子的弟子闵损，字子骞。此二人都是孔门在德行方面表现突出的弟子。　[4]此两句意为，程颐可以比做颜渊，但恐怕还没有像颜渊那样达到虚心而没有私意的境地。无我：虚心而无私意。

[点评]

　　张载对学者成长的艰辛有切身的体会，因而认为学者不可能出自少年，通常至四十、五十岁才学有所成。

有研究者把本章前两句话误读为"学习者不能自认为年轻，自我放松很快便是四十、五十岁"。在张载著作中，言及"学者"之处甚多，从中可以看出他对学者的要求是很高的。这表明，张载是不会轻易把年轻的初学者一概视为自己心目中的"学者"的。学者的成长要经历比较长期的过程，这从张载自己的为学经历也可以看出。张载思想学说的发展经历了前期、中期和晚期等三个阶段。直至五十岁以后，他的思想才进入第三个阶段，得以成熟（参见本书《导读》之一"张载的生平事迹"）。

本章在评价二程时说："今及四十未能及颜、闵之徒。"张载比二程兄弟分别大十二、十三岁。据此推算，张载讲述本章文字时已是五十二三岁的人了。张载此时所说"学者不可谓少年，自缓便是四十、五十"，可以认为是他的现身说法。此外，程颐晚年回顾自己的为学经历说："吾四十岁以前读诵，五十以前研究其义，六十以前反复绀绎，六十以后著书。"（《河南程氏遗书》卷二十四《伊川先生语十》）这表明，二程学有所成的经历也是比较漫长的。

"二程至四十岁时便锐然欲学圣人"，至本章结束，后被收入《近思录》卷十四。

7·13　心既虚则公平 [1]，公平则是非较然易见 [2]，当为不当为之事自知 [3]。

张伯行："惟虚则本体洞然，绝去系累，故公而无私，平而不偏，是非当前不难立见，而当为不当为之事自知之甚明。"（《濂洛关闽书》卷二）

[注释]

[1]既：尽。心虚：指内心虚静，没有成见和私意。公平：公

正而不偏袒。　[2]较然：明显貌。　[3]此三句意为，使心完全得以虚静则做事公正而不偏袒，公正而不偏袒对是非就容易看得明白，对任何事是应当做还是不应当做自己也就知道。

[点评]

本章基于虚心论公平观和是非观。

7·14　正心之始[1]，当以己心为严师，凡所动作则知所惧[2]。如此一二年间，守得牢固则自然心正矣[3]。

叶采："视心如严师，则知所敬畏，而邪僻之念不作。"（《近思录集解》卷四）

[注释]

[1]正心：端正其心。《大学》的八条目之一。　[2]此三句意为，端正其心的开始，应当把自己的心视作严厉的老师，一切行为举止都要心知敬畏。凡：一切。惧：敬畏；畏惧。　[3]此两句意为，这样做一两年，持守得坚定则心自然端正。

[点评]

本章论"以己心为严师"的"正心"工夫。这一工夫的要领是：一"惧"，对自己的行为举止心知畏惧；二"牢"，牢固持守"以己心为严师"的原则。这是对《大学》"正心"工夫的发挥。

朱熹、吕祖谦后来将本章辑入《近思录》卷四。

7·15　其始且须道体用分别以执守[1]，至

概言之，体与用的关系是二而不二的。

熟后只一也 [2]。道初亦须一意虑参较比量 [3]，至已得之，则非思虑所能致 [4]。

[注释]

[1] 其：将。且：若；如。道：知道；体验。张相："道，犹知也；觉也。"（《诗词曲语辞汇释》卷四）体用：是表示传统哲学思维方式的两个概念。体，即本体，意为宇宙万物的根本和本源；用，指依据本体发挥作用。执守：持守；坚执。　[2] 此两句意为，将要开始时，如果必须知道执着于体用二者的分别的话，那么到熟悉以后就得知此二者是必须整合为一的。熟：熟悉；精熟。一：合一；整合为一。　[3] 初：义同第一句的"始"。亦：又。一：专一。意虑：思虑。参较比量：参酌比较。　[4] 此两句意为，在得知体用之初，又必须专一于思虑，对二者参酌比较；待到对体用已心有所得时，则依靠日常性思维就无法加以把握了。

[点评]

本章论体用，是从两个角度言说的。

一、从"执守"的角度言说。开始，对体用二者必须分别加以体验和持守，待到精熟之后，则必须把二者整合为统一的力量。

二、从"意虑"的角度言说。起初，对体用二者必须专心思虑，参酌比较，待到心有所得，则需要超越日常性思维，运用直觉思维从整体上加以把握。

7·16　古者惟国家则有有司 [1]，士、庶人皆子弟执事^[2]。又古人于孩提时^[3]，已教之礼^[4]。今世学不讲^[5]，男女从幼便骄惰坏了^[6]，到长益凶狠^[7]，只为未尝为子弟之事^[8]，则于其亲已有物我^[9]，不肯屈下^[10]，病根常在^[11]。

张伯行："此言教弟子者当慎之于始也。古者教人必先小学，所以收放心、养德性，而预绝其骄惰之根也。"（《近思录集解》卷五）

[注释]

[1] 则：能。有司：官吏。古代设官分职，各有专司，故称。　[2] 此两句意为，古时候只有国家能设置官吏，士人、平民都是由其子弟经办家族内部事务的。庶人：平民；百姓。执事：从事工作；接受差遣。　[3] 又：且。孩提：幼年；幼童。　[4] 此两句意为，而且古人在幼年时，就已经接受礼仪教育了。　[5] 世学：犹家学；世代相传的学问。　[6] 骄惰：骄纵怠惰。　[7] 益：更加。　[8] 子弟之事：指洒扫应对进退之类的日常事务。　[9] 物我：彼此的分别或对立。　[10] 屈下：此指服从长辈。　[11] 此七句意为，如今家学不再传讲，男女孩子从小就骄纵怠惰而变坏了，到长大成人其性情越发凶恶狠毒，只是因为未曾从事洒扫应对进退等子弟本应承担的家族事务，于是与其亲人之间彼此对立，不愿意服从长辈，这一弊病的根源时常存在着。

[点评]

本章论家族教育存在的流弊，表现为背离礼教传统，致使子弟骄惰，不屑为子弟之事，进而造成了与亲长之间的严重对立。

"世学不讲"至"病根常在"，后被朱熹、吕祖谦辑入《近思录》卷五，然其下面还接续了一段文字："又随所居而长，至死只依旧。为子弟，则不能安洒扫应对；在朋友，则不能下朋友；有官长，则不能下官长；为宰相，不能下天下之贤。甚则至于徇私意，义理都丧，也只为病根不去，随所居所接而长。人须一事事消了病，则义理常胜。"这段文字，在《经学理窟》的宋、明版本中被收入《学大原下》之中。此可与本章合观。

张载："某近来思虑义理，大率亿度屡中可用。既是亿度屡中可用，则可以大受。某唱此绝学，亦辄欲成一次第。"(《张子语录·语录下》)

7·17　近来思虑大率少不中处[1]。今则利在闲[2]，闲得数日，便意思长远[3]，观书到无可推考处[4]。

[注释]

[1]此句意为，最近我的思考大致很少有抓不住义理的精要的。大率：大抵；大致。中（zhòng）：达到；得中。　[2]今：现在。利：喜爱。闲：闲暇；空闲。　[3]意思：思想；心思。　[4]此四句意为，现在我则喜欢闲暇时光，得到了几日空闲，这使我心思久远，在读书中把思考推拓到再无法深入下去的远处。推考：推求考察。

[点评]

本章论张载的读书体会。首句"近来思虑大率少不中处"的"中"，是关键词，易生误读。准确解读"中"的语意，还应当参考张载的其他类似表述，以互证互释。他说："某比来所得义理，尽弥久而不能变，必是屡中于其间。只是昔日所难，今日所易；昔日见得心烦，今日见得心约。到近上更约，必是精处尤更约也。"(《张子语录·语录中》）这段话"屡中于其间"，与本章首句"大率少不中处"的语意接近。张载五十岁出头时，回顾自己的为学经历说："某学来三十年，自来作文字、说义理无限。其有是者，皆只是亿则屡中。……比岁方似入至其中，知其中是美是善，不肯复出，天下之议论莫能易此。"（《经学理窟·自道》9·1）这里所谓"亿则屡中"，张载在其他相近的论述中不止一次地使用过。"亿则屡中"，出自《论语·先进》，原意是形容料事准确，而张载则用以引申说明他对儒学的理解都是符合于儒学精义的。此时，他的思想已进入成熟期，因而才有这种学术上的自信。

本章可与本篇7·12章合看。

7·18　颜子所谓有不善者[1]，必只是以常意有迹处便为不善而知之[2]。此知几也[3]，于圣人则无之矣[4]。

[注释]

[1]颜子所谓有不善者：参见《周易·系辞下》："子曰：'颜氏之子，其殆庶几乎！有不善未尝不知，知之未尝复行也。'"[2]此两句意为，颜回所谓"有不善"，必定只是由日常心念导致发生不善的行为并为自己所知。迹：形迹；行为。　[3]知几：预知事物变化的隐微征兆。　[4]此两句意为，这种"知几"，对圣人而言则是不会有的。

[点评]

本章论颜回"知几"之得失。张载说："苟要入德，必始于知几。"（《横渠易说·总论》）还说："几者，象见而未形者也。"（《横渠易说·系辞下》）孔颖达在疏解《易传·系辞下》所谓"几者，动之微"时指出："几，微也，是已动之微。动谓心动、事动。初动之时，其理未著，唯纤微而已。若其已著之后，则心事显露，不得为几。若未动之前，又寂然顿无，兼亦不得称几也。几是离无入有，在有无之际，故云'动之微'也。"张载与孔颖达对"几"的认识，是一致的。张载还说："观其几者，善之几也，恶不可谓之几。"（《横渠易说·总论》）就是说，"恶"亦即"不善"，不可谓之"几"。韩康伯在注解《易传·系辞下》"子曰：'知几其神乎！'"时总结说，颜子"失之于几，故有不善"。综合上述可知，颜回所谓"有不善"，是知于有形迹处，此与圣人"知几"是不同的，故本章末句才说"此知几也，于圣人则无之矣"。

张载："子贡曾闻夫子言性与天道，但子贡自不晓，故曰'不可得而闻也'。若夫子之文章，则子贡自晓。圣人语、动皆示人以道，但人不求尔。"（《张子语录·语录上》）

7·19　耳不可以闻道 [1]。"夫子之言性与天道" [2]，子贡以为不闻 [3]，是耳之闻未可以为闻也 [4]。

[注释]

[1] 此句意为，耳朵不可据以证悟天道。闻：张载把言"天道"所用之"闻"，解释为"了悟"。　[2] "夫子之言性与天道"：出自《论语·公冶长》："子贡曰：'夫子之文章，可得而闻也；夫

子之言性与天道，不可得而闻也。'"　　[3]子贡：姓端木，名赐，字子贡，又作子赣。孔子弟子。　　[4]此三句意为，"孔夫子有关天性和天道的言论"，子贡以为听不到，这是因为耳听之闻不能当作了悟之闻。

[点评]

本章是张载对"夫子之言性与天道"是否可得而闻、如何可得而闻的诠释。对于这一诠释，还可以依据张载的其他相关论述加深理解。他说："子贡谓夫子所言性与天道不可得而闻，既云夫子之言，则是居常语之矣。圣门学者以仁为己任，不以苟知为得，必以了悟为闻，因有是说。明贤思之。"（《张子语录·语录上》）张载这一诠释的突出特征是，认为对于性与天道"必以了悟为闻"，是闻之以心这一"大体"，而不是闻之以耳这一"小体"。这与张载强调严格区别"诚明所知""德性所知"与"见闻之知"，不无关系。以上这些言论，也被收入张载佚著《论语说·公冶长第五》。

7·20　忧道，则凡为贫者皆道 [1]；忧贫，则凡为道者皆贫 [2]。

刘宝楠："君子志其大者、远者，但忧谋道之无得于己，而岂口腹身家之图所能易其志哉？"（《论语正义》卷十八）

[注释]

[1]此两句意为，君子忧虑仁道不得推行，虽总被称为贫困者，但他们所忧虑的还是仁道的推行。则：虽。为：称为。　　[2]此两句意为，小人忧虑生活贫困，即使被称为仁道的推行者，但他

们所忧虑的还是贫困。忧贫：与前句"忧道"，皆出自《论语·卫灵公》："子曰：'君子谋道不谋食。耕也，馁在其中矣；学也，禄在其中矣。君子忧道不忧贫。'"

[点评]

本章依据《论语》"君子忧道不忧贫"，论君子与小人所忧之不同。孔子所谓"忧道"，指的是君子，强调君子为学以谋道；所谓"忧贫"，指的是小人，强调小人勤耕以谋食。而本章所言"忧道"与"忧贫"，似已略偏离了孔子的本意。

孔子："不怨天，不尤人，下学而上达。知我者其天乎！"（《论语·宪问》）

7·21　道理今日却见分明[1]，虽仲尼复生[2]，亦只如此[3]。今学者下达处行礼，上又见性与天道[4]，他日须胜孟子[5]。门人如子贡、子夏等人[6]，必有之乎[7]？

[注释]

[1]却：表示强调，确实。见：知道；了解。　[2]虽：若；如。复生：复活。　[3]此三句意为，现在学者对下学上达的道理确实已理解得很明白，假使孔子复活，其理解也只能到这个地步。　[4]上：此指"上达"，与前句"下学"（也作"下学"）对应。　[5]此三句意为，现在的学者在下学方面实践礼仪，在上达方面又能够理解性与天道，今后必定能胜过孟子。须：要。　[6]子夏：姓卜，名商，字子夏。孔子的著名弟子，孔门十哲之一。　[7]此两句意为，孔子的门人如子贡、子夏等人，其

学必定能做到下学而上达吗？有：获得；取得。

[点评]

本章从古今对比的视角切入，论下学而上达的道理。其中，有两点需要略作说明。

一、对比古今学者。所谓古，指先秦儒家学者，包括孔子及其门人子贡、子夏等人，还有孟子；所谓今，指当时（"今日"或"今"）亦即北宋的理学家，也包括张载本人。

二、对比古今学者理解下学上达道理的结果。其结果涉及两方面。首先，在张载看来，当时的理学家对下学上达的道理，与先秦儒者相比已达到很高的程度，因而说"虽仲尼复生，亦只如此"。张载甚至认为，"今日"的学者"他日须胜孟子"。其理由是，宋代理学家尤其是张载对"性"做出了明确的界定，提出了"天地之性"与"气质之性"的理论，建构了完备的天道理论，并具备证悟天道与性命相贯通的能力。其次，在下学上达道理的理解方面，张载这里对孔子门人子贡、子夏等人的认知水平表示怀疑，认为他们的学问未必能达到下学而上达的地步。在孔门弟子中，子贡以言语著称，子夏则以文学著称，尤其是子贡曾公开表示："'夫子之言性与天道'，子贡以为不闻。"（7·19）。可见，张载对孔子门人的质疑不是没有理由的。

本章可以与本篇7·3章、7·19章相互参证。

改变"习俗之气性"，常"积善"而"生浩然道德之气"。

7·22 气质犹人言性气[1]。气有刚柔、缓速、清浊之气也[2]。质[3]，才也[4]。气质是一物，若草木之生，亦可言气质[5]。惟其能克己则为能变，化却习俗之气性[6]，制得习俗之气[7]。所以养浩然之气，"是集义所生者"[8]。"集义"犹言积善也，义须是常集，勿使有息，故能生浩然道德之气[9]。某旧多使气[10]，后来殊减[11]，更期一年庶几无之[12]，如太和中容万物，任其自然[13]。

[注释]

[1]此句意为，气质，相当于人们所说的构成人性之气。气质：指人或物的生理素质或形质，包括人的心理素质。性气：此指作为气质之性根源的"气"。　[2]此句意为，气有多种，包括或刚强或柔弱的气、或舒缓或急迫的气、或清澈或浑浊的气。　[3]质：人或物的形质。　[4]质，才也：所谓质，就是材质。才：材质。　[5]此三句意为，气与质在物中是一体的，例如草木的生长，也可以说是一种气质现象。　[6]化却：化除。习俗：习惯风俗。气性：气质之性的省称。　[7]此三句意为，只要克制己私就能改变自身，化除受习俗影响而生的气质之性，控制住习俗之气。　[8]此两句意为，之所以能培养出"浩然之气"，"是因为它是积聚内心的义而生成的"。　[9]此四句意为，"集义"相当于说积聚内心的善，对善必须经常积聚，不要使之停息，因而能够生成浩然道德之气。　[10]某：我。张载自称。旧：过去。使气：

恣逞意气；放纵气性。　　[11]殊：甚；极。　　[12]期：希望；企求。
庶几：差不多；近似。　　[13]此五句意为，过去年轻时，我经常
放纵自己的气性，后来这一现象大大减少，进而约束自己在一年
内几乎未再有放纵气性的情况发生，心境就好像在太和当中容纳
万物，任运自然。张载通常以"太和"为创生万物的天道。此处
所用"太和"，义近"太虚"。

[点评]

本章论如何克制"习俗之气性"，亦即"气质之性"，
说的仍然是"变化气质"工夫。其论说的特点是，从分析
"气质"入手，强调"克己"，亦即控制和化除"习俗之气"
或"习俗之气性"，并提出通过常"积善"，培养"浩然道
德之气"。"浩然道德之气"这种说法中的"气"，与"气质"
或"习俗之气"的"气"有所不同，特指具有道德性质的
精神气概。最后，张载还现身说法，说明自己是如何从年
轻时"多使气"，逐渐进入不受气或气质约束的自由境界。

本章有关变化气质工夫的论说，可以与本篇7·1章
相互参证。

7·23　人早起未尝交物[1]，须意锐精健平
正[2]，故要得整顿一早晨[3]。及接物，日中须汩
没[4]。到夜，则自求息反静[5]。

本章暗用孟子
所谓涵养"平旦之
气"和"夜气"之
说：早起"意锐精
健平正"，是养"平
旦之气"；到夜"自
求息反静"，则是
养"夜气"。

[注释]

[1]交物：人以感官接触外物，义同下文"接物"。　　[2]意锐：

犹锐意，勇于进取。精健：精明强健。平正：公平正直。　[3] 此三句意为，早上人们起来后尚未接触外物，必须锐意进取，心态公平正直，因而一个早晨都要涵养精神。整顿：整饬；整治。此作涵养。　[4] 此两句意为，等到接触外物，正午应是处理事务最忙乱的时候。日中：正午。须：应；宜。汩没（gǔ mò）：埋没。此处引申作忙乱。　[5] 此两句意为，到夜间，自己则要平息忙乱的心绪，反求内心的宁静。息：平息。

[点评]

本章论学者早、中、夜应有的精神、心理状态。首先是早晨。此时尚未接触外物，所要"整顿"的是孟子所谓"平旦之气"（《孟子·告子上》），亦即未受外物扰乱的精神状态。其次是正午。此时到了处理各种事务最忙乱的时候，同时也不免受"利欲汩之"（孙奭《孟子注疏》）的影响。最后是夜间。此时"自求息反静"，其实说的是涵养"夜气"（《孟子·告子上》），亦即仁之端。经由涵养"平旦之气"和"夜气"，不断扩大仁德，充养自身的"浩然道德之气"（本篇 7·22 章）。

张绍价："仁者，人心固有之德。所以难成者，失其秉彝之好，好所不当好，人人有利欲之心也。"（《近思录解义》卷五）

7·24 "仁之难成久矣！人人失其所好"[1]，盖人人有利欲之心，与学正相反驰[2]。故学者要寡欲，孔子曰："枨也欲，焉得刚？"[3]

[注释]

[1] "仁之难成久矣！人人失其所好"：出自《礼记·表

记》。　[2] 以上几句意为，孔子说"实行仁道难有成就已很久了！从而人们都丧失了对仁道的爱好"，大概是因为人们都有利欲之心，导致与为学的初衷相背离。反驰：背离；背道而驰。　[3] 以上几句意为，因此学者要节制欲望，正如孔子所说："申枨啊太贪欲，哪能做到刚毅不屈？""枨也欲，焉得刚"：出自《论语·公冶长》："子曰：'吾未见刚者。'或对曰：'申枨。'子曰：'枨也欲，焉得刚？'"枨（chéng）：申枨，孔子的弟子。

[点评]

本章依据《礼记·表记》，论"仁之难成"的原因和解决方法。

"仁之难成久矣"至"故学者要寡欲"，朱熹、吕祖谦辑入《近思录》卷五。

7·25 "乐则生矣"[1]，学至于乐则自不已，故进也[2]。生犹进，有知乃德性之知也[3]。吾曹于穷神知化之事[4]，不能丝发[5]。

张载："上达则乐天，乐天则不怨；下学则治己，治己则无尤。"（《正蒙·至当》）

[注释]

[1] "乐则生矣"：出自《孟子·离娄上》："孟子曰：'仁之实，事亲是也；义之实，从兄是也；智之实，知斯二者弗去是也；礼之实，节文斯二者是也；乐之实，乐斯二者，乐则生矣。'"乐：所乐在仁、义。　[2] 此三句意为，"快乐则仁、义由此而生出"，为学达到心有所乐就坚持而不停息，因此就会推进德性。　[3] 此两句意为，仁义的生出对德性有所推进，若有所知的话那就是

德性之知。德性之知：依据德性而得到的知识，有别于见闻之知。　[4]吾曹：我辈；我们。穷神知化：出自《易传·系辞下》："穷神知化，德之盛也。"谓穷究天德之神，知晓化生之道。　[5]此两句意为，我们这辈人对于穷究天德之神和知晓化生之道的事情，不能有丝毫的疏忽。丝发：毫发。形容细微。

[点评]

本章依据《孟子》，论为学之乐与德性之生之进。《易传·系辞下》说："穷神知化，德之盛也。"据此可知，经由"穷神知化"的工夫，才能够进一步达致德盛仁熟的境界。

本章可以与4·8、4·9、4·14、4·15章合观。

《礼记·曲礼上》："礼闻来学，不闻往教。"

7·26　礼使人来悦己则可[1]，己不可以妄悦于人[2]。

[注释]

[1]悦己：悦服于己。　[2]此两句意为，尽其礼使人悦服于自己是可以的，但自己不可以无原则地取悦于人。不可以妄悦于人：语见《礼记·曲礼上》："礼不妄悦人，不辞费。"

[点评]

本章依据《礼记·曲礼上》，论尽礼之当然，人自然悦服于己；若有意求悦于人，则已非礼之本然。强调"礼不妄悦人"，当尽其在我。

7·27　婢仆始至者[1]，本怀勉勉敬心，若到所提掇[2]，更谨则加谨；慢则弃其本心，便习以成性[3]。故仕者入治朝则德日进[4]，入乱朝则德日退[5]，只观在上者有可学无学尔[6]。

张伯行："德之为进为退，只观在上位者有可学与无可学之人耳。仕者且然，况婢仆辈乎！"（《近思录集解》卷六）

[注释]

[1]婢（bì）仆：男女佣仆。　[2]到：知；觉。提掇（duō）：提调；操纵（《宋元语言词典》）。　[3]此六句意为，婢女和仆人初到主人家，本来怀有勤勉恭敬之心，若接受主人的调教，就愈加慎之又慎；相反，变得怠惰轻慢则丢弃其本心，并习以为常。　[4]治朝：政治有序的朝廷。　[5]乱朝：政治昏乱的朝廷。　[6]此三句意为，与此相似，为官者有幸任职于政治有序的朝廷，则德行不断提升；不幸任职于政治昏乱的朝廷，则德行不断倒退，这全看在上的君主是否有可学之处。

[点评]

本章先言待婢仆之法，进而论朝政之治乱与仕者之德的关系。关于朝政之治乱，张载认为关键在于君主的"治德"亦即"帝王之道"。他依据孟子"唯大人能格君心之非""一正君而国定"（《孟子·离娄上》）的论述，主张："能使吾君爱天下之人如赤子，则治德必日新，人之进者必良士，帝王之道不必改途而成，学与政不殊心而得矣。"张载还指出："大都君相以父母天下为王道，不能推父母之心于百姓，谓之王道可乎？所谓父母之心，非徒见于言，必须视四海之民如已之子。"（张载《答范巽之书》）在他看来，君主的"治德"是朝纲治乱之所系，君主的道德表率作用将直接影响臣僚的道德水准。本章强调仕者"只观在上者有可学无学"，其所指就包括这一方面。

朱熹、吕祖谦将本章辑入《近思录》卷六。

吕枏："治体便是如此谋为。故《周礼》一书，皆周公仁智之心。"（《张子抄释》卷四）

7·28　学得《周礼》[1]，他日有为却做得些实事[2]。以某且求必复田制[3]，只得一邑用法[4]。若许试其所学[5]，则《周礼》田中之制皆可举行[6]，使民相趋如骨肉[7]，上之人保之如赤子[8]，谋人如己[9]，谋众如家[10]，则民自信[11]。

[注释]

[1]《周礼》: 亦称《周官》。儒家经典之一。其内容主要为周王室官制和政治思想。　[2]此两句意为，学《周礼》有所得，有朝一日有机会去做一些实在的事情。却：去。　[3]以：表示论事之标准。今语说"以……论"。且：将；欲。田制：此指井田制。　[4]此两句意为，以我将竭力谋求井田制而论，只要得到一邑之地就可以运用井田之法。邑：周代天子所封采地，分三等：大都、小都和家邑，分别作为公、卿和大夫之食邑。　[5]试：试行；实验。　[6]田中之制：即"田制"。　[7]趋：相近；趋附。　[8]赤子：婴儿。语见《尚书·康诰》："若保赤子，惟民其康乂。"　[9]谋人：为人谋划。　[10]谋众：为众人谋划。　[11]以上几句意为，如果允许试行我之所学，则《周礼》的井田制度都可以付诸施行，使民众共聚在一起亲如骨肉，地位在上的官员保护民众如同保护自己的孩子，为人谋划如同为自己

谋划，为民众谋划如同为自家谋划，于是民众无不信服。

[点评]

本章论张载施行《周礼》井田制的抱负。据吕大临《行状》记载，张载曾说："仁政必自经界始。贫富不均，教养无法，虽欲言治，皆苟而已。世之病难行者，未始不以亟夺富人之田为辞。然兹法之行，悦之者众，苟处之有术，期以数年，不刑一人而可复。所病者，特上未之行尔。"还说："纵不能行之天下，犹可验之一乡。"据史志记载，张载在家乡（今陕西眉县横渠镇）确实实施过井田计划，当时他带领乡民开凿了东、西两条"井田渠"，推动了当地农业生产的发展。明清时代，张载领导的井田实验区被当地民众称为"眉伯井田"（刘九经《眉县志》，明万历刻本）。据《宋史》本传，张载去世约百年后，宋孝宗淳熙元年（1174）封张载为眉伯，故有"眉伯井田"之称。

7·29 火宿之微茫[1]，存之则烘然[2]，少假外物[3]，其生也易[4]，久可以燎原野[5]，弥天地[6]。有本者如是也[7]。

星星之火，可以燎原。为学亦如是。

[注释]

[1]火宿：犹宿火，指隔夜未熄之火。微茫：指微弱的光芒。 [2]烘然：火热貌。 [3]假：借助。 [4]生：燃烧。 [5]燎：泛指火的燃烧。 [6]以上几句意为，隔夜未熄的火种仍发出微

弱的光芒，保存下来就有机会熊熊燃烧，适当借助外物，其燃烧也很容易，时间久了可以燃遍原野，火光遍布天地。弥：遍；满。   [7]此句意为，有本原的东西其发展也像火一样。本：本原。

[点评]

本章以火宿可以燎原野，比喻为学"有本"，以此呼应本篇主题"学大原"。

吕柟："只如此，便是成己成物。太直，即诚也。"（《张子抄释》卷四）

7·30 孔子谓"柴也愚，参也鲁"[1]，亦是不得已须当语之[2]。如正甫之随[3]，晒之多疑[4]，须当告使知其病，则病上偏治[5]。庄子谓牧羊者止鞭其后[6]，人亦有不须驱策处[7]，则治其所不足[8]。某只是太直无隐已甚[9]，人有不善即面举之[10]。

[注释]

[1]"柴也愚，参也鲁"：出自《论语·先进》："柴也愚，参也鲁，师也辟，由也喭。"柴：高柴，字子羔，孔子弟子。参：曾参，字子舆，孔子弟子，门人尊称为曾子。   [2]此两句意为，孔子说"高柴愚笨，曾参迟钝"，这是本当说也不得不说的。须当：本当；本来应当。   [3]正甫：姓名不详，当为张载弟子。随：附和。   [4]晒：苏晒，字季明，《宋史》有传。追随张载问学年久，张载逝世后，从学于二程。曾为《正蒙》分类篇次章句，并写序。   [5]此四句意为，这正如正甫的随声附和，苏晒的怀疑过

当，本当告知使他们知道自己的毛病所在，专就其毛病予以纠正。则：就。偏：特别；专门。　[6] 庄子谓牧羊者止鞭其后：出自《庄子·达生》：“善养生者，若牧羊然，视其后者而鞭之。”　[7] 驱策：驱使；鞭策。　[8] 此三句意为，庄子所说，以放羊比喻养生，认为放羊人只鞭策落后的，这说明对人也不必处处鞭策，只需纠正其不足之处。　[9] 只是：只因（《宋元语言词典》）。太直：过于率直。无隐：不隐晦。已甚：过分；过甚。　[10] 此两句意为，我只因性格太直率，毫不隐讳，所以看到人有不善的言行就当面指出。举：说出；指出。

[点评]

本章依据孔子对弟子高柴、曾参的评价，论教学之法。

[篇末评]

本篇篇名《学大原上》。“学大原”，意谓为学的根本或为学的本原。《经学理窟》的南宋《诸儒鸣道集》本和明黄巩本都分为十二篇，其中有连续编排的两篇都题作《学大原》。前一版本将两篇《学大原》分置于卷十三、卷十四，后一版本将两篇《学大原》分置于卷三、卷四。明徐必达辑编的《张子全书》所收《经学理窟》，则将此两篇分别题作《学大原上》和《学大原下》，分置于《全书》卷六、卷七。今从明徐必达本，篇名分上、下。

儒家历来重学。至北宋，学已被重新界定为士人确立身份的一个尺度（[美] 包弼德《斯文：唐宋思想的转型》，第 343 页）。在《经学理窟》十二篇中，惟《学大原》占据了上、下两篇，可见张载对为学问题的重视。

本篇共分 30 章，其主要内容涉及以下三个方面。

一、论为学之大本大原。张载所谓"学大原"，与"夫子之言性与天道"有关（7·19）。因而他强调："道理今日却见分明，虽仲尼复生，亦只如此。今学者下达处行礼，上又见性与天道。"（7·21）张载还论述了体用二者的关系（7·15），其中的"体"是总结"学大原"意涵的一个重要维度。据此，他强调读书必须理精而义明（7·2），提升自己的"德性之知"，进而达致"穷神知化"（7·25）的境界。这些，都与"学大原"有关。此外，张载还以"火宿之微茫"比喻为学"有本"，并以火种存久则"可以燎原野"，说明为学"有本者如是也"（7·29）。

二、论实现学大原的修养工夫。在本篇中，张载受孟子"养气""集义"方法的影响，重点论述了变化气质的工夫，包括"制得习俗之气"，所以养"浩然之气"（7·22），涵养"平旦之气"和"夜气"，以不断扩大仁德，充养自身的"浩然道德之气"（7·22）。与此相关，张载还论述了"养气""集义"与"观礼"（7.1）的关系。他论述的其他修养工夫还包括："不戏谑，亦是持气之一端"（7·8），"闲邪则诚自存"（7·10），"以己心为严师"的"正心"工夫（7·14），强调为学不当先以功业为意（7·4），君子"忧道"不"忧贫"（7·20），富贵在天，道德由我（7·6）。与修养实践的长期性有关，张载对学者成长的艰辛有切身的体会，认为学者不可能出自少年，通常至四十、五十岁才学有所成（7·12）。

三、论为学还须经世致用。张载认为，教育和讲学也属于经世致用的重要方面。与此相关，张载十分重视教学之法（7·30），其中也包括家族教育（7·16）。依据《周礼》，实施井田制，也是张载经世致用的抱负（7·28）。此外，张载还关心朝政，论述了朝政之治乱与仕者之德的关系（7·27）。总之，张载的经世致用观念及其实践，在教育、经济、政治等多方面都有所表现。

自道第九

9·1　某学来三十年，自来作文字、说义理无限[1]。其有是者[2]，皆只是亿则屡中[3]。譬之穿窬之盗[4]，将窃取室中之物而未知物之所藏处[5]，或探知于外人，或隔墙听人之言，终不能自到，说得皆未足实[6]。观古人之书，如探知于外人，闻朋友之论，如闻隔墙之言，皆未得其门而入，不见宗庙之美[7]，家室之好[8]。比岁方似入至其中[9]，知其中是美是善，不肯复出，天下之议论莫能易此[10]。譬如既凿一穴已有见[11]，又若既至其中却无烛，未能尽室中之有[12]，须索移动方有所见[13]。言移动者，谓逐事要思，譬之昏者观一物必亿目于一[14]，不如明者举目

皆见^[15]。此某不敢自欺，亦不敢自谦，所言皆
实事^[16]。学者又譬之知有物而不肯舍去者有之，
以为难入不济事而去者有之^[17]。

[注释]

[1] 以上几句意为，我投身学术三十年，历来写文章、讲学
论道多不胜数。　[2] 是：对；正确。自来：历来。无限：犹无数，
谓数量极多。　[3] 此两句意为，其中正确的，都是符合于儒学
精义的。只：用作语中助词，无义。　[4] 譬之：谓把它比方作。
穿窬（yú）：出自《论语·阳货》："色厉而内荏，譬诸小人，其犹
穿窬之盗也与？"穿：穿透。窬：通"踰"，越过。　[5] 将：欲；
打算。　[6] 此六句意为，把为学比作挖洞跳墙的盗窃，打算盗
取室内的物品而不知道物品收藏于何处，或是向外人打探，或是
隔墙偷听室内有人说话，最终无所收获，别人所说的都不可靠。
足实：实足；充分。　[7] 宗庙：古代帝王、诸侯祭祀祖宗的庙宇。
也指"宗室"。　[8] 此七句意为，读古人所著书籍，如果打探获
知于外人，或听从朋友的议论，就好像听隔墙有人说话，表明其
读书未能入门，看不见书中像美好的宗庙和家居那样的精华。家
室：家庭；房屋。亦作"室家"。　[9] 比岁：近年。　[10] 此四
句意为，我近年似乎才进入了学问的堂奥，已知晓其中哪些是美
哪些是善，不愿意从那里离开，天下学者的议论没有能够改变我
所知晓的。易：改变。　[11] 既：已。　[12] 尽：遍。　[13] 此
四句意为，譬如已在墙壁凿开一个洞口，从这个洞口已能看进去。
又比如已进入室内却没有蜡烛，不能遍览室内的一切，必须四处
移动才能看到所有的东西。须索：必须。　[14] 伫（zhù）目：目
光聚集。　[15] 此四句意为，所谓移动，意味着对所有事物都要

逐一思考，把它比方作目光短浅者观察事物，必定只把目光聚焦于一个事物，不像有眼光的人放眼四处都看得见。　[16]此三句意为，对此，我不敢欺骗自己，也不敢故作谦虚，以上所述都是事实。　[17]此两句意为，可以把学者比喻为两种人：一种是相信学必有所得而坚持不懈的人，一种是认为为学很难入门、所学无济于事而放弃的人。济：益；成。

[点评]

　　本章是张载对自己三十年学术生涯的总结。二十一岁时，张载因范仲淹劝读《中庸》而投身学术。本章第一句"某学来三十年"，表明此时张载已五十岁出头，其思想学说已进入成熟期。从本章所述可以看出，此时的张载在学术上已"入至其中"，亦即登堂入室，因而他内心充满了已经掌握学术堂奥中"美""善"精义的自信，并强调为学必须锲而不舍，批评了那些知难而退的学者。本章多次使用比喻这种修辞手法，使所述更加生动。

　　本章的解读，可以参考《经学理窟·学大原上》7·17章的点评。

　　9·2　祭祀用分至[1]，四时正祭也[2]。其礼，特牲行三献之礼[3]，朔望用一献之礼[4]，取时之新物[5]，因荐以是日[6]，无食味也[7]。元日用一献之礼[8]，不特杀[9]，有食[10]。寒食[11]、十月朔日，皆一献之礼[12]。丧自齐衰以下[13]，不可废祭[14]。

吕柟："此礼亦可谓酌中。但元日行三献礼，用特牲；余四祭，从俗节亦可。"（《张子抄释》卷四）

[注释]

[1] 祭祀：供奉天神、地祇、人鬼（祖先）的统称。分至：分，指春分、秋分；至，指冬至、夏至。亦称"二分二至"，合称分至，在二十四节气中最早形成，是二十四节气中最为关键的四个节点。　[2] 此两句意为，祭祀使用春分、秋分与冬至、夏至，四季的首日之祭是正祭。四时：指春、夏、秋、冬四季。正祭：首日之祭。与次日绎祭相对。　[3] 特牲：指祭品用一牛。《礼记·郊特牲》陆德明解题："郊者，祭天之名。用一牛，故曰特牲。"（《经典释文》卷十二）三献：祭祀时三次敬献祭品的合称。　[4] 朔望：朔日和望日，农历每月初一日和十五日，亦指每逢朔望朝谒之礼。一献：指祭祀时一次敬献祭品。　[5] 新物：新近收获的时令作物。　[6] 因：以。荐：进献；送上。以：于。　[7] 以上几句意为，祭祀的礼仪，一般使用敬献三次祭品这种礼仪，每月初一日和十五日则使用敬献一次祭品这种礼仪，取用新收获的时令作物，以进献于这一天，并不采用平时饮食讲求美味的方式。食味：品尝美味。　[8] 元日：正月初一。　[9] 特杀：专门杀牲。　[10] 此三句意为，正月初一这天使用敬献一次祭品这种礼仪，不专门宰杀牲畜，会有以饭为主的食礼。食：此指古代"食礼"，亦即宴请之礼的一种。《礼记·王制》："凡养老，有虞氏以燕礼，夏后氏以飨礼，殷人以食礼，周人修而兼用之。"孔疏："食礼者，有饭有殽，虽设酒而不饮，其礼以饭为主，故曰食也。"　[11] 寒食：古代节日名。在清明前一日或二日。　[12] 此两句意为，寒食节这天，及十月初一日，都用敬献一次祭品这种礼仪。　[13] 丧：此指服丧期间。齐衰（zī cuī）：丧服名，五服之第二等。用粗麻布制成，以其下部的缉边缝齐，故称。根据亲疏的不同，丧期有长有短，其丧等有三年、一年、五个月、三个月等四种情况。　[14] 此两句意为，服丧期间，穿着齐衰以下各种丧服的，不可废除祭祀礼仪。

［点评］

本章论祭祀的时间、祭品、方式和丧服等复杂内容。其中，有三点需要略作说明。

一、关于"四时之祭"。本章多处言及祭祀时间，尤其是第一句"分至"与"四时"二者之间的关系，令人费解。今人的注解，多把"分至"所涉及的春分、秋分和冬至、夏至这四个节气等同于"四时"。准确地说，"四时"当指春、夏、秋、冬四季；在四时之外，又有"八节"之说，指立春、春分、立夏、夏至、立秋、秋分、立冬、冬至；在八节之外，还有二十四节气之说。"分至"与"四时"有关，但不能把"分至"归结为"四时"。夏殷时代的四时之祭，春曰礿（yuè）、夏曰禘、秋曰尝、冬曰烝（《周礼·春官·大宗伯》）。郑玄注："此盖夏殷之祭名。周则改之春曰祠、夏曰礿，以禘为殷祭。"这也是郑玄之后学者普遍的认识。南宋朱熹的《家礼》，是接受人群最多的礼学著作，已不同于传统的"贵族之礼"，而是通用于整个社会普通家庭的"庶民之礼"。《家礼》卷五《祭礼》，有专言"四时祭"的内容。从夏殷周到两宋，包括祭礼在内的礼仪规范处于不断下移的过程。"正祭"作为首日之祭，其祭祀时间究竟指的是哪一天，尚未见礼书或今人研究详论。总之，四时之祭与分至之祭，当属于两组不同的祭祀时间，不应当混淆，其具体时间则有待于进一步探讨。

二、关于"一献之礼"。对于一献之礼所用祭品，本章说，于朔望"取时之新物，因荐以是日"。而《礼记·礼器》则说："郊血，大飨腥，三献熿，一献孰。"其中的"一献孰"之"孰"，同"熟"，指熟肉，用于祭各类小鬼神，称一献。这与张载所说不同。这表明，张载对古礼是有所变通的，可能这也属于吕柟所说的"酌中"。

三、关于"无食味也"。此紧接上句"取时之新物，因荐以是日"而言。"无食味也"，出自《礼记·郊特牲》："笾、豆之荐，水土之品也，不敢用常亵味而贵多品，所以交于神明之义也，非食味之道也。"在佚著《礼记说·郊特牲第十一》中，张载强调这是"令人持之专敬"。对祭祀中"敬"的强调，表明献祭与平时饮食讲求美味（"食味"）是不同的。

本章可与本篇9·10章相互参证。

张载坚信"圣人可以学而至"。

9·3　某向时谩说以为已成[1]，今观之，全未也，然而得一门庭[2]，知圣人可以学而至，更自期一年如何[3]。今且专以圣人之言为学[4]，闲书未用阅[5]。阅闲书者，盖不知学之不足[6]。

［注释］

[1]向时：昔时；从前。谩：随便；随意。　[2]门庭：门径。[3]以上几句意为，从前，我曾轻率地说已学有所成，现在看来，完全不是那么回事，然而得到了为学的门径，知晓圣人是可以通过为学而达致的，进而自我期许在一年之中能提升至哪一地步。更：再。　[4]且：必。专：全；皆。　[5]此两句意为，现在，我必须完全以圣人所说作为研读的内容，经籍以外的闲书则不用阅读。闲书：指经籍以外的书。　[6]此两句意为，阅读闲书的学者，

他们不知晓其学的局限之所在。

[点评]

本章是张载对自己为学经历的回顾和治学经验的总结。其中，既反映了他的自谦（自认学仍未成），也体现了他已找到为学门径的自信。尤其是张载坚信"圣人可以学而至"，这成为他为学努力的方向。与此相一致，张载的读书经验是，"专以圣人之言为学，闲书未用阅"。他主张，读书必须"游心经籍义理之间"。张载还说："如文集文选之类，看得数篇无所取，便可放下。如《道藏》《释典》，不看亦无害。"（《经学理窟·义理》）《宋史》张载本传总结其学宗旨说："以为知人而不知天，求为贤人而不求为圣人，此秦、汉以来学者大蔽也。"这与本章所强调的为学努力方向，若合符节。

本章可以与本篇9·1章合看。

9·4　思虑要简省[1]，烦则所存都昏惑，中夜因思虑不寐则惊魇不安[2]。某近来虽终夕不寐，亦能安静，却求不寐[3]，此其验也[4]。

吕柟："要不寐、安静，只有除去一个利名心。又思亦不论繁简，只论邪正。若将正思换了邪思便安静，虽不寐亦好，故曰终夜不寐以思。"（《张子抄释》卷四）

[注释]

[1] 要：当；应该。　[2] 此三句意为，思虑应当简括，繁复则心中所存留的是一片混乱和疑惑，因思虑而半夜不眠或被恶梦惊扰心中难安。中夜：半夜。寐：睡着。惊魇：被恶梦所惊骇。　[3] 却：反而。　[4] 此四句意为，最近，我虽然整夜不眠，

心中也能够保持安静，反而还想求得不眠，这是我所收不眠也能心安之效。验：效验；效果。

[点评]

本章区分了思虑的两种情形：一是思虑简括，虽然整夜不眠也能心安；二是思虑繁复，半夜难眠或被恶梦惊扰心中难安。吕大临《行状》描述先师晚年"终日危坐一室，左右简编，俯而读，仰而思，有得则识之。或中夜起坐，取烛以书。其志道精思，未始须臾息，亦未尝须臾忘也"。这是对张载晚年精于思虑的生动刻画。

本章可与9·18章合观。

张载："《甘棠》，初能使民不忍去，中能使民不忍伤，卒能使民知心敬而不渎之以拜。非善教寖明，能取是于民哉？"（《正蒙·乐器》）

9·5 家中有孔子真[1]，尝欲置于左右[2]。对而坐又不可[3]，焚香又不可，拜而瞻礼皆不可[4]，无以为容[5]。思之不若卷而藏之，尊其道[6]。若召伯之甘棠[7]，始也勿伐，及教益明于南国[8]，则至于不敢拜[9]。

[注释]

[1] 真：写真；画像。 [2] 此两句意为，家里有孔子画像，曾经想要挂在室内的左侧或右侧。 [3] 又：有。 [4] 瞻礼：瞻仰之礼。 [5] 此四句意为，与孔子画像相对而坐有所不妥，焚香有所不妥，膜拜瞻仰之礼都不妥，无论如何都不合适。容：合

宜;合适。　　[6]此两句意为,认真思考一番,不如把孔子画像卷起来收藏,只尊行孔子之道。　　[7]召伯:姬姓召氏,名虎,封地在召(今陕西岐山西南),史称召穆公。是辅佐周王室的贤臣。与周定公一起辅佐周宣王,史称"周召共和"。甘棠:此指"召公棠"。《史记·燕召公世家》:"召公之治西方,甚得兆民和。召公巡行乡邑,有棠树,决狱政事其下,自侯伯至庶人,各得其所,无失职者。召公卒,而民人思召公之政,怀棠树不敢伐,哥(歌)咏之,作《甘棠》之诗。"此诗即《诗经·召南·甘棠》,其中有"蔽芾甘棠,勿翦勿伐,召伯所茇"等诗句。　　[8]教益:接受教化而得到好处。南国:泛指南方。　　[9]此四句意为,这就像召伯曾在其下处理政事的那颗甘棠树,起初怀念召公而禁止砍伐,等到召公的教化从北方彰明于南方,以至于出现了民众不敢膜拜的情形。拜:膜拜;礼拜。

[点评]

本章的内容分为两个部分:一是张载自述对待孔子画像的复杂心情,二是叙述西周贤臣召伯出巡时曾在一颗甘棠树下处理政事的掌故(《诗经·召南·甘棠》和《史记·燕召公世家》)。在《正蒙·乐器》第10章中,张载曾描述民众对召公棠态度的前后变化。本章意在说明,张载对待孔子画像的态度与"召公棠"的掌故有类似之处。解读的难点,是本章最后一句中的"不敢拜"三字。此与《正蒙·乐器》中的"使民知心敬而不渎之以拜"有关。清儒张棠、周芳解释说,张载解"拜"字,"盖谓数拜则渎,故勿拜也"(《正蒙注》)。就是说,多拜不如心敬。对于画像,张载还说过:"古人亦不为影像,绘画不真，世远则弃，不免于亵慢也。"（《经学理窟·丧纪》）这些资料，可以为"不敢拜"的解读提供参考。

子厚言："十诗之作，止是欲验天心于语默间耳。"正叔谓："若有他言语，又乌得已也？"子厚言："十篇次叙，固自有先后。"（《张子语录·后录上》）

9·6　近作十诗，信知不济事[1]，然不敢决道不济事[2]。若孔子于石门[3]，是信其不可为，然且为之者何也[4]？仁术也[5]。若《周礼》救日之弓[6]，救月之矢[7]，岂不知无益于救[8]？但不可坐视其薄蚀而不救[9]，意不安也[10]。

[注释]

[1] 信知：深知；确知。　[2] 此三句意为，近来作诗十首，深知无济于事，但又不敢说就一定无济于事。决道：一定说。　[3] 孔子于石门：参见《论语·宪问》："子路宿于石门。晨门曰：'奚自？'子路曰：'自孔氏。'曰：'是知其不可而为之者与？'"石门：鲁国都城曲阜的城门之一。　[4] 此三句意为，假如孔子像子路那样在石门外住一宿，他相信做不到的然而却坚持去做的会是什么呢？且：却。　[5] 仁术：行仁的方法。　[6] 救日之弓：遇日食，以为是阴侵阳，必以矢射月，称"救日"。　[7] 救月之矢：遇月食，以为是阳侵阴，必以矢射日，称"救月"。救日和救月，参见《周礼·秋官·庭氏》："掌射国中之夭鸟。若不见其鸟兽，则以救日之弓与救月之矢夜射之。"　[8] 此三句意为，如《周礼》所记载的挽救太阳的弓，挽救月亮的箭，难道写书者不知道弓箭无助于救日和救月吗？　[9] 但：仅；只。薄蚀：亦称"薄食"，指日月会合，相互侵蚀。　[10] 此两句意为，只是不能眼看日月会合相互侵蚀而不去挽救，否则心意会不安宁的。

[点评]

本章以张载作诗十首、孔子"知其不可而为之"、《周礼》救日救月等事相提并论，表明其心意安于实行仁术。

9·7　凡忌日必告庙[1]，为设诸位[2]，不可独享[3]，故迎出庙[4]，设于他次[5]。既出则当告诸位，虽尊者之忌亦迎出[6]。此虽无古[7]，可以意推[8]。荐用酒食[9]，不焚楮币[10]，其子孙食素[11]。

《礼记·祭义》："君子有终身之丧，忌日之谓也。"

[注释]

[1]忌日：指父母去世之日。告庙：就重要事务于宗庙或家庙中祭告祖先。　[2]为：当。诸位：三代祖先的灵位。　[3]享：此指对祖先的祭祀。　[4]故：必。　[5]此五句意为，凡是到了忌日这天，必须于宗庙中祭告祖先，应当预先设置三代祖先的灵位，不能单独祭祀某一位祖先，必须把所有的灵位都迎出庙门，安置于其他处所。他次：亦即"他所"。张载："若使伯祖设于他所，则似不得祫祭，皆人情所不安，便使庶人亦须祭及三代。"（《经学理窟·丧纪》）次：处所。　[6]此两句意为，既然迎出庙门，就应当向所有的灵位祭告，即使是尊贵的祖先在其忌日中也要将灵位迎出庙门。虽：即使。忌：特指忌日。　[7]古：此指古礼。　[8]此两句意为，这些虽然没有古礼可循，但却能够以心意推测该如何奉祭。　[9]荐：祭品。　[10]楮（chǔ）币：指丧祭时焚烧用的纸钱。　[11]此三句意为，祭品使用酒品和食物，不烧纸钱，其子孙吃素食。

[点评]

本章论述祭祀过程的"告庙"和"迎出庙"等仪式。所谓"庙",当指宗庙或家庙,一般只设三世祖先的灵位(参见注释[5]引张载语)。古礼对祭祀仪式的记载,言及"告庙"者甚多,而很少言及"迎出庙"。这是张载"以意推"出来的,是他对古礼的变通。本章最后一句话言及"不焚楮币",亦即祭祖禁烧纸钱的习俗。对此,宋代的士大夫意见不一。邵雍、朱熹等人对烧纸钱是认可的,而程颐等人不认可,司马光则认为送钱财比烧纸钱更为实用(朱瑞熙等《宋辽西夏金社会生活史》,中国社会科学出版社 1998 年版,第 183 页)。据考,"楮钱,唐初剪纸为之"(叶寘《爱日斋丛抄》卷五),宋代此风益盛(朱瑞熙等《宋辽西夏金社会生活史》,第 183 页)。

本章可与本篇 9·20 章合看。

黄震释"众人皆台,安得不台"曰:"自立乃如此。"(《黄氏日抄》卷三十三)

9·8　书启称"台候"[1],或以此言无义理[2]。众人皆台[3],安得不台[4]!

[注释]

[1] 书启:古代专指下级给上级的书信,后来用为信札的通称。"台候":指书信中问候对方的敬语。类似的敬语还有"台启""台端""台座"等。　[2] 此两句意为,在书信中使用"台候"称呼对方,有人认为使用这一称呼是没有道理的。或:泛指人或事物,相当于"有人"。以:谓;以为。　[3] 台:在书信中,是三台的简称。三台,是天上的三颗星,古人用来指三公,故也用来

当作尊称。　[4]此两句意为，写给常人的书信都可以使用"台"这一尊称，哪能不用"台"！

[点评]

本章论书信敬语"台候"或"台"的使用。据宋儒王明清《挥麈录》卷四记载，北宋时，"宰辅以上方用'台候'，余不敢也"。而张载却主张，书信中此类敬语的使用不应当仅限于三公九卿，即使写给常人的书信也可以使用。这是他对书信敬语发表的大胆见解。书信的敬称、谦称、格式等，都属于古代礼仪文化的范围。

9·9　上曰[1]："慕尧、舜者[2]，不必慕尧、舜之迹[3]。""有是心则有是迹，如是则岂可无其迹[4]？"上又曰："尝谓孝宣能总人君之权[5]，绳汉之弊[6]。"曰："但观陛下志在甚处[7]。假使孝宣能尽其力，亦不过整齐得汉法[8]，汉法出于秦法而已[9]。"

在与神宗的对话中，张载表达了对上古尧、舜心迹统一的见解，并揭示了汉法出于秦法的实质。

[注释]

[1]上：君主；皇帝。此指宋神宗。神宗姓赵，名顼（xū），1067—1085年在位。曾重用王安石，支持其变法。　[2]慕：思慕；仰慕。　[3]此三句意为，神宗说："仰慕尧、舜的人，不一定要仰慕尧、舜的功业。"迹：业绩；功业。　[4]此两句意为，我回答说：有尧、舜那样的心志便有他们那样的功业，如此看来

则岂能不讲求功业？　[5]孝宣：西汉宣帝刘询（前73—前49年在位），汉武帝刘彻的曾孙，谥号孝宣皇帝。开创"孝宣之治"。总：总览。　[6]此两句意为，神宗又说："我曾讲，西汉孝宣皇帝能总揽君主大权，纠正汉制的弊病。"绳：纠正。　[7]此两句意为，我回答说："不过这要看陛下（神宗）的志向在何处。"但：不过。　[8]整齐：整治；整顿。得：获。引申为所得到的成效。汉法：汉代的吏治和刑法制度。　[9]此三句意为，即使孝宣皇帝能够使出全部力气，也不过是在整顿汉代吏治和刑法制度方面有所成就罢了，其实汉代的吏治和刑法制度只是效法秦代的吏治和刑法制度而已。

[点评]

本章记录张载与神宗的对话。此次对话的时间，是在熙宁二年（1069），张载五十岁。

据吕大临《行状》记载："熙宁二年冬，（张载）被召入对，除崇文院校书。""上（神宗）嗣位之二年，登用大臣，思有变更。御史中丞吕晦叔荐先生于朝，曰：'张载学有本原，四方之学者皆宗之，可以召对访问。'上即命召。既入见，上问治道，皆以渐复三代为对。上悦之。"另据《宋史·张载传》记载："熙宁初，御史中丞吕公著言其（张载）有古学。神宗方一新百度，思得才哲士谋之，召见问治道。对曰：'为政不法三代者，终苟道也。'帝悦，以为崇文院校书。"在佚著《礼记说·礼运第九》中，张载说："'大道之行'，如尧、舜方是也。"

依据这些资料有理由认为，张载对神宗所说的"有是心则有是迹"，"但观陛下志在甚处"，其中"心""志"

所指乃是以尧、舜为标识的三代之道，也包括二人的道德功业。本章关于心迹的说法，源自佛教《楞严经》。北宋佛教人士契嵩切割心与迹的关系，主张"全心而泯迹"（契嵩《辅教编（中）·广原教》），而张载则强调心与迹的统一，并用以说明上古历史。他认为，尧、舜之圣迹是其心志的彰显，有其心志必有其道，也必有其道德功业。张载对神宗的劝导语，既是对汉宣帝施政以霸王道杂之的批评，更是对秦制的贬斥。

关于张载的心迹观，可以参考他对佛教"未识圣人心，已谓不必求其迹"（17·10）的批评。

9·10　祭用分至[1]，取其阴阳往来[2]，又取其气之中[3]，又贵其时之均[4]。寒食者[5]，《周礼》四时变火[6]，惟季春最严[7]，以其大火心星[8]，其时太高[9]，故先禁火以防其太盛[10]。既禁火须为数日粮，既有食复思其祖先祭祀[11]。寒食与十月朔日[12]，展墓亦可[13]，为草木初生初死[14]。

张载："祭用分至启闭，取其阴阳往来，又得其气之中，又贵时之均也。"（《张子语录·语录上》）

[注释]

[1]分至：详见本篇9·2章注释[1]。　[2]取：凭借；借助。阴阳：春、夏为阳，秋、冬为阴。　[3]气：此处为农历节气的简称，是天气、气候的意思。中：内部；里面。　[4]此四句意为，祭祀用分（春分、秋分）至（冬至、夏至），依据的是春、夏（阳）与

秋、冬（阴）的循环往复，又依据的是天气运行本身，并重视四季等时间划分的均等。贵：崇尚；重视。时：季节；时段。均：均等；相等。　[5]寒食：古代节日名。冬至后的一百零五天，称寒食节，又称"禁烟节"，陕西人称为"熟食日"。寒食节前后三天，家家停止烟火，只吃冷食。寒食节第三天为清明节，家家点燃新火。　[6]变火：相传古代钻木取火，要随一年中四季的变换而改变取火木材的树种，称"变火"。语出《周礼·夏官·司爟（guàn）》："司爟掌行火之政令，四时变国火，以救时疾。"　[7]季春：春季的最后一个月，农历三月。　[8]以：依据。大火心星：也称"大火星"，其星宿名为"心宿"。　[9]时：指前句所言"季春"时节。　[10]此六句意为，寒食节，《周礼》规定随四季改变取火用材的树种，只有春季三月对烟火的控制最为严厉，所依据的是，此时大火星（心宿）高悬于天（由此可以知仲夏），因此要先禁止用火，防止乡间滥用造成火灾。　[11]此两句意为，既然禁火，必须备好家人几天的饭食；既备好饭食，又要思虑祖先的祭祀。　[12]朔日：农历每月初一日。　[13]展墓：省视祖墓；察看祖墓。语出《礼记·檀弓下》："（颜渊）曰：'吾闻之也：去国则哭于墓而后行，反其国不哭，展墓而入。'"　[14]此三句意为，在寒食节和十月初一，也可以去察看自家的祖墓，因为墓地的草木在这两个时日或开始生长，或开始衰败。为：因。初：开始；起始。死：穷；尽。

［点评］

本章与本篇9·2章，同样论述了分至和寒食；但不同的是，本章强调分至和寒食的古天文历法依据，包括节气和星宿的原理，还述及了寒食节的社会风俗特征。

以下的点评，分为两个部分。

一、关于"分至"部分的点评。此见本章的第一句。二十四节气，简称二十四气。其中，最早形成的是春分、秋分和夏至、冬至这"四气"，可以统称为"二分二至"，或简称为"分至"。二分二至，是太阳视运动的四个转折点，因而是二十四气中最为关键的四个节点：春分、秋分是昼夜平分的时刻，夏至时白天最长，冬至时白天最短。此外，还形成了"启""闭"的划分：启，指立春、立夏；闭，指立秋、立冬。启闭，也被称为"四立"。四气和四立，是二十四节气中最先产生的"八气"，也是最重要的"八气"。张载曾并称分至与启闭。这些历法知识，是解读本章第一句的依据。首先，作为分至依据的"阴阳往来"之"阴阳"，不应以阴气和阳气这类习用语加以解释，而是应当解释为春夏和秋冬。《文选·古诗〈驱车上东门〉》："浩浩阴阳移，年命如朝露。"李善注："《神农本草》曰：'春夏为阳，秋冬为阴。'"其次，作为分至另一依据的"气之中"之"气"，指节气之"气"，意思是天气运行。最后，在天气运行中应当受到重视的"时之均"，是说无论以分至划分四季，还是以四立分出春夏秋冬，四季的时间间隔都是均等的。

二、关于"寒食"部分的点评。本章后三句都与寒食有关。本篇9·2章只有一句话言及"寒食"："寒食、十月朔日，皆一献之礼"，说的是祭祀敬献的方式；而本章的内容则丰富得多，先后涉及了《周礼》的变火规范，与此对应的星象，寒食节的习俗，乃至祖先祭祀。首先，《周礼》与"四时变火"。按西周官制，司爟，是执掌行火之令的官员。在其多种职责中，与本章关系最直接的是"四时变国火，以救时疾"（《周礼·夏官·司爟》）。"四时变国火"，指"春取榆柳之火，夏取枣杏之火，季夏取桑柘之火，秋取柞楢之火，冬取槐檀之火"（郑玄注）。"变火"如何救治"时疾"？贾公彦疏云："火虽是一，四时以木为变，所以禳去时气之疾也。"这是当时对防疫的认识。其次，禁火"惟季春最严"。于是有下句"禁火以防其太盛"。关于防控的对象，主要指乡野农夫用火。张载曾说："其时（季春）禁之以防其火太盛，野人乡里尤甚。"（《张子语录·语录上》）其三，寒食和季春禁火的星象依据。与此有关的"以其大火心星，其时太高"句，最为难解。与本章内容近似，张载说过："寒食，《周礼》禁火惟季春最严，以其大火心星高。""既禁火须为数日粮，既有食因重其祭祀。十月一展墓亦可用，以其草木初生初死。"（《张子语录·语录上》）这段话，对理解本章"以其大火心星，其时太高"有重要参考价值。大火心星，亦即作为二十八宿之一的"心宿"。本章"其时太高"的主语是大火心星。正如《尚书·虞书·尧典》所说："日最长时，火在中天，由此可以知仲夏。"因此，古人是把大火心星作为仲夏来临的征兆的（桥本敬造《中国占星术的世界》，商务印书馆2012年版，第101页）也正因为如此，古人把仲夏来临前的季春视为禁火的重要季节。当时人们把大火心星高悬于空中作为禁火的星象依据。最后，与禁火和备食有关的祖先祭祀。本章最后言及与展墓有关的"草木初生初死"，因寒食与十月朔日都与草木盛衰有关。从中可以看到当时的节日风俗和祭祀习惯。

总之，本章所言及的大火星在天空中的位置变动与民间禁火现象相对应，是当时士人和百姓的共同信仰。对于张载在古代天文历法方面取得的卓越成就，英国著名的中国科技史家李约瑟（Joseph Needham）曾经给予高度评价（《中国科学技术史》第四卷《天学》，香港中华书局1978年版，第123页）。这是张载学说中科学理性精神的突出表征。

本章可以与本篇9·2章相互参证。

9·11　某自今日欲正经为事[1]，不奈何须着从此去[2]，自古圣贤莫不由此始也[3]。况如今远者大者又难及得[4]，惟于家庭间行之[5]，庶可见也[6]。今左右前后无尊长可事，欲经之正，故不免须责于家人辈[7]。家人辈须不喜亦不奈何[8]，或以为自尊大亦不奈何[9]。盖不如此，则经不明[10]。若便行之[11]，不徒其身之有益[12]，亦为其子孙之益者也[13]。

[**注释**]

[1] 正经：使人的言行举止合乎常道。正：合乎；符合。经：常，此指仁义礼智之常道（焦循《孟子正义》）。　[2] 不奈何：没奈何；没办法；只好如此。着：要；得。　[3] 此三句意为，从

现在起我想要做那些让人们的言行举止合乎常道之事，没有其他办法而必须得从这里做去，自古以来圣贤没有不从这里开始的。　[4]远者大者：此指更远更大的行事范围。及得：达到。　[5]间：中间；内。　[6]此三句意为，况且在更远更大范围内实行常道又难以做得到，因而只有在家庭中间实行常道，才有希望见到成效。庶：希望；或许。　[7]此三句意为，现在周围已没有我所尊敬的长辈可以事奉了，想要以常道规范人们的言行举止，便免不了对家人和晚辈提出要求。责：要求。　[8]须：此作虽。　[9]此两句意为，家人和晚辈虽然不喜欢接受我的要求但无可奈何，他们当中有人妄自尊大而不愿接受我的要求但也无可奈何。　[10]此两句意为，不这样做的话，则常道就不能实现。明：彰明；显示。引申为实现。　[11]便：顺；顺利。　[12]不徒：不但；不独。之：是。　[13]此三句意为，如果常道顺利实行，不但对家人自身是有帮助的，而且应当对家中的儿孙辈也是有帮助的。为：应当（《古书虚字集释》卷二）。

[点评]

本章论"正经"之事"惟于家庭间行之"。于此可略见张载的治家之道。

关于张载的治家之道，吕大临在《行状》中做过具体的刻画："其治家接物，大要正己以感人。人未之信，反躬自治，不以语人，虽有未谕，安行而无悔。故识与不识，闻风而畏。非其义也，不敢以一毫及之。其家童子，必使洒扫应对，给侍长者；女子之未嫁者，必使亲祭祀，纳酒浆，皆所以养孙弟，就成德。"熙宁三年（1070），张载归居故里陕西眉县横渠，此时五十一岁。他逝世于熙宁十年（1077），享年五十八岁。"加我数年，六十道行于家人足矣"（本篇9·18章），应当是张载归居横渠之后不久所说。本章的文字，也应当是张载归居横渠之后所说。"六十道行于家人"之"道"，也就是本章所说以"正经"为中心的治家之道。

本篇9·16章所论也属于治家之道，可以与本章相互参证。

9·12　今衣服以朝、燕、齐、祭四等分之[1]，朝则朝服也[2]，燕则寻常衣服也[3]，齐则深衣[4]，祭则缁帛[5]，通裁宽袖[6]。须是教不可便用[7]。

吕柟："公服三，燕服止一，故能常敬且慎重。"（《张子抄释》卷四）

［注释］

[1] 朝：古代凡见人皆称朝，包括诸侯定期朝见天子，诸侯相拜见，臣下朝见君王，诸侯相拜见，晚辈问候长辈等。燕：安闲；安息。齐（zhāi）：同"斋"。意思是祭祀等典礼前几日的斋戒，以示虔敬。祭：祭祀天地、宗庙以及各种大典。　[2] 朝服：又称"具服"，君臣朝会时穿的礼服，有时参加典礼也穿着。语见《论语·乡党》："吉月，必朝服而朝。"则：乃；是。　[3] 燕：此指"燕服"，也称常服，便服。日常闲居穿着的衣服。　[4] 深衣：古代上衣与下裳之间有的相分，有的相连。衣与裳上下相连的，称作深衣，是诸侯、大夫、士闲居常穿的衣服，也是庶人的常服。　[5] 缁（zī）帛：深黑色的丝织衣服。　[6] 以上几句意为，现在的衣服是按朝、燕、齐、祭四等划分的。朝是上朝时穿

着的朝服；燕是日常闲居时穿着的常服；齐是于祭祀等典礼前的斋戒日穿着的深衣；祭是祭祀时穿着的衣服，用深黑色丝织物作衣料，上衣下裳通体直裁，宽袍大袖。通裁：指衣与裳上下通体直裁，腰间没有缝线的男装形制。 [7] 此句意为，必须让人们知晓，衣服不能不分等级地随意穿用。教（jiāo）：让；令；使。便：任意；随意。

[点评]

本章论衣服分为朝、燕、齐、祭四等，不能随意穿着。"深衣"，详见《礼记·玉藻第十三》《礼记·深衣第三十九》等篇，以及朱熹《家礼》卷一《通礼·深衣制度》。古代的衣服之制，也是礼仪的一部分。

"旁批"引吕柟所谓"公服三"，其"公服"，指宋代品官的常服；其"三"，指按品服颜色分为三等，即服紫、服绿、服青。品服颜色与官员的品级对应，都随时代而有所变化。

吕柟："子厚发此，可谓真知的见者矣。当其趣信，非扬、韩诸儒所能道也。"（《张子抄释》卷四）

9·13 某既闲居横渠[1]，说此义理[2]，自有横渠未尝如此[3]。如此地又非会众教化之所[4]，或有贤者经过[5]，若此则似系着在此[6]。某虽欲去此，自是未有一道理去得[7]。如诸葛孔明在南阳[8]，便逢先主相召入蜀[9]，居了许多时日，作得许多功业[10]。又如周家发迹于邠[11]，迁于岐[12]，迁于镐[13]。春积渐向冬[14]，周积渐入秦，皆是气使之然[15]。大凡能发见即是气至[16]，若仲尼在洙、泗之间[17]，修仁义，兴教化，历后千有余年，用之不已[18]。今倡此道不知如何，自来元不曾有人说着，如扬雄、王通又皆不见[19]，韩愈又只尚闲词[20]。今则此道亦有与闻者[21]，其已乎？其有遇乎[22]？

[注释]

[1] 既：已。横渠：凤翔府眉县横渠（今陕西眉县横渠镇），张载晚年于此定居。　[2] 义理：道理。　[3] 此三句意为，我已闲居于横渠，讲说自己思虑而得的道理，这是自从有横渠这块地方以来从未有过的。　[4] 会众：会合众人。教化：教育感化。　[5] 或：有时。　[6] 此三句意为，像这样的地方又不被认为是积聚众人进行教化的场所，有时有贤者经过，至此地就似乎被牵绊在这里。若：至；及。则：即；就。系着：系累；牵挂（《宋元语言词典》）。　[7] 此两句意为，我虽然想要离开这里，只是拿不出一个能离开的理由。自是：只是。　[8] 诸葛孔明：诸葛亮（181—234），字孔明，号卧龙，徐州琅琊阳都（今山东临沂市沂南县）人，三国时期蜀汉丞相。南阳：今河南南阳市。诸葛亮曾躬耕于此地。　[9] 便：即。先主：开国君主。此指三国时期蜀汉皇帝刘备。刘备（161—223），字玄德，幽州涿郡涿县（今河北省涿州市）人。　[10] 此四句意为，例如诸葛孔明在南阳，就幸遇先主刘备邀至蜀地，居住了很多时光，建立了很多功业。　[11] 发迹：兴起；立功扬名。邠（bīn）：古代作"豳"，地名，今陕西彬县、旬邑一带。　[12] 岐：岐山，今陕西岐山。西周建

国于此。　[13]此三句意为，又如西周兴起于邠地，后迁徙于岐山，后又迁徙于镐京。镐（hào）：西周国都，称作镐京，今陕西西安市西南沣水东岸。周武王灭商后，自酆（fēng）城（周文王所都）迁都于此，谓之宗周。　[14]积：蕴积。　[15]此三句意为，春季蕴积渐渐过渡到冬季，周朝兴替渐渐进入秦朝，这都是节气或王气的变化所导致的。气：对"春积渐向冬"而言，指节气之气；对"周积渐入秦"而言，指王气，亦即象征帝王运数的祥瑞之气。　[16]大凡：大抵。发见（xiàn）：显现；出现。　[17]洙泗：洙水和泗水。古时二水自今山东省泗水县北合流而下，至曲阜北，又分为二水，洙水在北，泗水在南。春秋时属鲁国地，孔子在洙泗之间聚徒讲学，后因以"洙泗"代称孔子及儒家。　[18]以上几句意为，大抵能够显现的就是气运已到，像孔子在洙水和泗水之间，实施仁义，推行教化，历经一千多年，至今一直被奉行。用：奉行。　[19]扬雄（前53—18）：字子云，蜀郡郫县（今四川省成都市郫都区）人，西汉思想家、文学家。王通（584—617）：字仲淹，号文中子，河东郡龙门县（今山西万荣县通化镇）人，隋朝著名儒学家。又：也。　[20]此四句意为，如今提倡孔子之道不知会怎样，自从孔孟以来一直没有人说出其实质，例如扬雄、王通也都未理解孔孟之道，韩愈对孔孟之道更只能多说些闲言碎语。尚：增加。《广雅·释诂二》："尚，加也。"韩愈（768—824）：字退之，河南河阳（今河南省孟州市）人，唐代著名文学家、思想家。又：更。　[21]则：于。与闻：参与其事并且得知内情。　[22]此三句意为，现在对于我所倡导的理学之道也出现了略有所闻的人，此道将戛然而止呢，还是会迎来发展机遇？

[点评]

本章记录的是，张载对自己归居横渠后讲论义理和

倡导道学的回顾，并援引诸葛亮躬耕南阳、西周兴起于
邠地、孔子推行仁义礼乐教化于洙泗之间等史实以自励。
在回顾中，张载一方面表达了对倡道的高度自信，另一
方面也流露出对所倡之道未来命运的担忧。二程曾高度
评价张载对儒学之道的贡献，认为，"孟子而后，却只有
《原道》一篇，其间语固多病，然要之大意尽近理。若《西
铭》，则是《原道》之宗祖也"（《河南程氏遗书》卷二上
《东见录》）。《原道》，是韩愈论道的名篇。

9·14　某自持期丧[1]，恐人非笑[2]，己亦
自羞耻，自后虽大功小功亦服之[3]，人亦以为
熟[4]，己亦熟之[5]。天下事，大患只是畏人非
笑[6]。不养车马，食粗衣恶，居贫贱，皆恐人非
笑[7]。不知当生则生，当死则死，今日万钟[8]，
明日弃之，今日富贵，明日饥饿亦不恤[9]，"惟
义所在"[10]。

茅星来："张
子因始持期丧，恐
人非笑，己亦若有
羞色者，后虽大小
功亦服之，人亦熟
之，不以为怪矣。
因言此，以见人
非笑之不必畏也。"
（《近思录集注》卷
七）

[注释]

[1] 期丧：期服。为期一年的丧服。　[2] 非笑：讥笑。　[3] 虽：
则。大功：丧服名，五服之第三等。服期九月。凡堂兄弟、未婚
的堂姊妹、已婚的姑、姊妹、侄女及众孙、众子妇、侄妇等之丧，
都服大功。已婚女为伯父、叔父、兄弟、侄、未婚姑、姊妹、侄
女等服丧，也服大功。小功：丧服名，五服之第四等。服期五月。
凡本宗为曾祖父母、伯叔祖父母、堂伯叔祖父母，未嫁祖姑、堂

姑，已嫁堂姊妹，兄弟之妻，从堂兄弟及未嫁从堂姊妹；外亲为外祖父母、母舅、母姨等，均服小功。亦：此作又。 [4]亦：此作也。下句同。 [5]此六句意为，我自己坚持穿着一年的丧服，恐怕别人讥笑，自己也面有羞色，此后服丧则又穿着大功之服和小功之服，别人也习以为常，自己也习以为常。 [6]此两句意为，天下之事，最大的忧患只是怕人讥笑自己。 [7]此四句意为，不拥有车和马，吃的是粗茶淡饭，穿的是粗布衣衫，居住的是贫寒的房屋，这些都恐怕成为别人讥笑的话题。 [8]万钟：指优厚的俸禄。钟，古量器名。 [9]恤：忧念；悯惜。 [10]此七句意为，（那些只知讥笑别人的人）不知道，应当生存就要去生存，应当赴死就要去赴死，今天高官厚禄，明天就可以放弃，今天享受荣华富贵，明天食不果腹也在所不惜，"一切惟以道义为准则"。"惟义所在"：出自《孟子·离娄下》："大人者，言不必信，行不必果，惟义所在。"

[点评]

本章的内容，包括两个部分：一是记录了张载推行丧服古礼的心理，二是论述了士当去利存义的信念。

"天下事"至"惟义所在"，后被朱熹、吕祖谦辑入《近思录》卷七。

9·15 人在外姻[1]，于其妇氏之庙[2]，朔望当拜[3]。古者虽无服之人[4]，同爨犹缌[5]，盖同爨则有恩[6]，重于朋友也[7]。故婿之同居者当拜[8]，以其门内之事[9]，异居则否[10]。

[注释]

[1]外姻：由婚姻关系结成的亲戚。　[2]妇氏：指妻子的娘家。　[3]此三句意为，人居住在妻子的娘家，对其家族的祖庙，每到初一日和十五日都要祭拜。　[4]无服：按丧制，五服之外无服丧关系称"无服"。《礼记·丧服小记》："为父后者，为出母无服。无服也者，丧者不祭故也。"　[5]爨（cuàn）：同灶炊食。指同居，不分家。《礼记·檀弓上》："或曰：'同爨缌。'"孔疏："既同爨而食，合有缌麻之亲。"缌（sī）：丧服名，五服中之最轻的一种。服期三月。凡本宗为高祖父母，曾伯叔祖父母，族伯叔父母，族兄弟及未嫁族姊妹，外姓中为表兄弟，岳父母等，均服之。　[6]则：而。　[7]此四句意为，古时候，即使对无服丧关系的人，因同灶炊食也应当以缌为其服丧，大概是由于同灶炊食而有恩情在，这种关系是重于朋友的。　[8]婿：丈夫；夫婿。同居者：指未分家之亲属。　[9]门内：家庭。　[10]此三句意为，故而女婿作为一起居住的人应当受祭拜，因为这也属于家庭内部事务，若不住在一起的人则无需如此。

[点评]

本章论非直系亲属的服丧祭拜。

9·16　"人而不为《周南》《召南》，其犹正墙面而立"[1]，近使家人为之[2]。世学泯没久矣[3]，今试力推行之[4]。

茅星来："此引夫子之言，以见正家为急。"（《近思录集注》卷六）

叶采："'犹正墙面'，隔碍而不可通行也。"（《近思录集解》卷六）

[注释]

[1]"人而不为《周南》《召南》其犹正墙面而立"：出自《论语·阳货》："子谓伯鱼曰：'女为《周南》《召南》矣乎？人而不为《周南》《召南》，其犹正墙面而立也与？'" 　[2]以上几句意为，孔子说，"作为一个人而不学《周南》《召南》，就好比正对着墙壁而站立"，近来我正督促家人学习二《南》。 　[3]世学：家学。泯没：埋没；掩盖。 　[4]此两句意为，家学已封尘很久了，现在我要努力尝试推行，恢复其生机。

[点评]

本章引孔子语录，论治家之学。孔子言及的《周南》《召南》两篇，言修身齐家之事，皆造端于夫妇，乃人伦之本。《近思录》所援引的文字是："'人不为《周南》《召南》，其犹正墙面而立。'常深思此言，诚是。不从此行，甚隔着事，向前推不去。盖至亲至近，莫甚于此，故须从此始。"（《近思录拾遗》）此与本章文字略异，二者可以互相参证。

本篇9·11章，同样也论治家之道。然9·11章所论，乃以礼学治家；而本章所论，则以诗学治家。

祭祀所用位板，有正位与配位之别。

9·17　祭堂后作一室[1]，都藏位板[2]。如朔望荐新只设于室[3]，惟分至之祭设于堂[4]。位板，正位与配位宜有差[5]。

[注释]

[1]堂：按古代礼制，寝、庙正中的设席行礼之处为堂，位于

阶上、室外。室：亦称"庙室"。按古代礼制，室位于堂的正北，一般比较狭小。　[2]此两句意为，在祭堂的后面安排一间庙室，总是收藏有作为神位的木牌。都：总。位板：亦称"神位"，是祭祀天地、祖宗用以书写供奉对象名号的木牌。　[3]荐新：祭献时鲜的食品。语出《礼记·檀弓上》："有荐新，如朔奠。"孔疏："荐新，谓未葬中间得新味而荐亡者。"　[4]此两句意为，比如于初一日或十五日祭献时鲜食品只摆放在庙室，仅于分至时节的祭祀祭献于堂。分至：亦称"二分二至"。详见本篇9·2章注释[1]。　[5]此两句意为，位板，放置在主位和侧位，当然是有差别的。正位：祭祀的主位。配位：配享的位置。宜：当然。

[点评]

本章论不同的祭祀时间分别对应于室或堂。关于位板，岳珂指出："今郊祀天地祖宗，正、配位皆有金版书神位。"（《愧郯录·金版》）

9·18　日无事，夜未深便寝[1]，中夜已觉[2]，心中平旷[3]，思虑逮晓[4]。加我数年，六十道行于家人足矣[5]。

[注释]

[1]寝（qǐn）：睡。　[2]觉（jué）：睡醒。　[3]平旷：平正；弘阔。　[4]此五句意为，白天没有烦心事，入夜未深就入睡，半夜已醒来，心胸平正弘阔，思考至拂晓。逮：及；及至。　[5]此两句意为，若给我添寿几年，至六十岁时，常道实行于家人就足够了。

[点评]

本章论张载心志平正弘阔，揭示了他推行治家之道的紧迫感。

本章可与本篇 9·4 章、9·11 章、9·16 章合看。

9·19　某平生于公勇，于私怯[1]，于公道有义[2]，真是无所惧[3]。大凡事于法有不得[4]，更有义之不可，尤所当避[5]。

[注释]

[1]怯（qiè）：怯懦。　[2]有：通"祐"。祐助；帮助。义：道义。　[3]此四句意为，我一生中对于公事勇敢，对于私事怯懦，对于公正祐助于道义，真是无所畏惧。　[4]法：礼仪法度；礼法。　[5]此三句意为，大抵凡事于礼法不相符合的，更有于道义不被允许的，尤其应当避开。

[点评]

本章论张载的公私观，并强调公道担当精神，主张凡行事均不能违背礼法和道义。

9·20　忌日变服[1]，为曾祖、祖忌皆布冠而素带麻衣[2]，为曾祖、祖之妣皆素冠布带麻衣[3]，为父布冠带麻衣麻履[4]，为母素冠布带麻衣麻履[5]，为伯叔父皆素冠带麻衣，为伯叔母麻衣素带，为兄麻衣素带，为弟侄易褐不肉[6]，为庶母及嫂亦不肉[7]。

[注释]

[1]忌日：父母等亲属去世之日。变服：改变丧服的等级。　[2]曾祖：祖父的父亲。古代也称曾大父、曾王父、曾父。布冠：白布制作的冠。素带：白色的带子。麻衣：用麻布制成的衣服。　[3]妣：对祖母和祖母辈以上的女性祖先的称呼。素冠：白色的帽子。　[4]麻履：麻鞋。　[5]布带：白布制的带子。　[6]褐：粗布衣或麻布衣。肉：吃肉食。　[7]以上几句意为，亲属去世之日要改变丧服的等级，为曾祖父、祖父服孝都要戴白布帽子、系白色带子、穿麻布衣服，为曾祖母、祖母服孝都要戴白色帽子、系白色带子、穿麻布衣服，为父亲服孝要戴白布帽子、系白色带子、穿麻布和麻鞋，为母亲服孝要戴白布帽子、系白色带子、穿麻布和麻鞋，为伯父、叔父服孝都要戴白布帽子、系白色带子、穿麻布，为伯母、叔母服孝要穿麻布衣服、系白色带子，为兄长服孝要穿麻布衣服、系白色带子，为弟弟、侄子服孝换粗布衣、不食肉，为庶母及嫂子服孝也不食肉。庶母：指父之妾。

[点评]

本章论忌日变服的区别，亲属称谓不同，则所穿着的丧服也不同。这是古代丧服等差制度的体现。

[篇末评]

本篇篇名《自道》。"自道"，语见《论语·宪问》。孔子论君子之道，其弟子子贡听闻后说：此"夫子自道也"。"自道",是自述的意思。《自道》篇共分二十章,其中出现张载自称"某"的有七章,近十见,这尤其能够体现本篇作为张载自述的特征。本篇的主要内容,分为三个部分。

一、张载自述其为学经历和心得。传世的张载传记原始文献不多,主要有其弟子吕大临撰写的《行状》,其次有《宋史》张载本传。本篇作为张载的"自道",能够为张载生平研究和思想演变研究提供极其重要的一手资料。这方面的内容,见于本篇第1、3、4、11、13、14、19章。其中尤其值得注意的是,张载对自己三十年学术生涯的总结。二十一岁时,张载因范仲淹劝读《中庸》而投身学术。本篇9·1章第一句"某学来三十年",表明此时张载已五十岁出头,其思想学说已进入成熟期,此时他内心充满了已经掌握儒学精义的自信。另外,张载还回顾了归居横渠讲学的感想,自述了他是如何实施治家之道的,分别叙述自己长期居乡思虑和读书的体会,并对自己公勇私怯的人格特征做了总结。

二、张载自述对礼仪尤其是丧祭之礼的理解。北宋礼学盛行,而张载的礼学更是名重一时,他著有《横渠张氏祭礼》《冠婚丧祭礼》《礼记说》《仪礼说》《周礼说》等书。以上诸书均已散佚,后三种有辑本或辑本残篇(见林乐昌编校《张子全书》增订本),其《经学理窟》中有专论礼学的《周礼》《礼乐》《祭祀》《丧纪》等篇。据此可知,张载对祭祀之礼中的丧礼尤其重视。对于张载在乡里推行丧祭之礼的背景和过程,其弟子吕大临曾描述说:"近世丧祭无法,丧惟致隆三年,自期以下未始有衰麻之变。祭先之礼，一用流俗节序，燕亵不严。先生继遭期功之丧，始治丧服，轻重如礼。家祭始行四时之荐，曲尽诚洁。闻者始或疑笑，终乃信而从之。一变从古者甚众，皆先生倡之。"(《行状》)收入《自道》篇与礼仪有关的论述，分布于本篇第 2、7、8、10、12、14、15、17、20 等章，其中大部分与丧祭之礼有关，代表了张载在这方面的独特理解。

三、张载自述其与宋神宗的对话。此见于本篇第 9 章。据吕大临《行状》和《宋史》张载本传记载，这次对话发生于熙宁二年（1069），张载五十岁。在与神宗的对话中，张载表达了对上古尧舜心迹统一的见解，并揭示了汉法出于秦法的实质。这次对话的内容，未见其他文献记载，因而具有特殊意义。

横渠易说

　　《横渠易说》之"说"，指古代注解经籍的体式。说体起源于汉代以前。由于疑古与以义理解经的风气兴盛，致使说体大行于宋。说体有不同类型：一种类型是全载经典原文，逐一解说；另一种类型是不全载经典原文，仅对选载的原文加以解说。《横渠易说》，属于第二种类型。南宋官、私书目著录张载著作，屡称有"诸经说"。然传世的张载"经说"著作只有《横渠易说》一种。朱熹、吕祖谦合编《近思录》之"引用书目"著录《横渠先生易说》不分卷，晁公武撰《郡斋读书志》著录《横渠易说》十卷，陈振孙撰《直斋书录解题》著录《横渠易说》三卷，《宋史·艺文志》著录《易说》十卷。《横渠易说》另有明清版本多种。《横渠易说》传世的最早版本，是明嘉靖八年（1529）吕柟刊刻的《横渠张子抄释》所收《横渠易说》二卷，其次是明万历三十四年（1606）徐必达辑编的《张子全书》所收《易说》三卷。清康熙十九年（1680），纳兰性德（1655—1685）校刻的《通志堂经解》辑入《横渠易说》三卷，其版本之善为众多学者所称许。张载的这一著作，在流传过程中其书名逐渐被固定为《横渠易说》，被多数学者认可的卷数为三卷。此外，现代张载著作集整理本收入《横渠易说》的也有多种。虽然《横渠易说》的成书年代已不可考，但该书形成于张载思想发展的前期，则是被普遍认同的看法。宋仁宗嘉祐初（1056），三十七岁的张载曾于京师汴梁（今河南开封）讲《易》。传世的《横渠易说》一书，应当是张载于京师讲《易》之后若干年刊行的。《横渠易说》，是反映张载前期思想的著作。

通行本《横渠易说》分三卷：卷一《上经》，是对乾卦至离卦这三十卦的解说；卷二《下经》，是对咸卦至未济卦这三十四卦的解说；卷三包括《系辞上》《系辞下》《说卦》《序卦》《杂卦》，《横渠易说》对这五篇传文都只是节选，并对所选的传文加以解说。《四库全书总目》卷二《横渠易说提要》称："（《横渠易说》三卷）末有总论十一则。"中华书局版《张载集》的编校者认为，"此（十一则）盖编集《易说》时发见之佚文，以其无可归纳，附之于末"。据此，该编校者将《总论》改题为《佚文》。然而细审卷末此十一则，其内容分别涉及乾、蒙、豫、蹇诸卦，并重点论及《系辞》，对《说卦》等篇也有论及。因而，《四库全书总目》将《横渠易说》卷末十一则称作《总论》，不为无据。今仍以《总论》称之。

限于篇幅，本书的解读只选择了《横渠易说》卷三的《说卦》篇。

说　卦

昔者圣人之作《易》也，幽赞于神明而生蓍，

1　方其将有谋也[1]，将有问也，命于蓍[2]。此所谓"生蓍"[3]，非谓在野而生蓍也[4]。事在未来之前，吉凶在书、策上[5]，蓍在手中，卒归三处[6]，一时合[7]，岂非"幽赞于神明"而得尔也[8]？起其用也[9]。

《周易·系辞上》："分而为二以象两，挂一以象三。"

张载："'挂一象三'，象天地之三也。"（《横渠易说·系辞上》）

[注释]

[1]方其：当以前行事时（《古书虚词通解》）。将：若。谋：谋虑。　[2]此三句意为，当以前行事之时，圣人若有谋虑，若有疑问，便告于蓍草以求卦。命：告诉；奉告。《礼记·杂记上》："小宗人命龟。"郑玄注："命龟，告以所问事也。"蓍（shī）：蓍草，多年生草本植物。古人用筮茎作为占卜吉凶的筮具。　[3]"生蓍"：创制用蓍茎求卦之法。此法亦称揲蓍之法。　[4]此两句意为，这叫做"创制揲蓍之法"，此法不是单指野生蓍草而言的。谓：此作"指……而说的"（《古书虚词通解》）。　[5]书：此指早期筮书。策：此指筮草之茎（冯椅《厚斋易学》卷四十七）。　[6]卒：完成。三处：此指把用于求卦的四十九根蓍草分成三个部分，亦称天、地、人三才之道。　[7]一时：同时；一齐。　[8]以上几句意为，在面临待决之事以前，吉凶蕴涵于筮书和蓍茎中，蓍茎操作在手掌上，求卦完成于三个部分，整合为一套程序，此法岂不是推演蓍占与"深明神明之道"相协而必定能得到的吗？幽：深。赞：明。神明：指神明之道。尔：表示辞之必然，义无可疑。　[9]此句意

为，蓍占之法是由此而开始发挥作用的。起：开始。

[**点评**]

本章论"生蓍"是圣人"有谋""有问"而告于蓍草求卦的结果，其由推演蓍占与神明之道相协而"得"，并由此开始发挥其"用"。以下，略作三点说明。

一、关于"生蓍"。对"昔者圣人之作《易》也，幽赞于神明而生蓍"这句传文，王安石曾这样解释说："蓍，神物也。天地生其形，圣人生其法。方其蓍法之未生，则蓍之为物，特庶草之一耳，岂知其为神明也哉？天地神明不能与人接，圣人幽有以赞之而传其命，于是起大衍之数。"（王安石《易解》卷三，王水照主编《王安石全集》，复旦大学出版社 2017 年版，第 1 册，第 141 页）这对后人理解"生蓍"，具有重要的参考价值。

二、关于"卒归三处，一时合"。这句话比较费解。刘大钧依据《周易正义》孔疏及朱熹《明筮》篇并邵雍、陆象山等其他宋人的解释，对《周易·系辞上》所谓"分而为二以象两，挂一以象三"所做的解读，为理解"卒归三处，一时合"的意涵提供了重要的参证。刘大钧说："把用于演算的四十九根蓍草，在手中任意分成两份，以左手一份象天，右手一份象地，此谓之'以象两'。而后从右手蓍草中任取一根，置于左手小指间，用以象征'人'，连同左右两手象天地的蓍草，所谓'天、地、人'三才之道都有了，这就是'挂一以象三'的意思。"（《周易概论》增补修订本，第 61 页）这成为求卦的第一个步骤。

三、关于"幽赞于神明"。古今研究者对句中"神明"的解释，歧义甚多：有将其解释为"神明之道"者（《周易正义》孔疏），有将其解释为"天地"者（刘大钧、林忠军《易传全译》，巴蜀书社 2001 年版，第 123 页），也有将其解释为"神妙而明显的变化"者（《中华易学大辞典》，上海古籍出版社 2008 年版，第 306 页），还有将其解释为"宇宙神奇作用和现象"者（陈鼓应、赵建伟《周易今注今译》，商务印书馆 2005 年版，第 702 页）。本章的解读，采信孔疏的观点。孔颖达说："神之为道，阴阳不测，妙而无方，生成变化，不知所以然而然者也。蓍则受人命令，告人吉凶，应人如响，亦不知所以然而然，与神道为一，故《系辞》云'蓍之德圆而神'。"有理由认为，"神明之道"是涵盖了"生成变化"的，因而孔疏的解释更为合理。顺便指出，本章最后"岂非'幽赞于神明'而得尔也"句的串讲，使用了"相协"一词。这是为了说明求卦之法的获得，是推演蓍占与"幽赞于神明"这两方面共同起作用的结果。"相协"一词，借自孔疏。

参天两地而倚数，观变于阴阳而立卦，

2　地所以两[1]，分刚柔、男女而效之[2]，法也[3]。天所以参[4]，一太极、两仪而象之[5]，性也[6]。

《穀梁传》："独阴不生，独阳不生，独天不生，三合而后生。"

[注释]

[1] 地所以两: 义同 "两地"。在《周易·说卦》中指采取地 "二" 之数, 即偶数。此指两部分或两方面, 具体指下句的刚柔、男女。所以: 所用。《周易·系辞上》: "言行, 君子所以动天地也。"　[2] 刚柔: 指事物或刚强或柔弱的形质。张载: "刚柔其形。"(本篇第 14 章)"刚柔, 质也, 而谓之地。"(本篇第 13 章)效: 仿效。　[3] 以上几句意为, 地所用之两, 万物分为刚柔、男女两方面加以仿效, 这成为万物生存的法则。法: 法则; 法度。　[4] 天所以参: 义同 "参天"。在《周易·说卦》中, 指采取天 "三" 之数, 即奇数。参: 同 "叁"; 三。此指天所主导的统一的宇宙创生力量是由三方面存在构成的, 包括下句的 "一太极、两仪"。　[5] 太极: 儒、道各家各派共有的术语, 但理解有所不同, 多指宇宙创生的本原或动力。《周易·系辞上》: "易有太极, 是生两仪。"《庄子·大宗师》: "(道) 在太极之先而不为高。"周敦颐《太极图说》以太极为阴阳五行之本原 (张岱年《中国古典哲学概念范畴要论》, 第 49 页), 与张载所谓 "天道" 意近。两仪: 一般指天地、阴阳等。此指阴阳。象: 此作动词, 意为显现其象。　[6] 以上几句意为, 天所用之三, 是对太极之一与阴阳二气的显象, 这三者构成万物生成根源之 "性"。性: 此指生成万物的根源 (6·7)。

[点评]

本章依据《周易·说卦》, 论 "天所以参", 亦即 "三合而后生" 的宇宙生成论模式。以下, 从三个方面略加说明。

一、关于 "象数" 与 "义理"。张载是宋代易学大家。在易学的义理与象数两派中, 张载虽然属于义理派, 但他并不完全排斥象数。他对待象数的态度是，有选择地利用《周易》象数为其理学义理服务，这既包括其理学概念，也包括其宇宙生成模式的组合。与"一"对应的概念，在本章和第3、4、5、14章中有"太极"和天道之"神"。与"两"对应的概念有"阴""阳"两者。与"参"对应的是"一"与"两"的组合方式，由此构成了一与两而"三合"的宇宙生成模式（参见1·12章和本篇第14章的点评）。

二、关于"天所以参"。这句话中的"参"，指由天主导所成之象，亦即由"太极"与"两仪"这三方面整合而成的宇宙生成本源和动力。及至晚年，张载则极少使用"太极"（一）与阴阳（两）的组合方式，而是使用"天"或"太虚"（一）与阴阳之气（两）的组合方式，并认为此三合而成的宇宙生成本源和动力对应的宇宙生成论概念是"性"和"道"。

三、关于"一太极、两仪而象之，性也"。这是张载对"性"的界定，其构成包括三方面的力量，就是"太极"与"两仪"。张载晚年则以新的方式表述"性"的三合结构，即"合虚与气，有性之名"（1·12）。其中，"虚"是"一"，"气"涵"两"，合而为三。

总之，本章和本篇第3、4、5章都是张载对"天参"亦即"三合"的宇宙生成论模式的解释，因而可以将这四章视作一组，在解读时互相参证。

本章后被辑入《正蒙·参两》的第1章。

朱熹：“凡天下之事，一不能化，惟两而后能化。且如一阴一阳，始能化生万物。虽是两个，要之亦是推行乎此一尔。此说得极精，须当与他子细看。”（《朱子语类》卷九十八）

3　一物两体[1]，气也[2]。一故神[3]，两在故不测[4]；两故化[5]，推行于一[6]。此天之所以参也[7]。两不立则一不可见[8]，一不可见则两之用息[9]。

[注释]

[1]一物：此指一个整体的存在，即下句的“气”。两体：两种形体或形质。此指阴阳两者。　[2]此两句意为，一个整体的存在其结构具有阴阳两种形质，这就是气。　[3]一：此指作为宇宙创生本源和动能的统一体。故：由于；因而。神：天道之神妙莫测。出自《周易·系辞上》：“阴阳不测之谓神。”　[4]此两句意为，由于是宇宙间的统一体，因而便有了神的存在；由于其中有阴阳两者的相互感应，因而其变化是无法预测的。　[5]化：化育；化生。　[6]这两句意为，由于有阴阳两者的相互作用，因而才导致宇宙万物的生化，而这阴阳两者又是在其运行过程中被统一为一个整体存在的。　[7]此句意为，这就是在天主导下所构成的宇宙创生力量何以有三个方面（天与阴阳）的原因。天之所以参：此指天所主导的宇宙创生力量是由三方面存在构成的，具体指作为天与阴阳二气统一体的天道之神。所以：表示原因。　[8]见（xiàn）：显示；显现。　[9]此两句意为，如果阴阳两者的相感变化未能确立的话，则作为统一体而存在的天道之神就无法显现，作为统一体而存在的天道之神无法显现就意味着阴阳两者的作用停息了。用：作用；运用。

[点评]

本章论宇宙生成过程所蕴涵的一、两、参及其关系，并涉及神化观念。下面，略作四点说明。

一、对"一物两体"，朱熹的评价很高，除见于旁批之外，朱熹还指出："横渠云：'阴阳二气推行以渐，谓化；阖辟不测，谓神。'伊川先生说神化等，却不似横渠较说得分明。"（《朱子语类》卷九十八）

二、对"天之所以参"的解读，请详见本篇第2、5、14章的点评。

三、对一、两关系的解读，请详见本篇第2、4、5、14章的点评，其中重点参见第5章的点评。

四、对本章涉及的神化观念，请详见《正蒙·神化》相关章节的点评。

本章的前两句被辑入《正蒙·参两》的第2章。

本章的后一句被辑入《正蒙·太和》的第15章。

4　两体者[1]，虚实也[2]，动静也[3]，聚散也[4]，清浊也[5]，其究一而已[6]。

吴讷："谓'两体'，则'虚实、动静、聚散、清浊'之用分也，其终则神之清然'一'也，岂二道乎？"（《正蒙补注》）

[注释]

[1]两体：此指两两组合而成的存在，诸如下句的"虚实"等四组存在。　[2]虚：此指无形的非实体的存在。实：此指有形的实体的存在。　[3]动：此指阴阳之气的运行与太虚本体的"无所不感"（17·5）。静：此指太虚本体的原初状态。　[4]聚散：凝聚和发散。这是气的两种运行方式。　[5]清浊：清气和浊气。这是气的两种存在形态。　[6]以上几句意为，这两两组合而成的存在，包括虚与实、动与静、聚与散、清与浊，究其实质，它们

都可以分别参与宇宙创生统一力量的构成。究：究极。

[点评]

本章所谓"两体"，其指涉的范围比前一章"两体"的涵义宽泛，涉及四组"两体"，包括虚与实、动与静、聚与散、清与浊。首先，前面两组"两体"是虚与实、动与静。其中的"虚""静"与宇宙本体之"一"有关，"实"与"动"则与阴阳之"两"及其变化有关。因而，这被张载归结为"天参"或"天之所以参也"。其次，后面两组"两体"是聚与散、清与浊，指气的两种存在形态。

本章后被辑入第 1·15 章。

本章所谓"两体"与本篇第 14 章所谓"两体"的涵义一致，可互相参证。

庞朴："张载的最大贡献，就在于他强调地指明了阴阳和太极、两和一的三位一体式的存在。"（《一分为三论》）

5　有两则有一^[1]，是太极也^[2]。若一则有两^[3]，有两亦一在，无两亦一在^[4]。然无两则安用一^[5]？不以太极^[6]，空虚而已^[7]，非天参也^[8]。

[注释]

[1]两：此指阴、阳两方面。则：就。一：此指涵括了阴阳两者在内的统一的宇宙创生力量，即下句的"太极"。　[2]此两句意为，有阴阳两者同时就有统一的宇宙创生力量，也就是太极。　[3]若：句首助词，无义。　[4]此三句意为，有太极这个统一的宇宙创生力量就有阴阳两者，有阴阳两者也就有太极这个统一的宇宙创生力量，若没有阴阳两者也会有太极这个

统一的宇宙创生力量存在。　[5]此句意为，然而，若没有阴阳两者，太极这个统一的宇宙创生力量将如何发挥其作用？安：何。　[6]不：无。以：用。　[7]空虚：虚无。　[8]此三句意为，若没有太极在宇宙创生过程中运行的话，那么世界将陷入虚无，将不再是天主导下三合而成的宇宙创生力量所推行的世界了。非：不。

［点评］

本章论宇宙统一的创生力量所蕴涵的一、两、参及其构成，尤其对一与两之间的关系进行了哲学总结。以下，略作三点说明。

一、"一"的三种用法。在张载的话语体系中，"一"的第一种用法是宇宙本体论的。在这种用法中，张载曾以"虚则至一"（《张子语录·语录中》）归纳宇宙本体的特征，"一"指作为宇宙本体的"天"或"太虚"，"至一"则指"天"或"太虚"在宇宙间是独一无二的本体，从而也是绝对的。庞朴在解读张载有关"一""两"关系时强调："两是相对的，一是绝对的；两是一的显现，一是两的本根。"（《一分为三论》，第132页）他所谓"一是绝对的"，与张载将宇宙本体称作"至一"，是完全一致的。这种用法比较多见。例如，4·2章所谓"大且一"的"一"，6·17章所谓"湛一气之本"的"一"，佚著《礼记说·礼运第九》所谓"太虚，即礼之'太一'"的"一"。"一"的第二种用法是宇宙生成论的。在这种用法中，上述本体意义的"一"将下贯到现实的宇宙生成过程之中，主导"太极""天道"的运行。在这种用法中，"一"指作为统一的宇宙创生力量的"太极""天道"。与以上作为宇宙本体的"一"不同，宇宙生成论的"一"指"天参"的统一体，具体指由宇宙本体"天"或"太虚"之"一"与阴阳之"两"整合而成的宇宙创生力量统一体。这种用法很多见。例如，1·6章所谓"有无混一"的"一"，17·4章所谓"有无一"的"一"，本篇第3章所谓"两不立则一不可见"的"一"，本章所谓"有两则有一，是太极也"的"一"，等等。"一"的第三种用法是气之整体论的。在这种用法中，"一"指把阴阳两者统一为气这个整体。这种用法不多见。例如，本篇第3章所谓"一物两体，气也"的"一"。又如，《横渠易说·系辞下》所谓"太虚之气，阴阳一物也"的"一"。

二、"无两亦一在"是假设之词。依据本章前面的几句话可知，宇宙生成论意义的"两"与"一"是相互依存而共在的，因而说"无两亦一在"只是假设之词。正因为如此，紧接在"无两亦一在"之后，本章又说"然无两则安用一"。这就把假设之词转化为现实的宇宙创生万物的运行过程了。

三、具有"天参"结构的"太极"是批判佛教空无世界观的整体力量。"不以太极，空虚而已，非天参也"，是本章的小结，强调"太极"作为统一的宇宙创生力量，其作用若得不到有效发挥的话，世界将陷入空虚或空无的状态。这一表述有其批判佛教世界观的背景。张载在这里强调，若没有太极在宇宙创生过程中运行的话，其"天参"结构的性质也就失去了。"天参"，指天所主导并涵括阴阳两者从而"三合"而成的宇宙创生力量。强调宇宙创生的"天参"结构性整体力量，能够更全面地彰显世界真实性之所在。同时，这也提示研究者，张载并非只是单方面地以"气"的实有去批判佛教的空无世界观，而是以"天参"的结构性整体力量对佛教的空无世界观进行更有效的批判。

本章可与本篇第2、3、14章合看。此外，还可以与1·15章互相参证。

和顺于道德而理于义，

6　理义即是天道也[1]，《易》言"理于义"[2]，一也[3]。求是即为理义[4]，言理义不如且言求是易晓[5]。求是之心，俄顷不可忘[6]。"理于义"，此"理"云者[7]，犹人言语之间常所谓理者，非同穷理之理[8]。凡观书，不可以相类而泥其义[9]，不尔则字字相梗[10]。观其文势上下[11]，如充实之美与《诗》之言美[12]，轻重不同[13]。

"理义"之"理"，不同于"穷理"之"理"。

观书不可拘泥于字义，而应观其文势。

[注释]

[1]理义：在《说卦》的语境下，指圣人运用《易》道治理天下随事应变而合宜。理：治理。义：合宜；适宜。天道：易道。　[2]"理于义"：《说卦》此语其意涵同于"理义"。于：语中助词，无义。　[3]此三句意为，理义就是天道，《易》所谓"治理天下随事而合宜"，与"理义"的意思是一致的。一：一致。　[4]求是：正确对待问题以求得正确的结果。简言之，求

得其宜，亦即求得其正。　[5]此两句意为，求得其正就是治理天下随事而合宜，过去说治理天下随事而合宜，不如现在说求得其正更容易明白。且：此；今。　[6]此两句意为，求得其正之心，片刻不能忘记。俄顷（qǐng）：片刻；一会儿。　[7]云者：也者。　[8]此四句意为，"治理天下随事而合宜"，此处所谓理，相当于人们平时言语之间常说的理，而不同于穷理之理。　[9]相类：相近似。泥：拘泥；执着。　[10]此三句意为，凡是读书，不可因文字相近而拘泥词义，不然就字字相碍难通。不尔：不然。梗：阻塞；相碍。　[11]文势：文章的气势；文气。　[12]充实之美：出自《孟子·尽心下》："充实之谓美，充实而有光辉之谓大。"《诗》之言美：指《诗经》中的赞美诗所赞颂之美，包括对神、祖先、仁君、贤臣、知己、恋人的赞美。　[13]此三句意为，因而读书要审视其上下文气，例如，《孟子》所谓扩充德性并充分表现于形体叫做"美"与《诗经》所说的"美"，这两种"美"的涵义就是不同的。轻重：此指语义有所不同。

[点评]

本章分为两部分。

一、论"理"的两种不同涵义。从第一句至"非同穷理之理"。首先，本章多次使用的"理义"一词，在经典中比较罕见，与《孟子·告子上》在道德理性和道德义务意义上所用的"理义"不同，应当是《周易·说卦》"理于义"的缩略语，其涵义见注释[1]、[2]。其次，本章第一句"理义即是天道也"，涉及"理义"与"天道"的关系。其中，"天道"对应于《说卦》传文"和顺于道德而理于义"的"和顺于道德"，"理义"对应于传文的

"理于义"。最后，张载这里重点论析了"理义"之"理"与"穷理"之"理"涵义的不同。概括言之，"理义"之"理"，是就"义（宜）"而言的，是说圣人治理天下要随事应变而合宜；而"穷理"之"理"，则是就"知"而言的，是说穷理者要用心契合于事物之理和性命之理。在了解了张载区别"理"的两种不同涵义之后，就不难理解他为何要在下面接着强调读书不可因文字相类而泥其义。

二、论不可因文字相类而泥其义。从"凡观书"至句末。在这里，张载区别了《孟子》充实之"美"与《诗经》赞美诗之言"美"。表面看，《孟子》和《诗经》都说的是"美"，但二者的涵义不同，这正如叶采指出的，"充实之美在己，《诗》之美在人"（《近思录集解》卷三）。

本章第二部分，另见于《张子语录·语录中》，有异文。此外，本章第二部分后被朱熹、吕祖谦辑入《近思录》卷三。

穷理尽性以至于命。

7　性尽其道[1]，则命至其源也[2]。一作"至于原也"[3]。

张载："德不胜气，性命于气；德胜其气，性命于德。穷理尽性，则性天德，命天理。"（6·24）

[注释]

[1]性：此指人的德性。尽：充分实现。道：道理；法则。此处的"性""道"，参见《中庸》首章："天命之谓性，率性之谓道。"　[2]此两句意为，人的德性若能充分实现所依据的道理，则人的命运就能达至其源头。命：人的命运。此指孟子所谓"正

命"。源:源头。　[3]此句为张载自注。原:同"源"。

[点评]

本章在对"穷理尽性以至于命"加以阐发时,揭示了尽性的道理和命运应当追溯至其源头。张载晚年所说"穷理尽性,则性天德,命天理",把命运的源头归结为"天理",比本章所说"命至其源"更加清晰。张载所谓"天理",多指天所赋予的道德性命之理。

本章与本篇第8、9、10、11章合计五章,都是对《周易·说卦》"穷理尽性以至于命"这一命题的解说,可以互相参证。

朱熹:(伯丰问:"'穷理尽性以至于命',程、张之说孰是?")曰:"各是一说。程子皆以见言,不如张子有作用。穷理是见,尽性是行,觉得程子是说得快了。"(《朱子语类》卷七十七)

8　致与至为道殊远[1],尽性然后至于命[2],不可谓一[3]。不"穷理尽性"即是戕贼[4],不可"至于命"者,止能保全天所禀赋本分者[5],且不可以有加也[6]。既言"穷理尽性",则不容有不知[7]。

[注释]

[1]致:竭尽;穷尽。至:达到;实现。道:途径。殊:甚;极。　[2]命:命运。此指孟子所谓"正命"。　[3]此三句意为,穷理和尽性的工夫次序("致")与经由单一穷理工夫直接达到德命("至"),这两条工夫途径的区别很大,只有充分实践德性("尽性")然后才能够达到德命("至于命"),不能说这

两条工夫途径是一样的。一：一样；一致。　　[4]戕贼：摧残；破坏。　　[5]天所禀赋本分：天所赋予的本性。　　[6]此四句意为，不能"实践穷理尽性的工夫次序"，就是对该工夫次序的破坏，无法"实现德命"，这只能使人保有天所赋予的本性，将无法在人的本性之外增加修身实践工夫。且：将。　　[7]此两句意为，既然说"实践穷理尽性的工夫次序"，就不应当不知晓此工夫次序的完整性。容：应当。

[点评]

张载认为，"穷理尽性以至于命"的工夫次序包括三个环节：一是"穷理"，二是"尽性"，三是"至于命"或"至命"。前两个环节说的是知行工夫，第三个环节说的是工夫欲达致的目标。程颢主张，"只穷理便是至于命"（《河南程氏遗书》卷十《洛阳议论》）。在他看来，为了实现"至于命"，只需要"穷理"这一个工夫环节，而不需要中间的"尽性"工夫环节。因此，张载批评程颢的主张"失于太快。此义尽有次序。须是穷理，便能尽得己之性。既尽得己之性，则推类又尽人之性。既尽得人之性，须是并万物之性一齐尽得。如此，然后至于天道也。其间煞有事，岂有当下理会了？"（佚著《礼记说·中庸第三十一》）张载认为，为了实现至命的目标，必须遵循从"穷理"到"尽性"的工夫次序。

通过以上的说明可知，本章所论说的是张载对程颢的批评。本章第一句"致与至为道殊远"中的"致"，体现的是张载所主张的多环节工夫次序，强调为了使"至于命"得以实现，必须穷理（知）和尽性（行）并重；

而"至",体现的则是程颢所主张的单一工夫环节,强调只要依靠穷理(知),就能够"至于命"(至)。"致"与"至",是张、程工夫次序分歧的概括语。

《周易·说卦》所谓"穷理尽性至于命",是张载与程颢有关工夫次序分歧的焦点话题。本章与本篇第9、12章,都是紧扣这一话题展开的,可以互相参证。

张载:"性与天道合一存乎诚。"(6·3)

张载:"性即天道。"(17·5)

9　天道即性也[1],故思知人不可不知天[2]。能知天,斯能知人矣[3]。知人与"穷理尽性以至于命"同意[4]。

[注释]

[1] 即:涵义很多。此处表示联结,意为"天道"与"性"二者具有源于天的一致性。　[2] 此两句意为,源于天的天道与性具有一致性,故而思考"知人"的问题就不能不思考"知天"的问题。　[3] 此两句意为,能够"知天",则能够"知人"。　[4] 此句意为,"知人"(包括"知天")与"实践穷理尽性工夫以实现德命",这两种说法的意涵是一致的。

[点评]

本章论"知人""知天"与"穷理尽性以至于命"的意涵一致。以下,从三个方面加以说明。

一、"思知人不可不知天"是张载学说的宗旨。张载批评秦汉以来儒者"不知天",是指他们对"天"的理解出现了偏误,把原本超越的宇宙本体之"天"实然化、经验化了。张载还反对把"知天"与"知人"二者割裂开来，他说："天人异用，不足以言诚；天人异知，不足以尽明。"（6·2）广义地看，"知天"也包括"知天道"。张载曾说，他撰写《西铭》的意图是，"只欲学者心于天道"（《张子语录·语录上》）。

二、"思知人不可不知天"的义理根据。这一根据，就是本章第一句"天道即性也"。这句话是说，"天道"与"性"都根源于"天"，而且二者是同构的，都是由天与阴阳二气这三者构成的，因而天道与性二者具有同一性或一致性，并共同为"思知人不可不知天"这一命题提供义理根据。对此，张载还说过："天所性者通极于道，气之昏明不足以蔽之。"（6·11）就是说，天与性、道这三者从其极致处看，都是相通的。由于"天道"与"性"都根源于"天"，因而"思知人不可不知天"，并进而引出以下第二句"能知天，斯能知人矣"，进一步强调"知天"的作用。

三、"知人""知天"与"穷理尽性以至于命"何以意涵一致。首先，依据本章第二句"能知天，斯能知人矣"可知，"知天"是"知人"的前提，而且"知天"是蕴涵了"知人"的。其二，张载说："天所命者通极于性，遇之吉凶不足以戕之。"就是说，天与命、性这三者从其极致处看，都是相通的。最后，由于在张载那里道、性、命这三者都根源于天，因而才得出了本章的结论："知人（包括知天）"与"穷理尽性以至于命"同意。

关于"知人"与"穷理尽性以至于命"的关系，请参见本篇第12章。

10   释氏无天用[1]，故不取理[2]。彼以性为无[3]，吾儒以参为性[4]，故先穷理而后尽性[5]。

[注释]

[1] 释氏：泛指佛教或佛教徒。天用：基于天或天道的运用。张载曾批评释氏"不知本天道为用"（1·6）。   [2] 此两句意为，佛教世界观不具备本天为用的自觉，故而他们不求取世界万物之理。取：寻求。取理：义近于"穷理"。   [3] 彼：指释氏。以性为无：把性归结为空无。张载批评释氏"略知体虚空为性"（1·6）。   [4] 以参为性：此指以太极与阴、阳这三者构成万物生成根源之性。   [5] 此三句意为，他们（释氏）把性归结为空无，我们儒者则把宇宙的太极与阴、阳这三种力量整合为万物生成根源之性，因此要先求取万物之理和性命之理，然后努力实践德性。

[点评]

本章论能否本天为用，能否穷理，能否以参为性，这三者是区别儒、释的标志。

本章可以与本篇第2章以及《正蒙·参两》第1章相互参证。

张载："凡物莫不有是性，由通、蔽、开、塞，所以有人物之别；由蔽有厚薄，故有智愚之别。塞者牢不可开，厚者可以开而开之也难，薄者开之也易，开则达于天道，与圣人一。"（《张载集·性理拾遗》）

11   凡人刚柔缓急[1]，趋识无有同者[2]，此"乾道变化，各正性命"也[3]。及尽性[4]，则皆忘之[5]。

[注释]

[1] 刚柔：个性刚强、柔弱。缓急：个性缓慢、着急。　　[2] 趋识：趋向和认识。　　[3] 以上几句意为，人的个性有或刚强或柔弱或缓慢或着急之别，因而他们在生活中的趋向和认识都没有共同之处，这就是所谓"天道化生万物，各以其类而定其性命"。"乾道变化，各正性命"：出自《周易·乾·彖》。乾道：天道。　　[4] 及：至。　　[5] 此两句意为，等到人努力实践德性时，则以上所言的个性差异就都可以忘掉了。

[点评]

本章先从客观角度论说人的个性差异，然后再从主观角度论说努力实践德性则可以忽略个性差异。

12　穷理亦当有渐[1]，见物多，穷理多，从此就约[2]。尽人之性，尽物之性[3]。天下之理无穷，立天理乃各有区处[4]。穷理尽性，言性已是近人言也[5]。既穷理，又尽性，然后能至于命，命则又就己而言之也[6]。

张载："古之学者便立天理，孔孟而后，其心不传，如荀、扬皆不能知。"（《经学理窟·义理》）

[注释]

[1] 渐：渐进过程。　　[2] 此四句意为，穷理也应当有其渐进过程，观察事物多，穷理多，还需要从中汲取精义。就：求取；谋求。约：精义；要义。　　[3] 此两句意为，（除了穷理）还要充分实践人的德性，全面考察事物的性质。尽人之性，尽物之性：出自《中庸》第二十二章："唯天下至诚，为能尽其性。能

尽其性，则能尽人之性；能尽人之性，则能尽物之性；能尽物之性，则可以赞天地之化育；可以赞天地之化育，则可以与天地参矣。" [4]此两句意为，天下之理是无穷无尽的，对于确立天理而言却各有不同的筹划方式。乃：却。区处：处理；筹划。 [5]此两句意为，穷理尽性，其中所谓性已是接近于人而言的。 [6]此四句意为，既要穷理，又要尽性，然后能实现德命，此所谓命又是就自己而言的。

[点评]

以下，对本章所论说的两个观点略作说明。

一、"天下之理"与"立天理"。张载理观的复杂内容，可以印证这里"天下之理无穷"的说法。在张载的话语体系中，涉及"理"字的说法甚多，作为名词使用的有"天理""义理""道理""性命之理""万物之理""天地之理"等，而作为动词使用的则有"穷理""顺理""循理"等。对于"立天理"，张载说"孔孟而后，其心不传"，他自认继承了孔孟"立天理"的传统，但又认为古今"立天理乃各有区处"，包括他自己在内的宋代理学家对"天理"的处理方式又是与孔孟不同的。在张载近三十个"天理"用例中，其主要涵义是道德性命之理。

二、言性"近人"和言命"就己"。在"穷理尽性以至于命"这一命题的反复论说中，张载在本章中明确指出，言性是"近人"而言的，可知据此将"尽性"之"性"解释为德性是合理的。张载在本章中还指出，言命是"就己"而言的，可知据此将"至于命"之"命"解释为人的命运是合理的。这表明，在很多场合下，张载所论说的"命"已不是指传统的"天命"，而是指人的命运。

本章可以与本篇第 9 章合看。

昔者圣人之作《易》也，将以顺性命之理，是以立天之道曰阴与阳，立地之道曰柔与刚，立人之道曰仁与义。

13　阴阳、刚柔、仁义[1]，所谓"性命之理"[2]。易一物而三才备[3]：阴阳，气也，而谓之天[4]；刚柔，质也，而谓之地[5]；仁义，德也，而谓之人[6]。

[**注释**]

[1]刚柔：此指事物或刚强或柔弱的不同形质。　[2]以上几句意为，阴阳、刚柔、仁义，都可以归结为所谓天命人性的道理。"性命之理"：天命人性的道理。　[3]易：《周易》术语，涵义甚多。此指宇宙万物的根本规则。三才：指天、地、人。　[4]以上几句意为，宇宙万物的根本规则是统一的存在，它使三才得以完备。阴阳，是气，其相互作用可以说是天的显现。天：下一章作"天道"。　[5]以上几句意为，刚柔，是万物的形质，它构成承载万物的大地。地：下一章作"地道"。　[6]以上几句意为，仁义，是道德的规范，这是人的价值。人：下一章作"人道"。

[**点评**]

本章与以下第 14 章的内容接近，均解说易道而三才完备，然而对三才的表述稍有差异。此两章可以互相参证。
本章大部分文字被辑入《正蒙·大易》第3章。

14　一物而两体[1]，其太极之谓欤[2]！阴阳，天道，象之成也[3]；刚柔，地道，法之效也[4]；仁义，人道，性之立也[5]。三才两之[6]，莫不有乾坤之道也[7]。易一物而合三才，天、地、人一[8]。阴阳其气[9]，刚柔其形，仁义其性[10]。

[注释]

[1]一物：此指一个涵括了"两体"在内的统一体，即下句的"太极"。而：又。两：此指阴阳。体：形体；形质。　[2]此两句意为，一个统一的整体存在，其内部又具有阴阳两种形质，那是被叫做太极的吧！其：那；是。太极：指宇宙的本原。之谓：是谓；叫做。　[3]此三句意为，阴气与阳气相互作用，这是天道的显现，也是宇宙动象过程的显示。象：《周易》用语。物象；卦象；象数。也用于由气化运行所显现的"道""神"等动象或行象。成：显现。　[4]此三句意为，万物分为刚与柔，这是地道的体现，也是刚与柔对地道法则的仿效。　[5]此三句意为，仁与义作为道德规范，这是人道的价值，也是儒家德性的确立。性：德性。　[6]三才：指天、地、人。两：分而为两。此指阴与阳、刚与柔、仁与义。两之：意思是把三才各分为两个部分。　[7]此两句意为，把三才各分为两部分，它们没有不把乾坤之道作为其宇宙本源或德性根据的。乾坤之道：亦即天道。　[8]此两句意为，宇宙万物的根本规则是统一的存在，它整合三才而成，因而天、地、人是一个整体。

一：齐一；整合为一体。　　[9]其：之。下同。　　[10]此三句意为，天道显示于阴阳之气化，地道显示于刚柔之形质，人道显示于仁义之德性。

[点评]

本章论"一物而两体"的"太极"与"三才"之道，解读的难度比较大。以下从两方面加以说明。

一、两个字面近似句子的比较。与本章第一句"一物而两体，其太极之谓欤"字面近似，本篇第3章第一句为"一物两体，气也"。这两句都涉及"一物"与"两体"的关系，需要在比较分析的基础上进行诠释。首先，在张载的话语体系中，"一物"并不是一个经过严格界定的词语，其用法不同，涵义便有所不同。例如，张载说："有无虚实通为一物，性也。"（17·3）其中"一物"的涵义为"天性"，与所比较的第一句中"一物"的涵义为"太极"有近似之处，二者都具有宇宙万物根源的意义。又如，张载说："性通极于无，气其一物尔。"（17·8）其中"一物"的涵义为"气"，与所比较的第二句中"一物"的涵义一样。因此，不能因为句式一样，就认为这两句话的意涵也一样，进而把"太极"归结为"气"。其次，对于"一物两体，气也"，清儒张棠、周芳解释说："'一物两体'，谓本是一气而有阴阳两端也。"（《正蒙注》）他们的解释是准确的。其三，在以上所比较的两句中，"一物"与"两体"的组合方式也是不同的。第一句的组合方式既是"一分为三"的，又是"三位一体"的："太极"作为"一物"，是一个统一体，因而是"一"；"气"

的内部结构分为阴、阳两部分，因而是"二"；这"一"与"二"整合为三位一体的"太极"。庞朴指出，张载"明确地将一物两体的太极定为三数"，"使得中国辩证学说进入了一个新的阶段"（《一分为三论》，第132、135页）。第二句的组合方式既是"一分为二"的，又是"二位一体"的："气"作为"一物"，是其自身的统一体，是"一"；"气"的内部结构分为阴、阳两部分，是"二"；而阴、阳二气，又可以被整合为"二位一体"的"气"这个统一体。其四，在张载学说中，"一物"与"两体"的关系有时也被凝练为"一"与"两"的关系，并通过"三"将"一"与"两"整合在一起，构成其宇宙生成论的"天参"模式（本篇第3、5章）。其五，在后期著作中，张载把前期交替使用的两种宇宙生成论模式亦即"三位一体"或"二位一体"，改变为只使用"三位一体"这一种模式，而且对这一模式的论说也更清晰了。最后，张载对"太极"概念的使用，多集中于其前期著作《横渠易说》中，合计5见，其中《横渠易说·说卦》4见。在后期著作中，张载多用太虚与阴阳二气的三合结构关系说明"天道"与"天性"，偶尔也会使用"太极"，但这只是其前期著作用法的残存。

二、本章末句的语法特点。古籍句子中的有些成分被省略掉，是常见的现象，也是难读的原因（洪诚《训诂学》，第148页）。本章最后一句的"阴阳其气，刚柔其形，仁义其性"，被省略的主语分别是"天道""地道""人道"。这属于"承上文而省例"（俞樾《古书疑义举例》卷二之二十三）。这里所谓"上文"，指这最后一句前面的句子，从中可以清楚地看出"阴阳"与"天道"、"刚柔"与"地道"、"仁义"与"人道"这两两之间都是有对应关系的。此外，在末句的串讲中，为了使表述更清楚明白，我们在每一个主语的后面补入了"显示"一词作为谓语。其依据是，末句的三小句与前面对应的三句话中所用的"成""效""立"这三个字，都程度不同地与"显示"或"显现"的意涵有关。"天道""地道""人道"都是无形的存在，需要借助一定的介质才能够使之得以显示。"阴阳""刚柔""仁义"，就是显示"天道""地道""人道"的介质。

从"一物而两体"至"莫不有乾坤之道也"，后被辑入《正蒙·大易》，为第5章。

本章可以与本篇第2、4、5、13章合看。

数往者顺，知来者逆，是故《易》逆数也。

15　如孟子曰"苟求其故"[1]，则"千岁之日至，可坐而致也"[2]。

本章所引《孟子》语，与中国古代天文学有关，李约瑟在其《中国科学技术史》中曾加以引用。

[注释]

[1]"苟求其故"：语出《孟子·离娄下》。苟：若。故：原故；原因。　[2]此两句意为，正像孟子所说，"如果我们探求天体和星辰运行的原因"，那么，"即使我们坐在原地，也能追溯到一千年前的二至日"。"千岁之日至，可坐而致也"：出自《孟子·离娄下》："天之高也，星辰之远也，千岁之日至，可坐而致也。"日至：冬至和夏至。致：达到。此为追溯的意思。

[点评]

顾炎武解释《周易·说卦》"数往者顺"说："造化人事之迹，有常而可验，顺以考之于前也。"（《日知录》卷一）在本章中，张载援引《孟子·离娄下》的一段话，说明古代天文学者是如何对既往冬至日和夏至日加以推算的，作为对"数往者顺"的解读。

神也者，妙万物而为言者也。

张载："尽其道，其惟圣人乎！"（8·50）

16　全备天理[1]，则其体孰大于此[2]！是谓大人[3]。以其道变通无穷[4]，故谓之圣[5]。圣人心术之运[6]，固有"不疾而速，不行而至""默而识之"处[7]，故谓之神[8]。

张载："圣人之神惟天，故能周万物而知。"（3·16）

[注释]

[1]备：齐备；具备。　[2]此两句意为，具备全面领悟天理的能力，又有谁的表现能比这更优越！体：体现；表现。　[3]此句意为，（这种人）就称为大人。　[4]以：用。引申为理解。　[5]此两句意为，理解天道达到变化贯通无穷的境地，故而称为圣人。　[6]心术：内心；心思。　[7]固有：实有；本有。"不疾而速，不行而至"：出自《周易·系辞上》："唯神也，故不疾而速，不行而至。"不疾：安静不躁动。速：快速。不行：平静无为。至：达到。"默而识之"：出自《论语·述而》："子曰：'默而识（zhì）之，学而不厌，诲人不倦，何有于我哉？'"朱熹："识，知也，不言而心解也。"（《论语集注》卷四）　[8]以上几句意为，圣人心思的运化，本来就有"看似安静却速通天下

之志，看似无为却成就天下之务""默然不言而心解"等特征，故而称作神。

[点评]

本章依据《周易·系辞上》"《易》有圣人之道四焉"之"以动者尚其变"，"通其变，遂成天地之文"，"唯神也，故不疾而速，不行而至"，重点论圣人心思的运化"变通无穷"，达到了神的境界。

动万物者莫疾乎雷，桡万物者莫疾乎风，燥万物者莫熯乎火，说万物者莫说乎泽，润万物者莫润乎水，终万物始万物者莫盛乎艮。

17　造化之功[1]，发乎动[2]，毕达乎顺[3]；形诸明[4]，养诸容载[5]，遂乎悦润[6]；胜之健[7]，不匮乎劳[8]，始终乎止[9]。

孔颖达："八卦运动，万物变化，应时不失，无所不成。"（《周易正义》卷九）

[注释]

[1]造化：创造化育。据《说卦》前一章可知，"造化"的主语为"帝"或"神"，相当于易道或天道。王弼注："帝者，生物之主。"　[2]发：生发而出，指万物萌芽发露。乎：于。动：鼓动。此谓震卦之用。　[3]此三句意为，天道主宰创生化育的功能，鼓动万物萌芽发露，皆各自依顺其本性。毕：全部。顺：依顺。此谓巽卦之用。　[4]形：指万物形色。诸：于。明：此谓离卦之用。　[5]容载（zài）：包容覆载。此谓坤卦之用。　[6]此三句意为，

万物既盛，其形色明白可见，养育于坤道的包容覆载，万物生长无不悦于润泽。遂：生长。润：润泽之性。兑乃象泽之卦，故此谓兑卦之用。　[7]胜：战胜。健：此谓乾卦之用。　[8]不匮（kuì）：不尽；充足。劳：勤劳。孔疏："受纳万物勤劳，则在乎坎。"此谓坎卦之用。　[9]此三句意为，战而胜之在于乾道之强健，受纳充足在于坎卦之勤劳，有始有终在于艮卦之无所不成。始终：有始有终，始则生发（震卦之用），终则归藏（坎卦之用）。止：成就。此谓艮卦之用。《说卦》前一章的传文曰："终万物始万物者莫盛乎艮。"

[点评]

本章论八卦生成之用。"此即《说卦》文王所定卦位，所谓后天之学也"（徐必达《正蒙释》卷四）。

本章后被辑入《正蒙·大易》，为第 37 章。

乾，健也。坤，顺也。震，动也。巽，入也。坎，陷也。离，丽也。艮，止也。兑，说也。

18　健、动、陷、止，刚之象[1]。顺、丽、入、说，柔之体[2]。

冉觐祖："乾纯阳，震、坎、艮皆一阳之卦，为刚；坤纯阴，巽、离、兑皆一阴之卦，为柔。"（《正蒙补训》卷四）

[注释]

[1]此两句意为，乾卦之德为健，震卦之德为动，坎卦之德为陷，艮卦之德为止，这四卦是刚强的表象。　[2]此两句意为，坤卦之德为顺，离卦之德为丽，巽卦之德为入，兑卦之德为说，这四卦是柔弱的体性。体：体性（王夫之《张子正蒙注》卷七）。

[点评]

本章言八卦之德能，并将八卦分为"刚之象"与"柔之体"两部分。

本章后被辑入《正蒙·大易》，为第38章。

巽为鸡。

19　飞迁躁动[1]，不能致远，鸡之象[2]。

[注释]

[1]躁动：不停地跳动。　[2]此三句意为，忽而跃跃欲飞，忽而跳跃，忽而移动，但却无法去往远处，这是鸡的象征。

[点评]

本章论八卦取象于动物，鸡之象是其一例。巽卦本象为风，由于风吹万物摇动与鸡鸣唤醒生物起而活动相似，所以又"巽为鸡"。

荀爽："风应节而变，变不失时。鸡时至而鸣，与风相应也。"（《九家易》）

乾为寒，为冰，为大赤。

20　乾"为大赤"[1]，其正色也[2]。"为冰"[3]，健极而寒甚也[4]。

[注释]

[1]乾"为大赤"：指乾的本色是赤色。　[2]此两句意为，乾阳的"本色是赤色"，这属于正色。正色：指青、赤、黄、白、黑

张棠、周芳："赤者南方之正色，而乾于先天卦位居正南，故'为大赤'。冰质刚而性寒，乾之健刚也，为十月之卦，寒也，故又'为冰'。"（《正蒙注》）

五种纯正的颜色。相对间色而言。　[3]"为冰"：以八卦配八方、四时，乾居西北，为秋末冬初季节，天气寒冷开始结冰。　[4]此两句意为，天寒而"结冰"，阳极阴生而寒冷异常。健：乾阳之性。

[点评]

本章论赤是乾卦的正色，以及由方位导致的季节变化。本章后被辑入《正蒙·大易》，为第45章。

《周易·系辞下》："（伏羲）近取诸身，远取诸物，于是始作八卦，以通神明之德，以类万物之情。"

21　自此而下[1]，皆所以明万物之情[2]。"明"，一作"类"[3]。

[注释]

[1] 此：指上一章的乾卦。　[2] 此两句意为，自乾卦以下的七卦，都是用以显示万物本性的。明：彰明；显示。情：实情。　[3] 类：像；似。《周易·系辞下》原作"类"，本章改用"明"，义可两通。

[点评]

本章揭示乾卦以下的七卦，皆彰明万物之本性。

张棠、周芳："众色相聚成文，坤多画则所聚必众矣，故为文。兼容并载则众，坤象地则容载必广矣，故又为众。"（《正蒙注》）

坤为文，为众。

22　"坤为文"[1]，众色也[2]。"为众"[3]，容载广也[4]。

[注释]

[1]"坤为文"：坤象地，地广生万物，互相杂以成文采。文：文采。　[2]此两句意为，"坤道生万物相杂以成文采"，即呈现相杂斑斓之色。众色：万物相杂之色。　[3]"为众"：众民。乾为君，坤则为众民。　[4]此两句意为，"坤为众民"，意为地上包容覆载万物必广博。容载：包容覆载。

[点评]

本章言坤道生万物，相聚成文；坤象地，覆载万物必广。

本章后被辑入《正蒙·大易》，为第44章。

震为蒉，为苍筤竹，为萑苇。

23　震"为萑苇"[1]，"为苍筤竹"[2]，"为蒉"[3]，皆蕃鲜也[4]。

冉觐祖："'皆蕃鲜'言上三者，皆蕃盛而鲜美。《易》本分言，此合言之。震为春令，不特取物象，而于时亦当蕃鲜。"（《正蒙补训》卷四）

[注释]

[1]"萑（huán）苇"：芦苇。　[2]"苍筤（liáng）竹"：青色的幼竹。　[3]"蒉（fū）"：花的通称。　[4]此四句意为，震的卦象"为芦苇"，"为青竹"，"为花朵"，都很茂盛而鲜美。蕃鲜：茂盛而鲜明。

[点评]

在《说卦》中，震的卦象甚多，此处仅取其中三种物象，合而言之。

本章后被辑入《正蒙·大易》，为第 46 章。

巽为木，为风，为长女，为绳直，为工，为白，为长，为高，为进退，为不果，为臭。其于人也，为寡发，为广颡，为多白眼，为近利市三倍，其究为躁卦。

冉觐祖："《说卦》'巽为木'节，张子释其意有略之者，以其可不用解也。"（《正蒙补训》卷四）

24　"巽为木"[1]，萌于下，滋于上也[2]。"为绳直"[3]，顺以达也[4]。"为工"[5]，巧且顺也[6]。"为白"[7]，因所遇而从也[8]。"为长，为高"[9]，木之性也[10]。"为臭"[11]，风也，入也[12]。"于人"，"为寡发"[13]，"广颡"[14]，躁人之象也[15]。

[**注释**]

[1] "巽为木"：巽卦（☴）之卦象为一阴居于二阳之下。王申子："下根散而柔，上干高而刚。"（《大易缉说》卷十）此以卦象立义，一阴柔为木根，二阳刚为木干，故"巽为木"。　[2] 此三句意为，"巽卦取象为木"，萌生于地下，滋长于地上。　[3] "为绳直"：孔疏："为绳直，取其号令齐物如绳之直木也。为工，亦正取绳直之类。"绳：此指木匠为取直所用墨斗中的黑线。　[4] 此两句意为，"如同用墨线在木材上绷取直线一样"，天下人必须顺应君命使之通达无碍。　[5] "为工"：指操作墨斗。　[6] 此两句意为，"木匠对墨斗的操作"，灵巧而又顺畅。　[7] "为白"：巽本象为风，风吹尘落，所以干净。白：洁净；明亮。　[8] 此两句

意为，"变为洁净"，这是因为遇到刮风，万物凭借其力吹落尘土才有了自身的洁净。从：任凭；凭借。 [9]"为长"：巽本象为风，风行之远，所以称长。长（cháng）：远。"为高"：取其风性高远，又木生而上，因而称高。 [10]此两句意为，"风行之远，树木高大"，是木的本性。 [11]臭（xiù）：气味。此指气味随风四散。 [12]此三句意为，"万物的气味"，随风飘散，渗入四面八方。入：渗入。 [13]"寡发"：头发稀少。 [14]"广颡"：额头宽阔。颡（sǎng）：额头。 [15]以上几句意为，"对于人而言"，"变得头发稀少"，"额头宽阔"，这些是性情急躁之人的形象。躁：浮躁。巽本象为风。此指风势躁急。

[点评]

《周易·说卦》"巽为木"章，取象比较多。张载从中节取七种，略加解说。

本章后被辑入《正蒙·大易》，为第 39 章。

坎为血卦，为赤。

25 "坎为血卦"[1]，周流而劳[2]，血之象也[3]。"为赤"，其色也[4]。

刘玑："坎以一阳陷于二阴之间，内明外暗，其象为水，在人则血之周流于一身也。劳，盖流而不息之意。"（《正蒙会稿》卷四）

[注释]

[1]"坎为血卦"：坎卦取象在地为水，在人为血，故称"血卦"。 [2]周流：循环流动。劳：此指流而不息。 [3]此三句意为，"坎是血卦"，循环流动而不息，是血的象征。 [4]此两句意为，"为红"，是血的颜色。

［点评］

《周易·说卦》"坎为水"章，广泛列举了坎卦的二十种卦象。张载从中节取两种，略加解说。

本章后被辑入《正蒙·大易》，为第 40 章。

离为乾卦，其于木也，为科上槁。

26 "离为乾卦"[1]，"于木为科上槁"[2]，附其燥也[3]。一作"且燥也"[4]。

张棠、周芳："物之乾者，火附之而燥也。科上之槁，亦附丽于木而干燥之物也。离有丽之象，有火之性，故为乾卦，又为'科上槁'也。"（《正蒙注》）

［注释］

[1]"离为乾卦"：火为离的本象。因火、日皆有干燥作用，故为乾卦。   [2]"于木为科上槁"：指树木中空则上端先枯槁。科：空。槁（gǎo）：枯槁。   [3]此三句意为，"离作为乾卦"，其卦意是，"老树中空则上端先枯槁"，其上端是依附于老树的干燥之物。附：依傍；依附。其：于。   [4]此为"其燥也"的校勘记。

［点评］

《周易·说卦》"离为火"章列举了离卦的十数种卦象。张载从中节取两种，略加解说。

本章后被辑入《正蒙·大易》，为第 41 章。

刘玑："艮以一阳止于二阴之上，有'小石''径路'之象。'小石'，以刚在上，象其坚而难入也。'径路'，以止于外，故其'通或寡'也。"（《正蒙会稿》卷四）

艮为径路，为小石。

27 艮"为小石"[1]，坚难入也[2]。"为径路"[3]，通或寡也[4]。"或"，一作"且"[5]。

[注释]

[1] 艮：艮卦的本象为山。"为小石"：山上的小石头。高亨："艮为山，山上多小石，故艮为小石。"（《周易大传今注》卷六）[2] 此两句意为，艮卦"其本象是山，山上布满了小石头"，坚硬而难于攀行。入：达；趋；踏。　[3] 径路：山上的小路。高亨："山上之路皆小路，故艮为径路。"（《周易大传今注》卷六）　[4] 此两句意为，"山上有小路"，虽通畅而行人很少。或：语中助词，无义。　[5] 此为"通或寡也"句的校勘记。

[点评]

《周易·说卦》"离为火"章，列举了艮卦的十多种卦象。张载从中节取两种，略加解说。与本章相关的《说卦》传文是："艮为山，为径路，为小石。"对于其中的"为小石"，历代注家多语焉不详，张载则解释为"坚难入也"。而这依然费解，其"入"字尤其费解。"入"字，或有达到、趋于的意思（罗竹风主编《汉语大词典》第1卷，第1057页），也有踏、跨的意思（许少峰编《近代汉语大词典》下册，第1593页）。据此，"入"字当与爬山登顶有关。值得注意的是，紧接在"为径路，为小石"之后，《说卦》还有一句传文是"为门阙"。虞翻解释说："两小山，阙之象也。"（李道平《周易集解纂疏》卷十）据此推测，张载所谓"艮'为小石'，坚难入也"与"'为径路'，通或寡也"这两句解说，指涉的是两座不同的山：前一句指涉的是没有路的山，而且山上布满了坚硬的石头，因而难于攀爬；后一句指涉的则是有"径路"的山，这座山的小路是畅通的，只是行人很少而已。

本章后被辑入《正蒙·大易》，为第 42 章。

兑为毁折，为附决。

张棠、周芳：
"兑画二阳内实，一阴外附，阳盛则势必决阴而去之，故'为附决'。兑为正秋之卦，物成之时也。物成则枝叶必凋，故又'为毁折'。"（《正蒙注》）

28　兑"为附决"[1]，内实则外附，必决也[2]。"为毁折"[3]，物成则上柔者[4]，必折也[5]。

[注释]

[1] 兑：兑卦。附：随着；跟从。决：断；破。　[2] 此两句意为，兑卦"意为随之而脱落"，二阳在内本实而一阴随从于外，一阴必然脱离。内实：指兑卦卦画之下的二阳。外附：指兑卦卦画之上的一阴。　[3]"为毁折"：枯萎；折断。孔颖达疏："兑主秋也。取秋物成熟，槁秆之属则毁折也。"（《周易正义》卷九）　[4] 上柔：指兑卦卦画之上的一阴。刘玑注《正蒙·大易》："上柔，谓一阴在上。"（《正蒙会稿》卷四）　[5] 此三句意为，"枝叶枯萎折断"，指秋季果实繁茂，则枝叶凋落，故不免枯萎折断。

[点评]

《周易·说卦》"兑为泽"章列举了兑卦的九种卦象。本章从中节取两种，略加解说。

本章"物成则上柔者，必折也"，中华书局章校本作"物成则止，柔者必折也"。按：章校本的校改无版本依据，属误校。"物成则上柔"之"上柔"二字，是复合词，不宜断开并分属两句。"上"与"止"，因形近而误。

本章后被辑入《正蒙·大易》，为第 43 章。

[篇末评]

《周易·说卦》，大约成书于战国中后期，定型于汉初以后。《说卦》，主要是对八卦之卦序及卦象的陈说。其陈说以象数为主，也包含义理方面的内容。《说卦》，共分为11章。

对于《周易·说卦》，张载只解说了其11章中的7章，包括第1、2、3、6、7、8、11章。在这7章中，只全选了第7章的传文，并对此加以解说；其他6章的传文都只是节选，并加以解说。在《横渠易说·说卦》中，张载的解说共有28章。在这28章中，张载重点解说了《说卦》传的第1、2章。对这两章，张载各用了7章的篇幅，反复加以论说。从以上分析可以看出，张载最关切的问题有哪些。

本篇的主要内容，包括三个部分。

一、取象以说《易》。《说卦》所谓八卦，各有其基本的物象，包括乾为天，坤为地，震为雷，巽为风，离为火，坎为水，艮为山，兑为泽。在此基础上，《说卦》还陈说了八卦与万物的关系。而在本篇中，张载则揭示了八卦之用和万物的本性，并把八卦分为"刚之象"与"柔之体"两部分。此外，本篇还取象于动物和植物以说《易》，但论说更多的则是八卦的杂象。这些内容，主要分布于本篇的第17章至28章的解说当中。

二、象数的义理化。作为宋代易学义理派的大家，张载自觉地利用《说卦》的相关象数为其义理诠释服务。这主要表现在，张载依据《说卦》第1章所谓"参天两地而倚数"，建构了由太极之"一"、阴阳之"两"、组合为"参（三）"的宇宙生成模式。与此相关，在本篇第5章中，张载在继续论说"天参"的同时，还特别对"一""两"之间的关系进行了哲学总结，深刻地提出："若一则有两，有两亦一在，无两亦一在。然无两则安用一？"这方面的论说，集中于本篇的第2、3、4、5章（详见本篇第5章的点评）。张载的这些论说，虽然属于其前期的思想学说，但有些仍保留在其后期的思想学说之中。

三、义理命题的阐发。在本篇中，张载依据《说卦》第1、2章有关"穷理尽性以至于命"的命题，在批评二程的同时，论述了穷理尽性的工夫论和性命论，使之成为后来理学各派的重要议题。张载的这些重要论说，主要反映在本篇的第7、8、9、10、11章当中。

主要参考文献

一、张载文献

张子全书 （宋）张载撰 明万历三十四年（1606）徐必达刻本

张子全书 （宋）张载撰 明万历四十六年（1618）凤翔府沈自彰刻本

张载集 （宋）张载撰 章锡琛点校 中华书局 1978 年版

张子全书 （宋）张载著 林乐昌编校 西北大学出版社 2015 年版

张载全集 （宋）张载撰 陈俊民编校 三秦出版社 2020 年版

张子全书（增订本）（宋）张载撰 林乐昌编校 西北大学出版社 2021 年版

正蒙 ［日］山根三芳注译 日本明德出版社 1970 年版

正蒙注译 喻博文注译 兰州大学出版社 1990 年版

张子正蒙注 （清）王夫之撰 夏剑钦点校 岳麓书社 2011 年版

新译张载文选　张金泉著　台湾三民书局 2011 年版

正蒙合校集释　林乐昌著　中华书局 2012 年版

《正蒙》诠译　周赟著　知识产权出版社 2014 年版

正蒙　李峰注说　河南大学出版社 2016 年版

正蒙释　（明）高攀龙、徐必达撰　邱忠堂点校　中华书局 2020 年版

正蒙辑释　（清）华希闵撰　张瑞元点校　中华书局 2020 年版

注解正蒙　（清）李光地撰　张瑞元点校　中华书局 2020 年版

正蒙注　（清）张棠、周芳撰　张瑞元点校　中华书局 2020 年版

正蒙会稿　（明）刘玑撰　邱忠堂点校　中华书局 2021 年版

新刊正蒙解　（明）刘儓撰　邸利平点校　中华书局 2021 年版

正蒙初义　（清）王植撰　邸利平点校　中华书局 2021 年版

正蒙朱熹解说辑录　（宋）朱熹解说　张金兰辑录　中华书局 2021
年版

横渠经学理窟注译　高明著　西北大学出版社 2021 年版

二、古籍文献

宋本周易注疏　（三国魏）王弼　（东晋）韩康伯注　（唐）孔颖达
疏　于天宝点校　中华书局 2018 年版

毛诗传笺　（汉）毛亨传、郑玄笺（唐）陆德明音义　孔祥军点
校　中华书局 2018 年版

二程集　（宋）程颢、程颐撰　王孝鱼点校　中华书局 1981 年版

邵氏闻见录　（宋）邵伯温撰　李剑雄、刘德权点校　中华书局
1983 年版

国朝二百家名贤文粹　南宋宁宗庆元三年（1197）书隐斋刻本

诸儒鸣道集　（宋）佚名编　南宋理宗端平二年（1235）浙刻本

四书章句集注　（宋）朱熹撰　中华书局 1983 年版

宋文鉴　（宋）吕祖谦编　齐治平点校　中华书局 1992 年版

朱子语类　（宋）黎靖德编　王星贤点校　中华书局 1986 年版

宋史　（元）脱脱等撰　聂崇岐等点校　中华书局 1985 年版

宋元学案　（清）黄宗羲原著　（清）全祖望补修　陈金生、梁运华点校　中华书局 1986 年版

宋元学案补遗　（清）王梓材、冯云濠编撰　沈芝盈、梁运华点校　中华书局 2012 年版

十三经注疏　（清）阮元校刻　中华书局 1980 年影印版

康有为全集　（清）康有为撰　姜义华等编校　上海古籍出版社 1990 年版

三、今人论著

论语译注　杨伯峻译注　中华书局 1980 年版

论语集释　程树德著　程俊英、蒋见元点校　中华书局 1990 年版

中国哲学文献选编　陈荣捷编著　台湾巨流图书公司 1993 年版

周易大传今注　高亨著　高亨著作集林（第二卷）　清华大学出版社 2004 年版

近思录集校集注集评　程水龙著　上海古籍出版社 2012 年版

周易概论（增补修订本）　刘大钧著　巴蜀书社 2016 年版

论语新注新译　杨逢彬著　北京大学出版社 2016 年版

中华传统文化百部经典·尚书　钱宗武解读　国家图书馆出版社 2017 年版

中华传统文化百部经典·诗经　李山解读　国家图书馆出版社 2017 年版

中华传统文化百部经典·论语　钱逊解读　国家图书馆出版社 2017 年版

中华传统文化百部经典·孟子　梁涛解读　国家图书馆出版社 2017 年版

中华传统文化百部经典·传习录　吴震解读　国家图书馆出版社 2018 年版

孟子通释　李景林著　上海古籍出版社 2021 年版

经学与实理：朱子四书学研究　许家星著　中国社会科学出版社 2021 年版

张载——十一世纪中国唯物主义哲学家　张岱年著　湖北人民出版社 1956 年版

张载的哲学思想　姜国柱著　辽宁人民出版社 1982 年版

张载哲学思想及关学学派　陈俊民著　人民出版社 1986 年版

张载　［美］黄秀玑著　台北东大图书公司 1987 年版

张载思想研究　朱建民著　台北文津出版社 1989 年版

张载哲学的系统分析　程宜山著　学林出版社 1989 年版

张载评传　龚杰著　南京大学出版社 1996 年版

虚气相即：张载哲学体系及其定位　丁为祥著　人民出版社 2000 年版

横渠易说导读　丁原明著　齐鲁书社 2004 年版

张载易学与道学　胡元玲著　台北学生书局 2004 年版

张载思想的哲学诠释　陈政扬著　台北文史哲出版社 2007 年版

气本与神化：张载哲学述论　杨立华著　北京大学出版社 2008 年版

张载的思想（1020—1077）　［美］葛艾儒（Ira E. Kasoff）著　罗立刚译　上海古籍出版社 2010 年版

张载政治思想述论　李蕉著　中华书局 2011 年版

张载思想研究　方光华、曹振明著　西北大学出版社 2015 年版

张载理学与文献探研　林乐昌著　人民出版社 2016 年版

明清正蒙思想诠释研究：以理气心性论为中心　陈政扬著　台北学生书局 2017 年版

张载理学论集：思想·著作·影响　林乐昌主编　中国社会科学出版社 2019 年版

当代张载学　王雪卿著　台湾联经出版公司　2021 年版

中国思想通史（第四卷）　侯外庐主编　人民出版社 1959 年版

心体与性体　牟宗三著　台湾正中书局 1968 年版

中国哲学大纲　张岱年著　中国社会科学出版社 1982 年版

新儒家哲学十八讲　方东美著　台湾黎明文化事业公司 1983 年版

中国哲学原论·原教篇　唐君毅著　台北学生书局 1984 年版

宋明理学史　侯外庐、邱汉生、张岂之主编　人民出版社 1984 年版

朱子学与阳明学　［日］岛田虔次著　蒋国保译　陕西师范大学出版社 1985 年版

中国古代思想史论　李泽厚著　人民出版社 1985 年版

朱子新学案　钱穆著　巴蜀书社 1986 年版

中国古典哲学概念范畴要论　张岱年著　中国社会科学出版社 1987 年版

宋明理学　陈来著　辽宁教育出版社 1991 年版

二程哲学体系　庞万里著　北京航空航天大学出版社 1992 年版

两宋思想述评　陈钟凡著　东方出版社 1996 年版

论儒学的宗教性——对《中庸》的现代诠释　［美］杜维明著　段德

智译　武汉大学出版社 1999 年版

　　智的直觉与中国哲学　牟宗三著　台湾商务印书馆 2000 年版

　　中国的两位哲学家：二程兄弟的新儒学　［英］葛瑞汉（A. C. Graham）著　程德祥等译　大象出版社 2000 年版

　　朱熹年谱长编　束景南著　华东师范大学出版社 2001 年版

　　斯文：唐宋思想的转型　［美］包弼德（Peter K. Bol）著　刘宁译　江苏人民出版社 2001 年版

　　一分为三论　庞朴著　上海古籍出版社 2003 年版

　　中国思想史（上、下册）　韦政通著　上海书店出版社 2003 年版

　　中国学术思想史论丛（卷五）　钱穆著　安徽教育出版社 2004 年版

　　宋明儒学的问题与发展　牟宗三著　华东师范大学出版社 2004 年版

　　朱熹的历史世界：宋代士大夫政治文化的研究　［美］余英时著　生活·读书·新知三联书店 2004 年版

　　境界形而上学及其限制：由先秦儒学谈起　宁新昌著　齐鲁书社 2004 年版

　　朱子新探索　［美］陈荣捷著　华东师范大学出版社 2007 年版

　　中国古代天文学思想　陈美东著　中国科学技术出版社 2007 年版

　　论儒家哲学的三个大时代　刘述先著　香港中文大学出版社 2008 年版

　　儒教　［美］杜维明著　陈静译　上海古籍出版社 2008 年版

　　中国近世思想史研究　陈来著　生活·读书·新知三联书店 2010 年版

　　中国经学思想史（第三卷）　姜广辉主编　中国社会科学出版社 2010 年版

　　道学之形成　［日］土田健次郎著　朱刚译　上海古籍出版社 2010 年版

中国经学与宋明理学研究　蔡方鹿著　人民出版社 2011 年版

朱熹《家礼》实证研究　［日］吾妻重二著　吴震、郭海良等译　华东师范大学出版社 2012 年版

中国哲学思潮发展史　张立文著　人民出版社 2014 年版

宋代经学哲学研究·基本理论卷　向世陵著　上海科学技术文献出版社 2015 年版

关学精神论（增订版）　赵馥洁著　西北大学出版社 2020 年版

四、工具书

说文解字注　（汉）许慎撰　（清）段玉裁注　许惟贤整理　凤凰出版社 2007 年版

助字辨略　（清）刘淇撰　章锡琛校注　中华书局 2004 年版

古书疑义举例五种　（清）俞樾等撰　中华书局 1956 年版

诗词曲语辞汇释　张相著　中华书局 1955 年版

古书虚字集释　裴学海著　台湾广文书局 1962 年版

宋元语言词典　龙潜庵编著　上海辞书出版社 1985 年版

词诠　杨树达著　上海古籍出版社 1986 年版

训诂学纲要　赵振铎著　陕西人民出版社 1987 年版

古书虚词通解　解惠全、崔永琳、郑天一编著　中华书局 2008 年版

应用训诂学　程俊英、梁永昌著　华东师范大学出版社 2008 年版

注释学　汪耀楠著　外语教学与研究出版社 2010 年版

训诂学　洪诚著　凤凰出版社 2019 年版

《中华传统文化百部经典》已出版图书

书　名	解读人	出版时间
周易	余敦康	2017 年 9 月
尚书	钱宗武	2017 年 9 月
诗经（节选）	李　山	2017 年 9 月
论语	钱　逊	2017 年 9 月
孟子	梁　涛	2017 年 9 月
老子	王中江	2017 年 9 月
庄子	陈鼓应	2017 年 9 月
管子（节选）	孙中原	2017 年 9 月
孙子兵法	黄朴民	2017 年 9 月
史记（节选）	张大可	2017 年 9 月
传习录	吴　震	2018 年 11 月
墨子（节选）	姜宝昌	2018 年 12 月
韩非子（节选）	张　觉	2018 年 12 月
左传（节选）	郭　丹	2018 年 12 月
吕氏春秋（节选）	张双棣	2018 年 12 月
荀子（节选）	廖名春	2019 年 6 月
楚辞	赵逵夫	2019 年 6 月
论衡（节选）	邵毅平	2019 年 6 月
史通（节选）	王嘉川	2019 年 6 月
贞观政要	谢保成	2019 年 6 月
战国策（节选）	何　晋	2019 年 12 月
黄帝内经（节选）	柳长华	2019 年 12 月
春秋繁露（节选）	周桂钿	2019 年 12 月
九章算术	郭书春	2019 年 12 月
齐民要术（节选）	惠富平	2019 年 12 月
杜甫集（节选）	张忠纲	2019 年 12 月
韩愈集（节选）	孙昌武	2019 年 12 月
王安石集（节选）	刘成国	2019 年 12 月
西厢记	张燕瑾	2019 年 12 月

书　名	解读人	出版时间
聊斋志异（节选）	马瑞芳	2019 年 12 月
礼记（节选）	郭齐勇	2020 年 12 月
国语（节选）	沈长云	2020 年 12 月
抱朴子（节选）	张松辉	2020 年 12 月
陶渊明集	袁行霈	2020 年 12 月
坛经	洪修平	2020 年 12 月
李白集（节选）	郁贤皓	2020 年 12 月
柳宗元集（节选）	尹占华	2020 年 12 月
辛弃疾集（节选）	王兆鹏	2020 年 12 月
本草纲目（节选）	张瑞贤	2020 年 12 月
曲律	叶长海	2020 年 12 月
孝经	汪受宽	2021 年 6 月
淮南子（节选）	陈　静	2021 年 6 月
太平经（节选）	罗　炽	2021 年 6 月
曹操集	刘运好	2021 年 6 月
世说新语（节选）	王能宪	2021 年 6 月
欧阳修集（节选）	洪本健	2021 年 6 月
梦溪笔谈（节选）	张富祥	2021 年 6 月
牡丹亭	周育德	2021 年 6 月
日知录（节选）	黄　珅	2021 年 6 月
儒林外史（节选）	李汉秋	2021 年 6 月
商君书	蒋重跃	2022 年 6 月
新书	方向东	2022 年 6 月
伤寒论	刘力红	2022 年 6 月
水经注（节选）	李晓杰	2022 年 6 月
王维集（节选）	陈铁民	2022 年 6 月
元好问集（节选）	狄宝心	2022 年 6 月
赵氏孤儿	董上德	2022 年 6 月
王祯农书（节选）	孙显斌	2022 年 6 月
三国演义（节选）	关四平	2022 年 6 月
文史通义（节选）	陈其泰	2022 年 6 月

书　名	解读人	出版时间
汉书（节选）	许殿才	2022 年 12 月
周易略例	王锦民	2022 年 12 月
后汉书（节选）	王承略	2022 年 12 月
通典（节选）	杜文玉	2022 年 12 月
资治通鉴（节选）	张国刚	2022 年 12 月
张载集（节选）	林乐昌	2022 年 12 月
苏轼集（节选）	周裕锴	2022 年 12 月
陆游集（节选）	欧明俊	2022 年 12 月
徐霞客游记（节选）	赵伯陶	2022 年 12 月
桃花扇	谢雍君	2022 年 12 月
法言	韩敬、梁涛	2023 年 12 月
颜氏家训	杨世文	2023 年 12 月
大唐西域记（节选）	王邦维	2023 年 12 月
法书要录（节选）　历代名画记	祝　帅	2023 年 12 月
耶律楚材集（节选）	刘　晓	2023 年 12 月
水浒传（节选）	黄　霖	2023 年 12 月
西游记（节选）	刘勇强	2023 年 12 月
乐律全书（节选）	李　玫	2023 年 12 月
读通鉴论（节选）	向燕南	2023 年 12 月
孟子字义疏证	徐道彬	2023 年 12 月
嵇康集	崔富章	2024 年 12 月
白居易集（节选）	陈才智	2024 年 12 月
李清照集（节选）	诸葛忆兵	2024 年 12 月
近思录	查洪德	2024 年 12 月
林则徐集	杨国桢	2024 年 12 月